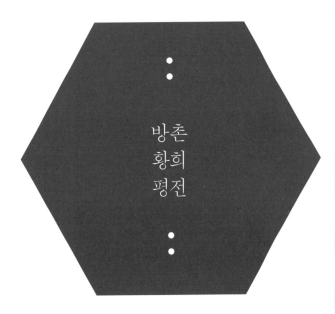

방촌
황희
평전

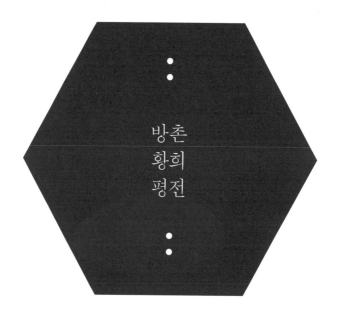

방촌
황희
평전

조선의 기틀을 다진 탁월한 행정가이자 외교가

이성무

민음사

황희에 관한 이야기는 많이 전하고 있어서 잘 연구된 것으로 오
해하기 쉽다. 그러나 황희에 대한 연구는 정말로 영세하다. 대중용 책
몇 권과 몇몇 논문들이 있을 뿐이다.

황희는 조선 왕조의 최장수 영의정으로서 위로 태종·세종과 같
은 영명한 군주를 모시고 『경국대전』 체제를 마련하는 데 공헌했다.
그는 90세를 살았으며, 56년 관직 생활 중 24년간 재상직을 맡았고,
그 가운데 18년 동안 줄곧 영의정 자리를 지킨 유일한 명재상이다. 이
는 오직 88세를 살면서 세 왕 대에 걸쳐 영의정을 여섯 번 역임한 오
리(梧里) 이원익(李元翼)과 비견될 뿐이다.

황희는 총명해 한 번 본 것은 잊어버리지 않았고, 일찍부터 재상
의 기풍이 있어서 정대(正大)하게 대체(大體)를 보존했으며, 기쁨과 노
여움을 얼굴에 나타내지 않았다. 젊었을 때는 대간과 승지로서 바른
말을 하다가 서너 번이나 면직, 좌천되기도 했으며, 두 번 감사(강원도·

평안도)로 나갔을 때는 관리들은 두려워했고 백성은 그리워했다.

또한 나이가 들수록 원숙하고 노련해져 형벌을 무겁게 매기지 않고, 특히 백성들의 어려움을 보살펴 주는 데 앞장섰다. 오랜 경륜을 바탕으로 신중한 태도를 견지하며 실제적으로 뒤에서 진두지휘해 4군 6진을 개척했다. 6조 판서를 역임할 때는 정사가 닦이고, 폐막이 시정되었으며, 재상이 되어서는 세종은 그를 심복처럼 의지했고, 사림은 태산(泰山)과 북두(北斗)처럼 우러러보았다. 명나라 사신을 전담해 능숙하게 다루었고, 3의정이 되어서는 백관을 잘 지도해 길흉을 점치는 시초와 거북과 같은 역할을 했다. 아홉 번 시관(試官)이 되어 인재를 얻었다고 평가받았으며, 4대(태조·정종·태종·세종)의 군왕을 모셔 인주의 팔다리가 되고, 국가의 동량이 되었다.

세종은 회의에서 대체로 "황희 정승 말대로 하라!" 했다. 가장 합당한 의견이었기 때문이다. 황희는 회의에서 절대로 먼저 말하지 않았다. 영의정이 먼저 말하면 다른 사람들은 말을 하지 못하거나 그 말이 옳다고 다투어 아부하기 일쑤다. 황희는 다른 사람들의 말을 두루 듣고, 마지막에 그 총명함으로 적절한 사례를 들어 종합적인 의견을 개진했다. 그리고 지신사(知申事)나 근시직(近侍職)으로 국왕을 지근거리에서 모셨기에 태종과 세종의 총애가 남달랐고, 오랫동안 재상 자리에 있다 보니 중요 국사를 소상히 알고 있었다. 그러니 황희는 행정의 달인이요, 외교의 사전이었다고 할 수 있다. 누가 그 식견을 당해 낼 것인가? 따라서 열 번 영의정직을 사직해도 왕이 들어줄 리가 없었다.

그러다 보니 주위의 질시도 많이 받았다. 부정에 연루되었다는 유언비어도 많이 돌았다. 긴 시간 영의정으로서 막강한 권한을 가졌던 황희는 여러 번 뇌물의 유혹에 끌리기도 했고 실제로 혐의를 받기도 했다. 그러나 태종과 세종은 재상을 대접하는 것이 그래서는 안 된다고 하면서 대간을 누르고 무마시켜 주었다. 혐의가 애매하고 대신을 작은 일로 끊을 수 없다는 것이었다. 그가 없으면 정치를 이끌어가는 데 막대한 지장이 있었기 때문이다. 황희의 식견과 경륜이 높고, 일마다 누구보다 옳은 의견을 내기 때문에 국왕으로서는 세세한 잘못 따위는 치지도외(置之度外)할 수밖에 없었을 것이다. 그러니 조신들도 따라갈 수밖에 없었다.

우리는 한국사에서 위인 만들기를 해야 한다. 지도자를 거론할 때마다 외국의 위인들을 들먹이고 그들의 행적과 발언을 인용한다. 그러면 한국 역사에는 위인이 없다는 말인가? 우리에게도 위인은 많다. 다만 찾지 않았을 뿐이다. 황희와 같은 인물은 한국의 위인으로 우선 추중되어야 할 사람이다. 이 책을 쓰는 까닭도 여기에 있다.

마침 경기문화재단에서는 경기도 출신 위인 연구를 통해 평전을 계속 내기로 했다. 그리하여 율곡 이이, 다산 정약용의 평전이 이미 발간되었다. 이번에는 파주시의 지원을 받아 방촌 황희의 평전을 쓰기로 했다. 파주시와 경기문화재단의 노고에 감사드리고, 관계자 여러분들께도 아울러 감사드린다.

2014년 12월  
한국역사문화연구원장  
이성무

차례

# 1  격동의 시대, 황희의 탄생

황희는 1363년(공민왕 12년)에 태어나 1452년(문종 2년)에 죽었다. 여말 선초의 격변기에 일생을 살다 간 셈이다. 먼저 고려 말 국내·외 정세에 대해 알아보자. 인물은 시대와 깊은 관계가 있기 때문이다.

## ○○ 공민왕의 개혁 실패, 고려의 몰락

공민왕은 1351년 12월에 즉위했다. 대륙에서는 원(元)이 쇠퇴하고, 명(明)이 일어나던 시기였다. 고려는 원의 핍박과 권문세족의 착취로 민생이 도탄에 빠져 있었다. 국력은 쇠퇴할 대로 쇠퇴하고 왕권은 약해졌다. 이 틈을 타 북으로는 홍건적(紅巾賊)이 쳐들어오고 남으로는 왜구가 침략해 왔다. 이러한 상황에서 공민왕은 대륙에서의 힘의 공백을 이용해 원에게 빼앗겼던 영토를 되찾고 도탄에 빠진 민생을 회복시키고자 여러 차례 개혁을 단행했다. 공민왕은 재위 23년 동안 네 차례(원년, 5년, 12년, 20년)에 걸쳐 개혁을 실행했다.

### 공민왕의 개혁

1351년에 1차 개혁이 실시되었다. 원나라의 복제인 호복과 변발을 폐지하고, 무신들의 정방(政房)을 혁파했으며, 고리대를 완화하고 가혹한 형벌을 줄였다. 이때 공민왕을 지지한 세력은 이제현(李齊賢)·명덕 태후(明德太后)·홍언박(洪彦博)·조일신(趙日新)·유숙(柳淑) 등이었다. 반면에 배전(裵佺)을 비롯한 반대파는 숙청되었다. 개혁에 대한 반발도 만만치 않았다. 원의 간섭과 귀족들의 반발이 심했던 것이다. 더구나 그해 9월 조일신의 난이 일어나자 개혁은 중단되고 말았다. 원과의 관계는 복구되었고, 개혁은 유야무야되었다.

이후 1356년(공민왕 5년) 5월에 반원 개혁 정치가 다시 추진되었다. 우선 원의 연호인 지정(至正)을 쓰지 않고, 원이 압력을 넣어 바꾸었던 관제(官制)도 문종 시대 체제로 복구했다. 그리고 원 순제의 부인인 기 황후(奇皇后)의 오빠 기철(奇轍)을 비롯한 친원파를 숙청하고 원의 간섭 기관인 정동행성이문소(征東行省理問所)를 혁파했으며, 유인우(柳仁雨)를 보내 원나라에게 빼앗겼던 쌍성총관부(雙城摠管府)를 수복했다. 여기에는 당시 이곳의 천호(千戶)로 있던 이자춘(李子春, 이성계의 아버지)의 내응이 결정적인 도움을 주었다.[1]

그러나 1359년(공민왕 8년) 12월과 1361년(공민왕 10년) 10월에 홍건적이 쳐들어와 국토가 초토화되자 반원 정책을 포기하고 원래의 상태로 되돌아갔다. 더구나 전쟁을 겪으면서 공민왕의 외척 세력과 원에서 그를 도왔던 공신 세력 등 친왕 세력이 붕괴되는 대신 최영(崔瑩) 등 무장 세력이 대두되었다. 그러나 1362년(공민왕 11년) 12월 밀직제학 백문보(白文寶)의 개혁 상소를 빌미로 2차 개혁이 실시되었다. 이 개혁들은 거의 민생 안정과 관계되는 것들이었다. 무장 세력을 견제하고 싶었으나 마침 최유(崔濡)가 덕흥군(德興君)을 옹립하려고 침입해 오고, 김용(金鏞)이 주도한 흥왕사(興王寺)의 난[2]이 일어나 뜻을 이룰 수가 없었다. 최유의 침입은 1364년(공민왕 13년) 2월에 최영 등에 의해 진압되었다. 이에 원은 덕흥군의 옹립을 포기하고 최유를 잡아 고려로 보냈다.

1365년(공민왕 14년) 5월에 공민왕은 왕권을 강화하기 위해 최영을 계림윤(鷄林尹)으로 좌천시키는 등 무장 세력을 물리치고 신돈(辛旽)을 기용했다. 그리하여 3차 개혁이 시작되었다. 무장 세력을 누르기 위해서는 공민왕 자신의 군사적 기반이 있어야 했다. 이에 공민왕은 의용위(義勇衛)를 설치하고, 양가 자제 2만 6000명을 8위(八衛)에 충원시켜 윤번으로 숙위하게 했다. 공민왕은 거의 전권을 신돈에게 위임했다. 귀족 세력이나 무장 세력과 아무런 관련이 없는 신돈에게 개혁을 맡긴 것이다. 신돈은 우선 전민변정도감(田民辨正都監)을 두어 불법으로 빼앗아간 토지와 인민을 본 주인에게 돌려주게 했다. 그리고 신흥 사대부[3]들의 지지를 받기 위해 성균관을 숭문관(崇文館) 옛터에 중창하고, 이색(李穡) 등으로 하여금 사서오경재(四書五經齋)를 두어 경전을 열심히 가르치게 했다. 이에 사람들이 신돈을 두고 성인이 나타났다고 칭송하기까지 했다. 또 내재추(內宰樞)를 두어 도평의사사(都評議使司)의 권한을 제약하고 자신의 재량권을 늘렸다. 그러나 권력의 맛을 들인 신돈의 전횡이 심해지자 반대 세력이 들고 일어났다. 이에 공민왕은 위협을 느꼈다. 더구나 새로 건국한 명(明)이 신돈의 독재를 비판하고 나섰다. 이에 1370년(공민왕 19년) 10월 공민왕은 친정(親政)을 선언하고, 신돈을 수원부로 귀양 보냈다가 죽였다. 그리고 이춘부(李春富) 등 신돈의 당여들도 숙청했다. 신돈에게 권력을 집중시켜 왕권을 강화하던 공민왕이 이제는 신돈을 숙청해 국내외의 반발을 무마하면서 왕권을 강화한 것이다.

이듬해인 1371년 공민왕은 4차 개혁을 시도했다. 명나라는 영토 문제 등으로 계속 고려를 압박했다. 그런데 왜구의 침입이 심해져 이를 막는 과정에서 무장 세력이 성장해 왕권을 제약하게 되었다. 신흥 사대부의 진출이 있었다고는 하지만 아직 무장 세력을 견제하고 왕권을 뒷받침하기에는 역부족이었다. 이에 공민왕은 자제위(子弟衛)를 설치하는 등 자신의 왕권을 강화하기 위해 노력했다. 그러나 1373년(공민왕 23년) 9월 공민왕이 최만생(崔萬生)·홍윤(洪倫) 등에 의해 시해되자 개혁은 끝나고 말았다.[4]

### 친원파와 친명파

원나라는 순제(順帝)의 황음(荒淫)으로 정치가 문란해지고 군웅이 할거했다. 이들 군웅 가운데 남방에서 일어난 곽자흥(郭子興)의 부장(部將) 주원장(朱元璋)은 처음에 오왕(吳王)이라고 칭했다가 1364년(공민왕 13년)에 황제 자리에 올라 국호를 명(明)이라 하고, 연호를 홍무(洪武)라 했다. 명은 그해 7월에 원의 수도인 연경(燕京)을 점령했다. 이에 원은 개평(開平, 상도(上都))으로 달아났다가 응창(應昌)을 거쳐 화림(和

林)으로 피해 갔다. 응창에서 순제는 죽고 태자였던 기 황후의 소생이 소제(昭帝)로 등극해 북원(北元)이라는 이름으로 명맥을 유지하고 있었다. 그리하여 고려와 명·원의 복잡한 삼각관계가 표출되었다.

이에 고려는 원의 연호인 지정을 폐기하고, 대신 명의 연호인 홍무를 사용했다. 그리고 원의 요구에 의해 강등했던 관제도 원상으로 회복시켰다. 그리고 만주에서의 힘의 공백을 틈타 1370년에 동녕부(東寧府)를 차지했다. 그러는 한편 고려는 예부 상서 홍상재(洪尙載) 등을 명에 보내 명제의 등극을 축하하고, 명은 책봉사 설사(偰斯)를 보내 고려 왕을 봉하니 비로소 명과의 국교가 열리게 되었다.

그런데 한편으로 북원에서도 고려에 사신을 보내왔다. 고려에서는 이 사실이 명에 알려질까 봐 왕이 안질을 핑계로 북원의 사신을 밤에 인견하기도 했다. 명의 세력을 견제하고 나아가서는 만주에서의 이권을 차지하기 위해서 북원과의 관계를 유지하고 있었던 것이다. 명도 고려의 이러한 태도를 감지하고 고려를 책망했다. 북원의 납합출(納哈出)과 내통해 명을 자주 정찰하고, 제주에 말 2000필을 바치라 했는데 1년이 지나도록 말 300필밖에 보내지 않는다고 불평했다. 제주도 목호(牧胡)들이 반발하자 고려는 최영·변안열(邊安烈) 등에게 전함 314척, 군사 2만 5605명을 보내어 목호의 난을 평정했다.[5]

공민왕이 갑자기 죽자 이인임(李仁任)은 태자였던 모니노(牟尼奴)를 왕위에 올렸다. 이가 우왕(禑王)이다. 실은 고려 조정의 일부 세력이 고려 왕이 죽고 아들이 없다고 북원에 알렸더니 북원은 심양왕(瀋陽王)의 손자 탈탈불화(脫脫不花)를 고려 왕으로 임명했다. 그러나 만일 공민왕에게 아들이 있다면 꼭 탈탈불화를 고려 왕으로 책봉할 필요는 없다고 했다. 이인임은 공민왕에게 아들이 있음을 북원에 통보하고 태자 모니노를 고려 왕으로 삼은 것이다.[6]

이인임은 1375년(우왕 1년) 4월에 백관의 서명을 받아 우왕의 즉위를 북원 중서성(中書省)에 보고하고자 했다. 이중 외교이다. 그러나 정도전(鄭道傳) 등 친명파들이 여태까지 친명을 해 왔는데 친북원이 웬 말이냐고 극력 반대했다. 5월에 북원의 사신이 강계(江界)에 이르자 이인임은 맞이하려 했다. 그러나 정도전 등 친명파는 반대했다. 이인임은 정도전으로 하여금 원사(元使)를 맞이해 오라고 하니 정도전은 원사의 목을 베어 오거나 사신을 명에 묶어 보내겠다고 협박했다. 그 때문에 정도전은 나주(羅州, 회진현(會津縣)로 귀양 갔다. 그러나 결국 북원의 사신은 그대로 돌려보냈다. 친명파인 정몽주(鄭夢周)는 명나라가 "김의(金義)가 명 사신 채빈을 죽인 일로 고려를 잔뜩 의심하고 있는 터에 북원과 통한다면 우리 사신을 죽일 것이오. 군사를 일으켜 쳐들어오면 무어라 대답하겠는가? 그러니 북원의 사신을 체포하고 김의 등 명나라에 혐의가 있는 자들을 명으로 묶어 보내야 한다."라고 주장했다. 그리고 간관 이첨(李詹)·전백영(全伯英)은 이인임과 지윤(池奫) 등을 베라고까지 했다. 반대로 우인열(禹仁烈)은 간관이 재상을 공격했으니 처벌해야 한다고 주장해 이들을 옥에 가두고 문초했다. 마침내 그 파장이 전록생(田祿生)·박상충(朴尙衷)에게까지 미쳐 이들은 장살되었으며 정몽주·김구용(金九容)·이숭인(李崇仁) 등의 친명파는 유배되었다.

1377년(우왕 3년) 2월에는 북원이 우왕을 정동행성 좌승상 고려국왕에 책봉했다. 이에 고려에서는 북원 소종(昭宗)의 연호를 썼다.(다음해 9월에 다시 명의 홍무 연호를 씀) 이와 같이 고려가 북원과 통하는 것은 만주에서 명의 세력을 구축하기 위해서였다. 그해 7월 북원은 고려에 사신을 보내 명의 정요위(定遼衛)를 협공하자고 했으나 고려에서 응하지 않았다. 1378년(우왕 4년) 4월에 북원의 소종이 죽고 그 아우가 뒤를 이었으나 쇠퇴 일로였다. 그러나 고려와 북원과의 교류는 1380년(우왕 6년)경까지 지속되었다.

그러면 왜 이인임 정권은 반명 정책을 고집했는가? 그것은 명의 고압적인 태도 때문이었다. 명은 명사(明使) 채빈 살해 사건으로 틀려 고려에 대해 고압적으로 나왔다. 고려에서는 사신을 보내거나 공물을 바치는 등 명에 대한 예의를 갖추고자 했다. 그러자 명도 사신을 풀어주고 유화적인 태도를 보였다. 그러나 죄 없는 사신을 죽였으니 집정대신이 내조하고, 매년 말 100필, 금 100근, 은 만 냥, 세포(細布) 만 필을 보내라고 했다. 그러지 않으면 전함 수천과 정병 수십만으로 쳐들어오겠다고 협박했다. 그리고 사신을 보내 왕이 어떤 상태에 있는지, 정령이 어느 곳에서 나오는지 알아보겠다고 했다. 이런 상황에서 고려의 사신이 북원에 파견되었다는 말을 듣고 그대로 돌아가기까지 하자 고려가 북원과 내통하고 있다는 의구심과 사신 살해에 대한 감정이 쉽게 사그라들지 않았다. 고려에서는 이러한 혐의를 벗고자 백방으로 노력했으나 명은 고려의 사신을 들어오지 못하게 했다. 그러자 고려는 사신의 노정을 바닷길로 바꾸었다.

그러다가 1384년(우왕 10년) 7월에 정몽주가 하절사(賀節使)로 파견되면서부터 문제가 풀리기 시작했다.[7] 명 태조는 전에 사신으로 다녀간 정몽주의 이름을 기억하고 있었다. 그가 중국어도 잘하는 데다

성실·정대한 태도를 보이니 명 태조는 억류된 고려의 사신들을 석방하고 고려의 사신을 받아 주기로 했다. 그리고 현왕을 책봉하고 전왕의 시호를 공민(恭愍)이라고 지어 주었다. 그후 명은 말을 3년에 50필씩 보내도록 줄이고, 관복을 내려 주기도 했다. 그러면서도 집정대신(이인임)을 믿을 수 없느니, 바친 말이 좋지 않느니 하면서 까다롭게 굴었다. 이것은 훗날 고려의 국권을 무시하고 철령위(鐵嶺衛)를 설치한다고 하는 데까지 미쳐 고려로 하여금 요동 정벌을 계획하게 한 계기가 된다.

### 권신의 발호

우왕 때의 권신은 이인임·지윤(池奫)·임견미(林堅味)·염흥방(廉興邦) 등의 족당(族黨) 세력과 최영·이성계 등의 무장 세력으로 구성되어 있었다. 이인임은 우왕을 옹립하는 과정에서 정권의 핵심에 있었다. 더구나 정국을 주도해야 할 우왕이 명덕 태후가 죽은 뒤부터 사냥과 놀이, 여색으로 소일했다. 그러다 보니 정치는 이인임 등 족당 세력이 차지하고 있었다. 이 때문에 족당 정치가 자행되고 족당 간에 권력 투쟁이 심해졌다. 이인임은 최영의 후원을 받아 지윤, 임견미, 염흥방 등 족당 세력과 협력하거나 뜻이 맞지 않으면 경쟁 세력을 타도했다.

이인임은 다른 족당 세력과 함께 친원파로서 친명파들을 숙청하고 나아가서는 족당 세력도 제거해 나갔다. 1377년(우왕 3년) 2월 이인임의 집 대문에 "지윤의 문객 일고여덟 명이 이인임을 내쫓고 지윤을 시중으로 삼으려 한다."라는 익명서가 나붙었다. 이를 빌미로 이인임

은 겉으로는 누군가가 두 사람을 이간질하려는 것이라 하면서 지윤 등을 제거했다.[8]

또 1379년(우왕 5년) 7월에는 양백연(楊伯淵) 사건이 일어났다. 양백연이 이인임을 제거하고 스스로 시중이 되려 한다는 상호군 전천길(全天吉)의 고발 때문에 양백연과 그 당여들이 숙청된 것이다. 양백연은 흥왕사 사건 평정 등 많은 공을 세워 출세한 무장이었다. 그는 이러한 공로를 인정받아 문하평리로서 정방 제조까지 올라갔다가 이인임·최영 연합 세력에게 숙청되었다. 그리고 그해 9월 정당문학 허완(許完) 등이 내재추(內宰樞) 임견미·도길부(都吉敷)의 전횡에 반발해 이들을 제거하려고 한 사건이 일어났다. 이 사건은 유모 장씨를 내세워 우왕이 왕권을 회복하려고 일으킨 것으로 보는 견해도 있다. 이 이후 우왕은 더욱 방탕한 생활을 했다.

1380년(우왕 6년) 3월에는 경복흥(慶復興)이 제거되었다. 경복흥은 공민왕의 어머니인 명덕 태후의 인척으로서 청렴하고 위민 의식(爲民意識)이 투철한 사람이었다. 그는 이인임 등의 발호에 대해서도 비판적이었다. 그러나 이해에 명덕 태후가 죽자 이인임·임견미 등의 주청에 의해 제거되었다. 이처럼 이인임은 최영의 지원 아래 그의 당여라 할지라도 그에게 대들거나 비판하는 사람은 가차 없이 숙청했다. 그리고 마음 놓고 타인의 토지를 겸병해 갔다.

요컨대 1374년(공민왕 23년)은 이인임이 친원 정책을 쓰면서 신흥 사대부들을 숙청한 시기이고, 1375년(우왕 1년)에서 1380년(우왕 8년)까지는 이인임파 내부의 분열이 일어나 자기에게 대드는 세력을 순차적으로 제거해 나간 시기였다. 이는 최영·임견미의 무력적 지원을 받아

가능했다.

그런데 1382년(우왕 8년) 8월 한양 천도를 전후해 이인임이 정계 일선에서 물러나고 임견미가 그 뒤를 이었다. 임견미도 고려 말 내우외환을 통해 성장한 무장 세력이었다. 최영은 임견미를 적극 지원하지는 않은 것 같다. 오히려 권력자들의 토지 겸병을 비판하는 입장이었다. 임견미와 염흥방은 이른바 '수정목 공문(水精木 公文)'9을 통해 대규모 농장을 소유했다.

우왕은 이러한 권신들의 토지 겸병과 압량위천(壓良爲賤, 양민을 강제로 종으로 삼음)을 그대로 좌시할 수는 없었다. 이에 우왕은 최영과 이성계의 힘을 빌려 이인임·임견미·염흥방 등 권신들을 제거했다. 따라서 최영과 이성계는 권신들이 불법으로 차지한 토지와 인민을 원주인에게 돌려주는 전민변정사업(田民辨正事業)을 벌일 수밖에 없었다.

### 최영과 이성계

최영과 이성계는 우왕 대 양대 군벌(軍閥)이었다. 최영이 친원파인 귀족 세력의 지지를 받은 데 비해 이성계는 신흥 사대부들의 지지를 받았다.

최영은 개국 공신 최준옹(崔俊邕)의 후손으로 인종·의종·명종 3조 명신 최유청(崔惟淸)의 5세손이요, 사헌 규정 최원직(崔元直)의 아들이다. 최영은 자태가 뛰어나고 천성이 강직해 출장입상(出將入相)하면서도 청렴결백했다. 이는 아버지가 남긴 "너는 마땅히 금(金) 보기를 돌보듯하라."라는 유훈(遺訓) 때문이었다. 최영은 여러 번 왜구를 토벌해 우달치(亏達赤, 사문인(司門人))가 되었다가 1352년(공민왕 1년)에 조일신의 난을 평정해 대호군이 되었으며, 1354년(공민왕 3년)에 원(元)에 원병으로 가 장사성(張士誠)을 토벌하는 데 참여했다. 돌아온 뒤에는 압록강 서쪽 8참(站)을 탈환했으며, 1362년(공민왕 11년)에는 홍건적으로부터 개경을 수복해 벽상공신(壁上功臣)에 책봉되고 전리판서(典理判書)에 제수되었다. 이듬해 다시 김용(金鏞)의 난을 진압해 진충분의좌명공신(盡忠奮義佐命功臣)에 책봉되고 찬성사에 올랐다. 여러 번 대공을 세워 토지와 노비 등을 내렸으나 사양하고 받지 않았다. 1364년(공민왕 13년) 최유(崔濡)의 침입을 물리쳤으며, 1374년(공민왕 23년)에는 제주 목호의 난을 평정했다. 이때 공민왕이 시해되었으므로 재궁(梓宮)에 복명(復命)했다.

1376년(우왕 2년) 7월에는 홍산(鴻山)에 침입한 왜구를 크게 물리쳤다. 홍산 대첩은 정지(鄭地)의 진포 대첩, 이성계의 황산 대첩과 함께 우왕 대 3대 대첩으로 꼽힌다. 크고 작은 전투에서 가는 곳마다 승리해 그 공으로 1384년(우왕 10년)에 드디어 문하시중에 제수되었으나 병을 이유로 사양하고 통제사를 사퇴해 병권을 내 놓았다. 우왕은 그의 병마사 사직을 허락하지 않았다. 그 후 1388년(우왕 14년) 3월에 우왕은 최영의 딸을 맞이해 영비(寧妃)로 삼았다. 최영은 "신의 딸이 누추해 지존(至尊)의 배필이 될 수 없습니다. (중략) 만일 전하께서 꼭 왕비로 들이신다면 노신은 삭발하고 산으로 들어가겠습니다."라고 반대했으나 들어주지 않았다. 왕위를 담보하기 위한 정략결혼이었기 때문이다. 최영은 충군애국(忠君愛國) 정신이 투철해 우왕이 황음(荒淫)하고 놀이에 빠질 때면 "지금 왜구가 잠식(蠶食)하고 있으며, 전제가 날로 문란해져 나라가 언제 망할지 모르는데 대신들과 더불어 국정을 돌보지 않고 사냥이나 즐기고 있으니 신은 장차 어떻게 신하의 직책을 다할지 모르겠다."라며 울면서 간했다. 최영은 왜구의 침입으로 철원으로 천도하자는 논의가 일어나자 "왜구를 피해 도읍을 깊숙한 곳으로 옮기는 것은 도리어 왜구에게 날뛸 여지를 주는 것"이라 해 이를 중지케 했다.

우왕은 1380년에 공신녹공의 교지를 내릴 때 "지금 장수 가운데서 싸움을 많이 하고 공이 큰 것은 오직 경 한 사람뿐이다. 하물며 진심으로 분전해 임금을 높이고 백성을 비호하니 재상 중의 참재상이다. 토지와 인민으로 상을 내리는 것이 상례이나 경의 청백함은 천성에서 나온 것인지라 반드시 고사하고 받지 않을 것이므로 다만 철권(鐵券)[10]을 주노라. (중략) 경이 혹 범죄를 저질러도 아홉 번까지는 죄주지 않을 것이요, 10범에 이르러도 또한 마땅히 면제해 줄 것이며, 자손도 또한 그렇게 할 것이다."라고 했다. 그리고 이듬해에는 수시중(守侍中)에 임명했다. 이와 같이 최영은 구가세족(舊家世族) 출신으로서 당시 군민들의 신망이 높은 국가의 지주(支柱)였다.

최영과 함께 이 당시에 쌍벽을 이루는 무장은 이성계였다. 이성계의 자는 중결(中潔)이요, 호는 송헌(松軒)으로 함경도 화령부(和寧府) 출신이었다. 이성계의 본관은 전주, 시조는 신라 46대 문성왕 때 사공(司空) 벼슬을 한 이한(李翰)이다. 이한의 후손으로 고려 무신란 때 이의방(李義方)·이린(李麟) 형제가 있었는데, 이의방은 정중부(鄭仲夫)·이고(李高)와 함께 무신란으로 권좌에 올랐으나 권력 투쟁에서 정중부에 의해 제거되었다. 이린(이성계의 6대조)도 함경도로 귀양가고 그의 아들 이양무(李陽茂, 이성계의 5대조)도 실세했다.

이양무의 아들 이안사(李安社)는 이성계의 고조인데, 전주 토호로서 농민 반란을 주도하다가 170호, 1700명을 이끌고 삼척을 거쳐 함경도 덕원으로 달아나 원의 오천호소(五千戶所)의 수천호(首千戶)겸 다루하지(達魯花赤)가 되었다. 함경도 지역은 당시 조휘(趙暉)와 탁청(卓靑)이 원나라에 투항해 쌍성총관부에 속해 있었고, 이안사의 아들 이행리(李行里)와 손자 이춘(李椿)은 덕원만호(德源萬戶)가 되었다.

이춘에게는 두 부인이 있었다. 첫째 부인은 밀양 지역에서 이주해 온 박광(朴光)의 딸로 이자흥(李子興)과 이자춘(李子春) 두 아들을 두었다. 둘째 부인은 동북면의 실력자 쌍성총관부 총관 조휘의 손녀로서 완자불화(完子不花)와 나해(那海) 두 아들을 두었다.

이춘이 죽은 뒤에 그의 장남인 이자흥이 아버지의 관직을 계승했으나 일찍 죽고, 이자흥의 동생인 이자춘이 적통을 계승했다. 이가 바로 이성계의 아버지다. 이자춘 때 전주 이씨 일족에게 절호의 기회가 왔다. 대륙에서 원나라가 약해지고 명나라가 새로 일어나는 틈을 타 공민왕이 반원 정책을 써 쌍성총관부를 되찾으려 했다. 공민왕은 쌍성총관부 총관인 이자춘을 개경으로 불러 고려의 소부윤(小府尹) 벼슬을 주고, 이 지역 탈환에 협력해 줄 것을 부탁했다. 그리하여 1356년에 동북면 병마사 유인우(柳仁雨) 등을 시켜 쌍성총관부를 공격하게 하고, 이자춘은 그곳에서 내응했다. 이 공로로 이자춘은 고려의 종2품 영록대부 품계를 받고, 삭방도(朔方道) 만호 겸 병마사가 되었다. 원나라로 망명한 전주 이씨는 다시 조국의 품에 안긴 것이다.

이성계는 1335년(충숙왕 복위 4년)에 함경도 화령부 흑석리(黑石里)에서 이자춘의 둘째 아들로 태어났다. 이자춘의 꿈에 흑룡과 백룡이 싸우는데 백룡이 구원을 요청해 도와주었더니 집안에 좋은 일이 있을 것이라 했고, 그 이후 이성계가 탄생했다고 한다.

이성계는 특히 무술에 뛰어나 신망이 높았으며, 1361년에 아버지 이자춘이 죽자 장작감(將作監) 판사라는 고려의 벼슬을 받았다. 그리고 그해 9월에 팔로강 만호 박의(朴儀)가 침입하자 군사 5000명을 거느리고 가서 막아 통의대부 금오위 상장군 동북면 상만호가 되었다. 11월에는 군사 2000명을 거느리고 홍건적을 격퇴한 다음 제일 먼저 개경에 입성해 종부시사(宗簿寺事)를 받고 1등공신이 되었다.

또한 다음 해인 1362년에는 동북면 병마사로서 원나라 장수 나하추(納哈出)를 홍원(洪原)에서 격퇴했으며, 1364년에는 덕흥군을 옹립하려는 최유를 최영과 함께 수주(隨州) 달천(獺川)에서 격퇴하고 할아버지 이춘의 외손 되는 삼선(三善)·삼개(三介)를 격퇴해 밀직부사(密直副使)로서 단성양절익대공신(端誠亮節翊戴功臣)에 책봉되었다.

뿐만 아니라 1369년(공민왕 18년)에는 기철의 아들이며 원의 평장사인 기새첩목아(奇賽帖木兒)를 몰아내고 내친김에 요동 지방을 공략하여, 1371년(공민왕 20년) 동북면 원수(元帥) 지문하부사·화령 부윤이 되었다.

그러나 그가 실권을 장악하게 된 것은 1378년에 있었던 황산 대첩을 통해서였다. 당시 왜구는 고려가 약해진 틈을 타 각 방향에서 침노해 왔다. 침입 횟수도 잦았고, 규모도 점점 커져 해안뿐 아니라 내륙에까지 쳐들어왔다. 이 왜구를 소탕하지 않고서는 나라가 망할 지경이었다. 특히 전라도 운봉(雲峰) 지방에 쳐들어온 아기발도(阿其拔都)라는 젊은 왜장은 신출귀몰해 아무도 당해 낼 수 없었다. 그런데 이성계와 이지란(李之蘭) 등이 그의 20만 대군을 무찌르고 크게 승리하니 비로소 왜구의 침입이 수그러들게 되었다.

이성계는 남쪽의 왜구뿐 아니라 북쪽의 여진족을 막는 데도 큰 공을 세웠다. 1384년, 동북면 도원수로서 이지란과 함께 여진 추장 호발도(胡拔都)를 저지하고, 1385년에는 정원십자공신(定遠十字功臣)으로 안변책(安邊策)을 건의했으며, 수문하시중으로 최영과 함께 임견미·염흥방 등을 주살했다. 그리하여 최영과 이성계는 정계의 주축이 되어 헤게모니 쟁탈전을 피할 수 없게 되었다. 최영은 친원파로, 이성계는 친명파로 세기의 대결을 벌여야만 했다.

### 위화도 회군

1388년에 명은 원이 차지하고 있던 동·서북면 일대를 다 내놓으라고 했다. 그러고는 안변에서 회양까지 이르는 70여 리에 걸쳐 철령위를 설치한다고 통보해 왔다. 고려에서는 박의중(朴宜中)을 보내 그 땅이 본래 고려의 것이라고 주장하고, 다시 조림(趙琳)을 사신으로 보냈으나 입국을 거절당했다.

이에 최영 등 친원 강경파들은 명의 사신 21명 중 5명을 억류하고 나머지는 죽인 뒤 요동 정벌을 결의했다. 이자송(李子松)은 이를 반대하다가 처형되었다. 이성계는 이른바 4불가론(四不可論)을 들어 요동 정벌이 무리라는 의견을 개진했다.

1    작은 나라로서 큰 나라를 거역하는 것은 불가하다.(以小逆大不可)

2  여름철에 군사를 동원하는 것은 불가하다.(夏月發兵 不可)

3  나라를 들어 원정하는 것은 왜구가 그 틈을 타 침입할 것이 기 때문에 불가하다.(擧國遠征 倭乘其虛 不可)

4  지금 바야흐로 덥고 장마가 져 활의 아교가 녹고 대군이 질 병에 걸릴 것이니 불가하다. (時 方暑雨 弓弩膠解 大軍疾疫 不可)


그러나 우왕과 최영은 강경했다. 우왕은 최영을 팔도 도통사(八道 都統使), 조민수(曺敏修)를 좌군 도통사, 이성계를 우군 도통사로 삼아 군사 3만 8830명, 짐꾼 1만 1634명, 말 2만 1682마리를 내어 요동으로 진격하게 했다. 최영은 우왕을 모시고 평양에서 진격을 독려하고, 좌·우군은 위화도(葳化島)에 주둔했다가 요동으로 진격하려 했다. 그러나 장마가 심하고 도망병이 속출해 앞으로 나아갈 수 없었다.

이성계는 생각을 다시 하지 않을 수 없었다. 친명파로서 명나라를 치러 가는 자체가 명분에 어긋나는 일인데 싸움에 승산이 있는 것도 아니었다. 싸우다가 죽게 하거나 친명파인 이성계의 명분을 구기게 하는 것이 최영을 비롯한 친원파의 의도였다. 이성계는 드디어 조민수를 설득해 위화도에서 군사를 돌렸다. 평양에 있던 최영은 비전투군밖에 없었으므로 전방 전투 병력인 이성계와 조민수의 좌·우군을 막아 낼 수 없었다.

최영은 개경으로 후퇴했다. 최영은 군사를 징발해 막아 보려고 애썼으나 화원(花園)에서 우왕과 함께 체포되어 고봉현(高峰縣)에서 합포(合浦, 진해)로, 이어 충주로 귀양갔다가 죽임을 당했다. 우왕도 강화, 여흥(驪興)을 거쳐 강릉으로 유배되었다가 죽임을 당했다. 그리고 이색(李穡)이 문하시중, 이성계가 좌시중, 조민수가 우시중이 되었다. 조정은 친명 노선을 표방해 호복을 금지하고 명의 연호를 썼다.

우왕의 후계로는 이색과 조민수의 주장으로 우왕의 아들이 왕위에 올라 창왕(昌王)이 되었다. 이는 이성계 일파에게는 마음에 들지 않았다. 이성계 등은 왕씨 중에서 새로 왕을 골라 세우자는 것이었다. 그런 마당에 1389년(창왕 1년)에 김저(金佇)의 난이 터졌다. 전 대호군 김저와 전 부령(部令) 정득후(鄭得厚)가 여흥에서 우왕을 만나 곽충보(郭忠輔)를 시켜 이성계를 암살하려는 음모가 있었다. 사건은 조작된 흔적이 있었으나 관련자인 김종연(金宗衍)이 도망가는 바람에 피의 사실이 확인되었다. 이에 이성계 일파는 창왕을 강화도로 귀양 보내고 이색·우현보·조민수·변안열 등 창왕 지지 세력을 유배 보내거나 죽였다. 그리고 창왕 대신 신종(神宗)의 9대손인 왕요(王瑤)를 공양왕(恭讓王)으로 옹립했다. 이성계는 수문하시중으로서 도총중외제군사(都摠中外諸軍事)가 되어 정권과 병권을 한 손에 쥐게 되었다.

우왕과 창왕을 폐해야 한다는 논리를 폐가입진론(廢假立眞論)이라 한다. 우왕이 공민왕의 아들이 아니라 신돈의 아들이라는 것이다. 공민왕이 신돈의 애첩 반야(般若)를 데려왔을 때 이미 아이를 밴 상태였다는 주장이다. 이 이론은 이성계파인 윤소종(尹紹宗)이 제기했고, 이에 따라 우왕·창왕은 쫓겨나 비명에 죽게 되었다.

한편 이성계는 1390년(공양왕 1년)에 영삼사사로 경제권까지 장악하고, 그해 5월에는 윤이(尹彝)·이초(李初)의 무고 사건이 일어나 구세력 타도의 빌미가 되었다. 이 사건은 왕방(王昉)과 조반(趙胖)이 명나라에 사신으로 갔다가 윤이와 이초가 "이성계는 종실이 아닌 왕요를 왕위에 올려 세우고, 이색 등 반대파 10여 인을 죽였으며, 우현보 등 9인을 유배한 다음 장차 명나라를 침입하려 한다."라고 고변한 사실을 알아 왔다며 고발한 데서 비롯되었다. 이로 인해 이색·우현보 등이 하옥되었다가 석방되었으나 이것은 이성계파의 정권 장악을 위한 무옥(誣獄)이기 쉽다.

### 전제 개혁

위화도 회군으로 정권을 차지한 이성계 일파는 최우선적으로 토지 개혁을 실시했다. 사전(私田) 개혁이 그것이다. 사전이란 관리들이 세금을 스스로 거두는 수조지(收租地)와 불법으로 차지한 개인 소유지를 의미한다.

권문세족들은 권력을 이용해 여러 가지 방법으로 남의 땅을 차지해 대토지 소유자가 되었으며, 이를 경작하기 위해 많은 양민을 노비로 삼았다. 따라서 세수는 감소하고 노동력은 고갈되어 국가 재정이 파탄에 이르렀다. 이 때문에 새로 관료가 된 신흥 사대부들은 녹봉조차 받을 수 없었고, 신흥 무장들은 군사비를 조달할 수 없게 되었다. 이것은 국가를 위기로 몰아넣는 것이었다.

이에 위화도 회군 한 달 뒤인 1388년 7월에 이성계의 측근 경제 관료인 조준(趙浚)은 사전 개혁을 주장하고 나섰다. 그리하여 그해 8월에는 사전의 세금을 국가가 직접 받아들이게 하고, 1390년(공양왕 2년) 9월에는 기존의 토지 문서를 불태운 다음 1391년 5월에 과전법(科田法)을 실시했다.

과전법은 토지 소유권에 관한 법이 아니었다. 수조권(收租權)에 관한 법일 뿐이었다. 이에 도당(都堂, 도평의사사)에서는 사전 개혁에 대한 여론을 조사했다. 전체 53명의 대신 중 이성계 등 18인은 찬성, 정몽주는 중립, 이색 등 34인은 반대였다. 반대 의견이 절대 다수였으며, 게다가 지금까지 이성계와 협력해 오던 정몽주가 다른 목소리를 내기 시작했다.

원래 관리들에게는 녹봉만 주면 그만이었다. 그러나 고대 봉건제의 유제(遺制)로 관리들에게 녹봉 이외에 봉토(封土)를 주는 대신 과도적으로 수조권을 지급한 것이다. 국가의 세신(世臣, 대대로 내려오는 신하)을 부양하기 위한 귀족적인 유제였다. 그러므로 중앙 집권적인 관료 체제가 확립되면 수조지는 감소되거나 소멸되게 마련이다. 고려의 수조지 분급 제도인 전시과(田柴科)가 개정될 때마다 지급 범위나 지급액이 줄어들다가 과전법·직전법(職田法)·관수관급제(官收官給制)를 거쳐 조선 명종조에는 왕자과전(王子科田)을 제외하고 모두 없어지게 된 것도 그 때문이었다. 그런데 국가의 관리가 소홀해진 틈을 타 관리들이 수조지를 사유화하는 경향이 있었다. 그리하여 전시과는 껍데기만 남게 되었다. 따라서 국가 경제를 일으켜 세우기 위해서는 사전 개혁이 필수적이었다.

과전법에는 몇 가지 원칙이 있었다.

첫째, 사전경기(私田京畿)의 원칙이다. 과거에는 수조지가 지방에 산재되어 있으나 이를 경기도에 집중시킨 것이다. 이에 경기도를 넓혀 좌·우도로 나누었다. 그러나 군전(軍田)이나 일부 유역전(有役田)은 그대로 지방에 두었다. 여기서 말하는 군전은 고려의 군인전(軍人田)과는 다른 토지였다. 기왕에 받은 국가 수조지로부터 토지의 양에 따라 5~10결(結)만 남겨 군전으로 삼고 나머지는 몰수한 것이었다. 그러므로 군전은 과전법을 실시할 때 한 번 지급되었을 뿐 다시 지급되지 않았다. 다만 군전을 받은 사람은 서울에 올라와 근무해야만 했다. 이것은 군사를 튼튼하게 하고, 불평 세력을 감시할 수 있는 일석이조의 효과가 있었다. 한편 향리의 외역전(外役田)을 비롯한 유역전(有役田)은 1445년(세종 27년)에 모두 혁파되어 국용전(國用田)으로 바뀌었다.

둘째, 진고체수법(陳告遞受法)이다. 불법으로 차지하고 있는 수조지를 고발하는 사람에게 주는 제도이다. 그러나 이것은 사람이 죽기를 기다렸다가 죽자마자 고발하는 경우가 많아 유교적 인도주의에 어긋난다고 하여 신고자를 친척으로 국한하거나 호조에서 직접 재분배하도록 바뀌었다. 수조지를 늘리지 않으려는 궁색한 방법이었다.

셋째, 수조액(收租額)은 십일조(十一租, 10분의 1)였다. 전세(田稅)는 15분의 1이었다.

넷째, 서리(胥吏)·공상천예(工商賤隷)·천인(賤人)에게는 수조지를 지급하지 않았다. 향리(鄕吏)·지장(紙匠) 등에게도 1445년부터는 수조지를 지급하지 않았다.

다섯째, 병작반수(竝作半收)를 금지했다. 농민을 수조지에 긴박시키고 권력자들의 토지 겸병을 막기 위해서였다. 그러나 세종 대부터 토지의 매매·전당·환퇴(還退)가 일반화되고 병작반수도 유행하게 되었다.

공양왕은 1390년 9월에 토지 분급에 관한 공·사전적을 시가에서 불살랐다. 이때 공양왕은 눈물을 흘리면서 "조종의 전법(田法)이

과인의 대에 와서 없어진다."라고 한탄했다고 한다. 그리고 그다음 해인 1391년 5월에 과전법이 실시되었다.

과전법은 구귀족의 수조권을 몰수해 이성계를 비롯한 신귀족에게 재분배한 것이었다. 그리고 불법으로 차지한 사전을 국가로 환원해 국가 재정을 튼튼히 하고자 한 것이다. 이 과정에는 병작반수·매점(買占) 등을 방지해 농민을 보호하고 토지에 긴박시키고자 하는 뜻이 내포되어 있었다.

### 고려의 멸망

위화도 회군으로 실권을 장악한 이성계 일파는 정도전·조준 등 개혁파 사대부들의 도움을 받아 정치·경제·군사에 대한 개혁을 단행했다. 그러기 위해서는 개혁파 사대부들을 정부 요로에 앉혀야 했다. 공양왕은 1389년 11월에 즉위하자마자 이색을 판문하부사, 변안열을 영삼사사, 심덕부(沈德符)를 문하시중, 이성계를 수문하시중, 왕안덕(王安德)을 판삼사사, 정몽주·지용기(池湧奇)를 문하찬성사, 조준을 지문하부사 겸 대사헌, 정도전을 삼사우사에 임명해 신·구 연립 내각을 구성했다. 이 인사에는 이색·변안열의 두 원로가 포함되어 있어서 아직도 구신 세력이 상존하고 있음을 알 수 있다. 그러나 이성계 일파의 성장이 뚜렷해지고 공양왕은 신·구 세력 사이에 끼어 왕위를 보존하고 있는 실정이었다.

이성계 일파는 사전 개혁을 단행하고 반대파 제거에 박차를 가했다. 우왕·창왕 부자를 적소(謫所)에서 죽이고, 이색·우현보·변안열 등 반대파 인사들을 차례로 숙청했다. 반대파에 속하는 사람들은 이색·조민수 등 우왕과 창왕을 옹립한 입우당(立禑黨), 이인임 등 창왕을 옹립한 입창당(立昌黨), 지용기·박가흥(朴可興) 등 김종연(金宗衍)의 모의에 참여한 종연당(宗衍黨), 윤이·이초를 명에 보내 이성계를 치도록 획책한 이초당(彝初黨), 선왕의 얼손(孽孫) 익부(益富)를 몰래 길러 반역을 꾀한 익부당(益富黨) 등 구신오죄(舊臣五罪)에 해당하는 사람이었다.

그런데 이런 무리한 반대당 숙청에 대해 반대 의견도 없지 않았다. 정몽주가 그 중심에 있었다. 1390년 7월에 정몽주는 이성계파가 이초당을 심하게 공격하자 "이초의 무리가 죄가 명백하지 않다."라고 해 이색·권근 등을 용서해 주게 했다. 그리하여 대간으로 대표되는 정몽주파가 이성계파와 갈리게 되었다. 정몽주는 이미 사전 개혁에서 중립을 지킴으로써 이성계파의 독주에 반기를 든 적이 있다. 친명파로서는 행동을 같이했지만 이성계파가 고려를 전복하려는 데는 반대한다는 것이다. 그리하여 정국이 이성계파와 정몽주파로 서서히 대립하게 되었다. 이에 공양왕은 정몽주를 의지하게 되었다. 1390년 11월 김종연 사건으로 숙청된 심덕부 대신 이성계가 시중이 되자 공양왕은 정몽주를 수시중으로 임명했다. 그러자 이색·우현보·조호(趙瑚) 등 우창당으로 유배되었던 인물들이 정몽주당이 되어 이성계파를 공격하는 사태가 벌어졌다. 그러다 1391년에 이르러서는 이성계파를 압도하는 형국을 이루었다.

이 때문에 이성계는 한산 부원군으로 복직된 이색 앞에 꿇어앉아 술을 따르고, 정도전은 대간을 비방한 죄로 형조의 탄핵을 받아 봉화현(奉化縣)에 유배되었다가 다시 나주(羅州), 모주(保州)로 이배되었다. 조박(趙璞)·윤소종(尹紹宗)·남재(南在)·남은(南誾) 등 이성계파 인사들도 역시 유배되고, 오사충(吳思忠)은 삭탈관직되었다.

이 기회를 놓치지 않고 문하부 낭사 김진양(金震陽)은 상소를 올려 조준·정도전 등을 극형에 처하라고 요구했다. 왕의 재가만 받으면 이성계 세력을 제거할 수 있을 정도로 정몽주당의 세력이 커졌다.

그러자 공양왕이 오히려 겁이 나서 정몽주에게 이성계파에 대한 탄압을 중지하도록 부탁할 정도였다. 그리고 정도전을 광주(廣州)로, 조준을 니산(泥山)으로 가까이 옮기도록 했다. 이어 남재·조박·윤소종·오사충 등도 수원으로 불러들여 국문하도록 했다. 이러한 정보를 접한 이방원(李芳遠)은 이성계에게 사태의 위급함을 알리고 정몽주를 선죽교에서 격살했다. 이색·김진양·이확(李擴)·설장수(偰長壽)·우현보 등 20여 명의 정몽주 당인들도 유배되었다.

이와 같이 이성계파가 최후의 보루인 정몽주파마저 격파하자 고립무원이 된 공양왕은 1392년(공양왕 4년) 7월에 밀직제학 이방원과 사예 조용(趙庸)을 불러 이성계와 동맹을 맺도록 해 달라고 간청했다. 이성계에 의지해 왕권을 유지하기 위해서였다. 그러나 이성계는 계속 사직하겠다고 버텼다. 그리고 동맹을 맺는 날 우시중 배극렴 등 52인의 이성계파들은 공양왕비 정비(定妃)의 재가를 얻어 1392년 7월 17일 개경의 수창궁(壽昌宮)에서 이성계(58세)를 고려권지국사로 추대했다. 이에 고려는 34대 475년 만에 망했다. 공양왕은 폐위되어 간성군(杆城郡)으로 유배되었다.

이성계는 1392년(태조 1년) 7월 17일에 개성 수창궁(壽昌宮)에서 즉위했다. 이가 조선의 태조이다. 태조는 17일에 즉위 교서(卽位敎書)를 내려 문·무 양반 체제를 표방하고, 28일에 정도전을 시켜 편민사목(便民事目) 17조를 반포해 이색 등 반혁명 분자들을 제거했다. 8월 20일에는 막내아들 이방석(李芳碩)을 세자로 삼았다. 조선 왕조 건국을 반대한 불복신(不服臣)들은 문관은 역리(驛吏), 무관은 우리(郵吏)로 격하시켰다. 8월에 한양으로 천도할 것을 결정하고, 명나라에 '조선(朝鮮)'과 '화령(和寧)' 중 국호를 정해 줄 것을 요청해 1393년(태조 2년)에 '조선'이 새 국호로 정해졌다.

조선을 건국한 태조는 무장이었지만, 그를 보좌한 참모들은 신흥 사대부들이었다. 이들은 조선의 중앙 집권적 문치주의를 정착시켰다. 중앙 집권적 문치주의 체제는 고려 시대부터 시작되었으나, 반독립적인 향리 세력 때문에 조선 초기에 와서야 제대로 된 문치주의 체제를 확립할 수 있었다. 중앙 집권적 문치주의 체제가 정착되는 데 500년이나 걸린 셈이다.

### 국호 제정

1392년 7월 17일에 즉위한 태조는 그다음 날인 7월 18일에 명나라에 사신을 보내 왕조의 교체 사실을 알렸다. 이 문서에는 태조가 고려의 문하시중(門下侍中)으로 지칭되어 있다. 이어서 하루 뒤인 7월 19일에는 왕조의 교체 사실을 승인해 달라는 사신을 따로 보냈다. 이

때까지도 태조의 직명은 권지고려국사(權知高麗國事, 임시로 고려의 국사를 맡아 보는 사람)로 되어 있었다. 사신을 접한 명나라의 홍무제(洪武帝)는 고려의 일은 고려인들이 알아서 하라는 반응을 보이고 이어서 국호 개정이 있으면 빨리 알려 달라고 했다.[11]

명나라 예부의 공문을 접수한 태조는 홍무제가 자신의 즉위를 승인한 사실을 확인하고 몹시 고무되었다. 이에 바로 당일에 문무백관을 도당(都堂)에 모아 놓고 국호 개정을 의논하게 했다. 도당에서는 새로운 국호로 '조선'과 '화령'을 추천했다. 조선이라는 국호는 그 유래가 오래된 점이 강조되었다. 이에 비해 화령은 태조의 출생지라는 점이 강조되었다. 두 가지 국호를 추천받은 태조는 11월 29일 명나라에 사신을 파견했다. 사신으로 간 사람은 한상질(韓尙質)이었다. 그는 이듬해 2월 15일에 귀국했다. 명나라는 새 왕조의 국호를 '조선'으로 결정해 주었다. 이 사실에 대한 『태조실록』의 기록은 다음과 같다.

태조 2년 2월 15일. 주문사(奏聞使) 한상질(韓尙質)이 중국에서 돌아와 명나라 예부에서 보내는 공문을 전달했다. 그 공문에 (중략) "동이(東夷)의 국호에 다만 조선의 칭호가 아름답고, 또 이것이 전래된 지가 오래되었으니 그 명칭을 근본해 본받을 것이며, 하늘을 본받아 백성을 다스려서 후손을 영원히 번성하게 하라!" 했다.[12]

태조는 그날로 교지를 반포해 새 왕조의 국호를 조선으로 정하고 아울러 대사면을 시행했다.

## 반혁명 세력 제거

조선은 역성혁명(易姓革命)으로 건국되었다. 왕씨 왕조가 이씨 왕조로 바뀐 것이다. 전통 시대에 국가에 충성을 다하는 것은 곧 그 왕조를 건국한 성씨에 대해서도 충성을 다하는 것이었다. 따라서 왕씨에 대해 충성을 바치는 사람은 반역에 해당했다. 이색·정몽주·원천석(元天錫)·길재(吉再)처럼 왕씨에게 충성하는 사람들은 제거되었다. 두문동(杜門洞)에 들어가 조선에 벼슬을 하지 않은 선비들도 마찬가지였다.[13] 이른바 불사이군(不事二君)파였다. 신하들도 문제지만 개성 왕씨들이 더 문제였다. 이들이 있는 한 반란이 그치지 않을 것이기 때문이다.

태조 이성계는 "무릇 나라 안에 있는 사람들은 모두 나의 적자(赤子)이니, 너와 나의 차별이 없이 똑같이 사랑해 하늘의 뜻에 보답해야 할 것이다."[14]라고 해 경기도 마전(麻田)에 태조의 사묘(祠廟)인 숭의전(崇義殿)을 짓고 2대 혜종 등 7묘를 덧붙여, 공양왕의 동생이요 이방과(李芳果)의 장인인 귀의군(歸義君) 왕우(王瑀)에게 제사 지내게 하고, 공양왕을 공양군으로 강등시켜 강원도 간성군으로 옮겼다. 강화와 거제(巨濟)로 귀양갔던 왕씨들은 육지로 불러내 살게 하려고 했다.

그런데 1394년(태조 3년)에 동래 현령 김가행(金可行)이 공양왕과 왕씨의 미래를 점친 일이 탄로되었다. 특히 공양왕의 점괘에 마흔일곱 살에 운이 일어나 쉰 살 이후에는 병사를 이끌게 되어 반드시 대인이 될 것이라는 내용이 문제되었다. 이에 태조는 하는 수 없이 4월에 강화도에 귀양 가 있던 왕씨들을 윤방경(尹邦慶)으로 하여금 강화 나루에 던져 죽게 했다. 그리고 거제에 귀양 가 있던 왕씨들도 손흥종(孫興宗)을 보내 거제도 앞바다에 던져 죽게 했다. 또한 삼척에 유배되어 있던 공양군도 정남진(鄭南晉)을 보내 죽였다. 또 전국의 왕씨들을 색출해 모두 목 베게 했다. 그래서 왕씨들은 전(全)씨, 옥(玉)씨 등으로 성을 바꾸었다고 한다. 그러고는 수륙재(水陸齋)를 지내 왕씨들의 원혼을 달래 주었다. 개성의 진관사, 거제의 견암사 등이 수륙재를 지낸 절이었다.

왕씨 자손들만이 아니었다. 신왕조에 협력하지 않은 관료들도 숙청되었다. 이색은 여주에서 의문의 죽음을 당했고, 그의 아들 이종학(李鍾學)과 제자 이숭인은 정도전이 보낸 손흥종과 황거정(黃巨正)에게 매맞아 죽었다. 길재·원천석·조견(趙狷)·남을진(南乙珍) 등은 평생 신왕조에서 벼슬하지 않았다. 뿐만 아니라 개성 광덕산(光德山) 아래 두문동에 은거하다가 불타 죽은 두문동 72현도 있다. 이들은 평민으로 상업에 종사하고 조선에서 벼슬하지 않았다.

### 한양 천도

태조는 개경이 구세력의 온상이라 도읍을 옮기고 싶어 했다. 1393년 11월 권중화(權仲和)가 전라도 진동현(지금의 충남 금산군 진산면, 복수면, 추부면) 일대의 계룡산(鷄龍山)을 도읍지로 할 만하다고 보고했다. 태조는 무학 대사와 함께 계룡산을 직접 찾아가 보고 공사를 시작하게 했다. 그러나 경기 감사 하륜(河崙)이 좁고 물이 없다고 반대해 무산되었다.[15] 이에 1395년 2월 하륜의 의견에 따라 조준, 권중화 및 서운관(書雲觀) 관원들로 하여금 무악(毋岳) 남쪽에 왕궁 터를 잡아 보라고 했다. 그러나 반대 의견이 많아 무학이 다시 지금의 청와대 자리를 후보로 올렸다. 그러나 정도전은 그 자리가 좁으며 도읍 터는 남향이어야지 동향으로 세우는 것은 아니라고 하고는 지금의 경복궁 자리를 정궁 터로 잡았다.[16]

태조는 1394년 9월에 궁궐조성도감을 설치해 종묘·사직·궁궐·도로를 건설하게 했다. 그리고 10월 25일에는 분도평의사사만 개경에 남겨 두고 천도를 단행했다. 그리고 그해 윤9월에는 도성조성도감(都城造成都監)을 설치해 1396년(태조 5년) 정월부터 민정(民丁) 19만 7000명을 동원, 봄과 가을 2회에 걸쳐 총 98일 만에 둘레 9775보(약 17킬로미터)의 도성을 완성했다. 이 도성은 북으로 백악(白岳), 동으로 낙산(駱山), 남으로 남산, 서로 인왕산에 걸쳐 험준한 곳에는 토성을 쌓아 9월에 준공했다. 도성에는 사대문과 사소문을 냈다.[17]

경복궁은 총 390여 칸으로 뒤에 전장 1813보, 높이 21척의 궁성을 두르고, 동쪽에 건춘문(建春門), 서쪽에 영추문(迎秋門), 남쪽에 광화문(光化門), 북쪽에 신무문(神武門)을 세웠다. 광화문 앞에는 좌우 2열로 관청(줄행랑)을 세우고, 보신각(普信閣)이라는 종루(鐘樓)를 세워 인정(人定, 오후 10시)과 파루(罷漏, 오후 4시)에 종을 쳐 시간을 알려 주었다. 이들 궁전과 문루의 이름은 모두 정도전이 지었다. 1395년(태조 4년) 6월에는 한양부(漢陽府)를 한성부(漢城府)로 고치고, 1396년(태조 5년) 4월 19일에는 5부(五部) 52방(坊)을 정했다.[18]

## 개국 공신

태조는 즉위 한 달 뒤에 공신도감을 설치하고 한 달 후인 1392년 9월에 배극렴·조준 등을 비롯한 52명의 개국 공신 명단을 발표했다.[19]

개국 공신은 처음 43인이 책봉되었다가 개국 직후에 죽은 김인찬(金仁贊)을, 며칠 후에 조견·한상경(韓尙敬) 등 7인을, 그리고 1392년 11월에는 황희석(黃熙碩)을 추가했다. 그러나 태종 대에는 1등 15인, 2등 9인, 3등 15인으로 줄었다.[20] 이들에게는 토지와 노비가 분급되었다. 1등은 토지 150~220결과 노비 15~30구를, 2등은 토지 100결과 노비 10구를, 3등은 토지 70결과 노비 7구를 하사받았다. 이들은 황희석을 제외하고는 옥새를 들고 이성계의 사저에 찾아가 즉위를 권유한 사람들이었다. 출신 배경은 다양했다. 개국 공신은 문신 31인, 무신 12인, 모호한 사람이 9인이었다. 이 중 문과 출신은 27인이었다.

그러나 이들 모두가 신왕조 건국에 결정적으로 공헌했다고는 할 수 없다. 정도전·조준 등은 명실상부하게 개국 공신이 된 사람들이지만 배극렴·김사형 등과 같은 사람은 이성계 추대에 참여한 것 이외에는 그다지 내세울 만한 공로가 없는데도 1등 공신에 포함되었다. 구색을 맞추기 위해서였다. 개국 공신의 출신지도 팔도를 망라하고 있으나 무인의 경우는 함경도와 강원도 출신이 대부분을 차지하고, 문신의 경우는 하삼도 출신이 압도적으로 많았다. 이들은 조준과 같이 명문 출신도 있었지만 『고려사』 열전에 수록된 인물이 세 명에 지나지 않을 정도로 그 가계와 출신이 미미한 경우가 대부분이었다. 이러한 사실에서도 조선 건국이 이성계로 대표되는 신흥 무인과 정도전을 비롯한 신흥 사대부들에 의해 이루어졌다는 것을 알 수 있다.

그 밖에도 이지란과 같이 여진 출신이나 이민도와 같이 중국 귀화인도 개국 공신에 포함되어 있다. 조견과 같은 신왕조 건국에 반대한 사람도 태조와의 친분, 친형인 조준의 위세, 고려 구신에 대한 위무 차원에서 공신에 포함되었다. 개국 공신은 전적으로 태조의 뜻대로 책봉되었다. 그러나 그는 조선 건국에 가장 큰 공신들이라 할 수 있는 이방과·이방의·이방원 등 그의 아들들을 제외시켜 논란의 여지를 남겼다. 이들은 제1차 왕자의 난을 성공시킨 후에 개국 공신에 포함될 수 있었다.

한편 개국 공신 외에도 원종공신(原從功臣)이 별도로 책정되었다. 원종공신이란 정공신(正功臣) 외에 국가나 왕실의 안정에 공이 있는 인물들에게 주는 공신호이다. 본래 원(元) 자를 썼으나 명나라 태조의 이름과 같아 원(原) 자로 바꾸었다. 원종공신에게도 음서의 혜택을 주는 등 여러 특혜가 있었다. 그들은 정공신에 비하면 미미했지만 권력의 그늘에 살 수 있는 것만 해도 큰 혜택을 받는 셈이었다. 원종공신의 수는 자그마치 1698인에 이른다. 이들 중에는 도조(度祖)의 처가인 용천(龍川) 조(趙)씨를 비롯한 태조의 친·인척이 많이 포함되어 있었다.

그 밖에도 고려에서 고위직을 역임한 인사들이 적지 않게 포함되어 있었다. 공이 있는 사람에게는 상훈을, 반역의 염려가 있는 불만 세력에게는 위무(慰撫)를 하기 위해 원종공신의 책봉이 광범하게 주어졌기 때문이다.


### 3대 건국 이념

조선의 건국 이념은 숭유억불(崇儒抑佛), 중농억상(重農抑商), 사대교린(事大交隣)이다.

① 숭유억불: 불교 세력이 고려 말에 이르러 지나치게 비대해지자, 사대부들은 주자학을 이론 무기로 삼아 불교를 비판했다. 그런데 불교는 구귀족과 밀착되어 있었다. 따라서 불법으로 많은 토지와 양민을 차지하고 있는 구귀족을 타도하기 위해서는 불교를 개혁해야만 했다. 그러나 수백 년 동안 국교로서 보호받았던 불교와 불교 세력을 한꺼번에 타도하기는 어려웠다. 그리하여 사대부들은 우선적으로 과전법을 실시해 불법적으로 차지한 구귀족의 사전을 국가로 환수했다.

하지만 불교에 대한 이론적 공격은 이미 고려 말부터 있었다. 정도전은 『불씨잡변(佛氏雜辨)』을 써서 불교가 무부무군지도(無父無君之道)로서 윤리적, 경제적으로 국가를 좀먹는 종교라고 신랄하게 비판하면서 사원의 토지와 노비를 국가에서 몰수해야 한다고 했다. 성균 학관 김초(金貂)는 승려를 환속시켜 군사에 충당하고, 중이 되려는 자는 죽여야 한다고 주장했다. 성균 유생 박초(朴礎)는 불교는 인륜을 저버린 백해무익한 종교니 승려는 군인으로 만들고 불서(佛書)는 불태워야 하며, 절의 토지와 노비는 국가에서 몰수해 국용(國用)에 보태게 하고, 불상은 녹여서 군기를 만들어야 한다는 의견을 내세웠다.[21]

그러나 막강한 불교 세력을 하루아침에 개혁할 수는 없었다. 이에 태조는 일단 불교와 타협했다. 건국 과정에서 사람을 많이 죽여 그 자신도 불교에 의지하고자 했다. 그리하여 그는 1393년 10월 9일 무학을 국사(國師)로 삼아 불교계와의 관계를 유지했다.[22] 무학 역시 언제라도 철퇴를 맞을 수 있는 상황에서 불교계를 지키기 위해서는 왕실과 가까이 할 필요가 있었다. 무학과의 개인적인 친분도 작용했겠지만, 백성과 신하들이 널리 신봉하고 있는 불교를 일거에 적으로 돌리기에는 부담스러웠다. 그리하여 사전 개혁을 먼저 하고 불교 정리는 조선 왕조의 통치 체제가 확고해질 때까지 기다려야만 했다.

태조는 1393년 4월 개성 남문에 위치한 연복사오층탑(演福寺五層塔)을 다시 세웠다. 탑을 세운 사람들은 태조·정도전·이방원 등 조선 왕조의 실세들이었다. 막상 조선을 건국했지만 고려의 옛 신하들은 불사이군을 부르짖으며 협력하려 들지 않았다. 또한 백성들도 동요하고 있었다. 이를 무마하기 위해 태조는 연복사오층석탑 낙성을 축하하는 문수회(文殊會)에 참여해 자신에 대한 충성을 이끌어 내려 했다. 뿐만 아니라 태조는 무학을 회암사(檜巖寺) 주지로 삼았다. 아무리 불교 세력이 꺾였다고는 하지만 홍건적이나 왜구의 침입으로 불안해하는 민심, 개국 공신 간의 세력 다툼 등으로 불안정한 왕위를 유지하고 있던 태조로서는 불교계를 적으로 돌릴 수 없었기 때문이다.

그러나 조선 왕조의 국교는 불교에서 유교(주자학)로 바뀌었다. 정도전은 『조선경국전(朝鮮經國典)』과 『경제문감(經濟文鑑)』을 지어 유교에 의한 신왕조의 새로운 문치주의 기틀을 잡았다. 주자학이 국가의 지배 사상이 되자 성균관은 새로운 지배 사상으로 훈련된 인재를 양성하는 기관으로 중요한 역할을 했다. 이를 위해 태조는 즉위한 다음 날 예문·춘추관 학사 민제(閔霽)를 시켜 석전제(釋奠祭)를 지내게 했다.[23] 그리고 1398년(태조 7년)에는 지금의 성균관 자리에 대규모 학사와 문묘를 짓고, 각 군현에 향교를 하나씩 지어 유교 교육을 강화했다. 1군 1향교 체제이다. 그리고 1403년(태종 3년)에는 관학(官學)뿐 아니라 사학(私學)도 장려했다.

주자학을 바탕으로 하는 과거 제도도 정비되었다. 태조는 즉위

교서에서 문·무는 편폐해서는 안 되니 문과와 더불어 무과를 실시하고[24] 시험 제도를 정비하고자 함을 밝혔다. 물론 건국 초창기의 혼란 때문에 소기의 목적은 달성할 수 없었지만 주자학이 바탕이 되는 중앙 집권적 문치주의를 굳건히 하면서 불교를 정리할 힘을 비축하고 있었던 것이다. 이것이 태종·세종조의 사원 태척(寺院汰斥)으로 나타난다.

② 중농억상: 조선은 농업 국가였다. 따라서 산업 중 농업을 가장 중시했다. 농자천하지대본(農者天下之大本)이었다. 또한 사대부들의 문치주의에서 인간 심성 수양에는 콩 심은 데 콩 나고, 팥 심은 데 팥 나는 농업이 맞는 직업이었다. 지나친 이윤 추구는 심성 수양에 방해가 된다고 생각했다.

무치주의를 추구한 일본은 조선보다 상공업이 발달했다. 무역도 성히고 왜구의 노략질도 일찍부터 성했다. 상업에서 가장 이윤이 많이 나는 것은 노략질이었다. 대가를 주지 않고 약탈해 오기 때문이다. 더구나 노략질로 실전 훈련을 쌓을 수도 있었다.

그러나 조선은 농업 국가로 적당치 않은 나라였다. 국토의 3분의 1이 산이고, 날씨는 가물다가 매년 7~8월이면 태풍이 불어 와 홍수가 지니 남아나는 것이 없었다. 매년 한발·홍수·흉년·기근의 연속이었다. 그래서 선비들은 굶는 연습부터 해야 했다. 부자는 군자가 될 수 없다고 생각했다. 그리하여 선비들은 절검을 미덕으로 삼고, 굶으면서도 예의와 염치를 차릴 줄 알며, 청렴결백한 것을 숭상했다. 청백리가 높이 평가된 까닭도 여기에 있다.

당시 상황으로서는 무역이나 약탈을 하기도 쉽지 않았다. 동아시아의 패권자였던 명나라는 고립주의를 채택해 외국과의 통상을 억제했다. 가난하고 인구가 작은 조선이 명나라에 통상 압력을 넣을 수도 없었다. 일본이나 여진·거란·몽고도 문화는 좀 뒤떨어지지만 뭉칠 때는 국력이 조선보다 우세했다. 이들과 전쟁을 하는 것은 언제나 불리했다. 이런 상황에서 조선의 건국 주체들은 중농억상 정책을 쓰지 않을 수 없었다.

③ 사대교린: 조선이 추구한 외교 정책은 사대교린이었다. 사대란 강대국 명나라를 섬기는 것이고, 교린은 여진이나 일본·몽고 등 주변국들과 우호·협력 관계를 유지하는 것이었다. 이 가운데 존명사대(尊明事大)가 제일 중요했다.

존명사대는 고려 말의 국제 정세와 밀접한 관계가 있다. 당시 귀족과 사원을 비판하는 사대부들은 당연히 반원친명파였다. 원나라는 기울어 가고, 명나라가 새로 일어나고 있었기 때문이었다. 또한 반원정책은 구체적으로는 원나라에게 빼앗겼던 국토 회복과 직결되어 있었다. 이것은 당시의 국제 정세와 부합할 뿐 아니라 국익에도 도움이 되는 일이었다.

조선이 건국되기 직전에 대륙에는 이미 명나라가 중원을 차지하고 있었다. 명나라는 동아시아의 패권자로서 쇄국 정책을 써 주변국들과 통상을 하지 않으려 했다. 이 같은 상황에서 조선은 적극적인 존명사대를 표방함으로써 명나라의 환심을 사고, 동시에 국가의 안보와 이익을 도모하고자 했다.

당시 조선이 명나라로부터 얻는 것은 너무나 많았다. 무엇보다도 동아시아의 선진 문물은 조선의 문치주의 체제 정비와 유교 문화 확산에 결정적 공헌을 했다. 조선에서 명나라에 파견되는 사신들은 단순한 외교적 임무를 넘어 문화 전파자 구실을 했다.

조선은 가능한 모든 방법을 통해 명나라와 자주 접촉하려 했다. 명나라와의 외교 관계는 이른바 조공(朝貢) 관계를 통해 유지되었다. 조공은 제후국이 천자국에게 선물을 바치는 것이고 명나라가 내려주는 선물은 회사품(回賜品)이라 했다. 그리고 제후국의 국왕·왕비·세자를 천자국의 황제가 책봉하게 되어 있었다. 이른바 책봉 체제(冊封體制)다. 책봉 체제는 동아시아의 일종의 평화적인 공존 관계에 불과했다.

조선에서는 매년 정기적으로 자진해서 네 차례에 걸쳐 명나라에 사신을 보내고 조공을 바쳤다. 정월 초하루에 새해 인사를 하기 위해 보내는 정조사(正朝使), 동지를 축하하기 위해 보내는 동지사(冬至使), 황제의 생일을 축하하기 위해 보내는 성절사(聖節使), 황태자의 생일을 축하하기 위해 보내는 천추사(千秋使)가 그것이다.

정기 사신 이외에도 조선에서 중요 사건이 발생하거나, 일본 등 인접국의 불온한 정세가 있을 때나, 간청할 일, 물어볼 일 등이 있을 때는 수시로 사신을 파견했다. 왕·왕비·세자가 새로 섰거나 죽으면 사신을 파견했다.

이와 같이 명나라에 대해서는 자발적으로 사신을 교환했으나 인접국에 대해서는 부정기적으로 일이 있으면 사신을 교환했다.

이처럼 조선의 숭유억불, 중농억상, 사대교린은 조선이 건국 초기에 선택할 수 있는 최선의 정책이었다고 할 수 있다.

### 표전문 사건

조선은 명나라와 원나라가 지배하고 있던 만주 지방을 누가 차지하느냐를 놓고 갈등을 겪었다. 정도전은 겉으로는 존명사대를 부르짖으면서 실제적으로는 북방의 영토를 조선의 행정 구역으로 편입시켰다. 이를 눈치챈 명나라는 정도전을 압송하라고 했다. 1396년 6월 하정사(賀正使) 유순(柳珣)이 가져 간 표전(表箋)에 모욕적이고 오만한 언사가 있다고 트집 잡았다. 조선에서는 즉시 곽해융(郭海隆)을 보내어 잘못을 빌게 했다. 그리고 표전문 찬자인 정탁(鄭擢)은 풍질(風疾)에 걸려 제외하고 김약항(金若恒)만 압송했다. 그러나 명에서는 6월에 다시 정도전과 정탁을 잡아 오라고 했다. 정도전은 55세나 된 데다가 각기병도 겹쳐 갈 수가 없고, 표전문을 지은 적도 교정한 적도 없다고 변명했으나 유순이 이미 정도전이 지은 것이라고 했기 때문에 면할 수가 없었다.

실상 이 표전문은 정탁이 짓고 정총(鄭摠)과 권근(權近)이 교정한 것이었다. 물론 명나라가 표전문을 문제 삼은 것도 내심 동북면을 조선의 영토로 편입시킨 정도전을 제거하기 위해서였다. 그러나 정도전파인 남은(南闇)이 정도전을 보내지 말고 오히려 명나라에 적극 대항하자고 한 것을 보면 조정 내에서도 의견 대립이 있었음을 알 수 있다. 7월에 명나라 사신이 돌아갈 때 정도전 대신 권근·정탁·노인도(盧仁度)를 압송했다. 조신들도 정도전의 위세에 눌려 누구도 정도전을 보내야 한다는 사람이 없었는데 오직 한성 부사 하륜만은 보내야 한다고 했다. 더구나 양첨식(楊添植)·설장수 등이 명나라에 갔을 때 정도전을 모함해 또다시 정도전이 비방받기 시작했다.

이에 정도전은 결사 항전의 뜻을 굳혔다. 1397년(태조 6년) 6월에 정도전이 진도(陳圖)를 강습시키고, 11월에 그가 지은 수수강무도(蒐狩講武圖)에 의해 사냥하는 척하면서 군사 훈련을 시켰으며, 12월에는 대마도·일기도(一岐島)를 정벌하고자 했다. 더 나아가 정도전은 남은·심효생 등과 더불어 국경을 넘어 명나라를 공격할 것을 왕에게 건의하기에 이르렀다.

그러나 조준은 존명사대에 어긋나는 일이라고 결사반대해 태조의 호응을 얻었다. 정도전 등은 7월에 사병 혁파를 주장하고 진법 교육을 강행했다. 반면에 11월에 명에 억류되어 있던 정총·김약항·노인도가 피살되고 또 다른 외교 문서를 트집 잡아 조명 관계가 경색되어 갔다. 정도전과 남은이 왕명을 받아 조준 집에 찾아가 말했다.

"요동을 치는 일은 이미 결정되었으니 공은 다시 말하지 마라!"

이에 조준이 말했다.

"내가 개국 원훈의 반열에 있으면서 어떻게 전하를 버릴 수 있겠는가? 전하께서 즉위한 뒤 서울을 옮겨 새로 창건하느라 백성들이 토목 공사에 지쳐 있는데 아직 인애(仁愛)를 베푼 것이 없어 원망이 극도에 이르렀다. 그리고 군량도 넉넉지 않은데 어떻게 이런 원망에 가득찬 백성을 이끌고 가서 일을 성공시킬 수 있겠는가?"

그리고 정도전에게 덧붙여 일렀다.

"만일 내가 각하와 제도의 백성을 이끌고 정벌에 나선다고 하더라도 백성이 원망의 눈초리로 노려보고 있는 지가 오래니, 어찌 명을 따르려 하겠는가? 나는 자신도 죽고 나라도 망하는 것이 요동에 이르기도 전에 닥치게 될까 염려스럽다. 나는 병세가 바야흐로 치성해 일어나서 조정에 나갈 수 없으니 원컨대 제공들께서는 신의 말대로 상에게 아뢰어 주기 바란다. 병이 완쾌되면 신이 마땅히 친히 아뢰겠다."

그 후 조준은 병든 몸을 끌고 대궐에 들어가 태조를 설득해 요동 정벌을 극력 만류했다. 그 뒤로 정도전과 조준이 사이가 나빠졌다. 남은은 분노해서 말하기를 "두 정승(조준·김사형)은 곡식이나 출납하는 작은 일은 할 수 있지만 함께 큰일을 도모할 수 없다."라 했다고 한다.[25]

정도전은 명나라의 공격을 피하기 위해 1397년 7월에 봉화백(奉化伯)으로 일시 물러나 있었으나, 10월 16일에는 유비고(有備庫) 제조가 되어 군수 물자를 관리하고, 공·사전의 전조(田租)를 국고에 충당케 했으며, 조준에게 판의흥삼군부사를 겸임토록 해 그를 요동 정벌 운동에 끌어넣으려 했다. 태조는 강비(康妃)의 상복을 입었다는 죄로 정총·김약항·노인도가 명에서 처형당하자 더욱 강경책을 써 그해 12월 22일에는 정도전을 동북면 도선무 순찰사(東北面都宣撫巡察使)로서 함경도의 성곽을 수리하게 하고 무기를 점검해 전쟁 준비를 서둘렀다. 그러나 정도전·남은 등이 제1차 왕자의 난으로 제거되자 요동 정벌은 무산되고 말았다.[26]

## ○○ 황희의 선계

　　방촌 황희의 본관은 장수(長水)다. 장수는 본래 백제의 양평현(兩
坪縣)이었는데, 신라 때 고택(高澤)으로 고쳐 장계군(長溪郡)에 소속시켰
다. 고려 때 장수현(長水縣)으로 고쳐 남원부(南原府)[27]에 속하게 했다
가 1392년에 다시 장수현을 독립시켜 고을 북쪽 30리에 있는 장계
(長溪)를 속현(屬縣)으로 거느리게 했는데, 뒤에 장계에도 현감을 두었
다. 현에서 동쪽으로 10리 되는 곳에 이곳의 진산(鎭山)인 영취산(靈鷲
山)이 있고, 고을 북쪽에 덕유산(德裕山)이 있는데 『신증동국여지승람
(新增東國輿地勝覽)』 장수현 성씨조에 보면 이곳이 장수 황씨의 본관으
로 되어 있다.[28]

　　장수 황씨의 시조는 나말 여초의 황경(黃瓊)으로 되어 있다. 황경
은 신라의 시중 벼슬을 했다고 하며, 부인은 경순왕(敬順王)의 장녀인
경주 김씨다. 경순왕 김부(金傅)는 세 딸을 두었는데, 장녀는 죽방 부
인(竹房夫人) 박씨의 소생으로 황경에게 시집갔고, 차녀는 낙랑 공주
(樂浪公主) 왕씨 소생으로 고려 경종에게 시집가서 헌숙 왕후(獻肅王后)
가 되었으며, 삼녀는 별빈(別嬪) 순흥 안씨의 소생으로 경주 이금서(李
金書)에게 시집갔다.[29]

　　장수 황씨의 상계(上系)도 다른 성씨와 마찬가지로 보첩(譜牒)이
남아 있지 않아 자세하게 알 수 없다. 『장수황씨세보』[30]에 의하면 황
경의 9세손은 황공유(黃公有)로 되어 있다. 황공유는 고려 명종 때 전
중감(殿中監) 벼슬을 지냈다고 한다. 그런데 권신 이의방(李義方)이 국
정을 농단해 손수지(孫秀之)와 관련된 혐의로 그를 죽이려 하자 벼슬

을 버리고 장수로 내려왔는데, 또 현감이 이의방의 뜻을 맞추기 위해 체포하려 하니 가솔을 이끌고 남원(南原)으로 이사해 그곳에서 세거(世居)했다고 한다. 그때 세거한 곳이 광한루(廣寒樓)의 옛터라고 한다.[31]

시조 황경의 15세손이요, 황공유의 6세손이 황감평(黃鑑平)이다. 황감평은 호가 일재(逸齋)인데 고려의 성균관생으로 문명을 떨쳤으나 두 번 과거에 낙방하자 고향으로 돌아와 서당을 열고, 교육에 열중했다.[32]

시조의 18세손이요, 황감평의 증손이 황석부(黃石富)다. 이가 장수 황씨의 중시조다. 증손 황희의 현달로 이조 판서를 증직받았다. 묘는 토산현(兎山縣) 외현면(外縣面) 구내리(龜來里)에 있을 것으로 추정한다. 구내동에 유좌묘향(酉坐卯向)으로 고총(古塚)들이 많이 있는데, 옛날 부로(父老)들이 전하는 말로는 "모두 황 정승가의 선산이었는데, 지금은 고을 아전인 조가(趙哥)의 세장지(世葬地)가 되어 있다."라고 했다. 일찍이 이 마을 사람들이 산 아래에서 끊어진 비석을 발견했는데, 그 비에 "황공석부(黃公石富)" 네 자가 적혀 있었다 한다. 그러나 비석을 발견한 사람이 이미 죽었으니, 그 비석을 발견한 곳을 물어볼 수 없었다. 이 때문에 후손 황변(黃玣)과 황집(黃瑹)이 산 아래에 가서 의심되는 무덤을 모두 파 보았으나 마침내 발견하지 못했다 한다. 또 고을 강전(羌田)의 서쪽에 큰 산줄기가 있고, 그 위에 큰 무덤이 하나 있었는데, 청룡(青龍)의 안쪽을 '능곡(陵谷)'이라 하고, 백호(白虎)의 안쪽을 '행제막(行祭幕)'이라 했으며, 동중(洞中)의 들밭 가운데 '이문동(里門洞)'이란 곳이 있는데, 전부터 "황 정승집 선대의 선산"이라 말하기도 했다고 한다. 모두 확실치 않은 전설에 불과하다.[33] 부인은 최충(崔沖)의 후손이요, 고려 때 평장사(平章事)를 지낸 최관(崔璀)의 손녀요, 대제학을 지내고 평장사 벼슬을 지낸 최홍윤(崔洪胤)의 딸 해주 최씨다. 외조는 창원(昌原, 구보(舊譜)에는 철원(鐵原)) 최씨인 최선(崔詵)이다.[34]

황석부의 아들이 황균비(黃均庇)다. 그는 글을 읽기는 했으나 뜻을 이루지 못하고 죽었다. 손자인 황희가 현달해 숭정대부 의정부 좌찬성에 증직되었다. 묘는 전북 남원시 대강면(帶江面) 풍산리(楓山里)에 있다.[35] 일찍이 손자 영의정 익성공(翼成公) 황희가 1442년(세종 24년)에 묘갈(墓碣)을 세웠는데, 중간에 유실되었다고 한다. 그런데 찬성공 묘 아래 있는 무민공(武愍公) 묘역에 석축을 쌓으려 할 때 오른쪽 계곡의 돌무덤에서 돌을 캐어 내는 중에 당초 황희가 세웠던 황균비의 묘갈을 발견했다고 한다. 묘갈은 이미 두 동강이 나 있었으나, 전면의 큰 글자와 옆면의 작은 글자가 뚜렷하고 "손 황희 입(孫黃喜 立)"이라고 쓴 글이 나왔기에 부러진 비석의 위아래 중간에 구멍을 뚫어 무쇠로 붙여서 다시 세웠다 한다.[36]

그후 1564년(명종 19년)에 6대손 황윤관(黃允寬)이 남원 부사로 와서 묘역을 사초(莎草)하고, 황이장(黃爾章)이 전라 감사로 와서 새로운 비갈을 세웠다.[37] 부인은 증정경부인 진주 강씨다.[38] 묘는 전북 순창군 동계면(東溪面) 현포리(玄圃里)에 남편 황균비의 묘에서 5~6리쯤 떨어진 곳에 있다.[39] 여기에도 손자 영의정 황희가 묘갈을 세웠으나 중간에 없어져 후손들이 갈문(碣文) 없이 전면에 정경부인(貞敬夫人) 이하 십수자만 써서 세웠다가 우후(虞侯) 황현묵(黃顯默)과 그 아들 황영(黃玲)이 비석을 다시 세웠다.[40]

황균비의 아들이 황군서(黃君瑞)다. 아들 황희의 현달로 영의정 겸 경연 판이조사 행자헌대부 판강릉부사에 증직되었다. 전고(典故)에 밝아 일대의 명신이 되었다. 묘는 경기도 장단군 장도면(長道面) 사시리(沙是里) 마근곡(麻根谷)에 있다.[41] 부인은 감문위 호군 김우(金祐)의 딸 증정경부인 용궁(龍宮) 김씨다. 묘는 경기도 파주시 탄현면(炭縣面) 금승리(金蠅里)에 있다.[42] 두 아들을 두었는데 황중수(黃中粹)와 황희(黃喜)다.[43]

황군서의 장자 황중수(黃中粹)는 가선대부 검교 한성 부윤을 지냈고, 두 아들을 두었는데, 장자 황경돈(黃敬敦)은 봉직랑 용안 현감을, 차자 황경지(黃敬止)는 종사랑 순창 유학교도를 지냈다.[44]


## ○○ 총명하고 민첩한 아이

황희의 처음 이름은 수노(壽老)요, 자는 구부(懼夫)이며, 호는 방촌(厖村)이요, 시호는 익성(翼成: 思慮深遠曰翼 爲相克終曰成)이다. 1363년(공민왕 12년) 2월 10일 사시(巳時)에 태어나 1452년(문종 2년) 2월 8일에 죽었다. 향년 90세.

황희는 아버지 강릉 도호부사 황군서와 어머니 감문위 호군 김우의 딸 용궁 김씨와의 사이에서 2남으로 태어났다. 태어난 곳은 송경(松京) 가조리(加助里)였다. 나면서부터 신기(神氣)가 있었고, 다른 아이들과 달랐다. 개성 송악산(松岳山)에 용암(龍巖) 폭포가 있었는데, 큰 가뭄에도 마르지 않았다. 그러나 황희가 임신된 달부터 물줄기가 끊

어져 수개월 동안 물이 흐르지 않다가 그가 태어나자 전과 같이 물이 흘렀다고 한다.[45]

황희는 나면서부터 총명하고 민첩해 한 번 보면 곧 기억하므로 식견 있는 이들이 이미 큰 그릇이 될 줄 알았다.[46] 14세 되던 1376년에 음보로 복안궁(福安公) 녹사가 되었다.[47] 17세 되던 1379년에 판사 복시사 최안(崔安)의 딸 정경부인 최씨와 혼인했다. 학문을 좋아해 밤낮으로 경사(經史)와 외가서(外家書)를 통달했다. 그는 문장학은 군자의 능사가 아니라고 하면서 과거에 응시하지 않다가 부모의 강권으로 1383년(우왕 9년)에 생원시에 합격하고, 1385년에 진사시에 합격했다.[48] 그러나 1386년 9월에 최씨 부인이 죽고,[49] 1388년에 공조 전서 양진(楊震)의 딸이요, 고려 찬성사 양지수(楊之壽)의 손녀요, 정승 양기(楊起)의 증손녀인 청주 양씨와 재혼했다.

# 2 태종에게 발탁되어 요직에 중용되다

황희는 처음에는 신왕조에 협력하기를 꺼렸으나 아까운 재주를 썩히지 말고 백성을 구제하는 데 쓰라는 주위의 충고를 받아들여 태조가 신왕조를 개창한 지 3년 만에 벼슬길에 나아갔다. 그리하여 세자 우정자가 되어 예문춘추관에 들어갔다. 사헌부 감찰, 사간원 우습유를 지내면서 바른 소리를 하다가 함경도 경원(慶源) 교수로 강등되었다. 1399년(정종 1년)에 습유로 불려 올라와 바로 우보궐로 옮기고, 이어 경기도사, 형조·예조·병조·이조 등 4조의 정랑을 지냈다. 그리고 곧 이어 집현전 제학을 맡아 강론관을 맡았다.[1]

태종조에는 지신사 박석명(朴錫命)이 자기 대신으로 황희를 지신사에 천거했다. 그리하여 도평의사사 경력(經歷)으로 병조 의랑에 이르렀는데 맡는 일마다 능숙하게 처리했다. 1402년(태종 2년)에 부친상을 당했으나 태종은 그를 기복(起復)시켜 대호군에 임명하고 승추부(承樞府) 경력을 겸임시키니, 여러 차례 사양했으나 허락을 얻지 못해 아버지 상에는 심상3년(心喪三年)을 입었다. 1404년(태종 4년)에 사간원 우사간을 지내고, 중추원 좌부대언을 거쳐, 다음 해에 다시 지신사가 되었다. 이로부터 태종의 특별한 예우를 받았다.


## ○○ 창업 군주 태종의 시대

1392년 8월 20일 공신 배극렴·조준·정도전 등이 태조에게 세자를 세울 것을 청했다. 태조는 강비(康妃) 소생인 이방번(李芳蕃)에게 뜻이 있었다. 배극렴이 "기필코 강씨의 소생을 세우려면 막내아들인 이방석(李芳碩)이 좀 낫다."라고 했다. 그래서 이방석을 세자로 삼았다.

1392년 8월, 즉위한 지 한 달 뒤에 태조는 이방과(李芳果)·이방번·이제(李濟)에게 의흥친군위(義興親軍衛) 절제사를 맡겼다. 이때는 건국 초기라 정도전이 병권을 가지기 전이다. 이방원이 군권을 잠시 가진 것은 1393년 3월, 왜적을 방위하기 위해 이화(李和)·박위(朴葳)·최운해(崔雲海)를 양광도(楊廣道)에, 이제·남은·이지란을 경상도에, 이방원·진을서(陳乙瑞)를 전라도에 파견했을 때였다. 그러나 같은 해 11월에 판삼사사 정도전이 제도절제사(諸道節制使)를 맡아 진도(陳圖)를 교습할 때부터 군권은 정도전에게 돌아갔다.

정도전은 왜구의 침입을 방지한다는 명목하에 사병을 혁파하고 중앙군을 강화했다. 그리하여 이방원을 비롯한 전실 왕자들의 사병은 혁파되었다. 그러나 이방번만은 예전처럼 군대를 거느리고 있었다. 1397년부터는 이른바 요동 정벌을 빌미로 진법 훈련을 강화하고 이에 참여하지 않는 왕자·관료들은 처벌했다. 예컨대 다음 해 8월 4일 훈련에 빠진 상장군·대장군 등 292명을 대거 탄핵하고, 9일에는 진도를 강습하지 않는 자는 태(笞)를 때리거나 해임했다. 이방원도 여기에 걸렸으나 왕실의 가까운 친척이라는 이유로 용서받았다.

### 제1차 왕자의 난

사병이 혁파되고 이방원 등의 신변에 위협이 더해지자 이방원은 정변을 일으키게 되었다. 정변을 일으킬 때 이방원의 군사를 보면 기병 10명, 보졸 9명, 노복 10명 정도였다. 이러한 열악한 군사를 가지고 불의에 정변을 일으켜 송현(松峴)에서 정도전 등을 제거하고, 허장성세로 철기(鐵騎)들로 하여금 광화문에서 남산까지 횃불을 켜 들고 왔다 갔다 하게 해 이방석의 눈을 속여 대군이 동원된 것처럼 착각하게 했다. 이방원도 운종가(雲從街)에 나아가 기다리되 민심이 따르면 목숨은 건질 수 있다고 할 정도였다.

1398년 4월 정도전·남은·심효생·이제·이근(李懃)·장지화(張志和)·이직(李稷) 등 강비 측근들이 태조의 병이 위독하니 왕자들을 불러들여 안에서 내노(內奴)와 갑사(甲士)로 공격하고, 정도전·남은 등은 밖에서 호응하도록 약속했다고 한다.

이방원은 심복 지안산부사 이숙번(李叔蕃)에게 일러 두었다.

"간사한 당여들이 평상시에는 진실로 의심할 것이 없다. 그러나 임금이 편찮은 것을 알면 반드시 변을 일으킨다. 내가 그대를 부르거든 속히 달려 와야 한다."

민무구(閔無咎)가 이방원의 명에 의해 이숙번을 불러들였다. 이방원·이방의(李芳毅)·이방간(李芳幹)·심종(沈琮)·이백경(李伯卿)·이화(李和)·이제 등은 경복궁 서랑(西廊)에 있었다. 그리고 오후 3~4시경에 민무질(閔無疾)이 이방원의 집으로 가 자신의 누나인 이방원의 부인과 한참 동안 얘기했다.

부인이 종 소근(小斤)을 불러 자신이 별안간 배가 아프니 이방원을 불러오라 했다. 이방원이 돌아와 부인, 민무질과 함께 셋이서 은밀한 얘기를 나누고는 다시 대궐로 돌아가려 했다. 이에 부인이 옷깃을 잡고 말렸다. 이방원은 옷깃을 뿌리치고 나가며 말했다.

"어찌 죽음을 두려워 해 나아가지 않을 수 있겠는가? 그리고 여러 형제들도 모두 금중(禁中)에 있으니 알리지 않을 수 없다. 만일 변란이 있으면 내가 나와서 군대를 출동해 거사해 나라 사람들의 마음을 보살피겠다."

이때 여러 왕자들의 사병을 혁파하라고 명한 지 10여 일이나 되었는데 오직 이방번의 사병만 그대로 있었다. 이방원의 사병을 파할 때 군기(軍器)를 모두 불살라 버렸는데 부인이 은밀히 군기를 준비해 변란에 대응할 계획을 세웠다.

이무(李茂)는 평소 중립을 지킬 계획을 세웠으나 민무질을 따라가 은밀히 남은 등의 모의를 이방원에게 고했다. 이무는 민무질의 가까운 친척이었다. 박포(朴苞)도 양쪽 사이를 왕래하면서 저들의 동정을 살폈다.

이방원은 민무구를 시켜 이숙번에게 무기를 갖추고 자기 집 가까운데 있는 신극례(辛克禮)의 집으로 오게 했다. 그리고 대궐 서랑으로 들어가 숙직했는데 말은 김소근을 시켜 그 뒷편에 매어 두었다.

그때 이방번이 대궐로 들어왔다. 이방원이 그를 불렀으나 머리를 긁적이며 머뭇거리다가 대답도 없이 들어갔다. 초저녁이 되자 어떤 사람이 대궐에서 나와 말했다.

"임금의 병이 위독해 피병(避病)하려 하니, 왕자들은 속히 대궐로 들어오되 종자(從者)는 모두 들어오지 마라!"

이에 이화·심종·이제가 먼저 들어가 뜰에 서 있었고 이방원·이방간·이방의 등이 잠시 문 안에서 은밀히 말을 주고받았다. 본래 밤이면 궁중에 등불을 켜게 마련인데 이때는 불이 켜져 있지 않아 더욱 의심스러웠다. 이화·이제·심종은 대궐로 먼저 들어갔으나 이방원은 배가 아프다면서 변소에 들어가 앉아서 한참 생각에 잠겼다. 이방의·이방간 등이 두 번이나 달려와 이방원을 부르니, 이방원이 대답했다.

"형들은 무엇 때문에 그렇게 큰 소리로 부릅니까?"

그러고는 일어서서 소매를 탁 치며 말했다.

"사세가 어찌할 수 없게 되었다."

이방원은 즉시 말을 달려 궁성 서문으로 나갔다. 그런 뒤 마천목(馬天牧)을 시켜 이방번에게 말을 전했다.

"나와서 나를 따르라! 결국은 저들이 또한 너도 온전히 살려 두지 않을 것이다."

이방번이 대궐 방에 누워 있다가 마천목을 보고 일어나 앉아서 그의 말을 들은 다음 다시 드러누웠다. 이방번의 종들은 모두 무뢰배여서 활쏘기와 말타기만 일삼았는데, 그들도 세자의 자리를 빼앗으려고 도모한 지 오래였다. 그들은 이방번에게 이렇게 말했다.

"저희가 이미 궁중을 통해 공(公)으로 하여금 이방석의 자리를 대신하게 만들어 놓았습니다. 교명(敎命)이 곧 내릴 것이니 나가지 말고 기다리십시오."

이 때문에 이방번이 믿고 나아가지 않았으나 외인(外人)들이 비웃었다. 이방원은 그가 서로 용납하지 않을 줄 알고 일부러 불렀으나 역시 따르지 않았다. 이방원이 본집이 있는 동구(洞口)에 도착해 말을 멈추고 이숙번을 부르니 이숙번이 장사 두 사람을 데리고 나왔다. 조영무(趙英茂)·신극례·서익(徐益)·문빈(文彬)·심구령(沈龜齡) 등이 있었는데 모두 이방원에게 귀의한 사람들이었다. 이때에 이르러 민무구·민무질도 모였는데, 기병은 겨우 10인이고, 보병은 겨우 9인이었다.

이들이 출동하려 하자 부인이 준비해 두었던 중간이 부러진 철창(鐵槍)을 군사들에게 나누어 주었고, 제군(諸君)의 종자들과 노복들 10여 명은 모두 몽둥이를 들었는데 김소근만 칼을 들었다.

이방원이 말을 달려 독소(纛所)의 북쪽 길에 이르러 이숙번에게 물었다.

"오늘의 일을 어찌해야 하겠는가?"

"일이 이미 여기에 이르렀으니, 두려워할 필요가 없습니다. 군호(軍號)를 내십시오."

이숙번이 대답했다. 이방원이 '산성'이란 두 글자를 군호로 쓰도록 했다. 그리고 삼군부(三軍府) 앞에 이르러 천명(天命)을 기다렸다.

이방석 등이 변란이 일어났다는 말을 듣고 군사를 거느리고 출동했는데 예빈 소경(禮賓少卿) 봉원량(奉元良)에게 궁성의 남문에 올라가 군대의 다과를 살펴보게 했다. 그러나 광화문에서 남산에 이르기까지 철기가 가득 차 있는 것을 보고 이방석 등이 두려워서 감히 출동하지 못했다. 당시 사람들이 이를 두고 귀신이 도왔다고 했다.

"어떻게 하겠는가?"

이방원이 또 이숙번에게 묻자 그가 대답했다.

"간당(姦黨)들이 모여 있는 곳으로 가서 군사를 시켜 포위하고 불을 지른 다음 나오는 자마다 죽이면 됩니다."

밤 2경(二更)에 송현(松峴)으로 가면서 이숙번이 말했다.

"이는 조그만 동리이고, 곧 남은의 첩 집입니다."

이방원이 말을 멈추고 먼저 보졸(步卒)과 김소근 등 10여 명을 시켜 그 집을 포위하게 했다. 그 집에는 안장을 갖춘 말 두어 필이 있었고, 문 밖에 있는 노복들은 모두 졸고 있었으며, 정도전과 남은 등은 등불을 밝히고 모여 앉아 담소하고 있었다. 김소근 등이 문 안으로 들어가려는데 갑자기 화살 세 개가 연달아 땅에 떨어지고 지붕의 기와에서 소리가 났다. 김소근 등이 도로 동구(洞口)로 나와 화살이 날아 온 곳을 물었다.

"나의 화살이다."

이숙번이 대답하고는 김소근 등으로 하여금 다시 들어가 그 집을 포위하게 했다. 김소근 등이 그 이웃 집 세 곳에 불을 지르니 정도전 등은 모두 도망해 숨고, 심효생·이근·장지화 등은 모두 살해당했다.

정도전이 그 이웃에 있는 전 판사 민부(閔富)의 집으로 도망쳤으나 민부가 고발했다.

"배가 허연 사람이 우리 집으로 들어와 숨었습니다."

이방원은 그가 정도전인 줄 알고 김소근 등 4명을 시켜 체포해 오게 하니 정도전이 도장방(곳간)에 숨어 있었다. 김소근 등이 밖으로 나오라고 소리치니 정도전이 한 자쯤 되는 칼을 가지고 있었으나 걸을 수가 없어 기어 나왔다. 김소근 등이 칼을 버리라고 하자 정도전은 칼을 버리고 나와서 말했다.

"죽이지 말아 주십시오. 한마디 하고 죽게 해 주십시오."

그러고는 이방원의 말 앞에 이르러 청했다.

"옛날 공이 나를 살려 주었으니 원컨대 지금도 나를 살려 주십시오."

이는 1392년의 일을 가리킨 것이다. 그러자 이방원이 말했다.

"네가 조선의 봉화백(奉化伯)이 되었는데도 오히려 부족하단 말인가? 어찌하여 악한 짓을 한 것이 여기에 이르렀는가?"

마침내 정도전을 베라고 했다.

처음에 부인이 스스로 이방원이 있는 곳에 와서 화를 입어도 함께 입고자 했는데 이방원이 휘하 군사 최광대(崔廣大) 등을 시켜 저지했다. 그런데 그사이 종 김부개(金夫介)가 정도전의 삿갓과 칼을 가져오자 부인이 되돌아갔다.

정도전에게 네 명의 아들이 있었는데 유(游)·영(泳)은 변이 발생했다는 말을 듣고 급히 달려왔다가 군사에게 살해당했고, 담(澹)은 집에서 자살했다. 처음에 담이 정도전에게 "오늘의 일은 이방원에게 고하지 않을 수 없습니다."라고 하니 정도전이 이렇게 말했다고 한다.

"내가 이미 고려를 배반했는데 이제 또 태조를 배반하고 이방원에게 붙는다면 사람들은 말하지 않는다 하더라도 내 마음속에 부끄러움이 없을 수 있겠느냐?"

한편 이무는 문을 나오다가 화살을 맞았는데 보졸들이 죽이려 하자 이방원이 말리면서 말을 주었다. 그는 남은의 반인(伴人) 하경(河景)·최운(崔澐) 등을 데리고 도망가려 지붕으로 올라가 거짓 노복으로 갈아입고 불을 끄는 시늉을 하다가 달아나 죽음을 면했다.

대궐에서 송현에 불길이 치솟는 것을 보고는 왕에게 고하고 호위군사들이 고각(鼓角)을 울리면서 고함을 쳤다. 이방원이 박포와 민무질을 보내 좌의정 조준을 불러오게 했다. 조준은 점쟁이를 시켜 거취(去就)에 대한 점을 치면서 즉시 달려오지 않았다. 그래서 이숙번을 시켜 다시 독촉했다. 조준이 우의정 김사형(金士衡)과 함께 왔는데 갑옷을 입은 반인이 많이 따라왔다. 가회방(嘉會坊) 동구 앞 다리에 이르자 보졸들이 조준과 김사형만 들어가게 했다.

"경들이 어찌하여 이씨의 사직에 대해 걱정하지 않는가?"

이방원의 말에 두 사람이 놀라고 두려워 무릎을 꿇었다. 이방원이 말을 이었다.

"정도전·남은 등이 어린 자를 후사로 세우기 위해 나의 동모형제들을 제거하려 하기에 내가 약자를 위해 먼저 손을 쓴 것이다."

그러고는 이 사실을 왕에게 합좌(合坐)해서 아뢰라 했다.

이방원이 이숙번에게 말했다.

"세력으로는 대적할 수 없다. 정도전과 남은을 벤 다음 4~5형제가 삼군부(三軍府) 앞에 말을 타고 머물러 있으면서 나라 사람들의 마음을 살펴야 한다. 인심이 따르지 않으면 그만이지만 기꺼이 따른다면 우리들은 살 수 있다."

그러자 본디부터 이방원에게 마음을 두고 있던 사람들이 속속 모여들었다. 유만수(柳曼殊)가 아들 유원지(柳原之)를 데리고 오니, 갑옷을 주고 말 뒤에 서게 했다. 이천우(李天祐)가 유만수는 정도전의 당이니 죽여야 한다고 하자 김소근이 칼로 찔러 죽였다.

이때 조준 등이 도평의사사에 합좌했다. 그러나 만약 이방석의 군사가 쳐들어오면 이들이 이방석 편을 들 위험이 있었다. 이에 이방원은 사람을 시켜 도당에 말을 전했다.

"우리 형제들은 노상에 있는데 정승들이 도당에 있어서는 안 된다. 의당 즉시 운종가로 옮겨라!"

그리고 예조로 하여금 백관을 모으게 했다.

또한 사람을 시켜 친군위(親軍衛) 도진무(都鎭撫) 조온(趙溫)과 박위도 궐내에서 숙직하는 것을 불러냈다. 조온은 갑사를 거느리고 나왔으나 박위는 나오지 않다가 한참 뒤에 나왔다. 박위는 이방원의 군세가 약한 것을 보고 말했다.

"여러 가지 처분은 날이 밝은 다음에 하십시오."

날이 밝아지면 군세가 단약한 것이 드러날 것이기 때문이다. 박위는 죽임을 당했다. 조온의 군사는 모두 무장 해제시켜 집으로 돌려보냈다.

다음 날 달구리에 세자와 이방번·이제·이화·이양우(李良祐)·심종·장사길(張士吉)·장잠(張湛)·정신의(鄭臣義) 등이 대궐로 들어갔다. 석주(石柱)가 변란을 보고하고 나서 도당(都堂)이 백관을 거느리고 들어와 태조에게 아뢰었다.

"정도전·남은·심효생 등이 당(黨)을 결성해 음모를 꾸며 종친과 훈신을 해치고 국가를 혼란시키려 했기 때문에 일이 급박해 미처 아뢰지 못하고 이미 주멸(誅滅)했으니 상께서는 놀라지 마십시오."

이제가 옆에 있다가 위사(衛士)들을 동원해 공격하고자 했으나 이화가 자중지란이라고 말렸다. 이방과는 소격전(昭格殿)에서 태조의 병을 낫게 해 달라고 기도하다가 변란이 일어난 것을 알고는 몰래 종 한 사람을 데리고 새끼줄을 타고 성을 넘어 나갔다. 그 후 풍양(豊壤)에 있는 김인귀(金仁貴)의 집에 숨어 있었는데 이방원이 사람을 시켜 찾아서 데리고 왔다.

이방원은 여러 사람의 주장을 물리치고 이방과를 세자로 삼도록 청했다. 이방과는 사양하며 말했다.

"당초 의리에 의거해 개국할 때부터 지금에 이르기까지 모두 이방원의 공이니 나는 세자가 될 수 없다."

그러나 이방원은 주장을 굽히지 않았다.

"국본을 정하려 한다면 의당 적장(嫡長)으로 정해야 한다."

그는 도당으로 하여금 백관을 거느리고 가서 태조에게 주청하도록 했다. 태조도 할 수 없이 허락했다. 그리고 다음과 같은 교서를 내렸다.

개국 공신 정도전·남은 등이 몰래 모반을 도모해 왕자와 종실을 모해하려 했으나 이미 누설되었다. 따라서 그들의 공이 그 죄를 상쇄할 수 없기 때문에 이미 모두 처형시켰다. 협박에 의해 당여가 된 사람들은 다스리지 마라!

이방원이 군기직장(軍器直長) 김겸(金謙)에게 무기 창고를 열고 갑옷과 창을 내어오게 하니 화통(火桶)을 받은 군사가 100여 인이 되어 군세를 떨쳤다. 도당에서 이방석을 내보내라고 하자 태조가 말했다.

"이미 판부(判付, 혁명을 윤허함)했으니 나간들 무슨 해를 끼치겠는가?"

이에 이방석이 눈물을 흘리면서 인사하고 나갔다. 현빈(賢嬪, 세자빈)이 옷깃을 잡고 통곡했으나 이방석이 옷깃을 떨치고 나갔다. 당초에는 이방석을 먼 곳에 안치(安置)시키려 했으므로 서문으로 나가게 했는데, 이거이(李居易)·이백경(李伯卿)·조박 등이 도당에서 의논해 사람을 시켜 도중에서 살해하게 했다.

도당에서 또 이방번을 내보내라 하니 태조가 말했다.

"세자는 할 수 없지만 너는 먼 곳에 안치시키는 것에 불과할 것이다."

이방번이 궁성의 남문으로 나가려 할 때 이방원이 그의 손을 잡고 이렇게 말했다고 한다.

"남은 등이 우리들을 제거했다면 너 또한 결국 죽음을 면할 수 없었을 것이다. 그래서 내가 부른 것인데 너는 어찌하여 따르지 않았는가? 지금은 외방으로 나가게 되었지만 머지않아 반드시 돌아오게 될 것이다. 잘 가거라. 잘 가거라."

이방번은 본래 통진(通津)에 안치시키게 되어 있었기 때문에 양화진(楊花鎭)을 지나 도승관(渡丞館)에서 유숙하는데 결국 이방간이 이백경 등과 도당에서 의논해 사람을 시켜 죽였다.

남은은 성의 수문을 통해 달아나 성 밖 포막(圃幕)에 숨어 있다가 스스로 나타나 참수당했다.

이방원은 여러 왕자들과 감순청(監巡廳) 앞에 장막을 치고 3일 동안 모여 유숙하다가 삼군부(三軍府)로 들어가 유숙했다. 그러다가 이방과가 왕위에 오른 뒤에 자신의 집으로 돌아갔다.[2]

이상이 『태조실록』에 수록되어 있는 제1차 왕자의 난 내막이다. 그러나 승자인 이방원 쪽에서 쓴 기록이기 때문에 공정하다고 말할 수는 없다. 이방원 측의 선제공격으로 시작되어 삽시간에 정국이 장악되었다는 것인데 믿어지지 않는 부분이 많다. 이방석과 정도전 측의 준비가 그렇게 허술했는지, 정보가 그렇게 완벽했는지 알 수 없다.

여하튼 이방과는 1398년 9월에 왕위에 오르니 이가 정종이다. 정종이 즉위하자 태조는 상왕이 되었다. 정종은 즉위한 지 1년 만인 1399년 3월에 골육상쟁이 일어난 한양을 버리고 개경으로 천도했다. 그러나 다음 해인 1400년 정월에 그곳에서 또다시 제2차 왕자의 난이 일어나자 재차 한양으로 천도했다.[3]

정도전이 제거된 이유는 두 가지다. 하나는 서자인 이방석을 세자로 추대했다는 것이고, 다른 하나는 세자를 보호하기 위해 이복형들을 죽이려 했다는 것이다. 그러나 이 두 가지 이유가 다 합당하지 않다.

첫째, 이방석을 세자로 세운 이는 태조였다. 태조 즉위 한 달 만인 1392년 8월 20일에 공신 배극렴·조준·정도전이 세자를 세울 것을 청했다. 태조는 강비 소생인 이방번에게 뜻이 있었다. 이에 배극렴이 "기필코 강빈의 소생을 세우려 한다면 막내아들(이방석)이 좀 낫다."라고 했다. 그래서 이방석을 세자로 삼게 된 것이다. 그런데도 배극렴 등에게 세자 책봉의 잘못을 물은 적이 없다.(배극렴은 그해 11월에 죽었다.)

그리고 제1차 왕자의 난이 일어난 뒤 영안군(永安君) 이방과를 세자로 책봉할 때 이성계가 다음과 같은 교서를 내렸다고 되어 있다.

적장(嫡長)을 세자로 세우는 것은 만세의 정도(正道)인 것이니 종자(宗子)들이 성(城)처럼 호위해 주는 것이 과인의 소망이다. 너의 아비가 일찍이 나라를 창건하고자 적장을 버리고 이방석을 세자로 삼았는데 이는 내가 사랑에 빠져 분명하게 하지 못한 데서 생긴 잘못일 뿐만 아니라 정도전과 남은 등도 그 책임을 변명할 수 없을 것이다. 그때를 당해서 만일 초국(楚國)의 평왕(平王)이 작은 아들 진(鎭)을 사랑했다가 생긴 화란에 대한 경계를 가지고 정도에 의거해 조정에서 간쟁했더라면 내가 감히 따르지 않을 수 없었을 것이다. 그런데 정도전의 무리들은 간쟁을 하지 않았을 뿐 아니라 오히려 세우지 않을까 두려워했다.

과연 태조가 이와 같이 반성하면서 그 책임의 일단을 정도전 등에게 돌렸을까? 그렇다면 왜 태조가 두고두고 이방원을 미워했을까? 이는 이방원의 입장을 변호하기 위해 조작된 내용임에 틀림없다. 『태조실록』은 이방원의 측근인 하륜 등이 편찬한 책이 아닌가?

한편 태조조에는 신덕 왕후(神德王后) 강씨밖에 없었다. 이성계의 첫째 부인인 신의 왕후(神懿王后) 한씨(韓氏)는 조선이 건국되기 직전에 죽고 없었다. 그러니 태조로서는 이미 죽은 향처(鄕妻)보다는 건국에 공로가 많은 살아 있는 정비(正妃)인 경처(京妻) 강씨를 정통으로 삼을 수밖에 없었다. 그리하여 이방석이 세자로 책봉된 것이었다. 그리고 그에 대해 당시 이의가 없었던 것으로 보인다. 1409년(태종 9년) 8월에 태종이 양녕 대군(讓寧大君)에게 선위(禪位)하려 할 때도 다음과 같이 말한 바 있다.

태조께서 또한 을해년(1395년) 사이에 이방석에게 선위하고 후궁(後宮)으로 물러가 거처하고 계셨다면 우리들이 감히 움직이지 못했을 것이니, 어떻게 무인년(1398년)의 변이 있을 수 있었겠는가?

그러니 이방석 문제에 대한 불평을 가졌던 것은 사실이나 이미 포기하고 있었음을 알 수 있다.

그러면 둘째로 세자를 보호하기 위해 이복형들을 모해하려 했다는 죄목은 무엇인가?

실록에 의하면 정도전·남은·심효생 등이 태조가 병이 위독해 피접(避接)을 가야 한다는 핑계로 여러 왕자들을 대내로 불러들인 다음 내노와 갑사들을 시켜 제거하려고 했다는 것이다. 이 사실을 이방원에게 밀고한 사람은 세 사람이다. 이화·이무·이애(李薆) 등이 그들이다. 이화는 점쟁이 안식(安植)이 "세자의 이모형(異母兄)들 가운데 천명을 받은 사람이 한둘이 아니다."라고 했는데, 정도전이 그 말을 듣고 "제거해 버리면 된다. 걱정할 것 없다." 말한 것을 이방원에게 밀고했다고 한다. 이무는 민무질의 친척으로 "남은·정도전이 임금의 병이 위독한 것을 엿보고 정적(正嫡)에게 불리한 일을 도모하고 있으니, 공께서는 미리 도모하라!"라고 했고, 5~6일이 지나 다시 "오늘 저녁 정도전 등이 거사하려 하니 시기를 놓쳐서는 안 된다."라고 민무질에게 알려 민무질이 이방원에게 고했다 한다. 이애는 1398년에 "남은 등이 나의 동모형제들을 해도(海島)로 쫓아내려 한다."라고 고발했다고 한다.

그런데 그들의 밀고 내용이 서로 다르고 신빙할 만한 근거가 없었다. 1409년(태종 9년) 10월에 태종도 이렇게 토로했다.

"내가 이무의 말을 듣고 진실로 의심스러운 마음이 있었는데 사변(事變)을 살펴보니 이상스러운 점이 있었다."

한편 정도전 등이 만약 이방원 등 이복 왕자들을 제거할 생각이 있었다면 철저한 준비가 있었을 것이다. 그런데 정도전 등은 아무런 준비도 하지 않았다. 대내에 들어갔을 때 불이 꺼져 있기는 했으나 내노와 갑사가 덮치지도 않았고, 이방원 등이 남은의 첩 집을 에워쌌을 때도 노복들이 졸고 있었으며, 안에서 정도전 등이 담소하고 있었다 한다. 큰일을 치를 사람들이 고작 이 정도로 대비했단 말인가?

오히려 정도전은 태조의 신임을 받고, 세자의 사부(師傅)로서 정권과 병권을 다 차지하고 있어 더 바랄 것이 없는 처지였다. 더 바란다면 또다시 역성혁명을 일으켜 왕이 되고자 했어야 했다. 그러나 정도전에게는 그러한 뜻이 보이지 않았다. 다만 이방원을 비롯한 왕자·공신들이 사병 혁파와 요동 정벌에 불만을 품고 선제공격한 사건이라고 보아야 할 것이다.[4]

### 제2차 왕자의 난

1400년 1월 28일에 개경에서 이방간에 의해 제2차 왕자의 난이 일어났다. 이방간은 태조의 4남으로 어머니는 신의 왕후 한씨다. 이방원의 바로 손위 친형이기도 하다. 첫째 부인은 개국 공신 민여익(閔汝翼)의 숙부인 찬성사 민선(閔璿)의 딸이요, 둘째 부인은 판서 황형(黃亨)의 딸이요, 셋째 부인은 정랑 금인배(琴仁排)의 딸이다. 이방간은 1364년에 태어나 고려 때 군기시 소윤을 지냈고, 조선 건국 후 1392년 8월 7일에 회안군(懷安君), 1398년 9월 1일에 회안공으로 개봉되어 의흥삼군부 좌군절제사가 되었으며, 1398년 2월 제1차 왕자의 난 때는 이방원을 도와 정사 공신(定社功臣) 1등, 12월 15일에는 개국 공신 1등에 추록되었다. 그리고 1399년 11월 1일에는 풍해도·서북면의 군사를 나누어 거느렸다.

이방간이 왕위 계승에 대한 야심을 품고 있던 중, 1400년 1월 우박이 오는 날 지중추부사 박포(朴苞)가 그를 찾아와 장기를 두면서 말했다.

"옛사람이 이르되 '겨울비가 길을 파손하면 병사가 시가에서 교전한다.' 했으니 마땅히 조심해야 합니다."

또 그때 붉은 빛의 나쁜 기운이 하늘에 나타났는데, 이렇게 말했다.

"하늘에 요사한 기운이 있으니 마땅히 조심해 처신해야 할 것입니다."

이에 이방간이 어떻게 처신할까를 물었다. 박포가 대답했다.

"군사를 맡지 말고, 드나들기를 삼가며, 의관을 정돈하고, 행동을 신중히 해 마치 고려조 자손인 여러 왕씨의 예와 같이 하는 것이 상책입니다."

이방간이 말했다.

"그것은 못하겠고, 다시 그다음 방책을 말하라!"

"형만(荊蠻) 지대에 도망했던 태백과 중옹과 같이 하는 것이 그다음입니다."

박포가 대답하니 이방간은 다시 그다음 계책을 물었다.

"정안군(이방원)은 군사가 강하고 많은 무리가 붙어 있는데, 공의 군사는 약하고 위태함이 마치 아침 이슬과 같으니, 먼저 선수를 써서 쳐부수는 것이 낫습니다."

이방간이 박포의 말에 따라 이방원을 자기 집으로 오라고 청해 난을 일으키려 했다. 이방원이 그 집으로 가려고 할 때 갑자기 병이 났다. 이방간의 처질(妻姪)인 판교서감사 이래(李來)가 그 모의를 듣고 놀라서 이방간에게 충고했다.

"공이 소인의 간악한 말을 듣고 골육을 해치려 하니 안 될 말입니다. 하물며 정안군은 큰 공훈이 있습니다. 개국·정사가 누구의 힘입니까?"

이 말에 이방간은 성을 내며 기뻐하지 않았다고 한다. 또 환자(宦者) 강인부(姜仁富)도 꿇어앉아 손을 비비면서 말렸다고 한다.

"원컨대 공은 이런 일을 하지 마소서."

이래는 이방원과 함께 우현보(禹賢寶)의 문하생이었다. 그리하여 이래가 우현보에게 고하고, 우현보는 그의 아들 우홍부를 시켜 이방원을 찾아가 고변했다.

"이방간이 그믐날에 일을 일으키려 합니다."

이방간이 군사를 일으키매 의안군(義安君) 이화·완산군(完山君) 이천우가 이방원의 집으로 가서 변을 고하고, 맞서 싸울 것을 청하니 이방원이 눈물을 흘리면서 나아가지 않았다.

"내 무슨 낯으로 외인(外人)을 보겠는가?"

이에 이화가 다시 간했다.

"이방간의 흉험(凶險)이 이미 극한에 이르렀는데 어찌 소절(小節)을 지키고 종사의 대계를 돌아보지 아니하리요."

그러고는 이방원을 힘껏 끌어당겨 외청(外廳)에 나오게 하니 이천우는 이방원을 끌어안고 이화는 갑옷을 입혀서 말 위에 앉혔다. 이방원이 사람을 시켜 왕에게 당부했다.

"마땅히 궐문을 굳게 지켜 비상사태에 대비하소서."

이때 공신 중에 박포와 화산군(花山君) 장사길(張士吉) 만이 이방간을 따르고 나머지는 다 이방원을 따랐다. 특히 승선 이숙번이 분전했다.

"정안군이 나를 모해하려 하므로 부득이 군사를 일으켜 치겠습니다."

이방간이 휘하인 오용권(吳用權)을 시켜 정종에게 고하니 정종이 크게 노해 지신사 이문화(李文和)를 시켜 타일렀다.

"군사를 두고 궐내로 와야 네가 보전할 수 있을 것이다."

그러나 이문화가 가기 전에 이방간이 이미 그의 아들 이맹종(李孟宗)과 함께 난을 일으킨 뒤라 이문화의 말을 듣지 않았다.

본래 이방간의 아들 이맹종은 활을 잘 쏘나, 이날은 병으로 활을 당기지 못했다. 이방간의 군사가 패하자 이방원은 이방간이 피살될까 염려해 친히 "내 형을 해치지 마라!" 하면서 말을 한길에 세워놓고 방성통곡했다고 한다.

이방간이 말을 달려 성균관 뒷마을에 이르러 활을 버리고 엎드려 숨은 것을 군사들이 쫓아가 사로잡았다. 이방간이 잡혀와서 "나를 유혹한 자는 박포다."라고 변명했다고 한다.

태조는 상왕으로 개경에 있다가 이방간이 군사를 일으켰다는 말을 듣고 이렇게 말했다.

"저 소 같은 미련한 놈이 어찌 이 지경에 이르렀느냐? 우리나라에 세족대가(世族大家)가 많은데 나는 심히 부끄럽다."

이방원은 박포는 죽이고 이방간은 토산(兎山)으로 귀양보냈다. 태종이 즉위하자 신하들이 이방간도 죽이자고 했으나 듣지 않았다. 박포도 공신이라 처음에는 매질만 해 청해(靑海)로 귀양 보내고 가산은 몰수하고 자손은 금고했으나 한 달 뒤에 함주에서 처형했다. 이때 박포는 "한 달 더 살았으니, 임금의 덕을 많이 입었다."라 했다고 한다. 제2차 왕자의 난이 끝난 후인 1400년 2월 6일에 하륜은 이방원을 세자로 세우기를 청했다. 정종에게는 적자(嫡子)가 없고 국가를 세우고 사직을 안정시키는 데 이방원의 역할이 컸다는 이유였다. 그리하여 2일에 종묘에 고하고, 4일에 세자로 책봉해 군국의 중요한 일을 맡게 했다. 그리고 11월 11일에 정종이 세자에게 양위하니 이가 태종이다. 11월 13일에 태종이 개경 수창궁에서 왕위에 올라, 정종은 상왕이 되고 태조는 태상왕이 되었다.[5]

### 조사의의 난

1402년(태종 2년) 11월 5일 안변 부사 조사의(趙思義)가 난을 일으켰다. 태조는 1·2차 왕자의 난을 일으켜 형제들을 죽이고 왕위에 오른 이방원을 증오했다. 그래서 태조는 소요산(逍遙山), 회암사(檜巖寺), 함주(咸州) 등 밖으로 나돌기 시작했다. 마음을 붙이지 못하고, 죽은 자식들을 위해 크게 불사를 일으키기도 했다. 그러다가 함흥으로 가 버렸다. 조사의는 신덕 왕후의 친척으로 죽은 이방석의 원수를 갚는 다는 명분하에 함흥에 온 태조의 지원을 받아 난을 일으킨 것이다.[6] 태종은 여러 차례 문안사(問安使)를 보내 태조를 모셔 오려고 했으나 태조가 차사(差使)를 죽이고 돌려보내지 않았다.(함흥차사(咸興差使)) 11 월 8일 조사의는 박순(朴淳)을 죽이고 평안도 덕천·안주를 거쳐 한양 으로 쳐내려오다가 맹주(孟州)에서 이천우의 기병 100여 명을 사로잡 았다. 이에 당황한 조정에서는 태종이 직접 군사를 일으켜 조사의를 공격했다. 조사의의 배후에는 태조가 있었다. 따지고 보면 부자간의 전투가 벌어진 셈이었다. 태종은 반란군을 일면 분산시키고 일면 회 유해, 안변에서 조사의와 그의 아들 조홍(趙洪)을 체포했다.

11월 27일 조사의의 난이 실패로 돌아가자 12월 8일 태조는 태 종이 11월 9일에 보낸 무학의 간청으로 서울로 돌아오기로 했다. 태 조가 한양으로 돌아오다가 지금의 의정부 전좌(殿座) 마을에서 잠시 머물렀다. 이때 의정부 중신들이 이곳에서 정사를 논의했다 하여 지 명을 '의정부'라 칭했다고 한다. 태종이 교외에서 태조를 친히 맞이하 려 하자 하륜이 말했다.

"태상왕께서 성난 것이 아직 다 풀리지 않았으니 모든 일을 염 려하지 않을 수 없습니다. 차일에 받치는 기둥에 마땅히 큰 나무를 써야 합니다."

그리하여 열 아름이나 되는 큰 나무로 기둥을 세웠다. 태조가 태종을 보자 가지고 있던 동궁(彤弓)으로 백우전(白羽箭)을 힘껏 쐈다. 태종이 급히 기둥 뒤에 숨었고 화살은 기둥에 맞았다. 태조가 웃으면서 말했다.

"하늘이 시키는 것이다."

그러고는 옥새를 넘겨 주었다.

"네가 갖고 싶어 하는 것은 바로 이것이니 이제 가지고 가라!"

태종이 눈물을 흘리면서 세 번 사양하다가 받고, 헌수하려 할 때 하륜이 다시 아뢌다.

"술통 있는 곳에 가서 잔을 잡고 술을 부으시고, 잔을 올릴 때는 친히 하지 마시고 마땅히 내시에게 주어 드리게 하소서!"

태종이 그대로 따랐다. 태조가 술을 다 마시고 웃으면서 소매 속에서 쇠방망이를 꺼내 놓으며 말했다.

"모두 하늘이 시킨 것이다."

태조는 그 뒤 불도에 정진했다. 개경에 덕안전(德安殿)을 짓고 살다가 1405년(태종 5년) 9월 20일 무학 대사 자초(自超)가 죽으니, 그를 회암사(檜巖寺)에 장사지냈다. 그리고 1408년(태종 8) 5월 24일 창덕궁 광연루(廣延樓) 아래 별전(別殿)에서 죽으니 재위 7년이요, 향년 74세였다. 9월 9일 성동(城東) 양주(楊洲) 검암산(儉巖山)에 장사 지내니 능호는 건원릉(建元陵)이다.

1409년(태종 9년) 윤4월 13일에 권근으로 하여금 비문을 짓게 하고 7월 26일에 신의 왕후와 함께 종묘에 부묘(祔廟)했다.[7]

## 태종의 업적

1·2차 왕자의 난에는 왕자·공신들의 사병이 많이 동원되었다. 그런데 사병이 있는 이상 한 정권의 안정은 물론 국가의 중앙 집권 체제를 갖출 수 없었다. 그리하여 권근의 상소로 사병을 혁파하고 갑사(甲士)·별시위(別侍衛) 등 시위군(侍衛軍)을 강화했다. 중앙 집권적 왕권을 강화하기 위해서였다.

태종은 이를 제도적으로 개혁해 나갔다. 1400년 4월에 문하시랑 찬성사 하륜을 시켜 도평의사사를 의정부(議政府)로 고치고, 중추부를 의흥삼군부(義興三軍府)로 고쳤다. 또 중추부의 일부 기능을 승정원(承政院)으로, 어사대(御史臺)와 문하부의 낭사(郎舍) 기능을 사간원(司諫院)으로 독립시켰다. 또 사헌부(司憲府)의 대사헌(大司憲)과 각 조 판서의 직급을 정2품으로 올렸다. 그리고 왕권을 강화하기 위해 6조 직계 체제(六曹直啓體制)[8]를 채택하고, 1403년에는 속아문(屬衙門) 제도를 두어 모든 업무를 6조에 직속시켰다. 고려 시대에는 재상들이 각 도를 분할 통치하는 합좌 제도인 도평의사사가 있었으나 6조 직계 체제로 바뀌면서 모든 권한이 6조에 집중된 것이다. 그리고 6조의 판서들은 소관 업무를 곧바로 왕에게 보고해 결재를 받도록 했다. 이같은 행정 개혁은 1405년을 전후해서 점차로 시행되었다.

그러나 6조 직계 체제에 문제가 없었던 것은 아니다. 의정부 대신들의 반발은 물론이고, 폭증하는 업무를 왕이 혼자 감당하기 어려웠다. 세종처럼 병이 들거나, 단종처럼 능력에 벅차 국정을 감당하기 어려운 경우가 생길 수 있다. 그리하여 세종조부터는 의정부 서사제(議政府署事制)[9]로 바뀌었다.

태종은 즉위 직후에 수창궁에 불이 나자 태조의 뜻을 받들어 1405년 10월에 한양으로 다시 천도했다. 이때 신도(新都)에는 경복궁이 있었으나, 피방(避方, 나쁜 방위를 피해 다른 곳으로 옮김)할 뜻으로 이궁(離宮)인 창덕궁(昌德宮)을 지어 이어(移御, 임금이 옮겨 가는 것)했다. 그리고 별와요(別瓦窯)를 두어 각 도의 역승(役僧)과 와장(瓦匠)을 모아 서울 집의 절반을 기와집으로 바꾸었다.

　뿐만 아니라 도심 중간에 개천(開川)을 뚫어(후에 청계천(淸溪川)) 백악(白岳)·인왕산(仁旺山)·목멱산(木覓山) 등에서 내려오는 물을 한강으로 흘러가게 했다. 1411년(태종 11년) 말에 개천도감(開川都監)을 두고 이듬해 정월부터 삼남의 군인을 징발해 한 달 만에 개천 공사를 완성했다. 그 제방은 장의동구(藏義洞口)에서 종묘동구(宗廟洞口) 사이와 문소전(文昭殿)·창덕궁 앞은 석축으로 쌓고, 종묘동구에서 수구문(水口門) 사이는 목축으로 쌓았으며, 대광통교(大廣通橋)·혜정교(惠政橋) 등의 다리는 모두 돌로 만들었다.

　또 1412년(태종 12년)에는 시가(市街) 양쪽에 행랑(行廊)을 건설해 시전(市廛)으로 사용했다. 즉 개천 공사가 끝난 뒤 개천도감을 행랑조성도감으로 바꾸어 군인 2000여 명을 동원해 혜정교(지금의 세종로 네거리 동편 복청교(福淸橋))에서 창덕궁 동구 사이에 800여 칸을 지었으며, 각 도의 군인을 계속 징집해 종루(鐘樓)에서 남대문 사이를 비롯한 큰길 가에 전후 4년간에 걸쳐 행랑을 건설했다. 그리하여 종로대가(鐘路大街)가 도시의 중심을 이루게 되었다. 그러나 이 행랑 공사가 거의 마무리될 즈음인 1415년(태종 15년) 9월에 행랑에 불이 나 수십 칸이 타 버렸다. 이에 정부에서는 불탄 행랑을 재건하는 동시에 10년마다 방화벽인 화방장(火防墻)을 설치하기도 했다.

태종 대의 창덕궁·개천·행랑 공사와 1412년(태종 12년)의 경회루(慶會樓) 공사는 대개 공조 판서 박자청(朴子靑)의 감독하에 이루어진 것이었다. 1413년에는 동북면에 영길도(永吉道, 1416년에 함길도(咸吉道)로 고침), 서북면에 평안도(平安道)를 두고 8도의 군현을 토지와 인구 비례에 따라 개편했다.

한편 1409년에는 외척을 봉군(封君)하는 제도를 폐지하고, 1414년에는 종친으로서 봉군(封君)되지 않은 자와 외척을 위해 돈령부(敦寧府)를 설치했다. 그리고 1411년에는 송나라 제도를 본 따 동·서·남·북·중의 5부학당(五部學堂, 세종 대에 북부학당이 없어져 4부학당이 됨)을 설치했으며, 1414년에는 문신친시(文臣親試) 제도를 실시했다.

반면에 불교는 크게 탄압받았다. 1406년(태종 6년)에는 전국의 사찰을 12개 종파에서 7개 종파로 줄이고, 사찰 수도 242개로 제한했다. 그리고 혁파된 사찰의 토지와 노비는 국가로 환수했다. 그리하여 국가 재정이 튼튼해졌고, 환수된 토지나 노비는 향교를 짓는 데 충당되었다. 그렇게 하면 억불숭유(抑佛崇儒)가 이루어져 일석이조가 되는 셈이었다. 도첩제(度牒制)[10]가 강화되고 승려들의 도성 출입이 금지되었으며, 사찰을 중수하지 못하게 했다.

한편, 1403년에는 판사평부사 이직(李稷)·지신사 박석명·우대언 이응(李膺) 등에게 명해 주자소(鑄字所)를 두고 동활자 수십만 개를 주조했다. 이것이 유명한 계미자(癸未字)다. 이는 조선 금속활자 발달의 기초가 되었다. 이 활자를 이용해 1413년에 『태조실록』을 찍어 냈다.

이 밖에도 1402년에는 신문고(申聞鼓)를 설치했으며, 호패법(號牌

法)을 제정해 국가의 인적 자원을 파악했다. 경제 정책으로는 종이돈인 저화(楮貨)를 만들어 유통시켰으며, 호포제(戶布制)를 폐지해 공물(貢物)의 이중 부담을 덜어 주었다.

그러나 악법도 실시했다. 서얼금고법(庶孽禁錮法)[11]과 부녀재가금지법(婦女再嫁禁止法)[12]이 그것이다. 서얼금고법은 노비세전법(奴婢世傳法)[13]과 함께 조선 왕조 2대 악법 중의 하나였다. 태종이 서자인 이방석에게 세자 자리를 빼앗겼던 전례를 거울삼아 재발 방지를 위해 이 법을 만들었다는 설도 있다.

태종은 처음에 장자 양녕 대군을 세자로 삼아 18년을 지냈으나, 양녕 대군이 수성 군주로 적당치 않은 데다가 방탕하고 여자를 좋아해 1418년(태종 18년)에 셋째 아들 충녕 대군(忠寧大君)으로 교체했다. 그리고 곧 그에게 선위하니 이가 곧 제4대 세종이다. 태종은 처음에 정권만 주고 병권은 쥐고 있었다. 뿐만 아니라 외척이 득세할까 봐 처남인 민무구·민무질·민무회(閔無悔)·민무휼(閔無恤)과 세종의 장인인 심온(沈溫), 그의 동생인 심정(沈泟)을 죽였다. 그뿐이 아니었다. 공신 중에서도 장차 발호할 가능성이 있는 사람은 모조리 제거해 창업 군주로서의 면모를 보였고, 수성 군주인 세종이 안심하고 정치를 할 수 있도록 기반을 다져 주었다. 1420년(세종 2년)에는 대마도를 정벌해 외침을 막아 주기까지 했다.

## ○○ 기나긴 벼슬길의 시작

황희는 1389년(공양왕 1년)에 문과 을과 제14인으로 등제해 성균학관에 보임되었다.[14] 그런데 그가 31세가 되던 1392년(태조 1년)에 태조는 황희를 경전에 밝고 행실이 단정한 사람이라고 해 세자 우정자(世子右正字)에 임명했다. 황희가 평소에 이화정(梨花亭) 이 선생과 가까이 지냈는데, 고려가 망하자 이 선생이 금강산으로 들어갔다. 황희도 따라가 함께 숨으려 했으나 이화정 이 선생은 "만약 그대가 나를 따른다면 저 동토(東土)의 억조창생(億兆蒼生)은 어이하겠는가?"라고 해서 벼슬길에 나아갔다고 한다. 또 일설에는 역성혁명이 일어나던 날 황희가 불사이군(不事二君)을 부르짖는 72현과 함께 두문동으로 들어가니 그들이 창생(蒼生)의 촉망(囑望)으로서 황희를 천거해 그가 벼슬길에 나가게 되었다고 한다.[15] 그 후 직예문·춘추관에 임명되었다가 사헌부 감찰·우습유로 옮겨갔다. 1397년에 장남 황치신(黃致身)을 낳았다.

### 빳빳한 대간

그러나 그해 11월 29일에 선공감 정란(鄭蘭)의 기복첩(起復貼)에 서경을 하지 않다가 우습유직을 파직당했다.[16] 또 1398년 3월 7일에 대간으로서 춘추관 학사 강은(姜隱)과 전교수관 민안인(閔安仁)을 탄핵하다가 왕의 뜻을 거슬러 경원(慶源) 교수관으로 좌천되었다.[17] 바른말을 하다가 불이익을 당한 것이다. 다음 해인 1399년에 습유로 불러올려졌으나 다시 언사(言事)로 파직되었고 곧 재차 우습유로 복직되었다. 그해 8월 6일에는 의원 양홍도(楊弘道)의 직첩에 서경하지 않다가 임금의 강요에 의해 할 수 없이 서경했다.[18] 그리고 9월 10일에는 사헌부 잡단(雜端) 민공생(閔公生)을 탄핵하다가 보궐직을 면직당했다.[19] 그럼에도 1400년에 다시 기용되어 경기 감사를 보좌했고, 형·예·이·병조 정랑을 역임하고, 형조 의랑(議郞)에 이르러 집현전 직(直)을 겸임했으며, 도평의사사 도사·경력을 거쳤는데, 가는 데 마다 능력이 있다고 칭찬을 받았다.

1401년 9월 21일에는 왕명에 따라 명나라 사신의 부하 감생(監生, 벼슬 이름)을 위해 태평관에서 연회를 베풀었다. 당초에 명사(明使) 축맹헌(祝孟獻)이 그의 반인 두 사람을 먼저 돌려보내고 또 조봉배(朝奉杯)를 받지 않은 것은 폐단을 덜기 위한 것이었다. 그런데 감생이 우리나라에서 푸대접한다고 불평을 했다. 왕이 이 말을 듣고 경력 황희를 시켜 명나라 사람들을 후대하게 한 것이다.[20] 이해에 차남 황보신(黃保身)을 낳았다.


### 부친상 중에 기복하다

1402년 봄에 아버지 황군서가 세상을 떠나 경기도 장단군 장도면(長道面) 사시리(沙是里) 마근곡(麻根谷)에 묘좌(卯座)로 장사 지냈다. 그해 겨울에 상중임에도 대호군에 기복(起復)되어 승추부 경력을 겸임했다. 그래서 할 수 없이 심상 3년으로서 복을 마쳤다. 1404년에 복을 마치고 10월 23일에 우사간대부에 임명되었다가,[21] 1405년(태종 5년) 정월 15일에 좌부대언으로 이배되었다.[22] 그해 7월 17일에 이조에서 인사를 할 때 약간의 착오가 있었는데 대간이 이조 정랑 하연

(河演)을 호출했으나 오지 않았다. 대간이 하연을 탄핵하니 "큰 정사
(政事)에는 반드시 실수가 있게 마련이니, 묵인하라."라고 했다. 모두
그리하겠다고 했으나 오직 좌부대언 황희만이 이의를 제기했다.

전하의 총명으로서 탄핵의 옳고 그른 것을 분명히 짐작하실 것입니
다. 만약 후세에 총명이 전하에 미치지 못하는 임금이 있어 그른 것
도 옳다 하고 옳은 것도 그르다고 한다면 어찌 폐단이 없겠습니까?

그러나 받아들여지지 않았다.[23]

## 박석명의 추천으로 지신사가 되다

1405년 12월 6일에 황희는 승정원 지신사(知申事, 뒤에 도승지)가 되
었다. 박석명이 오랫동안 지신사를 맡았다가 사임하기를 간청하자 태
종이 "경과 같은 자를 천거해야만 바꿀 수 있다."라고 하니 황희를
천거했다. 그리하여 황희는 임금의 측근에서 모든 기밀을 알게 되었
다. 태종은 황희가 하루 이틀만 나오지 않아도 반드시 불러 보았다.
그리고 "이 일은 나와 경만 알고 있으니, 만일 누설된다면 경이 아니
면 내 입에서 나온 것이다. 훈구 대신들이 우리의 계합(契合)을 좋아
하지 않으며, 혹은 당신이 간사하다고 말하는 자도 있다."라 했다고
한다.[24]

1406년 4월 25일에 명나라 사신 황엄(黃儼)이 양영(楊寧)·한첩목
아(韓帖木兒)와 함께 전라도로 떠났다. 태종은 지의정부사 박석명을 전
라도 제주도 체찰사로 삼아 동행하게 하고, 지신사 황희에게 의정부

와 더불어 한강에서 그들을 전송하게 했다. 그러나 황엄은 새벽녘에 일어나서 말을 채찍질해 갔다. 황희 등은 그가 떠나는 것을 보지 못했다. 이는 황엄이 임금이 나와서 전송하지 않은 것을 노여워한 것이었다.[25] 그리고 7월 15일에 황엄이 나주로부터 돌아왔다. 태종은 지신사 황희를 시켜 양재역(良才驛)에 나가서 영접하게 했다. 황희는 임금이 몸이 아파서 나오지 못했다고 했다.[26]

### 왕의 불사를 막다

1406년 5월 27일에 태종이 창덕궁 안에 불당을 지으려 했다. 창덕궁 북쪽에 신덕 왕후의 혼전(魂殿)인 인소전(仁昭殿)이 있었는데 태조가 죽으면 이를 문소전(文昭殿)으로 바꾸어 자주 왕래하기 위해 다시 터를 잡아 지으려 한 것이다. 태종은 서운관에 명해 터를 잡게 했다. 이에 유한우(劉旱雨)가 "창덕궁 주산(主山)의 기운이 이 땅에 모였는데, 만약 땅을 파서 집을 지으면 반드시 궁궐에 이롭지 못할 것입니다."라고 했다. 왕이 다시 이직(李稷)을 불러 의논하니, 이직은 "주산의 맥이 아니고 따로 궁릉(穹窿)의 모양으로 나와서, 남향의 형세를 이룬 것입니다. 전하께서 만약 가까운 땅을 골라 진전(眞殿)을 지으시려면 이곳보다 나은 데가 없습니다."라고 했다. 태종은 진전뿐 아니라 불당까지 지으려 했다. 이에 지신사 황희가 간했다. "불당 하나를 짓는 것이 비록 폐가 없다고는 하나 다만 후세에 법을 남기는 것이면 옳지 못합니다." 그 말에 태종이 "부처의 도는 허실을 알기가 어렵다. 예전에 권중화(權仲和)가 '오도자(吳道子)가 그린 관음상에서 광채가 났다.'라고 했으나 내가 듣고 매우 이상하게 여겼다."라고 하니 황희가

"그렇다면 오도자가 비술(秘術)이 있어서 그러한 것이 아닙니다. 어찌 부처가 신령하고 기이한 때문이겠습니까?"라고 답했다고 한다.[27]

그해 6월 7일에는 태상왕이 회암사(檜岩寺)에 거동해 반야경(般若經)을 옮기려 하는 것을 환자(宦者) 김문후(金文厚)·김중귀(金仲貴)·김수징(金守澄) 등이 막았다. 마침 이때 지신사 황희가 왔다가 "성비(誠妃, 태상왕의 농비(寵妃) 원씨(元氏))의 봉숭일(奉崇日)이 가까워 왔는데, 만약 산사에 거동하시면 행례에 방해가 될 듯 합니다."라고 하니 태상왕도 좀 풀어져 "성비는 다만 명호만 얻어도 다행인데 어찌 봉숭(奉崇)을 바라겠는가?"라고 했다고 한다.[28]

한편 7월 22일에 대간이 이저(李佇)의 고신(告身, 사령장)을 돌려주지 말기를 청하자 태종이 "대간이 내 말을 따르지 않는 것은 대간의 뜻이 아니요, 조신들의 의향에서 나온 것이다. 내가 덕이 없어 나라의 정사를 하겠는가? 너희들은 출사하지 마라!" 하고는 노희봉(盧希鳳)에게 명해 대언(代言)들을 내쫓고 원문(院門)을 봉쇄했다. 지신사 황희가 입직 대언 윤향(尹向)과 함께 불가함을 아뢰어 대언사(代言司)의 봉쇄를 풀게 했다.[29]

### 풍저·광흥창 건립 건의

1406년 8월 5일에 지신사 황희가 아뢰었다.

풍저(豊儲)·광흥(廣興) 양창의 쌀을 노적(露積)하므로 젖어서 불어 터지고 썩어서 손실되나, 해마다 흉년이 들어 백성을 사역함이 불가하니, 각 도의 놀고먹는 승도 600여 명을 추쇄해 풍저·광흥창을 짓도록 청합니다.

이에 태종은 "사사(寺社)를 혁파하고 전민(田民)을 감해 중들이 원망하고 있는데, 만일 또 역사시키면 이들을 미워하는 것이 너무 심하다."라며 난색을 표했다. 그 대신 "(역사하는 산승들에게) 배불리 먹이고 옷을 주어 역사에 나오게 해 원망이 없게 하면 좋을 것이다."라고 했다. 이에 대해 황희는 "600여 명의 중들에게 옷을 주기는 어려우나 배부르게 먹일 수는 있습니다."라고 했다. 태종이 잠시 후 "경복궁은 부왕이 지으신 것으로 굉장히 크고 아름다우니, 버리고 거처하지 않는 것은 옳지 못하다. 만일 좌무(左廡)·우무(右廡)·후무(後廡)를 수리해 양창의 곡식을 간직하면 두 가지를 다 온전하게 하는 도리인 듯한데, 경들은 어찌 생각하는가?"라고 하니 모두가 수긍했다.[30]

1407년 1월 4일에 한첩목아와 양영이 명으로 돌아가매 태종이 반송정(盤松亭)에서 전송했다. 이보다 먼저 태종이 황희에게 "사신이 돌아갈 때, 백관이 반송정에 서립(序立)해 배송(拜送)한 지 오래다. 그러나 지난번 황엄이 불상을 가지고 돌아가던 날 정승을 보고도 말을 타고 그대로 지나갔고, 그 수행하는 자들도 또한 말에서 내리지 않았으니, 내가 심히 창피하게 생각했다. 이제부터는 각 사(司)의 지송(祗送)은 없애도록 하라! 사신이 비록 예에 어긋난다고 노한다 하더라도, 장차 나에게야 어찌하겠느냐."라고 했다.[31]

1월 19일에 황희의 3남 황수신(黃守身)이 태어났다.[32]

1407년 1월 22일에 태상왕이 연희방(燕喜坊) 궁전 남쪽에 불사(佛寺)를 세우려 했다. 태종은 황희를 보내 비용이 부족하지 않은가 물어보았다. 태상왕은 "내가 이것(누각)을 희사해 절을 만들고자 하니, 네가 국왕에게 말해 절의 편액(扁額)을 내리고, 조계(曹溪)·화엄종(華嚴宗) 중의 하나를 붙이게 하고, 전민을 주고, 주지(住持)를 차임하라!"라고 했다. 황희가 돌아와서 들은 대로 보고하니, 태종은 "부왕의 명령을 따르지 않을 수 없다. 다만 사사(寺社)의 수효를 정한 뒤에 편액을 내리고, 종(宗)을 붙이면, 후세에 이것을 명목을 삼아 다시 사사를 둘까 두렵다."라고 했다.[33]

7월 1일에 명나라 내사(內史) 정승(鄭昇)·김각(金角) 등이 귀국해 지신사 황희가 의정부와 더불어 반송정에서 전송했다. 임금이 편찮았기 때문이다.[34]

1407년 8월 18일에는 태종이 양녕 대군 이제에게 전위하고자 중관을 시켜 옥새를 전해 주었다. 조정 제신들은 황희를 시켜 들어가 반대 의견을 전달하라고 했다.[35] 중신들이 격렬히 반대하자 태종은 슬그머니 복위했다.

### 민무구·민무질을 내치다

1407년 7월 15일에 김한로(金漢老)의 딸을 숙빈(淑嬪)으로 삼고, 김한로를 좌군동지총제(左軍同知摠制)에 임명했으며, 모친 전씨를 선경택주(善慶宅主)로 삼았다. 그리고 황희를 시켜 김한로에게 세자를 잘 가르치라고 전지했다.[36] 같은 날 지신사 황희를 통해 평원군(平原君) 조박에게 전지했다. 조박이 민무구의 꾐에 빠져 왕녀를 출가시키는 일에 연루되어 내쳤으나 민무구 등을 이미 외방으로 내쳤으니 서울로 다시 불러올린다는 내용이다.[37]

그리고 9월 25일에 태종은 황희·이숙번·이응·조영무·유량 등에게 밀지를 주어 민무구·민무질을 제거하게 했다.[38] 뿐만 아니라 11월 11일에는 황희와 하륜을 통해 민무구·민무질의 직첩을 뺏고, 목숨을 겨우 보존해 줄 것을 전지했다. 태종은 황희를 보내 하륜에게 전지했다.

"민무구 등의 죄는 내가 사정(私情)으로 인해 능히 과단(果斷)하지 못했다. 공신·대간에서 백관까지 모두 죄를 청한 지가 여러 달인지라 내가 부득이 해 지금 다만 직첩만 거두고 목숨을 보전하도록 했다."

"이 무리들이 세자를 제거하고자 했다면 죄가 말할 수 없이 크지만, 여러 아들을 제거하려 했으니 세자같이 중하지는 않습니다."

하륜의 말을 황희가 복명하니, 태종이 말했다.

"옛날에 하륜이 여기에 앉아서 정사를 의논할 때 내가 한심한 말을 들은 적이 있다. 너는 빨리 가서 묻기를 '이 말을 일찍이 다른 사람과 말한 적이 없는가? 다시는 가볍게 말하지 말라!'라고 하라."

그러고는 황희에게 덧붙여 일렀다.

"이 말이 만일 누설된다면, 내가 아니면 네 입에서 나온 것이다."

황희가 태종의 말을 전하자 하륜이 땅에 업드려 대답했다.

"살 길을 지시해 주시니, 몸 둘 바를 모르겠습니다."

황희가 또 복명하니, 태종은 말했다.

"내가 아니면 보존하기 어렵다. 그 충성스럽고 곧음을 사랑한다."[39]

## 황희가 인사를 전천하다

1408년 1월 28일에 태종이 지신사 황희에게 물었다.

"부왕의 병환이 위독하니, 부처를 섬기는 것이 비록 비례(非禮)가 되기는 하나, 차마 하지 못하는 마음[不忍之心]을 스스로 제지하지 못해 승도를 소집해 정근기도(精勤祈禱)를 행하고자 하는데 어떠한가?"

이에 황희가 대답했다.

"부모를 위해 병을 구(救)하는 것이니, 해로울 것이 없을 것 같습니다."

황희가 유학자이지만 태상왕이 아픈 비상한 때는 권도로 불교 행사도 시행하도록 했던 것이다.[40]

1월 29일에 태종은 황희를 생원시의 시관으로 임명했으나, 황희는 대사성 유백순(柳伯淳)으로 교체하는 것이 좋겠다고 말했다.[41] 2월 4일에 좌정승 성석린(成石璘)으로 겸이조사(兼吏曹事)를, 우정승 이무로 겸판병조사(兼判兵曹事)를 삼았다. 예전에 좌·우정승이 이조와 병조의 인사를 겸해서 맡았는데, 지신사 황희가 지이조(知吏曹)로서 중간에서 용사(用事)한 지 오래되었다. 비록 두 정승이 천거한 자라도 쓰지 않고, 황희 자신과 친하고 믿는 사람을 여러 번 왕에게 칭찬해 벼슬을 주니, 재상이 매우 꺼렸으나 어찌할 수 없었다. 그리하여 재상들이 매양 인사를 할 때 사양하고 회피해 물러갔다. 결국 좌·우정승이 모두 겸직하고 있던 인사권을 사양하고 물러났다. 그리고 황희의 공정치 못한 일을 익명서를 만들어 두세 번 게시한 일도 있었다. 이에 황희도 조금 뉘우쳐, 이때에 이르러 계문(啓聞)해서 예전 제도를 회복하게 했으나, 역시 재상의 의논을 쓰지 않고 붕당을 가까이 하니, 사람

들이 모두 지목했다.[42]

## 명나라 사신 황엄이 처녀를 선발하다

1408년 5월 19일에 명나라 사신 황엄이 금강산에서 돌아왔다. 황엄은 왕이 영접 나오지 않게 하기 위해 양주(楊州)로부터 말을 달려 태평관(太平館)으로 돌아왔다. 태종은 지신사 황희를 보내 황엄을 위문했다.[43] 그런데 내사(內史) 황엄이 의정부와 더불어 경복궁에서 경외의 처녀를 함께 선발했다. 황엄이 처녀 중에 미색이 없다고 노해 경상도 경차내관(敬差內官) 박유(朴輶)를 잡아 결박하고 죄를 물었다.

"경상 일도가 나라의 반이나 되는 것을 상국에서 이미 알고 있는데, 어째서 미색이 없겠느냐? 네가 감히 사사로운 뜻을 가지고 이와 같은 여자들을 뽑아 올린 것이지?"

그러면서 곤장을 치려 했으나 그만두고는 교의(交椅)에 걸터앉아 정승들을 앞에 세워 욕을 보이고 나서 태평관으로 돌아갔다. 태종이 지신사 황희를 보내 말했다.

"이 계집아이들이 멀리 부모 곁을 떠날 것을 근심하여 먹어도 음식 맛을 알지 못해 날로 수척해진 때문이니 괴이할 것 없소. 다시 중국식 화장을 시켜 놓고 보시오."

황엄도 좋다고 했다.

이날 평성군(平城君) 조견의 딸은 중풍이 든 것같이 입이 반듯하지 못했고, 이조 참의 김천석(金天錫)의 딸은 중풍이 든 것같이 머리를 흔들었으며, 전 군자감 이운로(李云老)의 딸은 다리가 병든 것같이 절뚝거리니 황엄 등이 매우 노했다. 그리하여 사헌부에서 조견 등의 딸을 잘못 가르친 죄로 탄핵해 아전을 보내 지키게 하고, 조견은 개령(開寧)에, 이운로는 음죽(陰竹)에 부처(付處)하고, 김천석은 정직(停職)시켰다.[44]

7월 5일에 2차 처녀 간택이 있었다. 이때 의장(衣粧)과 수식(首飾)을 모두 중국 제도와 같이 했다. 황엄이 말했다.

"이 중에 그런대로 쓸 만한 자는 서너 사람 뿐이다."

그러고는 권집중(權執中)·임첨년(任添年) 등의 딸 31인을 남겨 두고 나머지는 모두 돌려보냈다. 태종이 지신사 황희를 보내 황엄이 외방에 나가 직접 처녀를 간택하려는 것을 만류해 그만두게 했다.[45]

### 개경사에 전지를 내리다

7월 29일에 죽은 태상왕을 위해 산릉의 재궁(齋宮)에 개경사(開慶寺)를 짓고, 조계종에 속하게 해 전지 300결과 노비 150구를 내렸다. 태종이 황희에게 일렀다.

"불씨(佛氏)의 그른 것을 내 어찌 알지 못하리오마는, 이것을 하는 것은 부왕의 큰일을 당해 시비를 따질 겨를이 없어서이다. 내 생전에 마땅히 해야 할 일을 자세히 제정해 후손에게 전하겠다."[46]

태종이 비록 척불론자이지만 부왕이 불교를 좋아했으므로 권도로 불사에 토지와 노비를 내린 것이며 장차 불교의 폐해는 따로 따져서 척결하겠다는 것이다.

### 지신사를 사퇴하려 하다

8월 18일 황희는 지신사 자리를 사퇴하고자 했다. 이유는 전 판사 박유손(朴有孫) 때문이었다. 별시위 패두(牌頭) 위충(魏·)이 죄를 얻어 물러난 자리에 병조에서 세 사람을 의망(擬望)했는데, 박유손이 첫째이고, 황한우(黃旱雨)는 셋째 번이었다. 그런데 왕이 황한우를 낙점해 임명했다. 박유손이 노해서 지신사 황희의 집에 가서 "패두의 망장(望狀)을 주상께서 친히 보시고 낙점했는가? 주상께서 만일 아셨다면 어찌하여 끝의 사람에게 낙점했겠는가?"하면서 노발대발했다. 황희는 이런 상황을 낱낱이 보고하고는 말했다.

"신이 오랫동안 임금을 가까이 모시는 자리에 있다 보니 남의 의논을 매우 두려워하는데, 지금 박유손에게 욕을 당했으니 집으로 물러가겠습니다."

이에 태종은 사헌부에 명해 박유손을 탄핵하게 하고, 의정부에 내려 박유손을 부처하게 했다. 그리고 황희에게는 계속 일을 보라고 했다.[47]

### 조대림 사건

1408년 12월 5일에 태종의 사위 조대림(趙大臨)이 목인해(睦仁海)[48]의 꾐으로 반란에 연루되어 순금사(巡禁司)에 하옥되었다. 태종이 황희를 불러 말했다.

"평안군 조대림이 반란을 일으켰으니, 계엄령을 내려 반란에 대비하시오."

황희가 모주(謀主)가 누구냐고 했더니, 조용(趙庸)이라 했다. 황희가 아뢨다.

"조용의 사람됨이 아비와 임금을 죽이는 일은 결코 하지 않을

94

것입니다."

황희가 조대림과 함께 목인해까지 하옥시켜 대질 심문하자 목인해의 모함인 것이 밝혀졌다. 그러자 태종이 황희에게 말했다.

"옛날 목인해가 반란을 일으켰을 때 경의 말에 조용의 사람됨이 아비와 임금을 죽이는 일은 결코 하지 않을 것이라 하더니, 과연이로다."[49]

12월 11일에 황희는 하륜·이숙번·권근·조영무 등과 더불어 사헌부 대사헌 맹사성(孟思誠)과 사간원 우정언 박안신(朴安信)을 구원했다. 맹사성은 조대림을 옥중에서 고문한 죄로, 박안신은 조대림이 성내에서 군사를 동원한 것을 추궁한 죄로 12월 8일에 갇혔다가 맹사성은 장(杖) 100대를 맞고 청주로 귀양 가 향교의 재복(齋僕)이 되었고, 박안신은 영해로 귀양 갔다. 처음에는 왕실을 모독한 죄로 사형에 처하려 했으나 황희 등이 만류해 이 정도의 처벌로 끝난 것이다.[50]

### 세자에게 무사보다 학문을 권하다

1409년 3월 16일에 태종이 황희에게 물었다.

"예부터 임금이 굳세고 용감하면 능히 아랫사람을 제압할 수 있었고, 온유하고 나약하면 실패함이 많았다. 무릇 활 쏘는 것과 말 달리는 것은 굳세고 용감한 기질을 키우는 것이다. 지금 세자로 하여금 무사(武事)를 익히게 하는 것이 도리에 어떠한가?"[51]

황희가 대답했다.

"신의 어리석은 생각으로는 학문에 정진함이 마땅하다 보입니다."[52]

문치주의 체제에서는 무사보다는 학문이 중시되었기 때문이다.

### 제사에 향악을 쓰다

또 1409년 4월 7일에 태종은 다음과 같이 문제를 제기했다.

"예악은 중한 일인데, 우리 동방은 아직도 옛 습관을 따라 종묘에는 아악을 쓰고 조회에는 전악(典樂)을 쓰고 연향(燕享)에는 향악(鄕樂)과 당악(唐樂)을 번갈아 연주하므로 난잡하고 절차가 없으니 어찌 예악이라 이르겠는가? 아악은 곧 당악이니, 참작 개정해 종묘에 도 쓰고 조회와 연향에도 쓰는 것이 옳다. 어찌 일에 따라 그 음악을 다르게 할 수 있겠는가?"[53]

이에 황희가 대답했다.

"향악을 쓴 지 오래이므로 고칠 수 없습니다."

그 후 세종 때에 황희의 말을 채용해 지금까지 제사에 향악을 쓰고 있다.[54] 중국 음악보다 우리 음악을 중시하는 사고에서이다.

### 형제간에 화목하게 지내라고 하다

1409년 5월 19일에 태종은 세자와 효령군·충녕군·성녕군을 불러 형제간에 서로 화목하게 지내라고 일렀다. 민무구·민무질을 제거할 뜻을 가졌던 데 대해 마음이 상했던 까닭이다. 그리고 황희에게 이르기를 "너는 구신(舊臣)이므로 나의 뜻을 미루어 알 것이다."라고 했다. 황희가 물러가자 태종이 세자로 하여금 전문(殿門)까지 전송하도록 했다. 황희는 세자에게 "오늘 부왕께서 일깨워 주신 뜻을 잊지 않으면 실로 조선 만세의 복이 될 것입니다."라고 해 태종의 외척 제

거와 왕권 강화 의지를 잘 읽어야 한다고 충고했다.[55]

## 인재를 널리 추천하라고 하다

1409년 6월 27일에는 태종이 황희에게 교지를 내려 유일(遺逸, 숨은 인재)을 천거하라고 했다.

늙고 덕이 높아 명예와 영달을 구하지 아니하는 자와 충효절의(忠孝節義)가 세상에 드러난 자, 정치하는 대체를 밝게 통달해 이사(吏事)를 맡길 만한 자, 병법과 지모(智謀)가 깊어서 장수가 될 만한 자, 그리고 활쏘기와 말타기에 능해 적의 칼날을 꺾어 함몰시킬 만한 자를 백관들은 각각 아는 대로 천거하되, 한 사(司)에서 두세 사람씩 천거하도록 하라![56]

## 의정부에서 일하다

1409년 8월 10일에 황희는 참지의정부사로 승진했다.[57] 그리고 12월 6일에 형조 판서가 되었고[58] 1410년(태종 10년) 2월 13일에 다시 지의정부사로 승진했다.[59]

4월 18일에 태종은 황희를 비롯해 조영무·이천우 등을 편전으로 불러 북방에 침입한 오랑캐(올량합(兀良哈))를 방어할 대책을 강구했다.[60] 동북면 도순문사(東北面都巡問使) 임정(林整)의 보고에 의하면 찰리사(察理使) 연사종(延嗣宗)이 군사를 800명이나 거느리고 길주에 주둔하고 있으면서 구원하지 않아 군관 5인이 죽고, 다친 자가 20인이나 되며, 전마가 30필이나 죽거나 상하게 했으며, 평민들이 빼앗긴 마필도 많다고도 했다. 이 때문에 경성(鏡城) 이남의 인민이 산으로 달아나 농사를 폐했고, 길주(吉州)의 거민들은 모두 놀라 밭에 나가지 않는다는 것이다. 태종은 연사종에게 사마(私馬)를 타고 상경하라고 명했다. 그러나 연사종은 공신이기 때문에 도총제(都總制) 이화영(李和英)과 교체되었을 뿐 처벌받지는 않았다. 그나마 조금 있다가 원학(元鶴)에게 명해 전상한 군사를 치료해 주는 것으로 바뀌었다.[61] 그렇지만 그해 7월 17일에 그는 함주(咸州)로 귀양 갔다.[62]

6월 25일에 태종은 지의정부사 황희를 보내어 원단(圓壇)에 비를 빌게 했다. 황희가 원단에 가서 향(香)과 축(祝)을 점고해 보니, 호천상제(昊天上帝)의 제문만 있고 오제(五帝)의 제문은 없었다. 황희가 태종에게 아뢰니, 담당자인 역삭교서정자(役朔校書正字) 최덕지(崔德之)를 처벌하라고 했다.[63] 7월 6일 황희는 사헌부 대사헌이 되었다.[64]


## ○○ 의롭지 않으면 왕명일지라도 듣지 않다

1410년 7월 10일에 태종은 황희에게 상당군(上黨君) 이저(李佇)의 공신녹권(功臣錄券)을 바치라고 명했다. 그러나 황희는 "각위(各位)가 제좌(齊坐)하는 것을 기다려야 한다."라고 했다. "비록 신이 주상의 뜻을 알기는 하나, 이 일을 어떻게 신의 뜻으로 독단할 수 있겠습니까? 원컨대 입대(入對)해 면전에서 진달하고자 합니다." 황희가 스스로 권력을 전단한다는 여론을 두려워해서이다.[65]

황희는 의롭지 않으면 비록 왕명이라도 듣지 않았다. 태종과 사헌부 대사헌 황희와의 대화를 보자!

황희: 삼공신이 두 번째 맹세하던 때와 건원릉(健元陵) 비음기(碑陰記)에 이저의 성명을 기록하지 않았으니, 비록 녹권을 도로 준다 하더라도 어찌 고쳐 만들지 못하겠습니까?"

태종: 맹세하는 족자[盟簇]와 비음기(碑陰記)는 모두 내가 한 것이니, 어찌 고쳐 만들지 못하겠는가? 지금 음려(淫沴)가 너무 심해 하늘의 견고(譴告)가 지극한데, 경등이 좋은 계책을 진달해 재변을 없애지는 않고 한갓 사람을 해치고자 하니, 화기(和氣)를 상한 것이 이 때문 아닌가?

황희: 하늘이 감응하는 이치가 있어, 이저가 서울에 돌아온 이래로 수재가 너무 심하니, 하늘이 감응한 것 같습니다. 만일 두마음을 가진 사람을 내친다면 재앙이 저절로 사라질 것입니다.

태종: 내가 이저를 부른 것은 대개 그 전록(田祿)을 먹으며 서울과 외방 사이에 편안히 살게 해 자주자주 오게 하려는 것뿐이다. 대사헌은 나라를 근심하고 집을 잊는 법인데, 어째서 이와 같이 번거롭게 사람을 해치려 하는가?

황희: 신이 비록 재주가 없이 헌부의 장이 되었으나, 오늘의 청은 사직의 계책을 위한 것입니다.

태종: (지평 홍여방(洪汝方)에게) 네가 내 말을 굳이 거역하고 이저의 녹권을 바치지 않으니, 네가 과연 충심(忠心)이 있느냐?"

홍여방: 죄 있는 사람을 주상께서 가벼이 석방하려 하시는데, 지금 신이 죄를 청하기를 마지않으니, 스스로 충성이라고 생각합니다.

태종: 그렇게 고집할 것이 아니다. 너희가 하는 것을 보니, 반드시 사필(史筆)에 빛을 내고자 하는 것이다.[66]

왕과 신하의 견해가 다를 때 쟁론할 수 있는 대화이다. 그러나 홍여방은 물러나와 이저의 녹권 2축, 교서 2축, 사패 2장을 봉해 바치지 않을 수 없었다. 왕에 대한 신하의 한계이다.

## 신도와 구도
1410년 10월 11일에 대사헌 황희 등이 상소했다.

권력 있는 대가(大家)는 온 나라 사람들이 우러러 사모하는 바요, 고토(故土)를 그리워하는 것은 일반의 상정(常情)이니, 그러므로 이거하는 일은 신중히 다루지 않을 수 없는 것입니다. 이제 우리 전하께서 구도(舊都)로 이어하신 것은 일시의 권도(權道, 임시 방편)에 의한 것이니, 참으로 부득이한 사정이 있었던 것입니다.

이어하던 초두에 시위(侍衛)와 대소 신료들로 하여금 간편함을 좇아 직사(職司)를 나누게 했고, 갑사(甲士)에 이르러서는 번갈아 숙위하게 했으니, 그 신도(新都)를 위해 민심을 무마하려는 생각이 지극했던 것입니다. 시종신(侍從臣)들이 이런 것을 염두에 두지 않고, 다 투어 가족을 이끌고 구도로 돌아가니, 어리석은 백성들이 고토를 그리워하는 정리(情理)로서 권력 있는 대가들을 본받아 여러 가지로 핑계를 대어 그 산업(産業)을 버리고 구도로 옮겨 길에 연달았던 것입니다. 신도에 있는 가옥은 이웃 사람들이 회손한 바 되어 그 돌아옴에 미쳐서는 반드시 용신할 곳이 없을 것이니, 어찌 차마 보기만 하고 조처하지 않을 수 있겠습니까?

지금으로부터 시종신과 대소 신료들로 하여금 가족을 이끌고 구도로 돌아오지 못하게 할 것이며, 부득이 채비가 있어 구도에 이미 가옥을 지닌 자는 한성부로 하여금 한성에 있는 가옥을 이웃 사람에게 부탁해 회손하지 못하게 하고, 집 주인이 돌아올 것을 기다리게 해야 합니다. 만약 이웃 사람들이 유의(留意)하지 않아서 가옥이 회손될 때는 이웃 사람들로 하여금 곧 수즙(修葺)하게 할 것이며, 그 채비가 없어 구도에 가옥을 지니지 못한 자는 (개성) 유후사(留後司)에 공문을 띠워 한성으로 돌려보내게 하면 민생이 심히 다행일 것입니다.[67]

제1차 왕자의 난으로 민심을 수습하기 위해 일시 도읍을 개성으로 옮겼을 때의 일이다. 태종은 대소인원과 부녀자들의 이사를 금지하고 각사 원리(員吏)와 시위 군사로 하여금 번갈아 직사(職司)를 나누어 숙위하게 했다.[68]

### 종상법을 건의하다

1410년 11월 26일 대사헌 황희가 뽕나무를 심도록 청하는 상소를 올렸다.

5무(畝, 1무는 30평)의 택지에 뽕나무를 심으면 50세 된 자가 무명옷을 입을 수 있다는 말이 있으니, 이는 성인이 백성의 보통 산업을 제정한 법칙입니다. 우리나라의 뽕나무 심는 법(종상법)은 육전(六典)에 실려 있으니, 백성을 넉넉히 살게 하는 길이 지극하다고 할 수 있을 것입니다. 그러나 백성은 항심(恒心)이 없어 행하는 자가 적고, 수령들은 한갓 형식으로 보아 넘겨 명령을 내려도 시행하지 아니하고 백성도 그 이익을 얻지 못하니, 이는 다름 아니라 벌칙이 없어 징계할 도리가 없고, 혹은 백성들에게 신임을 잃은 때문입니다. 하물며 지금 국가에서 저화를 사용하기 시작해 널리 통용됨을 바라고 있으니, 만약 그 뽕나무 심는 수를 모두 육전에 따라 행하되, 영(令)에 따르려 하지 않는 사람이 있으면 청컨대 『주례(周禮)』에 택지에 나무를 심지 않는 자에게 포(布)를 거두게 한 예에 의해 10나무마다 저화 1장을 받는다면 영을 두려워 해 뽕나무를 심는 데 힘쓸 것이요, 또한 저화의 소중한 것도 알게 될 것이니, 일거양득이 될 것입니다.[69]

백성들의 생도(生道)를 위해 집집마다 뽕나무를 심게 하고, 영에 따르지 않는 자들에게는 벌금을 물리도록 하자고 건의한 것이다. 그대로 따라 종상법이 시행되었다.

그해 12월 29일에 황희의 4자 황직신(黃直身)이 태어났다.[70]

### 이색의 비명

1411년 6월 29일에 호조 참의 이종선(李種善)을 동래진(東萊鎭)으로 귀양 보냈다. 처음에 통사 임군례(任君禮)가 명나라 서울에 갔다가 태복 소경(太僕少卿) 축맹헌에게서 국자 조교(國子助敎) 진연(陳璉)이 지은 문정공(文靖公) 이색의 비명을 가지고 와서 태종에게 바쳤다. 태종은 진연이 어떻게 이색의 한 일을 알았기에 행장까지 지었느냐고 물었다. 좌우에서 이색의 행장을 권근이 지었는데, 그것을 보았을 것이라 했다. 김여지(金汝知)는 축맹헌이 사신으로 왔을 때 대언(代言) 유기(柳沂)가 축맹헌과 사이가 좋아 필시 행장을 전해 준 것이라고 추측했다. 유기는 이색의 큰아들 이종덕(李種德)의 사위였기 때문이라는 것이다. 태종은 왜 축맹헌과 사통해 행장을 얻어 왔느냐고 임군례를 나무랐다. 사간원이 이종선을 처벌해야 한다고 주장했다. 태종은 "이색은 천하의 대유(大儒)이니, 그 아들이 아버지를 찬미하고자 하는 것을 어찌 처벌하나."라고 했다. 그러면서도 태종은 권근이 지은 행장과 하륜이 지은 비명이 태조와 관계된 것이 많고 그 내용이 잘못된 것이 있다고 지적했다. 사헌부(대사헌 황희)에서도 임군례와 이종선의 고신(告身)을 거두고 국문해야 한다고 주장했다. 황희가 말했다.

"이종선이 나라의 대체를 돌보지 않고 사사로 왕관(王官)과 통했으니, 신자(臣子)의 마음이 아닙니다. 청컨대 고신을 거두고 사유를 국문하소서."

태종은 이색의 행장 내용에 대해 다음과 같이 의문을 제기했다.

1    이색은 두 임금을 섬기지 않았다고 했으나, 이색은 위화도 회군 때 이성계에게 술을 보내 맞이했으니 이것은 두 임금을 섬긴 것이 아닌가?

2    윤이(尹彝)·이초(李初)의 난으로 이색이 청주로 귀양을 갔는데, 장마가 져 풀려 나왔다. 이때 용사(用事)하는 자가 자기를 따르

지 않는다고 내쫓았고, 심문 받는 날에 산이 무너지고 물이 넘치는 재변이 있었다고 했는데, 이것이 과연 이색의 충성심이 하늘을 감동시켜서인가?

3  이색이 불도를 좋아했다는 것은 온 나라 사람이 잘 아는 얘기다. 그런데 중들이 발원문(發願文)을 써 달라고 해 마지못해 응했다고 했다. 과연 그런가?

그리고 윤소종이 이색을 곡학아세하는 사람으로 낙인찍었는데 그런 평가가 옳지 않느냐고 했다. 이에 대해 황희는 우선 이종선의 죄를 물어야 한다고 주장하며 말했다.

"신자로서 만일 죄가 있다면, 몸이 살았거나 죽었거나를 막론하고 모두 죄를 주어 용서하지 않는 것입니다. 권근에게 물을 만한 죄가 있다면, 어찌 몸이 죽었다 해 그대로 놓아둘 수 있겠습니까? 권근과 이종선은 비록 한 가지 일인 것 같으나, 사실은 구분해 따로따로 취급해야 합니다. 지금 이종선의 죄가 드러났으니, 먼저 사유를 물어본 뒤에야 그 죄가 반드시 돌아갈 데가 있을 것입니다."[71]

사헌부에서 영의정부사 하륜이 지은 비명을 들어 보내라고 해 대조해 보니, 권근이 지은 행장과 거의 비슷했다. 좌사간대부 이명덕(李明德) 등이 권근과 하륜의 죄를 청하니, 태종이 행장과 비명을 그대로 머물러 두게 했다.

이들의 행장과 비명은 진연(陳璉)이 쓴 묘지명과 비슷했다. 대간은 이색이 이인임과 조민수의 편을 들어 우왕을 폐하고 창왕을 세운 죄, 공양왕 때 판문하라는 고위직에 있었으면서도 조금도 부끄럽게 여기

지 않은 죄를 들어 이색을 반복무상(反覆無常)한 사람으로 몰았다.[72]

하륜의 비명과 권근의 행장에 보면 1389년 겨울에 공양왕이 즉위하자 용사하는 자들이 이색을 싫어해 장단현으로 내쫓았다고 했는데 이때의 용사자는 누군가? 또 1390년 5월에 윤이·이초를 명나라에 보냈다고 하고, 이색 등을 청주옥에 가두고 준엄한 법을 적용해 죄를 만들려 했는데, 태조가 그랬단 말인가? 태조는 처음부터 나라를 차지하려 한 것이 아니고 왕실에 충성을 다했으나 이색 등의 무리가 태조를 제거하려고 해 당시 충의로운 신하들이 천명과 인심이 태조에게 돌아온 것이라 여겨 태조를 추대한 것뿐이다. 이색의 무리를 외방에 내친 것은 하늘이 시킨 것이다. 이색을 꺼리는 자가 이색이 죄가 있다고 꾸미려 했다는데, 공을 꺼리는 자가 누구인가? 하륜과 권근은 다 이색의 무린데 전하께서 목숨을 보존해 주고 공신의 열에 끼워 주었으니 왕실에 충성을 다해야 할 것임에도, 글에다 빗대어 쫓겨난 울분을 토로하는 것은 잘못이라는 것이다.[73]

그리하여 이졸(吏卒)을 보내 하륜의 집을 지키게 했다가 곧 그만두었다. 태종은 김여지(金汝知)를 하륜에게 보내 물었다.

"내가 진연이 지은 글을 보고 마음이 편치 못했다. 또 권근이 지은 것을 보니, 태조의 일을 자세히 말했으나, 말이 매우 바르지 못했다. 또 듣자니 경이 지은 비명도 모두 이와 같다고 하나, 경의 글은 권근의 글을 모방해 지은 것이라 한다. 만일 이것을 비석에 다 밝힌다면, 이는 분명히 남에게 보이는 것이 되니, 어찌 부왕께 누가 되지 않겠는가?"[74]

이에 대해 하륜이 답변했다.

"신이 말한 용사자란 대개 조준과 정도전을 가리킨 것입니다. 태조께서 나라를 얻으신 것은 본래부터 뜻을 두었던 것이 아닌데, 그때 용사하던 조준 같은 무리들이 태조의 뜻을 받들지 않고 마음대로 주륙을 행했으니, 이것은 신이 그 사실을 잘 아는 바입니다. 그러므로 이것을 말한 것뿐이지, 어찌 감히 주상께 누가 됨이 있겠습니까?"[75]

김여지가 이 말을 전하자 태종은,

"태조께서 나라를 얻었기 때문에 말을 이같이 했을 뿐이지, 만약 나라를 얻지 못했다면 의당 조준 등과 같이 비교했을 것이다."[76] 라고 한 뒤 이종선은 고신을 거두고 먼 곳으로 귀양을 보냈으며, 임군례는 논하지 말라고 했다. 그러나 대간이 이의를 제기하자 이종선은 장 100에 수속(收贖, 돈을 받고 죄를 용서하는 것)하고 동래진으로 귀양 보냈다.[77]

### 사은사로 명나라에 다녀오다

1411년 7월 20일에 황희는 병조 판서가 되었다.[78] 8월 29일에 병조 판서 황희는 좌군 총제(左軍摠制) 하구(河久)와 함께 명나라 서울에 다녀왔다. 약재를 보내 준 것에 대한 사은사(謝恩使)였다. 갈 때 복주(福州)에서 도망 온 군사 김백(金白)·김일(金一)을 돌려 보내는 자문(咨文)을 함께 가지고 갔다.[79] 황희는 돌아와서 의주 목사 우박(禹博)이 뇌물을 받고 요동에 말을 1000여 필이나 팔았다고 상언했다. 이에 태종은 우박을 순금사(巡禁司)에 가두고 장(杖) 60에 해당하는 속형(贖刑)을 받게 했다.[80]

## 『경제육전』을 편찬하다

1412년 4월 14일에 태종은 영의정부사 하륜과 성산군(星山君) 이직으로 하여금 『경제육전』의 원집상절(元集詳節) 3권과 속집상절(續集詳節) 3권을 갱정(更定)하게 했다.

태종은 먼저 병조 판서 황희에게 『경제육전』을 과연 사용해도 좋겠느냐고 물었다.

"신이 지신사로 있을 때 이미 일찍이 참고했고, 뒤에 참지로 있을 때 다시 상고해 보았는데, 그 조례가 조금 번다해 시행하기에 어려운 것이 있을까 합니다."

황희의 답변에 태종이 "원전·속전을 마땅히 참고해 착오를 없앤 뒤에 바치도록 하라!"라고 명했다. 그리하여 하륜이 다음과 같이 말하여 그대로 따른 것이다.

> 삼가 『(경제)육전』 원집 및 속집을 가지고 참고하고 교정해 중복된 것을 없애고, 번다하고 상스러운 것을 바꾸고, 사리에 상량, 의논할 것이 있으면 왕지(王旨)를 받들어 갱정(更定)해 원집·속집을 수찬해 바칩니다. 엎드려 바라옵건대, 예람(睿覽, 왕이 보는 것)하시고, 유사로 하여금 인출(印出)해 반행(頒行)하도록 허락하소서![81]

이런 공으로 황희는 내구마(內廐馬) 1필을 하사받았다.[82]

## 『선원록』 편찬

1412년 10월 26일에는 황희·이숙번·이응 등과 의논해 왕신 족보를 재정리했다. 왕실 족보에는 『선원록(璿源錄)』·『종친록(宗親錄)』·『유부록(類附錄)』이 있었는데, 조계(祖系)를 서술한 것을 『선원록』이라 하고, 종자(宗子)를 서술한 것을 『종친록』이라 하고, 종녀(宗女)와 서얼(庶孼)을 서술한 것을 『유부록』이라 했다. 이원계(李元桂)와 이화(李和)는 모두 환왕(桓王, 환조 곧 이자춘)의 비첩(婢妾) 소생이다. 이원계는 아들 넷을 두었는데, 이양우(李良祐)·이천우(李天祐)·이조(李朝)·이백온(李伯溫)이었고, 맏딸은 장담(張湛)에게, 둘째 딸은 변중량(卞仲良)에게 시집갔다가 다시 유정현(柳廷顯)에게, 막내딸은 홍로(洪魯)에게 시집갔다가 다시 변처후(邊處厚)에게 시집갔다. 이화는 아들 일곱을 두었는데, 이지숭(李之崇)·이숙(李淑)·이징(李澄)·이담(李湛)·이교(李皎)·이회(李淮)·이점(李漸) 등이고, 딸 하나는 고려 종실 왕아무개(王某)에게 시집갔다가 다시 최주(崔宙)에게 시집갔다.[83]

김종직(金宗直)이 지은 「호안공신도비명(胡安公神道碑銘)」에 의하면 장자 황치신이 공부를 열심히 하니 태종이 공부를 열심히 하면 동중서(董仲舒)의 아래에 들지 않을 것이라 해 이름을 동(董)으로 지어 주고, 벼슬을 공안부(恭安府) 부승(副丞)으로 승진시켜 주었다. 뒤에 다시 황치신으로 사명(賜名)했다.[84]

1413년 2월 23일 사헌부가 『고려실록』이 편찬되었으니, 간행하자고 했다. 태종은 이는 사관(史官)의 직필인데, 산삭(刪削)해도 되는가 물었다. 이에 병조 판서 황희는 "기록한 일을 산삭할 수는 없으나, 문자 사이에 혹 중복된 곳이 있을 것이니, 마땅히 개수해야 한다."라고 했다. 이것으로 미루어 보아 적어도 태종 때까지는 『고려실록』이 있었던 것 같다. 다만 이 기록들이 조선의 역성혁명과 이념이 맞지 않

는 것이 있었으므로 산삭하고자 한 것이 아닌가 한다. 그러나 이 일
은 결국 실현되지는 못했다.[85]


## ○○ 예조 판서가 되어 조선 고유의 제도를 닦다

1413년 4월 7일에 황희는 예조 판서가 되었다.[86] 황희는 9월 3일
에 성균관 동·서재와 식당을 짓게 했다.[87] 4월 13일에 예조 판서로서
여러 국가 제사의 제도를 개정했다.

삼가 전조(前朝)의 『상정고금례(詳定古今禮)』를 상고하건대, 사직과 종
묘와 별묘(別廟)는 대사(大祀)를 삼았고, 선농(先農)과 선잠(先蠶)과
문선왕(文宣王)은 중사(中祀)를 삼았으며, 풍사(風師)·우사(雨師)·뇌
사(雷師)·영성(靈星)·사한(司寒)·마조(馬祖)·선목(先牧)·마보(馬步)·마
사(馬社)·영제(禜祭)·칠사(七祀)·주현의 문선왕은 소사(小祀)를 삼았
으니, 신등이 고전을 상고하건대 전조에서 참작한 일이 중도(中道)
를 얻은 것입니다.

다만 풍사와 우사는 당나라 천보(天寶) 연간에 그 연사(年事)를
이룩하고 만물을 육성한 공덕을 논해 중사에 올려 뇌사와 아울러
제사를 지냈으니, 당나라에서 송나라에 이르기까지 감히 이의하는
자가 없었습니다. 명나라 『홍무예제(洪武禮制)』에는 우사의 호(號)를
늘려 풍운뇌우지신(風雲雷雨之神)이라고 해 산천·성황과 더불어 한
단(壇)에서 제사 지냈는데, 이제 우리나라에서는 이 제도를 준용했

습니다.

또 문선왕을 논하면 국학에서는 중사를 삼았는데, 주현에서는 소사를 삼는 것이 도리에 미안하며, 송나라 제도에 주현의 석전제(釋奠祭)도 또한 중사를 삼았습니다. 엎드려 바라옵건대 풍운뇌우지신을 중사에 올려 산천·성황과 함께 제사 지내고, 주현의 석전제도 또한 중사에 승격시킬 것이며, 그 나머지 제사의 등제(等第)를 한결같이 전조의 상정례에 의거하시옵소서.[88]

1　삼가 당나라 『예악지(禮樂志)』를 상고하건대, 악(嶽)·진(鎭)·해(海)·독(瀆)은 중사를 삼았고, 산림(山林)과 천택(川澤)은 소사를 삼았으며, 『문헌통고(文獻通考)』에도 송나라 제도에 또한 악과 독으로서 중사를 삼았습니다. 본조(本朝)에서는 전조의 제도를 답습해 산천의 제사에 대해 등제(等第)를 구분하지 않았으니, 경내(境內)의 명산대천과 여러 산천을 청컨대 옛 제도에 의해 등제를 구분하시옵소서.

1　여러 사단(社壇) 가운데 오직 사직단과 풍운뇌우단은 의식(儀式)에 의해 축조되었고, 그 나머지 영성(靈星)·사한(司寒)·마조(馬祖)·선목(先牧)·마사(馬社)·마보(馬步)·중농(仲農)·후농(後農)의 사단은 모두 축조되지 않았으며, 선농·선잠·노인성(老人星)·북교(北郊)·여제(厲祭)의 사단은 비록 축조되었으나 또한 의식에 어긋났으니, 상항(上項)의 사단은 고제를 상고해 길지(吉地)를 가려 축조하시옵소서.

1　여러 사단 가운데는 비록 단(壇)이 있는 곳이라 해도 신주(神廚)와 창고와 재관(齋官)의 재소(齋所)가 없으므로 신위판(神位版)과 축판(祝版)은 제사 후에 항상 다른 사람의 집에 유치(留置)했으며, 혹

비와 눈이 내릴 때에는 전물(奠物)을 준비하는 제관(祭官)들의 재숙(齋宿)할 곳이 없으니, 신을 공경하는 도리가 아닌 듯하옵니다. 청컨대 옛 제도에 의해 신주와 창고와 재관의 재소를 마련하옵소서.[89]

고려와 중국의 국가 제사 제도를 상고해 조선 고유의 제도로 정착시킨 것이다. 황희는 이런 역할을 많이 했다. 그러나 1414년 2월 13일에 황희는 병으로 예조 판서를 사직했다.[90] 태종은 의원을 보내 병을 고쳐 주고, 병을 낫게 한 검교 한성 윤(檢校漢城尹) 양홍달(楊弘達)과 판전의감사(判典醫監事) 조청(曹聽)에게 저화 각 100장씩을 내려 주었다.[91] 이때 판의정부사를 좌의정과 우의정으로, 동판부사를 좌참찬과 우참찬으로 바꾸어 남재(南在)를 좌의정, 이직(李稷)을 우의정, 이숙번(李叔蕃)을 좌참찬, 유정현(柳廷顯)을 우참찬, 황희를 의정부 찬성사에 임명했다가, 다시 예조 판서로 임명했다.[92]

### 사대부 상접례

1413년 6월 8일에 예조에서 아뢰었다.

삼가 『경제육전』을 상고하건대 사대부의 상접례(相接禮)는 명나라에서 내린 읍배식(揖拜式)에 의해 일등급의 격차가 높으면 앉고 선 데 따른 답례가 없다 했고, 지금 본조에 간직한 예부방문사본일관(禮部牓文寫本一款)에는 "3품관이 1품관에 알현하고 4품관이 2품관에 알현할 때 양배례(兩拜禮)를 행하고, 1품관과 2품관의 답례는 편의를 좇으며, 그 나머지 품관들은 이를 모방한다."라고 했습니다.

이로써 헤아려 보건대, 앉고 선 데 따라 답례가 없었던 규례가 중국에서도 이미 변경되었거늘 우리나라에서는 그대로 준행하고 있으니, 온당치 못한 듯합니다. 엎드려 바라옵건대, 1등급의 격차가 있는 자의 절에 대해서는 답례의 편의를 좇도록 허락하시옵소서.[93]

조선을 예치주의 국가로 만들기 위해 예조는 집현전과 함께 독자적인 사례(관례, 혼례, 상례, 제례)와 오례(길례, 가례, 빈례, 군례, 흉례)를 개정하는 데 주력했다. 황희는 그 한가운데 있었던 것이다.

### 종부법

1414년 6월 27일에 황희는 종부법(從父法, 아버지가 양인이면 그 소산은 아버지를 따라 양인이 되게 하는 법)을 지지했다. 고려는 일천즉천(一賤則賤, 부모 한쪽만 천인이어도 그 소산은 천인이 되게 하는 법)의 원칙에 의해 노비가 지나치게 양산되어 멸망했다. 이를 시정하기 위해 고려 말부터 노비변정도감(奴婢辨正都監)을 두어 억울하게 노비가 된 사람들을 양인으로 편입시켰다. 종부법은 그 방편의 하나일 뿐이다. 예조 판서 황희가 아뢰었다.

"천첩의 소생을 역(役)을 면제해 주는 법은 따로 다른 의논이 있을 수 없고, 아비가 양인인 경우에는 아들도 양인이 되는 것이니, 종부법이 가합니다."[94]

태종도 찬동하면서 명을 내렸다.

"하늘이 백성을 낼 때에는 본래 천구(賤口)가 없었다. 전조의 노비법은 양천(良賤)이 서로 혼인해 천인을 늘리는 일을 우선으로 해 천자(賤者)는 어미를 따랐기 때문에 천구는 날로 증가하고 양민은 날로 줄어들었다. 1414년 6월 28일 이후 공사비자(公私婢子)가 양부(良夫, 양인 남편)에게 시집가서 낳은 소생은 아울러 모두 종부법에 따라 양인을 만들고, 전조의 판정 백성(判定百姓)의 예에 의해 속적(屬籍)해 시행하라!"[95]

### 대마도주를 타이르다

예조는 외교도 담당했다. 1414년 8월 7일에 왜인들이 요구한 종(鐘)을 주지 않는다고 칼을 빼들고 사람을 찌르려는 사건이 일어났다. 예조 판서 황희는 대마도주 종정무(宗貞茂)에게 유시했다.

고(告)해 온 법화경판(法華經版)은 본국에도 또한 드문 것이나, 족하가 찾는다는 사실을 고려해 애써 찾아서 보낸다. 또 평도전(平道全)의 처소에 붙인 서계(書契)를 가지고 계달(啓達)해 아울러 쌀 약간 석을 보낸다. 겸해 토산물을 보내니, 참조해 수령하라! 족하가 성심으로 수호(修好)하고 귀국 제진(諸鎭)의 신사(信使)가 낙역부절(絡繹不絶)하는데, 요즈음 대내전(大內殿)의 사인(使人)들이 전하관(殿下館)에 이르러 대우를 후하게 하고 또 회례(回禮)를 보냈다. 뜻하지도 않게 사인들이 돌아가다가 김해부(金海府)에 이르러 까닭 없이 분(憤)을 내어서 감사(監司)와 부관(府官)에게 욕하고 심지어 칼을 뽑아 찌르려고 했으니, 그 예의에 어그러짐이 심했다. 교호(交好)의 뜻을 상할까 걱정해 참고 돌려보내니, 족하가 대내전에 전달해 공적으로 이러한 무리들을 징치해 후래를 경계하면 다행이겠다. 이제부터 국왕

전하의 사신과 지난번에 지온(池溫)이 갈 때 통기(通寄)한 각처 사인 외에 타처 사인은 들여보내는 것을 허락하지 마라![96]

### 외가의 복제

1415년 1월 15일에는 외조부모는 대공(大功), 처부모는 소공(小功)을 입는 상복제를 제정했다.

전조 구속에 혼인의 예절은 남자가 여자의 집에 가서 아들을 낳아 외가에서 성장했으므로 외할아버지의 은혜가 소중하다 하여 외조부모와 처부모의 복제에 모두 30일을 급가(給暇)했는데, 본조에 이르러서도 오히려 옛 규례를 이어받아 친소(親疎)의 구분이 없으니 참으로 불합리한 일입니다. 청컨대 지금부터 외조부모는 대공(大功)으로서 20일을 급가하고, 처부모는 소공(小功)으로서 15일을 급가하소서.[97]

예조에서 이와 같이 건의하여 외조부보와 처부모에 대한 상복 기간을 깎고 휴가도 줄이게 했다. 그전에 태종은 우리나라 전통 혼례에 대해 언급했다.

"『사림광기(事林廣記)』에 조선의 혼인에서 남자가 여자 집에 가는 일을 희롱하고 비웃는 대목이 있다. 우리나라의 의관문물이 한결같이 중국 제도를 준수하는데 유독 혼례만은 오히려 구습을 따르니 심히 미편하다. 마땅히 고금을 참작해 제도를 정해야 하겠다."[98]

이에 황희는 "그러려면 먼저 여복(女服)을 바꾸어야 한다."라고

했고, 태종은 "먼저 혼례를 정해서 풍속을 바로잡은 뒤에 여복을 고쳐도 늦지 않다."라고 했다.[99]

### 향리의 입제

1415년 4월 13일에 예조는 향리의 입제(笠制)를 상정했다. 호장(戶長)과 기관(記官)은 평정건(平頂巾)을, 통인(通引)과 장교(將校)·역리(驛吏)는 두건(頭巾)을, 비나 눈이 오는 날에는 유지모(油脂帽)를 쓰게 하고, 관청문을 출입할 때와 크고 작은 사객(使客)을 영접할 때는 그 곁에 흑색 죽감(竹坎)을 붙인 두첨(頭簷)을 쓰는데, 그 너비가 2촌(寸)이었다. 이어서 예조 판서 황희가 아뢨다.

영의정 하륜이 일찍이 말하기를 "중국의 관리는 모두 항상 사모(紗帽)를 쓴다." 했는데, 본국으로 말하면 노상에선 갓[笠]을 쓰고 사모는 공처(公處)에서만 쓰니 매우 맞지 않습니다. 그리고 또 두 가지 물건을 아울러 갖추는 것도 어려운 일이니, 조관으로 하여금 항상 사모를 쓰게 함이 어떻겠습니까?[100]

그러나 태종은 받아들이지 않았다.

### 이조 판서가 되다

1415년 5월 17일에 황희는 이조 판서가 되었다.[101] 그러나 6월 19일에 곧 파직되었다.[102] 한재(旱災)에 음악을 연습하지 말라는 것을 반대하다가 태종의 노여움을 산 탓이었다.[103] 11월 7일 황희는 다시 외정부 참찬이 되었다가,[104] 12월 23일에 호조 판서가 되었다.[105] 그리고 얼마 후 1416년(태종 16년) 3월 16일에 다시 이조 판서로 옮겨졌다.[106]

그런데 그해 6월 22일 진산(晉山) 부원군 하륜이 태종에게 황희를 비난하는 글을 실봉(實封)해 올렸다. 태종은 좌우를 물리친 후 조말생(趙末生)에게 읽어 보라고 했다. 그 대강은 다음과 같다.

정치를 하는 도리는 사람을 쓰는 것보다 큰 것이 없으니, 한 사람의 군자를 쓰면 다스려지고, 한 사람의 소인을 쓰면 어지러워지는 것을 성상께서는 깊이 알고 있을 것입니다. 그러나 대간(大姦)이 겉으로 꾸미면 비록 지극히 밝다고 하더라도 또한 이를 알기 어렵습니다. 심온과 황희는 매우 간악한 소인이니, 정부·6조와 이조에 있는 것도 마땅치 못하고, 직책이 전선(銓選)을 맡는 것은 더욱 불가합니다.[107]

이에 태종이 말했다.

"진산이 충직한 신하이므로 내가 그 덕의(德義)를 높여서 신하라 일컫지 않고, 항상 빈사(賓師)로서 대접했다. 그러나 이 실봉에는 내가 심히 미편하다. 황희는 내가 일찍부터 한집안으로 대접해 왔고, 더군다나 심온은 충녕 대군의 장인이다. 이 두 사람이 무슨 불초한 것이 있기에 비방하기를 이와 같이 심하게 하는가? 옛사람이 이르기를 '임금이 치밀하지 못하면 신하를 잃고, 신하가 치밀하지 못하면 몸을 잃는다.'라고 했다. 대신의 실봉을 외부에 드러냄은 불가하나, 너는 글을 읽어 사리를 아는 유생인데, 어찌 내가 너에게 비밀히 보여 준 뜻을 알지 못하는가? 너는 진산의 집으로 가서 그 까닭을 물어서 아뢰라."[108]

명에 따라 조말생이 하륜에게 가서 그 까닭을 물으니, 하륜이 대답했다.

"황희와 심온은 본래 쇄쇄(瑣瑣)한 소인들입니다. 앞서 황희와 심온이 통동해 이중무(李仲茂)의 노비를 오결(誤決)했고, 황희는 또 홍유룡(洪有龍)의 첩의 노비를 다투어 얻었으니, 어찌 사람의 마음이 있고서야 남의 자식과 그 아비의 노비를 다툴 리가 있겠습니까? 황희는 옛 공로가 있고 심온은 종실과 관련된 사람이니 폐기하면 불가하지만 추기(樞機)에 쓴다면 진실로 불가합니다."[109]

태종은 뒤에 하륜에게 다시 물어보겠다고 했다.

같은 날 황희가 판서로 있던 이조에서 용관(冗官) 제거를 청하는 장계(狀啓)를 올렸다.

그 일을 하는 자가 그 봉록을 먹는 것이 원리 원칙입니다. 지금 검교(檢校)의 각 품관들은 그 하는 일이 없이 가만히 앉아 봉록만을 먹고 있는데 이는 합당치 않은 일이니 혁파하소서. 그리고 종1품 판돈령부사 1과(窠)와 정2품 삼군 도총제 각 1과를 가설하고, 6조 참의 각 1과를 혁파할 것이며, 종2품질(秩)인 6조 참판 각 1과를 설치해 그 하는 일이 없이 봉록만 축내는 폐단을 근절시키소서.[110]

1416년 7월 8일에 이조는 2품 이상 조관(朝官)의 자제와 여서(女壻)를 서용할 것을 청했다. 속전(續典)에 2품 이상 및 대간과 정조(政

曹)를 지낸 조관의 자제는 18세 이상으로 재간 있는 자는 천거, 서용하게 되어 있었다. 태종은 이조 판서 황희에게 명해 공신과 2품 이상 관원으로서 아우와 조카가 없는 자는 동생제(同生弟)와 3촌질(三寸姪)에게 벼슬을 주라고 했다.[111] 뿐만 아니라 전함(前銜) 참외자도 천거해서 서용하자고 했다.[112]

### 세자를 옹호하다 좌천되다

1416년 9월 24일, 선공 부정(繕工副正) 구종수(具宗秀)·악공(樂工) 이오방(李五方) 등을 의금부에 가두었다. 세자가 주색에 빠져서 임금이 가르치는 명령을 순종하지 않기에 갑사(甲士)를 시켜 문을 파수하여 잡인(雜人)이 출입하는 것을 금하였는데, 구종수와 이오방이 대나무 다리를 만들어 밤마다 담을 넘어 궁에 들어가서 술을 마시며 유희하고 밤에 세자를 제 집으로 맞아서 잔치를 베풀고 남모르게 여색을 바친 일 등이 발각된 것이다.[113] 이튿날 9월 25일, 세자를 꾀어 낸 구종수는 장(杖) 100을 때려 경성군(鏡城郡)으로 귀양 보내고, 이오방은 장 100을 때려 공주 관노로 환속시켰다.

태종이 황희를 인견하고 세자의 소행이 어떠냐고 묻자 황희는 "구종수의 한 짓이 응견(鷹犬, 매와 개)의 일에 불과할 따름입니다."라고 대답했다. 그리고 또 "세자는 연소합니다."를 두 번이나 외쳤다. 반면에 하륜은 다음과 같이 말했다.

"세자의 직책이 장차 종사를 주관할 터인데, 지금 거칠고 음란한 것이 이 지경에 이르렀으니, 어찌하겠습니까? 어찌하겠습니까? 마땅히 구종수를 베어 후래를 경계하고, 더욱 방금(防禁)을 더해 난의 근원을 근절하소서."[114]

태종이 이 말에 감동했다. 형조 판서 안등(安騰)이 구종수가 궁성을 넘었으니 3복(三覆, 사형수를 세 번 심리하는 것) 없이 교형(絞刑)에 처해야 한다고 했다. 이에 의금부에 명해 함께 출입한 자를 물으니 세자의 이름이 튀어나와 다시금 캐묻지 않았다. 그리하여 구종수는 장(杖) 100, 도(徒) 3년에 처해 경성(鏡城)으로 귀양 보내는 데 그쳤다.[115]

11월 2일 황희는 세자를 편들었다는 이유로 공조 판서로 좌천되었다.[116] 『문종실록』 권12에 실려 있는 본전(本傳)에는 이렇게 기록되어 있다.

> 태종 16년에 세자 제(禔)가 실덕(失德)하는 일이 많거늘, 태종이 황희와 이원(李原)을 불러 세자의 무례한 행동을 말했다. 황희는 세자의 지위를 경솔히 천동할 수 없다 생각하고는 이에 말하기를 "세자가 나이 젊은 소치로 그런 것이니 큰 과실은 아니옵니다."라고 했다. 태종이 마음속으로 '황희가 일찍이 여러 민씨[諸閔]를 제거하는 데 주모했으므로 세자에게 붙어 민씨 사이에 혐의를 풀고 후일의 영화를 도모하는 것'이라 여기고는 노여워해 점차 사이가 벌어졌으므로 공조 판서로 좌천된 것이다. 또 실기(實記)를 상고해 보면 본년(1416년) 9월 2일(계축)에 임금이 편전에 나와 이원과 황희를 불러 보시고 구종수의 간악함과 세자의 범람한 행동을 말했는데, 황희가 세자가 나이 젊은 소치라고 풀이해 대답하니, 이 때문에 태종에게 오해를 받은 것이라 했다.[117]

### 우산·울릉도 주민 쇄출

1417년(태종 17년) 2월 8일에는 모든 조신이 우산(于山)·울릉도의 주민을 쇄출하지 말고, 오곡과 농기구를 주어 생업을 안정시키고, 주수(主帥, 수령)를 보내 그들을 위무하고, 토공(土貢)을 정하는 것이 좋을 것이라 했다. 그러나 공조 판서 황희가 홀로 반론을 제기했다.

"안치하지 말고 빨리 쇄출하소서."

이에 태종도 동조했다.

"쇄출하는 계책이 옳다. 저 사람들은 일찍이 요역을 피해 편안히 살아왔다. 만약 토공을 정하고 주수를 둔다면 저들은 반드시 싫어할 것이니 그들을 오래 머물러 있게 할 수 없다. 김인우(金麟雨)를 그대로 안무사로 삼아 도로 우산·무능(武陵) 등지에 들어가 그곳 주민을 거느리고 육지로 나오게 함이 마땅하다."[118]

공도(空島) 정책을 쓴 것이다.


### 평안도 도순문사가 되다

1417년 2월 22일에 황희는 평안도 도순문사(平安道都巡問使) 겸 평양윤(平壤尹)이 되었다.[119] 구연보에 의하면 독곡(獨谷) 성석린(成石璘)·춘곡(春谷) 정탁(鄭擢) 등 여러 인사들이 황희가 멀리 떠나는 것을 애석히 여겨 시를 지어 전별한 것이 문집 부록에 수록되어 있다.[120] 그런데 때마침 평안도와 황해도에 황충(蝗蟲)의 폐해가 심했다. 태종은 평안도 도순문사 황희에게 명해 황충을 잡게 하고, 이어서 "황충을 잡는 데에 뜻이 없다면 대신의 체모가 아니다."라고 했다.[121]

황희가 평양윤으로 있는 동안 명사의 작폐가 심했다. 1417년 6월

29일에 명사 황엄과 해수(海壽)가 와서 요동 호송군이 가지고 온 물건을 빨리 매매시켜 주지 않는다고 행패를 부렸다. 그리고 우마를 사려는데 감추어 놓고 내놓지 않는다고 떼를 썼다. 황희는 이런 사실을 소상하게 보고했다.[122] 황희는 하는 수 없이 평양 빈관(平壤賓館)에서 명사 황엄을 위한 잔치를 베풀었다. 이승소(李承召)가 지은 황수신 묘지명에 이때의 일이 다음과 같이 기록되어 있다.

익성공(翼成公, 황희)께서 평양 부윤으로 있을 때 빈관에서 명나라 사신 황엄에게 연회를 베풀었다. 열성공(烈成公, 황수신)도 또한 여러 사람 가운데 끼어 있었는데, 황엄이 황수신을 가리키며 "이는 뉘 집의 천리구(千里駒)인가?" 하거늘, 황수신이 나아가 옹용하게 대답했다. 황엄이 황수신에게 말하기를 "아들을 낳으려면 이와 같아야 할 것이니, 잘 가르치면 후일에 위대한 인물이 될 것이요."라고 했다고 한다. 그러고는 옆에 앉으라 하고, 잔치상 위에 있는 음식을 나누어 주었으며, 또 떠날 때에 진기한 물품을 몇 가지 주어 기념하게 했다. 황주에 이르러서도 또 별미를 보내며 "어제 연석에서 본 황 상공의 아들은 참으로 준수해 내 마음에 잊을 수가 없다."라고 했다. 황엄은 관상을 잘 보는 사람이었다.[123]


## ○○ 세자의 일로 내쳐져 귀양 가다

1417년 12월 3일에 황희는 다시 형조 판서로 불려 들어왔다.[124]

그리고 1418년 1월 11일에 다시 판한성부사로 옮겨갔다.[125] 세자 사건으로 평양윤으로 좌천되었다가 겨우 내직으로 들어왔으나 이것으로 끝난 것이 아니었다. 5월 10일에 좌의정 박은(朴訔)과 찬성 이원이 황희를 잡아다가 국문해야 한다고 주장해 금부도사 김상령(金尙寧)을 시켜 서울에 가서 황희를 체포해 송도의 행재소(行在所)에 나아갔다. 그러나 태종은 항쇄(項鎖)는 채우지 말고 국문도 하지 말라 명하고, 말로서 심문했다.[126]

세자도 구전(舊殿)에 나아가 거처하게 했다. 태종은 세자가 곽선(郭璇)의 첩인 어리(於里)를 받아들여 아이를 가졌다는 말에 노한 것이다. 세자의 장인 김한로(金漢老)의 어머니가 들어가 숙빈(淑嬪)을 볼 때 어리를 몰래 데리고 들어가 아이를 가지게 하고, 또 밖으로 데리고 나와 아이를 낳아 다시 세자전으로 들여보낸 것이다.[127]

이 사건은 다시 황희에게 불똥이 튀었다. 5월 11일 태종은 결국 황희를 전리(田里)로 돌려보냈다. 태종이 이원과 황희를 불러 세자 문제를 자문했을 때 이원은 구종수를 의당 국문해야 한다고 했으나 황희는 "구종수가 한 짓은 매와 개의 일에 지나지 않는다."라 했고 "만약 세자의 잘못이라면 나이가 어린 탓입니다. 나이가 어린 탓입니다." 라고 두 번이나 소리쳤다는 것이 빌미가 되었다. 필시 지신사로 있을 때 민씨와 원수가 되었으므로, 세자에게 아부하려는 계책을 가졌기 때문일 것이라는 이유에서였다.

"공신이 비록 많지만 어찌 사람마다 정사를 의논할 수 있겠으며, 비록 공신이 아니더라도 승선(承宣, 조선의 승지) 출신인 자는 보기를 공신같이 한다. 경 같은 자는 다년간 나를 섬겨서 나의 마음을 알 것이다. 나는 항상 나를 위해 목숨을 바치리라고 생각했더니, 그 물음에 답한 것이 정직하지 못하고 이와 같은 것은 무엇인가? 내가 그때 마음이 아파서 듣고서 눈물을 흘렸는데, 경은 그것을 잊었는가?"[128]

태종의 물음에 대해 황희가 답했다.

"그때를 당해 신이 대답하기를, '세자의 나이가 어린 소치입니다.'라고 했는데, 이제 성상의 하교가 이와 같으시니, 신의 얼굴이 붉어지고 눈물이 줄줄 납니다. 신의 마음으로는 세자를 위해 감개(感慨)해 그리 된 것이라 생각하는데, 이것은 기억할 수 있으나, 그 매와 개의 일은 신은 능히 기억할 수 없습니다. 신은 포의(布衣)에서 성상의 은혜를 입어서 여기에 이르렀는데, 무슨 마음으로 전하를 저버리고 세자에게 아부하겠습니까? 불행하게 신의 말이 성상의 마음에 위배되었습니다."[129]

이어서 태종은 황희에게 전지했다.

인군이 된 자는 신하와 더불어 변명하는 말을 하지 않는다. 그러나 경이 기억하지 못한다고 대답하니, 내가 이원으로 증인을 삼겠다. 경은 어찌하여 숨기는가? 잘못은 경에게 있으니, 마땅히 유사(攸司)에 내려서 국문해야 하나, 나는 인정을 끊어 버릴 수가 없으므로 불러서 묻는 것이다. 당초에 경의 말을 들은 뒤에 전(殿)에 앉아서 정사를 볼 때 경이 서쪽에 있었는데, 내가 경에게 눈짓해 말하기를 "지금의 인심은 대저 옛것을 버리고 새것을 따르는데, 만약 옛것을 버리고 새것을 따른다면 노인은 생활하기가 어려울 것이다. 자손을 위한 계책을 누가 하지 않겠는가마는, 그러나 늙은 자를 버리고 돌아보지 않는다면 또한 어찌 옳겠는가?"했다. 경은 그때 반쯤 몸을 굽혀 얼굴을 숙이고 바깥을 향해 이를 들었다. 내가 그날의 말을 너를 위해 발설하는 것이다. 옛날 어떤 대신이 너를 가리켜 간사하다고 했다. 네가 이조 판서를 거쳐 공조 판서가 되었다가, 공조 판서를 거쳐 평안도 관찰사로 나간 것은 너의 간사함을 미워했기 때문이다. 그 임기가 차자 형조 판서에 임명했으나, 6조는 조계(朝啓)의 임무가 있으므로, 내가 너의 얼굴을 보기 싫어서 판한성부사에 임명한 것을 너는 어찌 알지 못하는가? 너의 죄를 마땅히 법대로 처리해야 하나, 내가 오히려 차마 시행하지 못해 논죄하지 않는 것이다. 너는 전리로 물러가 살되, 임의대로 거주해 종신토록 어미를 봉양토록 하라![130]

그리하여 황희는 곧 교하(交河)로 돌아갔다. 그러나 대간과 형조에서는 황희를 국문해야 한다고 주장했다. 이에 대해 태종이 가로막았다.

아직 보류하게 하라! 황희의 죄는 내가 용서하려 하는데, 김한로의 죄로 인해 함께 논죄하는 것은 너무 가혹한 일이니, 다시 제론(提論)하지 마라! 황희의 사람됨이 나를 섬겨 온 지 오래되었으며, 승선이 되어서도 나라에 충성을 다했다. 다만 근년에 이르러 그 자손을 위해 세자를 두둔하고 올바르게 대답하지 않았으며, 친밀한 대신들도 또한 황희의 부정(不正)을 말했으므로 이에 이른 것이다.[131]

그리고 이어서 형조에 하지(下旨)했다.

판한성부사 황희가 난적(亂賊) 구종수의 범한 바를 가볍게 논했고, 모든 물음에 대답하기를 또 정직하게 말하지 않아서 신자의 도리에 어그러짐이 있었다. 마땅히 유사에 내려서 율(律)에 의해 시행해야 하나, 내가 오히려 차마 시행하지 못하고 그대로 두고 묻지 않는다. 다만 직첩을 거두고 폐해서 서인(庶人)으로 만들고 자손을 서용하지 말라!

태종은 대신들에게 또 전교했다.

황희가 이조 판서로 있을 때 내가 찬성(이원)과 황희를 불러서 구종수 등의 작난한 사건을 의논하니, 황희가 대답하기를, "세자가 나이가 어려서입니다. 구종수는 매와 개의 일에 지나지 않습니다."라고 했다. 내가 눈물을 흘리고, 다른 날 조계(朝啓)에서 내가 황희를 보고 말하기를, "인신(人臣)으로 자손을 위한 계책을 쓰지 않는 자가 없다. 임금이 늙었다고 해 이를 버린다면 장차 어찌 되겠는가?" 하니, 황희가 얼굴을 숙이고 들었다. 황희는 오랫동안 지신사가 되어 민무구 등을 주멸하는 일을 주모(主謀)해 민씨 일족과 원수를 맺었는데, 세자에게 아첨하고 교결(交結)해서 스스로 안전할 계책을 삼고자 했으니, 그 간사함이 심했다.[132] 그러므로 내가 내쫓아 평안도 관찰사로 임명했다가 올려서 형조 판서로 삼았는데, 그를 다시 보기가 싫어서 옮겨서 판한성부사로 삼았다. 내가 황희에게 대해서는 사람이 타인의 자식을 양육하는 것같이 했고, 또 부모가 자식을 기르는 것같이 했다. 대언(代言)에 구임(久任)했다가 전직(轉職)시켜 성재(省宰, 재상)에 이르게 한 것은 공신으로 비할 바가 아니었다. 그리하여 일찍이 이르기를, "내가 죽는 날에 황희가 따라 죽기를 원할 것이다."라고 했다. 길재(吉再)는 전조(前朝)에 주서(注書)의 직임을 받았으나, 오히려 충신은 두 임금을 섬기지 않는다고 해 우리 조정을 섬기지 않았다. 나는 황희가 나에 대해 바로 이와 같으리라고 생각지 않는다.

그런데 1422년(세종 4년) 태종이 죽기 전에 세종에게 "이직(李稷)과 황희는 비록 죄를 범했으나 일에 익숙한 구인(舊人)이므로 버릴 수 없으니, 가히 불러서 쓸 만하다."라고 해 세종이 뒤에 황희를 크게 썼다고 한다.[133]

한편 형조와 대간의 상소가 계속되자 태종은 황희를 다시 관향(貫鄕)인 남원부(南原府)[134]로 옮겨 안치했다. 태종은 사헌 감찰 오치선(吳致善)을 보내 전지했다. 오치선은 황희의 누이의 아들(생질)이다.

나는 네가 전일의 근신이므로 친애하던 정(情)을 써서 가까운 교하에 내쳐서 안치했는데, 이제 대간이 말하기를 그치지 않으니, 남원으로 옮긴다. 그러나 사람을 보내어 압령(押領)해 가지는 않을 것이니, 노모를 모시고 스스로 가는 것이 가하다.[135]

오치선이 다녀와서 복명하니 태종이 "황희가 무어라 하더냐?" 물었다. 이에 오치선이 "황희는 '신체는 부모가 낳아 주었고, 의식(衣

126

食)과 노복(奴僕)은 모두 임금의 은혜인데도 감히 덕을 배반하겠는가? 실로 다른 마음은 없었다.'라 하고는 숙연히 눈물을 흘리며 어찌할 바를 알지 못했습니다."라고 대답했다. 이 말을 듣고 태종은 "내가 황희를 처음에는 매우 바르지 않은 사람으로 여겼는데, 그의 생질 오치선을 시켜 물은즉, 말하기를 '세자가 참으로 덕이 없으나 장차 대통을 이을 분에게 어찌 감히 이간(離間) 붙이는 말을 하겠습니까?'라고 했으니, 내가 그 말을 곰곰이 생각하건대 어찌 또한 죄줄 것이겠는가?"라고 했다고 한다.[136]

태종은 1418년 6월에 양녕 대군 이제를 세자에서 폐해 광주(廣州)로 내치고, 충녕 대군 이도(李祹)를 세자로 삼았다가 8월 10일에 근정전(勤政殿)에서 즉위해 세종이 되게 했다. 따라서 태종은 상왕이 되었다.[137]

태종은 이숙번도 세자에게 붙으려고 해 제거했다고 한다.

이숙번은 나에게 공이 있어 본디 보전하려 했는데, 다만 일찍이 세자에게 자주 뵈었다는 말이 있었다. 나는 비록 그 자취를 보지 못했으나, 깊이 그 계책을 헤아려 보건대, 전자의 민무구 등이 모든 왕자를 없애 버리려고 꾀한 것은 세자를 위해 그리하려던 것이었는데, 숙번은 나의 뜻을 받들어 민무구 등을 공격하는 데 매우 힘을 썼으니, 지금 필시 아마도 세자가 저를 의심하고 꺼릴까 해 돌려서 붙어 보려고 할 것이다. 민무구 등은 필연 다시 왕자들을 없애 버리려는 꾀가 있을 것이므로 멀리 귀양 보냈으니, 다시는 이 일에 대해 죄를 청하지 마라![138]

이로 미루어 보아 태종은 권력의 핵을 분산시켜 놓고 이 세력이 너무 성장하면 저 세력을 가지고 견제하고, 저 세력이 또 너무 성장하면 이 세력으로 견제한 것이 아닌가 한다. 그리하여 민씨 외척, 하륜, 이숙번, 황희 순으로 권좌에서 몰아낸 것으로 짐작된다. 즉 권력의 핵을 둘 이상 두고 상호 견제하면서 왕권을 강화해 나간 것이다.

황희는 남원에 있는 동안 문을 닫아걸고 단정하게 앉아 빈객(賓客)을 사절했다고 한다. 서거정(徐居正)의 『필원잡기(筆苑雜記)』에 이러한 기록이 있다.

> 황익성공이 (중략) 일찍이 남원으로 귀양 가서 7년(사실은 3년 9개월) 동안 문을 닫고 단정히 앉아 손님을 사절하고 운서(韻書) 1질을 가지고 공부에 전심했으니, 후일 고령에 들어서도 자서(字書)의 음과 뜻과 변(邊), 또는 점획(點畫)에 있어 하나도 실수함이 없었다.[139]

황희가 몰입했던 운서는 『예부운략(禮部韻略)』이었다. 이 책은 송나라 인종 때 정도(丁度)가 지은 자서(字書)로 송·원 시대에 가장 많이 간행되었고, 여말 선초에도 널리 유행한 운서로서 과거 시험을 보는 사람들의 운(韻)을 취하는 표준이 되었다. 황희가 이 책을 간행하려다가 뜻을 이루지 못한 것을 손자 황종형(黃從兄)이 청도 군수로 있을 때 간행했으며, 황희의 문인 김맹(金孟)이 서문을 썼다.[140]

시간이 흐르자 상왕인 태종의 심사가 좀 가라앉았다.

김한로가 전에 구종수의 일로 내게 고할 때 "세자가 시정 사람들과 접하는 것을 허락했다."라고 하니, 이로서 상고하건대 다른 마음이 있었던 것은 아니며, 특히 세자에게 꺼려함을 받을까 두려워함이니, 청주에 옮겨 두는 것도 좋다. 황희는 그 죄가 더 가볍다. 황희가 만일 (내가) 친히 물었을 때 실지대로만 대답했으면 옳을 것인데, 그대로 숨겨 둔 것은 바르지 않은 것이므로, 본향인 남원에 안치한 것이니, 그 처자를 거기에 보내어 편안히 생활하게 함이 가하다.[141]

# 3 세종을 보좌해 태평성대를 열다

## ○○ 위대한 군주 세종의 혁신

조선 건국 초기에 태조·정종·태종이 모두 장자가 아니었다. 비상 시국이었기 때문이다. 그리하여 태종은 1404년에 장자인 양녕 대군을 세자로 삼았다. 그러나 양녕 대군은 태조와 태종을 닮아 활쏘기·사냥·여자를 좋아하고 공부하는 것을 싫어했다. 태종은 스스로 창업 군주로 자처해 다음 후계자는 자기의 마스터플랜을 시행할 수 있는 수성 군주가 되기를 원했다. 그러나 양녕 대군은 기대에 못 미쳤다. 양녕 대군이 어려서 병 때문에 외갓집에 피접(避接)을 간 적이 있어 그가 보위에 오르면 외척 세력이 강해질 염려가 있었다.

그런데 사단이 나고 말았다. 양녕 대군이 구종수 등에게 꾐을 당해 어리를 궁중으로 불러들였다가 탄로가 난 것이다. 태종은 어리를 내쫓았다. 이에 불만을 품은 양녕 대군이 1418년 5월 30일에 내관 박지생(朴枝生)을 시켜 태종에게 한 통의 편지를 보냈다.

한 고조는 산동(山東)에 있을 때 재산을 탐하고 여색을 좋아했으나 천하를 평정했고, 진왕(晉王) 광(廣)은 비록 어질다는 칭찬을 받았으나 그 즉위하기에 미쳐서는 몸을 위태롭게 하고 나라를 망쳤으니, 전하가 어찌 신이 나중에 큰 효도를 할지 알 수 있겠습니까? 이 한 첩(어리)을 금하는 것은 잃는 바가 많고 얻는 바가 적을 것입니다. 어찌 잃는 바가 많을까요? 천만세 자손의 첩들을 다 금할 수 없으니, 이것이 잃는 바가 많은 것입니다. 한 첩을 내쫓는 것은 얻는 바가 적을 것입니다.

태종은 크게 노했다. 이에 6월 2일 대신 회의를 열어 의논하고, 6월 3일에 세자를 양녕 대군에서 충녕 대군으로 바꾸었다. 조신들의 의견은 분분했다. 그러나 세자 책봉은 잘못 애기했다가는 봉변을 당할 수 있어, 아들을 아는 것은 아버지만 한 사람이 없으니 태종이 정하라고 했다. 태종은 먼저 양녕 대군이 세자로서 제구실을 못했음을 꾸짖었다.

내가 일찍 맏아들 제를 세워 세자를 삼았으나 나이가 이미 장성했는데도 불행히 학문을 사랑하지 않고 음악과 여색에 쏠렸다. 내 처음에는 젊어서 그런 것이니 장성하면 잘못을 뉘우치고 새로운 길을 찾으리라고 믿었다. 그러나 이제 나이가 스물이 넘었는데도 오히려 군소배들과 사통해 의롭지 않은 일들을 방자히 저지르다가 지난봄에 일이 발각되어 죽음을 당한 자가 두어 사람이나 되었다. (중략) 그런데도 제는 오히려 고치는 마음이 없을 뿐 아니라 도리어 원망과 노여움을 품고서 분연히 글을 올렸으되, 사연이 매우 패려하고 오만해 전연 신자(臣子)의 도리가 없었다. (중략) 부득이 제를 밖으로 추방하고 충녕 대군 이도를 세워 세자로 삼게 되었다.

그리고 충녕 대군이 세자로서 합당한 이유를 다음과 같이 말했다.

충녕 대군은 천성이 충민하고 학문을 게을리 하지 않아 비록 몹시 춥고 더운 날씨라도 밤을 새워 글을 읽고, 또 정치에 대한 대체를 알아 매양 국가에 큰일이 생겼을 때 의견을 내되 모두 소견이 의외로 뛰어나며, 또 그 아들 중에 장차 크게 될 수 있는 자격을 지닌 자가 있으니, 이제 충녕으로서 세자로 삼고자 하노라![1]

세종은 1408년에 충녕군, 1413년에 충녕 대군이 되었다가 1418년 6월 17일에 세자가 되었다. 태종은 자기가 살아 있을 때 세자를 훈련시키기 위해 8월 10일 즉시 양위하니, 이가 곧 5대 세종이다.

### 세종의 개인적 삶

양녕은 부계를 닮은 것 같고, 세종은 모계를 닮은 것 같다. 그래서인지 세종은 행동이 신중하고 조심성이 많고, 끈기가 있었다. 세종은 기억력이 비상했다. 책을 읽으면 잊어버리지 않았고 신하들의 이름이나 가계(家系)를 모두 외우고 있었으며, 스스로도 자신의 재주를 믿었다. 특히 책 읽기를 좋아해서 손에서 책을 놓은 적이 없고, 밥 먹을 때도 책을 옆에 펴 놓고 있을 정도였다. 공부 벌레였다.[2]

세종은 육식을 좋아했고, 술은 잘 못했으며, 하루에 4번 식사했다. 풍채는 좋은 편이었고, 운동을 별로 좋아하지 않아 몸이 난 편이었으며, 당뇨병·풍질(風疾) 등의 질병 때문에 건강은 좋지 않았다. 말솜씨가 좋고 논리적이었으며, 참을성이 많았고, 화를 잘 내지 않았다. 그러나 일을 추진하는 능력이 뛰어났으며, 하고자 하는 일은 결단을 내려 끝까지 밀고 나가는 결단성과 추진력이 있었다. 이러한 성격은 조신들의 강력한 반대에도 불구하고 양녕 대군을 극진히 대접하거나, 첨사원(詹事院)을 설치해 세자에게 섭정을 시키거나, 내불당(內佛堂)을 끝까지 설치한 것에 잘 나타난다.[3]

세종은 바둑과 같은 잡기나 매·화초·시·서도를 좋아하지 않았으며, 음악 이론이나 작곡에는 능했으나 노래를 부르거나 악기를 연주하는 것을 좋아하지 않았다. 세종이 박연(朴堧) 등을 시켜 아악(雅樂)과 향악(鄕樂)을 정리하고, 편경(編磬)과 정간보(井間譜)를 만들고, 『월인천강지곡(月印千江之曲)』을 직접 작곡한 것도 이러한 세종의 음악적인 재능에서 말미암은 것이었다.

세종은 추상적이거나 모호한 것을 싫어하고, 구체적이고 명백한 것을 좋아했다. 명나라에 대해서는 지성으로 사대했으나 맹목적인 사대가 아니고 국익에 위배될 때는 자주적인 태도를 보였다. 『고려사』를 편찬할 때 직서주의(直書主義)를 채택한 것이나, 단군·기자의 사당을 세운 것 등이 그 예이다.[4]

세종의 학문은 철저히 주자학을 신봉해 경학(經學)을 체(體)로 하고, 사학(史學)을 용(用)으로 했다. 이때 명나라에서 『성리대전(性理大全)』·『사서대전(四書大全)』·『오경대전(五經大全)』 등 3대전이 편찬되어 세종이 이를 사들여 경연을 통해 열심히 강독했다. 경전 공부는 주자집주(朱子集註)를 중시했으며, 제자백가서는 읽지 않았고, 두보(杜甫)의 시나 한유(韓愈)·유종원(柳宗元)의 글은 읽기는 하되 정학(正學)으로 여기지 않았다. 『좌전(左傳)』·『사기(史記)』·『한서(漢書)』·『송감(宋鑑)』 등의 중국 역사책도 열심히 읽어 경연관들이 따라올 수 없었다. 그러나 『성리대전』의 이해는 그리 깊지 않았다.

세종은 경전이나 역사 공부도 정치나 서적 편찬하는 데 목적을 두었다. 철저히 실무적이고 현실주의적인 입장에서 경사(經史)를 연구했던 것이다. 세종이 처한 시대적 상황상 유교(주자학)를 국교로 삼아 이를 국가 운영의 전범으로 정착시킬 필요가 있었기 때문이다. 세종이 집현전이나 의례상정소를 통해 조선 왕조의 예악 제도를 마련하는 데 그의 재위 기간을 다 보낸 까닭도 여기에 있었다.

세종은 공적인 생활에서는 유교를 내세웠지만 사적인 생활에서는 불교에 관심이 많았다. 물론 태종의 방침에 따라 전국의 사찰을 교종과 선종으로 나누어 각각 18사(寺)씩 36본산(本山)에 속하는 사찰만 남기고 모두 혁파하고 그 재산은 국가에 환수했다. 그렇다고 불교를 탄압했던 것만은 아니었다. 사찰의 건립·보수도 많이 했고, 왕실 불교를 일으키는 데 노력을 많이 했다. 1419년(세종 1년) 9월에 정종이 죽자 장의사(藏義寺)·진관사(津寬寺)에서 설재(設齋)했고, 1420년(세종 2년) 7월에 어머니인 원경 왕후가 죽자 능 곁에 절을 지어 주었으며, 1422년(세종 4년) 5월에 태종이 죽자 불교식으로 장례를 치르고, 개경사(開慶寺)와 진관사에서 설재했다. 그리고 1446년(세종 28년) 3월에 왕비가 죽자 스스로 불공을 들였으며, 1448년(세종 30년) 7월에는 문소전(文昭殿) 서북쪽 공터에 내불당을 지어 일곱 승려들로 하여금 돌보게 했다. 뿐만 아니라 세종이 죽기 직전인 1450년(세종 32년) 1월에는 신미 대사(信眉大師)를 침전에까지 불러들여 설법을 들었으며, 왕비가 죽었을 때는 스스로 『월인천강지곡』 500여수를 짓고, 수양 대군으로 하여금 부처의 일대기인 『석보상절(釋譜詳節)』을 짓게 했다. 그리하여 수양 대군이 세조가 되자 간경도감을 설치해 불경 언해 사업을 벌이게 했다. 세종은 다음과 같이 공언한 바도 있다.

(불교가) 공자의 도보다 낫다고 하는 것을 주자가 잘못되었다고 했으나 (이는) 불씨를 잘 몰라서이며, 천당지옥(天堂地獄)·사생인과(死生因果)는 실제 이러한 이치가 있으며 결코 하탄한 것이 아니다. 불씨의 도를 모르고 배척하는 자는 다 망령된 자이니 내가 취하지 않는다.

이와 같은 세종의 불교관은 비단 세종 개인에 국한된 것이 아니라 15세기 유불 교체기의 과도기적 사유이기도 하다. 그리고 세종이 말년에 불교에 더 깊이 빠졌던 것은 그의 병이 깊어져서 심리적으로 기댈 데가 없어서였기 때문이었을 것이다.[5]

세종은 불교뿐 아니라 성황당·무당·풍수지리에도 관대했다. 1420년 6월 어머니가 학질이 걸렸을 때는 성황당에 빌기도 했고, 무격(巫覡)은 삼대(三代)부터 있던 것이라 해 근절시키지 않았으며, 경복궁이나 창덕궁이 이롭지 못하다 해 1444년(세종 26년)부터는 왕자·종친가로 진전하다가 급기야는 영응 대군(永膺大君) 집에서 운명했다. 그리고 세종 말년에는 가정적으로 많은 불행이 겹쳤다. 1444년 11월 25일에 왕비가, 그해 12월 5일에 승휘(承徽) 홍(洪)씨의 딸이, 같은 달 8일에 광평 대군(廣平大君)이, 다음 해 1월 16일에 평원 대군(平原大君)이 죽었다. 이 모든 것이 세종으로 하여금 정사를 세자에게 맡기고 조용히 쉬면서 불교에 심취하게 했을 것으로 생각한다.[6]

세종은 병이 많기로 유명했다. 세종은 즉위 초까지는 비교적 무병했다. 그러나 책 읽기를 좋아해 밤늦도록 앉아 있고 정사에 골몰하다 보니 건강이 나빠지기 시작했다. 더구나 운동도 좋아하지 않고 할 기회도 없었으므로 건강은 급속도로 나빠졌다. 그리하여 즉위하기 전부터 오른쪽 다리에 통증을 느꼈고, 등에 종기가 났다. 1425년(세종 7년)부터는 두통과 이질(痢疾)이 생기기 시작했고, 풍질과 소갈증(消渴症)으로 시달렸다. 소갈증은 오늘날의 당뇨병이다. 그 때문에 세종은 물을 하루에 한 동이씩 마실 정도였다고 한다. 게다가 양어깨가 쑤시기까지 했다. 당뇨병은 저항력을 약화시켜 합병증이 많이 생겼다. 즉 1432년(세종 14년)부터는 안질이 심해지기 시작했다. 1438년(세종 20년)에는 임질(淋疾)도 생겼다. 이 임질은 소변이 잘 나오지 않는 것으로 보아 오늘날의 요도결석이 아닌가 한다. 일명 석림(石淋)이라고도 했다. 몸이 쇠약해지고 기억력도 감퇴되었다. 노쇠 현상이 심해져 백발이 생기고 백내장이 왔다. 이 때문에 정사를 돌볼 수 없어 세자에게 섭정하도록 하려 했으나 조신들이 반대해 시달리기만 했다.[7]

왕비도 풍증이 있었다. 그리하여 세종은 1433년(세종 15년)부터 앙비와 함께 여섯 차례나 온천과 냉천에 다녀왔다. 마지막으로 1449년(세종 31년) 12월에는 황해도 배천(白川) 온천에 가려고 했으나 마침 황해도에 기근이 들고 뱃길로 가자니 위험해 그만두었다. 온천과 냉천이 효험이 없는 것은 아니었으나 결국 세종은 1450년(세종 32년) 2월 16일에 향년 54세로 8남 영응 대군 집에서 죽었다.[8]

### 새 왕조의 인재를 기르는 집현전

문치주의 국가에서는 글을 다루는 기관이 필요했다. 글로써 정치를 하는 나라였기 때문이다. 더욱이 조선의 지배 사상은 유교(주자학)였으니 조선에서는 모든 면의 바탕이 유교가 될 수밖에 없었다.

고려 시대에는 1117년(예종 12년)에 경연과 서연을 담당하는 기관으로 보문각(普文閣)을 설치했고, 1136년(인종 14년)에는 이와 비슷한 기관인 문덕전(文德殿)을 수문전(修文殿)으로, 연영전(延英殿)을 집현전으로 바꾸었다. 그후 보문각은 그대로 있었으나 집현전은 우문전(右文殿)·진현관(進賢館)으로 바뀌었다가 다시 집현전으로 환원했다. 이러한 기관들은 원나라 지배 시대에는 유명무실하게 되었다.

고려가 망하고 조선이 서자 왕조 교체 기간에 많은 인재들이 희생되었다. 특히 공민왕 대에 배출된 이색·정몽주·이숭인·정도전 등의 준재들이 정치적으로 희생되었다. 뿐만 아니라 길재·원천석을 비롯한 많은 인재들이 신왕조에 협력하기를 거부했다. 이른바 두문동 72현은 불사이군을 표방하면서 신왕조에 벼슬하기를 꺼렸다. 그리하여 조선의 건국 초기에는 많은 새로운 인재가 필요했다.

그러나 다난한 건국 과정에서 새로운 인재들을 졸지에 키울 겨를이 없었고, 정치적 안정을 위해 구신(舊臣)들을 모두 배제할 수는 없었다. 이러한 사정 때문에 1392년 7월에 개정된 관제에는 보문각·수문전·집현전과 같은 글을 다루는 기관은 보이지 않고, 경연 제도만 운용되었다. 태조는 1397년에 가서야 경연에 참석하기 시작했으나 나이가 많다는 이유로 몇 번 참석하지 않았다. 이 점은 정권의 안정을 위해 많은 정적을 제거해야만 했던 태종의 경우도 마찬가지였다. 태종 역시 한가롭게 경연에나 참석하고 새로운 인재를 기를 만한 겨를이 없었다.

유명무실해진 집현전을 다시 설치한 것은 1399년 3월이었으나 이듬해 1월에 보문각으로 바꾸었다. 이때 제조관(提調官)은 조준·권중화·조박·권근·이첨 등이었으며, 교리와 설서·정자 등의 벼슬을 두었으나 모두 겸직이었다. 집현전의 관원을 겸관으로 채운 것은 경연의 직능이 빠진 때문이 아닌가 한다. 1410년 11월과 1147년 1월에 집현전을 다시 세우자는 의논이 있었으나 실현되지 못했다.[9]

그러나 세종조에 이르러서는 상황이 많이 바뀌었다. 태종에 의해 정치적 경제적으로 안정을 되찾고, 이른바 불사이군 세대도 이미 늙어 버려 그 자손들조차도 조선 왕조에 벼슬하기를 원했다. 이들은 신왕조에 벼슬해도 두 왕조를 섬기는 것이 되지 않기 때문이다. 그리하여 세종 대에는 과거에 응시하는 사람들이 대폭 늘어나게 되었다. 또한 국가에서도 새로운 인재를 많이 필요로 하고 있었다. 이러한 분위기 속에서 인재 양성과 문풍 진작을 위해 새 왕조의 기틀을 잡을 글을 다루는 기관이 절실하게 필요하게 되었다.

세종은 1418년 8월에 즉위하자마자 세자로 있을 때의 서연관을 경연관으로 바꾸고, 그해 10월에 처음으로 경연을 열어 열심히 참석했다. 스스로 학문을 닦고 관료들의 학문적 능력도 기르는데 경연을 활용한 것이다. 뿐만 아니라 인재 양성과 문풍 진작을 위해 1420년(세종 2년) 3월에는 집현전을 설치했다. 제학(提學) 이상은 겸관이었고, 부제학 이하만 전임 녹관(祿官)이었다. 태종이 쓰던 신하들은 집현전의 상위에, 자기가 뽑은 신하들은 집현전의 하위에 두었다.

집현전 관원들은 유교 소양을 갖춘 문사들로 구성되어 있었다. 집현전의 관원들은 종신토록 다른 관청으로 옮겨 갈 수 없게 했으며, 그들의 전문 지식을 높이기 위해 필요할 경우에는 휴가를 주어 공부하게 하는 사가독서(賜暇讀書)의 특전을 주기도 했다. 신숙주(申叔舟)·성삼문(成三問)·이개(李塏)·하위지(河緯地)·이석형(李石亨) 등은 삼각산 진관사에서, 홍은(洪應)·서거정·이명헌(李明憲) 등은 장의사에서 공부했다. 이 제도는 뒤에 홍문관에 답습되어 독서당(讀書堂) 제도로 발전했다. 그리고 집현전의 관원은 조회에서 같은 품계 중에서 서열이 가장 앞서는 반두(班頭)가 되게 했으며, 집현전에 결원이 생기면 집현전·이조의 당상관과 의정부에서 그 후보자를 추천하게 했다. 집현전 관원은 궁중 안에서 근무했으며, 아침과 저녁은 궁중의 내관이 공급했다.

세종은 집현전 관원들이 마음 놓고 공부할 수 있게 하기 위해 여러 가지 편의를 봐주고, 음식을 내려 주는 등 우대했으나 이들도 관료인지라 인사 부서나 언론 부서에서 일하기를 원했다. 그래서 종신토록 집현전에만 근무하는 데 대해 불평하는 사람도 있었다. 그도 그럴 것이 한번 집현전에 들어가면 부제학에 이를 때까지 수십 년씩 한 직장에서만 근무해야만 하니, 진력이 나기도 했을 것이다. 집현전 관원 중에 말단에서부터 직제학까지 이른 사람이 10명, 부제학까지 이른 사람이 30명이나 되었으며, 10~14년간 근무한 사람이 15명, 15~19년간 근무한 사람이 10명, 20~24년간 근무한 사람이 5명, 25년 이상 근무한 사람이 1명이었다고 한다. 그중에서도 신석견(辛石堅=石祖)은 가장 오랜 기간인 27년간이나 집현전에서 근무했다.[10]

그러나 이들의 불평을 듣고 세종은 다음과 같이 타일렀다.

집현전을 설치한 것은 전적으로 문한(文翰)에 종사시키기 위해서이다. 일찍이 정미년(1427년, 세종 9년) 친시(親試)에 집현전 관원이 많이 합격해 내가 대단히 기뻐하면서 이것은 반드시 늘 문한에 종사한 때문이라고 생각했다. 근래 들으니 집현전 관원들이 거의 모두 이것(집현전에 근무하는 것)을 싫어해 대간(臺諫)이나 정조(政曹)의 직을 희망하는 사람이 많다고 하더라. 나는 집현전을 중요한 관직이라고 여겨 특별히 대우해 대간과 다를 바 없다고 보는데 일을 싫어해 다른 곳으로 옮겨 가려고 하는 것이 오히려 또한 이와 같으니, 항차 보통 관직에 있어서랴! 신하 된 사람으로 봉직하는 뜻이 과연 이와 같은 것이냐? 너희는 게으른 마음을 갖지 말고 종신토록 학술에 전념하라![11]

세종의 뜻은 인재들을 길러 새로운 유교 국가의 틀을 만들고, 정치를 해 나가는 도중에 생기는 현안 문제들을 이들과 상의해 해결할 심산으로 집현전을 두고, 이곳에 전문 인력을 배치해 종신토록 근무하도록 한 것인데 이러한 뜻을 몰라주고 집현전 관원들이 딴마음을 품는 데 대해 서운하게 생각한 것이다. 집현전은 세종의 싱크 탱크(Think Tank)였다. 그러므로 세종 대에는 집현전 관원이 다른 관청으로 옮겨 가는 것을 되도록 억제했다. 때로는 이미 다른 관직으로 옮겨 간 사람도 다시 데려오기도 했다. 그러나 세종이 죽은 뒤에는 이러한 내규도 무너졌다. 집현전 관원들이 성장해 정치에 직접 관여하게 된 것이다.

집현전 관원의 수는 1420년에 10명, 1422년에 15명, 1435년(세종 17년) 초에 22명, 같은 해 7월에 32명, 1436년(세종 18년) 윤6월에 20명으로 바뀌었다. 1435년 7월에 집현전의 정원이 10명 더 는 것은 서연 관원 10명을 집현전에 합친 까닭이었다.[12]

그러면 집현전은 어떤 일을 하는 기관이었나?

서적을 많이 두고, 이틀마다 번(番)을 나누어 모여서 경적을 강론하고, 고문(顧問)에 대비하는 기관이다.[13]

위와 같이 집현전은 ① 도서관 기능, ② 경연(經筵)·서연(書筵) 기능, ③ 고문 기능을 수행했다고 되어 있다.

첫째로 훌륭한 도서관이 되기 위해서는 책을 많이 수집해야 했다. 이에 중앙과 지방으로부터 책을 사들이게 하고, 책을 기증하는 자에게는 돈이나 관작(官爵)을 주었다.[14] 또 사신에게 중국에서 새로 나온 책을 구해 오게 하고, 구할 수 없는 책은 명 황제에게 편지를 써서 하사받기도 했다. 그리고 수집된 귀중본은 주자소(鑄字所)에서 찍어 내거나 각 도 감사에게 찍어 올리게 했다. 이렇게 많은 도서를 수집하자 둘 곳이 없었다. 그리하여 1429년(세종 11년)에 궁성 서문 안에 집현전 건물을 새로 짓고 그 북쪽에 서고인 장서각(藏書閣) 5칸을 세워 벽마다 서가를 설치하고 수집된 책을 경사자집(經史子集)으로 분류해 수장했다.[15]

집현전 도서관은 일반에게 공개되지 않았고, 왕을 비롯한 왕족, 관료들에 한해 이용할 수 있었다. 책은 집현전 안에서만 볼 수 있었으나 특별한 경우에는 외부에 대출하기도 했다. 경연에 책을 내갈 때는 오매부(烏梅符)라는 도서 대출증을 제시해야 했으며, 동궁에 책이 나갈 때는 황양부(黃楊符)라는 대출증을 제시해야 했다. 각 관청에서 참고할 일이 있으면 관원을 보내 이용하게 했으며, 책을 빌려 가려면 임금의 재가를 받아 빌려 갔다가 일이 끝나면 반납하게 했다. 그런데 빌려간 책을 반납하지 않는 경우가 많아 3년에 한 번씩 정리하도록 하고, 담당자가 갈릴 때마다 도서의 수량과 대출 현황을 문부에 적어 인계하게 했다.[16]

집현전의 업무 중 다른 하나는 문한을 다스리는 것이다. 문이란 문장(文章)을 말하며, 한은 사한(詞翰)을 말한다. 경연이나 서연에서 경사(經史)를 강론하는 임무이다. 세종은 우선 젊고 유능한 사람들을 골라 집현전 학사(學士)에 임명하고 이들에게 재질에 따라 경전이나 역사책을 나누어 주어 연구하게 했다. 필요하면 휴가를 주어 집에서나 절에 가서 공부하게 했다. 전문가를 양성하기 위해서였다.

세 번째 임무는 다른 기관에서 의뢰해 오는 자문에 응하는 일이다. 특히 오례와 사례를 정할 때 모르는 것은 집현전에 물어보게 했다.

집현전의 활동은 세 시기로 구분할 수 있다.

1    1420년(세종 2년)~1427년(세종 9년): 집현전 관원을 훈련시킨
시기
2    1428년(세종 10년)~1436년(세종 18년): 훈련된 집현전 학사들
을 동원해 각종 문화 사업 수행
3    1437년(세종 19년)~1456년(세조 2년): 집현전 학사들이 정치에
간여한 기간.

세 시기에 꾸준히 수행한 것은 경연이다. 세종은 즉위한 지 약
두 달 뒤부터 매일 경연에 참석했다. 어떤 때는 하루에 세 번 참석
하기도 했다. 그러나 집현전의 업적은 2기에 가장 많이 쌓았다. 10년
간 훈련시켜 10년간 활용한 것이다. 3기에는 세종이 몸이 아파 세자
에게 섭정을 맡긴 때였다. 집현전 학사들은 서연관으로서 자연히 차
기 대권 주자인 세자(문종)와 가까워져 정치에 간여하게 되었고 그 때
문에 계유정난 때 명암이 갈리게 된 것이다. 집현전 학사들은 김종서
(金宗瑞) 등 정승들의 독주를 미워해 수양 대군 편을 들어 계유정난의
공신이 되기까지 했으나 수양 대군이 단종의 왕위를 찬탈하려 하자
그중 일부가 정변을 일으키려다 제거된 것이다.

### 예악의 정리

조선 왕조는 유교 국가였다. 유교에서는 예악(禮樂)을 중시했다.
『예기(禮記)』「악기(樂記)」에 이러한 구절이 있다.

악(樂)이란 천지의 조화요, 예(禮)란 천지의 질서이다. 이 때문에 선왕이 예악을 제정하심은 입과 배와 귀와 눈의 욕구를 충족시키기 위해서가 아니고, 장차 백성으로 하여금 좋아하고 싫어하는 것을 고르게 해 인도(人道)의 바른 데로 돌아가게 하기 위해서였다.

예는 일체의 제도와 의문(儀文)을 의미한다. 유교는 예로써 사회 질서를 다스리는 예치주의를 표방했다. 악은 백성의 소리[民聲]를 화화롭게 해 정치가 잘되게 하는 것을 목적으로 한다. 성음(聲音)의 사특하고 바름이 능히 사람의 행위에 영향을 미치기 때문이다. 그러므로 또 다음과 같이 말했다.

세상을 다스리는 음이 편안해서 즐거우면 정치가 화(和)하게 된다. 이 때문에 성(聲)으로서 음(音)을 알고, 음을 살펴 악을 알고, 악을 살펴 정치를 알게 되어, 정치의 도리[治道]가 갖추어진다.[17]

세종이 악을 정리해 바르게 하려는 것도 그 때문이다.

무릇 음은 사람의 마음에서 생기는 것이요, 악은 윤리(倫理)에 통하는 것이다. 이 때문에 성(聲)만 알고 음을 모르는 것은 새와 짐승이요, 음만 알고 악을 모르는 것은 중서(衆庶)요, 오직 군자만이 악을 알 수 있다.[18]

이것으로 미루어 보아 당시의 예악은 군자(君子), 즉 왕신이니 사대부를 대상으로 하고 있었음을 알 수 있다. 그중에서도 특히 세종 대는 왕조례(王朝禮)가 강조되던 시대였다.

태조 대의 예악은 대체로 고려의 예악을 답습했다. 태조 즉위 교서에서도 의장법제(儀章法制)는 고려의 구제를 따른다고 선언했다. 그런 것에 신경을 쓸 겨를이 없었기 때문이다. 그러나 태종조부터 조선의 새로운 예악이 정비되기 시작했다. 태종이 의례상정소(儀禮詳定所)를 설치한 것도 이를 위해서였다. 예악을 제정하는 주무 부서는 예조였지만 예조는 의례 이외에도 교육·과거·외교 등 신경 쓸 일이 많았다. 그러므로 의례만 전담하는 예하 전문 연구 기관이 필요했던 것이다.

의례를 상정하는 일은 태종의 마스터플랜을 이어받은 세종의 중요한 과업 중의 하나였다. 세종은 이를 위해 집현전을 설치했다. 예조와 의례상정소에서 입안한 의례들을 고례(古禮)를 참작해 새롭고 고유한 제도로 만들기 위해서였다. 이때의 고례는 삼대(三代)의 예로 돌아가는 것을 이상으로 여겼다. 개혁을 위해 복고적인 방법을 택한 것이다. 그리하여 멀리는 『주례(周禮)』와 『의례(儀禮)』, 가까이는 고려의 예와 당송예(唐宋禮)를 바탕으로 하는 명나라의 시왕지제(時王之制)를 참작했다. 그러므로 세종 대의 예악은 당나라 제도에서 나온 고려의 『고금상정예문(古今詳定禮文)』 체계와도 다르고, 명나라의 예와도 다른 독자적인 성격을 띠고 있었다.

예조와 의례상정소, 집현전에서 다룬 사안 중에 대부분이 오례와 사례에 관한 것이고, 제도와 시정에 관한 것은 얼마 되지 않았다. 오례가 왕조례 중심이라면 사례는 사대부례 중심이라 할 수 있는데,

오례에 관한 사안이 사례의 그것보다 훨씬 많았다.[19]

오례 중에 길례의 서례(序禮)와 의식(儀式)은 이미 태종조에 허조(許稠)가 만들었는데, 이것은 『세종실록』 권128, 부록에 실려 있다. 길례는 왕실 제사에 중요한 것이기 때문에 태종조에 미리 제정한 것이다. 그러나 길례에 쓰는 악기는 세종조에 달라졌다. 길례를 제외한 가례·빈례·군례·흉례는 세종 대에 정척(鄭陟)과 변호문(邊好問)이 제정했다.

한편 세종 대의 음악은 아악(雅樂)·당악(唐樂)·향악(鄕樂)으로 대별된다.

아악은 아정(雅正)한 음악이라는 뜻으로 바른 음악을 의미한다. 유교에서는 바른 음악으로 정치를 안정시키는 것을 목적으로 했다. 아악은 의식(儀式) 음악으로서 신지(神祇)를 섬기는 데는 바른 음악을 써야 했다.

세종은 음악에 조예가 깊었을 뿐만 아니라 이를 연구하는 데 많은 노력을 기울였다. 세종은 스스로 채원정(蔡元定)의 『율려신서(律呂新書)』를 비롯해 주자의 『의례경전통해(儀禮經傳通解)』, 임우(任宇)의 『석전악보(釋典樂譜)』 등을 깊이 연구했을 뿐 아니라 박연·맹사성·남급(南汲)·정양(鄭穰) 등 중국 음악에 밝은 사람들을 얻어 중국 음악을 열심히 연구하게 했다.[20]

박연은 당대 음악의 일인자였다. 훗날 세조가 성임(成任)에게 음률(音律)에 있어 박연을 당할 사람이 있느냐고 물었을 때 성임은 따를 자가 없으나 혹 배우면 있을지도 모른다고 대답했을 정도였다. 그러나 맹사성이 원로였기 때문에 악학제조(樂學提調)는 그가 맡았다.

맹사성은 의례와 향악에 조예가 깊은 사람이었다. 1411년에 맹사성을 충주 목사로 임명했을 때 예조에서 맹사성이 없으면 음악을 다룰 사람이 없다고 해 임명을 취소한 적도 있었다. 정양은 신진으로 박연과 함께 악기를 만든 바 있으며, 남급도 악기 제조 기술자였다.

음악은 예조의 소관이지만 봉상시(奉常寺)에서 담당했다. 박연은 봉상시 판관을 맡았다. 세종은 박연을 신임했다. 특히 아악 제정과 악기 제작에 있어 더욱 그러했다. 많은 사람들이 박연을 비난했으나 세종은 그를 끝까지 비호했다.[21]

고려의 아악은 주나라 제도에 맞지 않았다. 이에 세종은 1425년부터 10년 동안 임우의 『대성악보(大成樂譜)』와 『석전악보』를 기초로 1430년(세종 12년) 윤12월에 제사(祭祀) 아악보를 만들었다. 그리고 주자의 『의례경전통해』에 실린, 송나라 조원숙(趙元肅)이 전하는 당나라 개원(開元) 향음주례(鄕飮酒禮)에 사용했던 풍아십이시보(風雅十二詩譜)에 의거해 조회 아악보를 만들었다. 뿐만 아니라 1433년(세종 15년) 1월에는 임금과 신하가 함께 참여하는 회례(會禮)에도 새로 만든 아악을 연주하고, 그다음에 당악과 향악을 연주하게 했다. 세종은 1447년(세종 29년) 6월에 『용비어천가』 중 봉래의(鳳來儀) 7곡, 정대업(定大業) 15곡, 보태평(步太平) 11곡, 발상(發祥) 11곡을 직접 작곡했다. 작곡 방법은 기존의 곡에 가사의 길이를 조절해 맞추는 것이었기 때문에 하룻저녁에 작곡을 완성했다고 한다.[22] 『세종실록』에도 "세종은 드디어 음률에 밝아 신악절주(新樂節奏)는 다 세종이 지은 것인데 지팡이로 땅을 쳐 가며 박자를 맞추셨다."라고 했다.[23]

세종은 제사 음악에 우리 음악인 향악을 쓰지 않고 중국 음악을 쓰는 데 불만을 가지고 있었다. 세종은 "아악은 본래 우리나라의 소리가 아니고 실로 중국의 음악이다. 중국 사람은 평일에 익히 들어서 제사에 연주해도 좋지만 우리나라 사람들은 살아서 향악을 듣고 죽어서는 아악을 연주하니 어떻겠는가?"[24]라고 해 음악의 주체성을 강조했다. 그러나 주자학을 신봉하는 신료들 때문에 이를 관철하지 못했다.

세종은 새로운 아악의 정리에 만족지 않고 이를 정확하게 연주할 악기를 만들고자 했다. 1423년(세종 5년)에는 악공들의 연습용으로 금(琴)·슬(瑟)·대쟁(大箏)·생(笙)·봉소(鳳簫) 등의 악기들을, 다음 해에도 이상의 악기들과 화(和)·우(竽)·피리[觱]·훈(壎)·지(箎)·아쟁·가얏고·거문고·향비파 등의 악기들을 만든 바 있다. 그러나 본격적인 율관(律官)의 제작은 1425년(세종 7년) 가을에 해주에서 거서(秬黍)가 나오고, 다음 해 8월에 남양에서 경석(磬石)이 나오면서부터였다. 경석으로 편경을 만들어 관현악기의 음의 높이를 정하고자 했다. 거서한 알의 길이가 1푼(分)이고, 90알의 길이 9촌(寸)이 황종율관(黃鐘律官)의 길이이다. 세종은 처음에 동적전(東籍田)에서 기른 거서의 길이를 가지고 황종율관을 만들었다. 그러나 중국 편경의 황종의 음보다 1율(律)이 높았다. 그리하여 1427년(세종 9년) 5월에 다시 중국 편경의 황종의 음에 맞추어 편경 1틀, 12장을 만들었다. 이때 세종은 박연에게 편경을 한 번 쳐 보라고 했다. 이를 듣고 난 세종은 이칙(夷則)의 음이 조금 높은 것 같은데 웬 일이냐고 물었다. 박연이 살펴보니 먹줄 칠 때 묻은 먹이 조금 남아 있기에 이를 갈아 내니 바로잡아졌다고 한다.[25]

그 후 1430년(세종 12년) 2월에 세 번째로 좀 더 굵은 남방의 거서알을 가지고 율관을 만들었다. 그러나 이것도 마음에 들지 않았다. 이에 세종은 경연에서 『율려신서』를 강독한 뒤 구리로 율관을 만들어 보았다. 그러나 이것도 맞지 않았다. 이에 그해 9월에 주척(周尺)을 고증토록 했으나 시대마다 달라 그만두었다. 결국 세종은 『율려신서』가 글만 있지 율관 제작에는 아무런 도움이 되지 않는다는 것을 깨달았을 뿐이었다.[26]

세종은 향악과 같이 복잡한 음악을 기보(記譜)하기 위해 정간보를 만들었다. 정간보 이전에는 구음(口音)으로 기보하는 육보(肉譜)와 중국에서 들어 온 율자보(律子譜), 공척보(工尺譜)가 있었다. 이 세 가지 악보는 음의 높이는 알 수 있으나 음의 시가(時價)는 알 수 없었다. 이에 세종은 음의 시가와 박자를 동시에 표기할 수 있는 정간보를 만든 것이다. 정간보는 1행 32정간, 또는 16정간으로 나누고, 각 칸 속에 율명을 써서 음의 높이를 나타내며, 그 옆 줄에 고법(鼓法)·박법(拍法)·가사(歌詞) 등을 적은 총보(總譜)의 형태를 띄고 있다. 이러한 유량악보(有量樂譜)는 1447년(세종 29년)에 간행되었으나 그 이전부터 있어 왔다.[27]

정간보는 음이 비교적 단순한 당악(唐樂)이나 아악(雅樂)에는 별로 필요가 없고, 복잡한 리듬을 가진 향악에 소용되는 악보였다. 실상 정대업(定大業)과 보태평(保太平) 등 향악과 고취악에 정간보가 사용되었다.[28] 세종조의 정간보는 동양에서 가장 오래된 유량악보라 할 수 있다.

## 훈민정음 창제

조선 왕조가 창업된 후에도 건국 초기에는 정치적 불안정 때문에 문화적으로 고려 말과 비슷한 상황이었다. 그러나 세종 대에 들어 명나라로부터 『사서대전』, 『오경대전』, 『성리대전』 등 3대전이 전래되면서 사상계의 변혁이 일어나기 시작했다. 세종은 1419년 12월에 사은사 경령군(敬寧君) 이비(李裶)로 하여금 황제로부터 영락 3대전을 받아 오게 했다.[29] 그리고 집현전 학사들에게 깊이 연구하게 하고 여러 차례 간행·보급했다.

『성리대전』은 세종대 예악형정(禮樂刑政)의 새 제도를 만드는 데 철학적 근거가 되었다. 그중에서도 특히 소강절(邵康節)의 『황극경세서(皇極經世書)』는 세종과 유신들의 음운학 연구를 자극했다. 소강절은 풍토가 다르면 그곳에 사는 인간의 발음도 달라지니 정성(正聲)과 정음(正音)이 있어야 이를 바로잡을 수 있다고 했다. 이 정성과 정음을 바로잡는 일이야 말로 왕도 정치의 첩경이라고 했다.[30]

이러한 성리학적 사고가 표준 발음을 정리하는 운서(韻書)를 편찬하게 했다. 그런데 마침 명나라로부터 『홍무정운(洪武正韻)』이 전래되었다. 『홍무정운』은 1375년(명 태조 8년) 황제의 명으로 중국의 음운 체계를 통일하기 위해 편찬된 운서였다. 세종은 차제에 조선의 음운 체계를 바로잡아 왕도 정치의 기틀을 마련하고 싶었다.

조선은 존명사대를 국가의 가장 큰 명분으로 생각하고 있었다. 그러니 중국어[漢語]를 잘할 필요가 있었다. 세종은 중국어를 잘하려면 한자는 같이 쓰고 있으니 발음만 중국과 똑같이 하면 된다고 생각했다. 그러려면 정확한 발음 기호가 필요했다. 당시까지만 해도 조선은 그러한 발음 기호를 가지고 있지 않았다. 고작 중국의 반절법(半切法, 한자의 첫 글자의 앞의 음과 뒷 글자의 뒤의 음을 조합해 음을 표시하는 방법)을 쓰거나 이두(吏讀)나 구결(口訣)로서 일부의 단어나 토씨를 만들어 쓰는 정도였다.

그렇지 않으면 몽고어로 한자음을 읽는 원나라의『고금운회거요(古今韻會擧要)』나『몽고운략(蒙古韻略)』을 이용할 수밖에 없었다. 그러나 원나라와 명나라는 원수 관계였다. 그러므로 명나라와 사대 관계를 맺고 있는 조선으로서는 원나라의 한자 발음 체계를 그대로 쓸 수 없었다. 불가불 독자적인 발음 체계를 개발할 수밖에 없었다. 이러한 여건들이 세종으로 하여금 훈민정음을 창제하게 한 것이다.[31]

한자음을 정확하게 읽어 중국어를 잘하는 것도 중요하지만 다른 한편으로 기왕에 잘못된 한자음을 바로잡는 것도 시급한 일이다. 같은 한자음을 읽는데 원음과 조선음이 차이가 많이 나서 서로 알아듣지 못하는 불편이 많았던 것이다. 발음은 기후 풍토가 다른 지방에 가면 달라지게 마련이다. 그래서 한자음도 지역에 따라 달라지게 마련이었다. 이것을 일치시키는 것은 아무리 막강한 권력으로도 불가능했다. 그럼에도 불구하고 세종은 이를 강행했다. 명나라도『홍무정운』을 통해 언어 통일을 하려다 실패했다. 최만리(崔萬理) 등이 훈민정음 창제를 반대한 배경에도 토착화된 한자음을 무리하게 중국화하는 것이 불가능하다는 것을 지적한 것이다.[32] 물론 사대적인 관점에서 한자를 그대로 쓰면 되지 몽고나 여진이나 일본과 같은 주변민족처럼 독자적인 문자를 창제하는 것은 중화사상에 위배된다는 주장은 옳지 않다.

어떻든 세종은 한자음을 바로잡는 데 깊은 관심을 가지고 스스로 이틀에 한 번씩 중국어를 공부하고 1434년(세종 16년) 봄에는 이변·김하 등을 요동에 보내어 그곳 학자들에게 건국 초기부터 중국어 교과서로 쓰던『직해소학』의 발음을 물어보는가 하면, 1438년(세종 20년) 3월에는 김하로 하여금 세자에게 사흘에 한 번씩 중국어를 가르치게 했다. 그리고 훈민정음이 만들어진 뒤인 1445년(세종 26년)에는『홍무정운』을 훈민정음으로 음을 단『홍무정운훈의(洪武正韻訓義)』를 편찬하도록 했다.[33]

훈민정음을 창제한 다른 이유는 중앙 집권 체제를 확립하는 데 있었다. 한자는 지식인들의 문자였다. 그러므로 일반 백성들은 아무런 표현 수단이 없었다. 이것은 대민 정치에 대단한 불편을 가져다주었다. 고려 시대에는 향리가 국가 명령의 중간 매개자로 역할했으나 조선 초기에 오면 면리 제도(面里制度)와 오가작통제(五家作統制)가 실시되어 중앙 집권 체제가 갖추어졌다. 따라서 국가의 명령이 가가호호에까지 미치게 되었다. 그런데 백성들은 한문을 모른다. 백성들과 의사가 소통되지 않으면 행정을 수행할 수 없었다. 세종이 백성들이 쉽게 익힐 수 있는 훈민정음을 기필코 창제하려는 것도 이러한 이유에서였다. 이는 훈민정음 반포 서문에 잘 나타나 있다. 중국어를 잘할 수 있게 하기 위해, 또는 한자음을 정확히 표기할 수 있게 하기 위해서 훈민정음을 창제했다고 서문에 쓸 수는 없었다.

이와 같이 세종은 명분과 실리를 조화시켜 우리의 독자적인 문자를 창안함으로써 우리의 문자 생활을 편리하게 해 주었다. 그러나 세종은 한글 전용론자는 아니었다 국왕의 명령인 교서(敎書)는 흰 문으로, 한문을 모르는 백성들을 위해서는 대왕대비나 왕대비가 별도로 언문교서(諺文敎書)를 내렸다. 한자를 진서(眞書), 훈민정음을 언문(諺文)이라 한 까닭도 여기에 있다. 이것은 지식인 관료들이 정치 주체가 되어 있는 조선 사회에서는 오히려 당연한 것이었다.

지식인 관료들은 지식을 독점하고 기득권을 지키기 위해 존명사대를 빌미로 훈민정음 창제를 반대했다. 이들의 명분론을 누르기 위해 중국어 학습이나 한자음 정리를 내세웠는지도 모른다. 또한 그래서 세종은 몇몇 측근 관료들이나 왕자, 내시, 기술자들을 데리고 은밀히 추진한 것이다. 세종이 궁중에 따로 책방(冊房)·묵방(墨房)·화빈방(火鑌房)·조각방(彫刻房) 등의 인쇄 시설을 갖추고, 환관과 서리, 몇몇 장인(匠人)들만을 데리고 훈민정음 창제 사업을 추진한 것은 무슨 까닭이었겠는가? 훈민정음 창제에 이와 같이 은밀주의를 택한 것은 명분과 실리 사이에서 고민한 세종의 고뇌를 엿볼 수 있게 한다.[34]

그러면 훈민정음은 세종 혼자 만들었을까? 세종은 우수한 음운학자요, 자신이 자리에 있을 때 만들지 않으면 훈민정음을 창제할 수 없다는 신념을 가지고 있었다. 그러니까 신료들의 집요한 반대에도 불구하고 훈민정음을 창제한 것이다. 그러나 정인지·신숙주·성삼문 등 집현전 학사들을 동원하고, 문종·수양 대군 등 왕자들을 참여시켰지 않은가? 언문청(諺文廳)을 설치하기도 했지 않은가? 성삼문·신숙주가 요동에 유배되어 있던 황찬(黃瓚)을 열세 번이나 찾아간 것은 어떻게 설명할 것인가?

그러면 훈민정음은 실제 어떻게 만들어졌나?

훈민정음은 소강절의 『황극경세서』의 정성정음창화도(正聲正音唱

和圖), 주자의 『역학계몽(易學啓蒙)』, 정초(鄭樵)의 『육서략(六書略)』 중 기일성문도(起一成文圖) 등 송대의 역학(易學)과 음운학의 영향을 받았다는 설과, 원나라 파스파(八思巴) 문자의 영향을 받았다는 설이 있다.[35] 그런데 정인지의 훈민정음 해례본 서문에서는 다음과 같이 밝혔다.

훈민정음을 지은 것은 조술(祖述)한 바가 없고, 자연적으로 이루어진 것이다.

훈민정음의 창제가 독창적으로 이루어졌다는 말이다. 그러나 훈민정음은 중국을 비롯한 동양의 음운학 지식이 바탕이 되어 만들어진 것이다.

훈민정음의 제자 원리는 각각 그 모양을 본떠서 만든 것이라고 한다. 자음은 어금니[牙]·혓바닥[舌]·입술[脣]·이[齒]·목구멍[喉] 등 발음 기관의 상태를 본떠서 만든 것이고, 모음은 하늘[天]·땅[地]·사람[人] 3재(三才)를 본떠서 만들고 여기에 일정한 가획을 한 것이다. 특히 모음의 자형(字形)에 대해서는 역학적인 설명을 붙여 놓고 있다. 이것은 모두 중국 한자음의 음소(音素)를 파악하고 『고금운회거요』나 『몽고운략』 등 원나라의 한자음 읽는 법을 참작한 것이다. 그리하여 자음 23자, 모음 11자를 만들었다. 그러나 조선은 중국과 기후와 풍토가 다르기 때문에 없는 발음도 많아 자음은 중국의 36자모 체계로 축소한 것이다. 그러나 중국에서도 정비된 적이 없어 독자적으로 · ― ㅣ ㅗ ㅏ ㅜ ㅓ 등 7음을 만들었다. 그리고 이중 모음 ㅛ ㅑ ㅠ ㅕ를 합해 모음 11자를 만들었다.[36]

한편 1443년(세종 25년) 12월에 훈민정음이 창제되자 3년 뒤인 1446년(세종 28년) 9월에 이를 반포하고, 정인지 이하 여덟 명의 전문가가 그 해설서인 『훈민정음해례』를 펴냈다. 이 책에는 본문인 예의편(例義篇)과 해설인 해례편(解例篇)으로 구성되어 있는데 해례편에는 제자해(制字解)·초성해(初聲解)·중성해(中聲解)·종성해(終聲解)·합자해(合字解)·용자례(用字例) 등이 있다. 그러나 세종은 한자를 훈민정음으로 대체하려 한 것은 아니었다. 한자와 훈민정음을 조화 있게 병용해 우리의 문자 생활을 풍요롭게 하고자 한 것이다.[37]

그러면 훈민정음은 어떻게 활용되었는가? 훈민정음이 창제된 다음 해에 세종은 최항·박팽년·신숙주·이선로 등으로 하여금 『고금운회거요』에 훈민정음으로 음을 붙이는 일을 하게 하고, 세자와 수양대군·안평 대군으로 하여금 그 일을 감독하게 했다. 그러나 15세기 조선의 한자음이 너무나 많이 달라져서 자모운과 맞지 않는 것이 많았다. 그리하여 세종은 『고금운회거요』의 주음 사업 대신에 『동국정운』을 편찬하기로 하고 1447년(세종 29년) 9월에 이를 완성했다. 그리고 동시에 『홍무정운역훈(洪武正韻譯訓)』을 편찬했다. 전자가 조선의 한자음을 바로잡기 위해 편찬된 것이라면, 후자는 중국의 한자음을 바로잡기 위해 편찬된 것이었다.[38]

세종은 훈민정음을 활용하기 위해 번역 사업을 벌였다. 훈민정음이 반포된 직후에 마침 왕비 소헌 왕후(昭憲王后) 심씨가 죽었다. 세종은 애통한 나머지 수양대군을 시켜 석가(釋迦)의 일대기를 적은 『석보상절』을 짓게 하고, 스스로는 『월인천강지곡』을 지었다. 여기에는 국한문을 혼용하되 한자에는 『동국정운』식의 개정한자음을 사용했다. 1447년(세종 29년) 이후부터 성종 초기까지는 불경 번역에 『동국정운』식 개정 한자음을 사용했으나 그 이후에는 실정에 맞지 않아 더 이상 사용하지 않았다.

다음으로는 『삼강행실도』, 사서오경, 『용비어천가』 등이 훈민정음으로 언해되었다. 『삼강행실도』는 백성들을 교화시키기 위해 중국과 조선의 충신·효자·열녀의 사례를 국한문으로 소개하고 그림까지 곁들인 책으로 성종 대에 간행되었으며, 『사서오경언해』는 과거 시험을 보는 사람들의 교재로 선조 대에 가서야 완성되었다. 『용비어천가』는 조선 건국을 정당화하기 위해 태조·태종의 업적을 미화한 것으로 처음에는 한문으로 썼던 것을 뒤에 훈민정음으로 번역한 것이다.[39]

### 『고려사』 편찬

세종 대의 역사 편찬 사업은 크게 두 가지 문제가 있었다. 하나는 조선 왕조의 건국을 합리화하는 문제이고, 다른 하나는 한국사의 정체성을 바로잡는 문제였다.

개국 초기에는 태조의 명에 따라 정도전이 『고려국사』 37권을 편찬했다. 그러나 『고려국사』는 고려는 망하지 않으면 안 된다는 입장에서 쓰여졌고, 또 태조조의 권력 투쟁에서 정도전 측의 주장이 강하게 반영되어 있어 이를 고쳐야 한다는 여론이 높았다. 정도전은 태조와 강비, 방석을 등에 업고 태종과 대립하던 사람이었다. 따라서 태종과 태종의 후계자인 세종은 정도전이 편찬한 『고려국사』가 마음에 들 리 없었다.

태종은 1401년 4월에 춘추관사 하륜에게 명해 『고려사』를 다시 편찬해 바치도록 했다. 『고려국사』에는 우왕 이후의 기록이 잘못된 부분이 많다는 이유에서였다. 그리하여 1414년 5월 10일부터 하륜은 『고려국사』의 개편 작업에 들어갔다. 하륜은 태종과 정치적인 노선을 같이하는 사람이었다. 조준도 공민왕 이후의 일은 모두 잘못 기록되어 있다고 한 바 있다. 더구나 정도전·정총·윤소종 등이 태조조에 『고려실록』을 편찬할 때 사관들이 사초를 고쳐서 제출했기 때문에 사실이 잘못된 곳이 많다는 것이다. 이때 이행(李行)만 사초를 사실대로 기록했다가 처벌받은 바 있다. 그러나 이 일은 태종조에 끝나지 않았다.

세종도 『고려국사』가 정도전이 마음대로 썼기 때문에 고쳐 써야 한다고 생각했다. 세종은 고려사를 고쳐 쓸 때 정도전처럼 고려가 망할 수밖에 없었다고만 쓰지 말고, 사실대로 기록해 국가 통치에 귀감이 되도록 하라고 했다. 편찬 방법은 주자의 『자치통감강목』 체제에 따라 기사마다 강(綱)을 달도록 했다. 그리고 직서주의를 채택해 고려시대 왕의 묘호를 조(祖)나 종(宗)으로 되어 있는 것은 그대로 두고 유교적 천견(天譴) 사상에 입각해 재이(災異)에 관한 기록도 넣도록 했다. 정몽주도 충신으로 기록하고, 그 후손들을 등용했다. 세종은 고려사 개수를 위해 1422년에 경연에서 『자치통감강목』을 강독하게 했다. 그리하여 윤회(尹淮) 등이 편찬한 『수교고려사(讎校高麗史)』는 1424년(세종 6년) 8월에 일단 완성되었다.

그런데 편찬 체제가 문제가 되어 『고려사』를 기전체(紀傳體)로 할 것이냐, 편년체(編年體)로 할 것이냐를 놓고 논란이 일었다. 세종은 춘추관의 의견을 들어 기전체를 채택했다. 여러 가지 사실을 고루고루실을 수 있고, 사실의 전후 관계를 일목요연하게 파악할 수 있는 장점이 있었기 때문이었다. 편년체는 읽기는 좋으나 모든 사실을 빠짐없이 수록하기 어려운 약점이 있었다. 그러니 『고려사』를 기전체로 편찬한 다음 따로 편년체로 정리할 수도 있었다. 그리하여 기전체와 아울러 편년체 『고려사』도 동시에 편찬하게 되었다. 기전체는 정인지 등이, 편년체는 김종서 등이 편찬했다.

그러나 『고려사』 편찬은 세종 대에 마무리 짓지 못했다. 기전체 『고려사』가 완료된 때는 1451년(문종 1년) 8월이었다. 세가(世家) 46권, 지(志) 39권, 연표(年表) 2권, 열전(列傳) 50권, 목록(目錄) 2권, 합계 139권이었다. 그리고 편년체로 된 『고려사절요』는 다음 해 2월에 완성되었다.

『고려사』 편찬의 진정한 목적은 새 왕조 창건의 당위성을 확립하는 것과 전대 문화를 총정리해 그 바탕 위에 새로운 역사와 문화를 건설하려는 데 있었다. 그렇기 때문에 『고려사』를 편찬하는 데 50여 년이나 걸린 것이다. 편찬 방향은 되도록 자국의 역사와 문화의 자주성을 잃지 않도록 했다. 그러기 위해 『고려사』 외에 삼국사(三國史)도 편찬했다. 1403년(태종 3년) 6월에 편찬된 『삼국사략』이 그것이다. 이 책에는 단군과 기자를 서술하고 있다. 권근의 「삼국사략전(三國史略箋)」에 다음과 같이 기록되어 있다.

우리나라는 하늘이 낸 고장으로 일찍이 단군께서 나라를 세워 1000여 년을 이어 왔습니다. 다시 가자가 이 땅을 맡아 다스릴 때는 8조(八條)의 법을 세워 백성을 교화했습니다.

우리 역사의 체계를 단군, 기자로부터 계통을 세워 역사의 정체성을 확립한 것이다. 『삼국사기』에는 유교적 사관에 입각해 단군을 뺐는데 이때에 이르러 다시 넣은 것이다. 뿐만 아니라 단군과 기자의 사당을 평양에 세워 중사(中祀)로서 제사 지냈다. 단군, 기자뿐 아니라 삼국의 시조들도 함께 제사 지냈다. 『세종실록』 지리지 평양부 조에 단군과 기자의 묘가 평양부 북쪽 토산(兎山)에 있고, 사당은 성 안 의리방(義理坊)에 있으며, 단군 사당은 기자 사당보다 좀 남쪽에 있다고 했다. 동명왕은 단군 사당에 함께 모셨다. 그리고 『단군고기』와 『삼국유사』를 인용해 단군 신화도 수록해 놓았다.[40]

조선에서는 원구단(圓丘壇)을 세워 하늘에 제사 지낸 적도 있다. 유교에서는 천자가 천명을 받아 백성을 다스리는 것으로 되어 있다. 따라서 하늘에 대한 제사는 천자만이 지낼 수 있고, 제후는 자기 나라 국경 안의 명산대천에만 제사 지낼 수 있었다. 그러나 한국에서는 다른 제후국과는 다르다고 해 고려 시대부터 하늘 제사를 지내 왔다. 원구단은 1405년에 다시 설치되었으나 존명사대에 어긋난다고 폐지하는 대신 단군과 기자에 대한 제사를 지냈다. 변계량(卞季良)은 원구제의 제천 행사가 2000년 동안이나 계속되어 왔고, 조선은 수천 리의 나라로서 보통 제후의 나라와는 다르며, 중국 고대에도 제후가 제천 행사를 지낸 예가 있으니, 그대로 두어도 무방하다고 했다. 그는 단군이 나라의 시조로서 중국의 천자가 분봉한 것이 아니며, 단군이 하늘에서 내려온 것도 요(堯)임금 무진(戊辰)년으로 3000년이나 되었고, 단군에 대한 제사도 1000여 년이나 계속되어 왔으므로 제사 지내도 무방하다고 했다. 기자는 고구려 때부터 제사 지냈고, 고려도 이를 이어 받아 평양에 기자사(箕子祠)를 세워 제사 지냈다. 단군은 설화적인 인물이기는 하지만 고려 시대부터 숭배해 왔고, 단군 기원(檀君紀元)을 내세운 적도 있었다. 원구단은 1457년(세조 3년)에 다시 설치했으나 곧 폐지되고, 1897년 고종이 대한제국 황제가 되었을 때 원구단을 세워 이곳에서 황제 즉위식을 한 바 있다.[41]

세종은 태조의 창업이 천명을 받아 행한 정당한 것임을 밝히고자 했다. 그러자면 태조의 무덕(武德)을 드러낼 필요가 있고, 조상의 음덕이 컸음을 드러내야 했다. 1442년(세종 24년) 3월에 세종이 명했다.

> 태조께서 왕이 되기 전에 뛰어난 무덕이 하나둘이 아닌데 지금 실록을 보니 어찌 이렇게 그 사실이 간략한가? (중략) 경들은 태조의 사실을 알고 있는 늙은이를 찾아다니며 사실대로 물어서 들은 것을 기록해 갖추도록 하라![42]

이때 모은 자료들을 기초로 해 1447년(세종 27년) 10월에 권제와 정인지, 안지 등으로 하여금 『용비어천가』 125장을 짓게 했다. 『용비어천가』는 사람마다 알게 하기 위해 노래로 만들었다. 노래 이름을 용가(龍歌)라 했고, 악곡은 교향곡으로 만들었다. 봉래의(鳳來儀)는 여민락(與民樂)·치화평(致和平)·취풍형(醉豊亨)의 3악장으로 되어 있는 용가인데, 목조(穆祖)·익조(翼祖)·도조(度祖)·환조(桓祖) 등 이성계의 추존 4대와 태조·태종의 성덕과 신공을 노래한 것이다. 그리고 춤을 곁들였으니 문무(文舞)인 보태평(保太平)과 무무(武舞)인 정대업(定大業) 및 발상(發祥)이 있었다. 세종은 직접 여민락의 악보 2권, 치화평의 악보

5권, 취풍형의 악보 2권을 작곡했다. 그리고 1447년(세종 29년) 5월에 강녕전(康寧殿)에서 창기(娼妓)와 악공(樂工)들의 노래와 연주를 들었다.[43]


## ○○ 세종의 부름으로 관직에 복귀하다

1422년 2월 12일에 세종이 황희를 남원에서 불러올렸다.[44] 그리고 직첩을 돌려주었다.[45] 대간이 반발했다. 사간원 지사간(知司諫) 허성(許誠)은 황희의 석방을 반대하며 말했다.

황희는 일찍이 재보(宰輔)가 되어 난역의 죄를 거짓으로 가볍게 다루었고, 또 위에서 묻는 데 대해 사실대로 대답하지 않았으니, 그가 충성스럽지 못하고, 정직하지 못한 마음을 품어 말과 행동이 나타난 것이 명백합니다. 형에 처하지 않고 다만 외방에 내쫓기만 해 그 목숨을 보전하게 하니, 온 나라 신민이 실망하지 않는 이가 없습니다. 지금 특별히 용서해 서울로 불러 돌아오게 하니, 다만 사람들의 보고 듣는 데만 놀라울 뿐 아니라 실로 종사의 큰 계책에 어긋남이 있습니다. 삼가 바라옵건대 전하께서 황희를 형에 처해 신하가 충성하지 못하고 정직하지 못한 자의 경계를 삼아야 합니다.[46]

이에 세종이 말했다.

황희의 죄를 충성하지 못하다고는 논할 수 없으며, 또 이미 서울에 돌아왔으니, 이를 고칠 수도 없다.[47]

그러고는 3월 18일에 황희의 과전을 돌려주었다.[48] 황희는 10월 13일에 평시서(平市署) 제조가 되고,[49] 10월 28일에 의정부 참찬이 되었다.[50] 1423년(세종 5년) 3월 8일에는 명나라 내관 유경(劉景)과 예부낭중(禮部郎中) 양선(楊善)이 와 황희가 원접사(遠接使)로서 맞이했다.[51] 5월 27일에 황희는 예조 판서가 되었다.[52]

### 강원 감사가 되어 기민구제를 하다

황희는 1423년 7월 16일에 강원도 도관찰사가 되고,[53] 12월 11일에는 판우군도총제부사(判右軍都摠制府事)를 겸대했다.[54]

도내 백성의 총계가 1만 6000여 호 내에서 환곡(還穀)을 먹지 않고 사는 자가 얼마 되지 아니하며, 전혀 초식만 해 겨우 생명을 보존하고 있는 터인데, 이제 만일 한 도내 인민 남녀의 명목을 수대로 핵실해, 호조에 관문(關文)을 제출해 회보가 오기를 기다린 뒤에 진휼했다가는 한갓 구황(救荒)하는 일만 늦추어질 뿐만 아니라 백성들의 생명이 염려되며, 곡식 종자로 환곡을 절후에 따라 나누어 주지 못하게 되면, 반드시 농사가 실시(失時)될 것이니, 청컨대 의창(義倉)의 환곡 내에서 6만 2400여 석을 먼저 기민(饑民)에게 식구에 따라 양식과 종자를 계산해 내주고, 때에 따라 구황해 주면서 농사를 권면하소서.[55]

이듬해 1424년(세종 6년) 2월 6일에 강원 감사 황희가 올린 이 상소는 그대로 실시되었다. 그해 6월 20일에 황희는 다시 찬성이 되고,[56] 1425년(세종 7년) 3월 1일에는 대사헌을 겸대했다.[57]

그런데 3월 20일에는 겸대사헌 황희가 남원 부사 이간(李偘)으로부터 유지(油紙)로 만든 안롱(鞍籠)을 뇌물로 받았다고 실토했다. 전라도 찰방 이종규(李宗揆)가 남원에서 이간이 여러 사람에게 물품을 보낸 사문서를 수색해 조사한 결과 서울과 지방의 관리가 뇌물을 받은 자가 많았으나 유독 권귀층이 관여된 것이 없었다. 그런데 황희만 자수해 그만을 무던한 사람으로 여겼다. 대제학 변계량은 사사로이 편지를 써 보내 죄를 청했다. 그러나 나머지는 모두 숨겨 발각되지 않았다.[58] 5월 21일 황희는 의정부 찬성사가 되었다.[59] 그는 남원 부사 이간이 주는 유지 안롱을 뇌물로 받은 죄로 겸대사헌직에서 파면되었다. 그뿐 아니라 황희는 전에 화엄종(華嚴宗) 도승통(都僧統) 운오(云悟)와 친해 운오는 황희에게 화엄종에서 전래되어 오던 백금(白金)을 준 일이 있었다.[60]

## 『속육전』을 편찬하다

1426년(세종 8년) 2월 8일에 영의정 이직·찬성 황희·이조 판서 허조 등이 편찬한 『속육전』을 올렸다.[61] 2월 10일에 황희는 다시 이조 판서에 임명되었다.[62] 그리고 석 달 후에 황희는 재상의 관문인 우의정이 되었다.[63] 『문종실록』 권12, 본전(本傳)에 의하면 세종이 황희에게 우의정 겸 판병조사에 임명하고, 조용히 말했다고 한다.

"경을 외방으로 내쳤을 때 태종께서 일찍이 내게 이르기를 '황희는 곧 한(漢)나라의 사단(師丹, 한 원제가 세자를 폐하고 후궁 부 소의의 소생 공왕을 후사로 삼으려 하자 극력 간하여 폐하지 않았다고 함)이니, 무슨 죄가 있겠는가?' 하셨다."[64]

## 심온 가족 특사

1426년(세종 8년) 5월 17일에 좌의정 이직·우의정 황희 등이 세종비 공비(恭妃)의 어머니와 형제들을 신원해 주기를 청했다.

대개 우리 공비 전하께서 성상의 배필이 되어 원자(元子)를 낳아 길러서 우리 조선 만세의 기업을 세웠습니다. 그때 의금부에서 형률에 의거해 연좌의 죄를 청하니, 태종께서 윤허하지 않으시다가, 굳이 청하매 그제야 이를 허락하시고, 이내 교지를 내려 심온의 아내와 자녀들을 예에 의해 비록 관청에 소속시켰으나, 역사(役事)는 시키지 말게 하고, 그 뒤에 천안(賤案)에서 제명하고자 했으나, 미처 교지를 내리지 못하시고 세상을 떠나셨사온대, 여러 신하들도 의리에 의해 의논을 올린 사람이 없었으므로 지금에 이르기까지 그대로 천안에 매여 있습니다. 옛날 사람이 말하기를 "아들이 어머니를 신하로 삼는 의리는 없다." 했는데도, 어머니 안씨의 몸은 관천(官賤)이 되어 있으니, 심히 옳지 못합니다. (중략) 신등은 삼가 바라건대, 한(漢)나라의 고사를 본받고 태종의 뜻을 계승하시어 천안을 삭제하고 작첩을 돌려주어, 신민들의 국모(國母)를 떠받드는 마음을 위로해 주신다면 매우 다행입니다.[65]

세종도 이들을 천안에서 빼 주었다. 그리고 1426년(세종 8년) 6월 12일에 세종은 이방간의 딸들이 굶주린다는 말을 듣고 양민과 결혼시켜 생계를 유지하게 해 주자고 했다. 이에 좌의정 이직과 우의정 황희가 대답했다.

만약 형률 조문에 의거하면, 이미 시집간 여자는 연좌를 면할 수 있고, 집에 있는 여자는 연좌되는 것이 상례입니다. 그러나 이는 태조의 유체(遺體)로 다른 데에 비교할 것이 못 될 뿐만 아니라, 여자는 시집을 가면 남편을 따르게 되므로 남자와 비교할 수 없으니, 성상의 명령이 진실로 옳습니다. 관청에서 자장(資裝)을 주어서 노비가 있는 평민에게 시집가게 해 굶주림과 추위를 면하게 하고, 또 공가(公家)에 소속된 노비를 헤아려 주고, 그 첩의 딸도 또한 양민에게 시집보내는 것이 옳겠습니다.[66]


## ○○ 좌의정에 올랐으나 구설에 휘말리다

1427년 1월 25일에 황희는 좌의정이 되었고, 좌의정이었던 이직은 성산(星山) 부원군이 되었다.[67] 세종은 4월에 좌의정 황희와 우의정 맹사성에게 아청필단홍견(鴉靑匹段紅絹) 각 1필씩을 하사했다.[68]

황희는 세종이 양녕 대군을 불러들이는 것을 반대했다.

전하께서 이제를 대우하시는 마음은 실로 대순(大舜)이 그 아우 상

(象)을 처우하는 것과 다름이 없으매, 신등의 낮은 식견으로 어찌 간(諫)하고 호소하리오마는, 그러나 신등의 생각으로는 다만 후대할 것이오나, 밀접하게 가까이 할 일은 아니오니, 진실로 대간이 말한 대로입니다. 전하께서 대간이 청한 것을 굽어 좇으시기를 엎드려 바랍니다.[69]

황희 등은 비록 부드럽게 말하면서도 양녕 대군을 경계해야 한다고 주장하고 있다.

한편 6월 17일 황희는 기력이 떨어지고 한재(旱災)가 심하니 그 책임으로 파면해 달라고 간청했다.

신이 도량이 좁고 지식이 얕아 재상감으로는 적당치 못하면서 국정을 다스리는 직위에 몸을 담고 있사온대, 기력이 날로 쇠퇴해 흐릿하게 잊기를 잘하고 아무것도 세우고 밝히는 힘이 없사와, 진실로 조그마한 도움도 되지 못하옵니다. 이번 같은 한재는 예년보다 몇 갑절 되오니, 신의 관직을 파면해 주시기를 청하옵니다.[70]

그러나 세종은 "조정에 있는 신하로서 누가 능히 제 직분을 다했노라고 말할 것인가? 이와 같이 나가면 조정이 아주 비게 되리로다." 하고는 집현전 관원을 보내 만류했다.

### 서달 사건
그런데 그날 황희는 우의정 맹사성(孟思誠)·사위 형조 판서 서달

(徐達)과 함께 의금부에 갇혔다.[71] 그리고 이튿날 세종은 황희와 맹사성을 보석했다.[72]

　사건의 전말은 이렇다. 서달은 서선(徐選)의 아들이요, 황희의 사위다. 모친 최씨를 모시고 대홍현(大興縣)으로 돌아가는 길에 신창현(新昌縣)을 지나다가 그들을 아전이 예로 대하지 않고 달아나는 것을 괘씸하게 여겨, 종 잉질종(芿叱宗) 등 세 사람을 시켜 잡아 오라고 했다. 그러자 잉질종이 길에서 어떤 아전 하나를 붙잡아 묶어서는 달아난 아전의 집으로 앞세워 인도하게 했다. 아전 표운평(表芸平)이란 자가 이것을 보고 말하기를 "어떤 사람인데 관원도 없는 데서 이렇게 아전을 묶어 놓고 때리느냐?" 하니, 종들이 그 말에 성이 나서 표운평의 머리채를 잡은 채 발로 차고 또 큰 작대기로 엉덩이와 등줄기를 함부로 여남은 번 두들기고서 끌고 서달이 있는 데까지 왔다. 표운평이 어리둥절해하자 "일부러 술 취한 척하고 말을 안 하는구나." 하면서, 수행원 서득(徐得)을 시켜 되려 작대기로 무릎과 다리를 50여 번이나 두들겼다. 이튿날 표운평이 그만 죽어 버리자 그 집에서 감사에게 고소하니 감사 조계생(趙啓生)이 조순(趙珣)과 이수강(李守剛)을 시켜 신창에서 함께 국문하게 했다. 조순과 이수강이 서달이 주장해 때리게 한 것으로 조서를 작성해 신창 관노(官奴)에게 주어 감사에게 보고했다.

　그때 황희가 찬성으로 있었는데, 신창은 바로 판부사 맹사성의 본고장이므로 그에게 부탁해 원수진 집과 화해를 시켜 달라 했다. 표운평의 형 표복만(表卜萬)이란 자가 때마침 서울에 왔기에, 맹사성이 불러 오게 해 힘써 권하기를 "우리 신창 고을의 풍속을 아름답지 못

168

하게 하지 말라." 하고, 또 신창 현감 곽규(郭珪)에게 서신을 보내 잘 주선해 주도록 했다. 대흥 현감 노호(盧皓)는 서선의 사위인지라 이웃 고을 수령으로서 혹 몸소 가기도 하고 혹 사람을 시켜 애걸하기도 했다. 이에 곽규가 노호에게 내통해 "차사관(差使官)의 보고서가 막 떠났다."라고 하므로, 노호가 길목을 질러 그 서류를 손에 넣었다. 신창 교도 강윤(康胤)이 또한 최씨의 겨레붙이인지라, 원수진 집을 꾀어 이익을 줄 것을 약속하고 사화(私和)를 권하니, 표복만이 역시 뇌물을 받고 맹사성과 곽규의 말대로 원수진 집에 갔다. 그러고는 "죽은 자는 다시 살아날 수 없는 것이고, 본 고을 재상과 현임 수령의 명령을 아전으로서 순종하지 않다가 나중에 몸을 어디다 둘 것이냐?"라고 달래 드디어 사화장(私和狀)을 써 받았다. 이것을 표운평의 아내에게 주어 신창에 바쳐 온수현(溫水縣)으로 보내니, 온수 현감 이수강이 조순과 함께 의논해 다시 관련된 증인을 모아서는 드디어 조서를 뒤집어 만들어 서달을 면죄되게 하고, 죄를 잉질종에게 돌리어 감사에게 보고했다.

감사는 목천 현감 윤환(尹煥)과 이운(李韻)을 시켜 다시 국문하게 했는데, 윤환 등도 또한 서선과 노호와 이수강의 청한 말을 받았는지라 그 안대로 회보하니, 감사 조계생과 도사 신기(愼幾)도 다시 살펴보지 않고 형조에 그대로 옮겨 보고했으며, 형조 좌랑 안숭선(安崇善)은 7개월 동안이나 미루다가 다시 더 논하지도 않고 참판 신개(申㮣)에게 넘기니, 역시 자세히 살피지 않고 서달을 방면하고 옥사는 잉질종 등에게 돌아가게 되는 것으로 정부에 보고했다. 그러나 조서에 어긋난 점이 있음을 의아하게 여긴 세종이 의금부에 내려서 다시 국문해 죄를 매긴 것이다.

그리하여 서달은 율이 교형(絞刑)에 해당되는데, 임금은 그가 외아들이기 때문에 특히 사형을 감해 유형으로 바꾸고 속(贖)을 받치게 하고, 조순도 그때에 상중(喪中)이었기 때문에 또한 속으로 바치게 했다.[73]

이 사건의 결과 좌의정 황희와 우의정 맹사성은 관직이 파면되고, 판서 서선은 직첩이 회수되었으며, 형조 참판 신개는 강음(江陰)으로, 대사헌 조계생은 태인(泰仁)으로, 형조 좌랑 안숭선은 배천(白川)으로 귀양 갔다. 또 서달은 장 100에 유(流) 3000리를 속으로 바치게 하고, 온수 현감 이수강은 장 100에 유 3000리에 처해 광양(光陽)으로 귀양 보냈다. 전 지직산현사(知稷山縣事) 조순은 장 100에 도(徒) 3년을 속(贖)으로 바치게 했으며, 직산 현감 이운과 목천 현감 윤환은 각각 장 100에 도 3년을 속으로 바치게 하고, 신창 현감 곽규와 신창 교도 강윤은 각각 장 100에 도 3년에 처하고, 도사 신기는 장 100에 처했다.[74]

그러나 세종은 황희를 다시 좌의정에, 맹사성을 다시 우의정에 임명했다.[75] 이에 겸대사헌 이맹균(李孟畇) 등이 상소했다.

좌의정 황희와 우의정 맹사성은 모두 재보(宰輔)로서 서달을 구원하고자 사정에 이끌려 청을 통하게 해 죄가 있는 사람에게 죄를 면하게 하고, 죄가 없는 사람에게 거의 죄에 빠지도록 했으니, 대신의 마음 씀이 이래서야 되겠습니까? 전하께서는 이미 관대한 은전에 따라 가장 가벼운 죄에 처해 관직만을 파면시킨 것만 해도 오히려 그 적당함을 읽은 것인데, 일찍이 수십 일도 되지 않아서 그 직위를 회복하도록 명하시니, 다만 형벌이 너무 가벼워 죄가 있는 사람이 징계됨이 없을 뿐만 아닙니다. 황희는 지금 어머니를 잃었습니다. 맹사성은 관직을 파면시켜 임무가 무거우면 책임이 중하다는 의리를 보일 것입니다. 또 서달은 죄 없는 사람을 부당하게 죽였으므로 죄가 극형에 해당되나 특별히 임금의 자애를 입어 그 죽음을 면하게 되었으니, 만족할 것이온대, 이에 유배죄마저 속(贖)했으니, 저 옥사를 추국하는 관원 등이 비록 무망(誣罔)했으나, 친히 범한 것에 비교하면 간격이 있습니다. 이러함에도 형률에 의거해 유배만 시키고 말았는데, 서달은 도리어 처자들과 더불어 모두 모여서 있게 되니, 법을 집행함에 있어 경하게 하고, 중하게 할 적당함을 잃은 듯합니다. 만약에 독자(獨子)라고 한다면, 서달의 부모는 이미 늙어 병든 사람이 아니니 남아서 봉양하는 율에 어긋남이 있습니다. 삼가 바라옵건대, 전하께서는 서달을 변경의 먼 곳으로 귀양 보내어 뒷사람에게 경계하심이 공도에 매우 다행이겠습니다.[76]

이에 대해 세종은 다음과 같이 말할 뿐이었다.

그대들이 말한 것이 옳다. 그러나 대신을 진용퇴출(進用退出)시키는 일은 경솔히 할 수 없는 것이다. 또 서달이 죄 없는 사람을 부당하게 죽인 것은 광망해서 그렇게 된 것인데, 저 옥사를 추국하는 관원이 실정을 알면서도 거짓으로 속여 사람의 죄를 올렸다 내렸다 해 과인을 속였으니, 그 죄는 어찌 중하지 않은가? 부모가 늙어 병든 사람이 아닌데도 독자로서 죄를 면한 사람이 다만 서달뿐만은 아니니, 앞으로는 다시 말하지 말라![77]

그리고 황희의 어머니 장사에 콩 50석, 종이 100권을 내렸다.[78] 뿐만 아니라 황희를 기복(起復)해 다시 좌의정으로 임명했다.[79] 황희는 기복을 사양했으나 세종은 응교 안지(安止), 직제학 유효통(兪孝通)을 시켜 그 집에 가서 사양하는 전(箋)을 돌려주게 했다.[80]

신에게 기복을 명하신 것은 오로지 세자를 모시고 황제의 궁정에 들어가 황제께 뵈옵게 하려 하심이었사온데, 이제 세자는 이미 조현(朝見)을 하시지 않게 되었고, 또 국가는 치평 무사(治平無事)하므로 신의 기복은 혐의가 깊사오니, 엎드려 바라옵건대, 돌아가 쇠복(衰服)을 입고 3년상을 마치게 허락하시옵소서.[81]

황희는 다시 사양했으나 세종은 허락하지 않았다.

11월 10일에 빈객(賓客) 유영(柳潁)이 세자의 조계(朝啓) 참여를 요청했으나 좌의정 황희 등이 "세자의 나이가 어리고 지금 학문할 때를 당해 잠시도 학업을 폐할 수 없으며, 또 정사를 들으면 마음이 밖으로 쏠릴 것입니다."라고 반대했다. 세종은 조계 시간이 길지 않고 송나라 때도 선례가 있으니, 참여해도 무방하다고 했다.[82]

세종은 황희가 나이 예순이 넘었다고 빈청에 불러 고기를 먹도록 권했다.[83] 황희도 마지못해 고기를 먹었다.

## 양녕 대군 견제

1428년(세종 10년) 1월 15일에 좌의정 황희와 호조 판서 안순(安純)이 패만한 양녕 대군을 죄로 다스릴 것을 요구했다.

양녕 대군 이제는 종사(宗社)와 군부(君父)에게 죄를 얻었는데도 특별히 전하의 우애(友愛)의 덕을 입어 생명을 보전해, 가까이 기내(畿內)에 거주하면서 자주 부름을 받았으니, 그의 영광과 다행함이 지극합니다. 마땅히 조심하고 근신해 성은의 만분의 일이라도 보답해야 될 것인데, 지금 잡인들과 사통해 윤이(閏伊)를 불러 간통하고는 거리낌이 없었으니 그 죄가 이미 큰데도 드디어 세자 때부터 간통했다고 거짓말하고 그 역(役)을 면제해 주기를 청했으니, 성상을 속임이 또한 이미 극도에 달했습니다. 윤이의 모녀를 가두었다는 말을 듣고는 분이 나서 글을 올렸는데, 그 언사가 패만(悖慢)했으니, 신하가 되어 임금을 속이고, 불경했으므로 죄가 이보다 중한 것이 없습니다. 삼가 바라옵건대 전하께서는 대의로서 결단하시고 이제를 유사에게 내려 그 사유를 국문하고, 그 죄를 명백히 다스려서 만세의 군신의 분의(分義)를 엄하게 하소서.[84]

그러나 세종은 윤허하지 않았다.

## 과전의 경기 환원 반대

1428년 1월 16일 세종이 하3도로 옮겼던 과전을 경기도로 다시 옮기고 공법(貢法)을 실시하면 어떻겠느냐고 하자, 좌의정 황희가 건의했다.

과전을 경기로 도로 옮긴다면, 경기의 고통이 배나 더하게 될 것이므로, 전주(田主)도 또한 하고자 하지 않을 것입니다. 신이 일찍이 조계생(趙啓生)에게서 들으니, '손해에 따라 손해를 보충해 주는 법을 시행하게 되어, 전세(田稅)의 경중고하(輕重高下)가 한결같이 위관(委官)과 서원(書員)의 손에 달렸다면, 대단히 공평하지 못하다.' 합니다. 신은 원컨대 공법을 본떠서 많고 적은 중간을 비교해, 전지 몇 부(負)에 쌀 몇 말[斗]의 수량을 미리 정해 추수기마다 각 도의 각 고을로 하여금 농사의 풍흉을 살펴서 3등으로 나누어 아뢰게 하고, 이에 따라 세를 징수하는 것이 옳을 것입니다.[85]

## 비리 유언비어에 시달리다

1428년 1월 28일에 첨절제사 박유(朴腬)가 선군(船軍)을 시켜 청각(靑角) 두어 말을 싸 가지고 좌의정 황희에게 바쳤다가 잡혔다. 세종은 박유가 공신의 아들이라고 관작만 파면시키라고 했다.[86]

6월 14일에 황희는 박용(朴龍)이 그에게 말을 선물하고 술대접을 하여, 그가 박용에게 편지를 써 주었다는 혐의를 받았다.

박용의 말과 술대접을 받고 편지를 써 주었다는 것은 다 신이 한 일이 아닙니다. 그런데 사헌부에서 이를 탄핵했으며, 전하께서는 사전(赦前)의 일이라고 해 거론하지 말라고 명하셨습니다. 신이 불초한 몸으로 외람되게 수상의 직위에 있어서, 온 나라 가 모두 바라보고 있는데, 이와 같이 몸을 더럽히는 오명을 얻었으니, 전하께서 비록 묻지 말라고 명했으나, 신이 어찌 능히 심장(心腸)을 드러내어 집마다 가서 타이르고 호(戶)마다 가서 이해시킬 수 있겠습니까? 이제 만약 다시 변명하지 않는다면 세상의 여론이 어찌 허위인가 진실인가 구분해 알겠습니까? 청컨대 유사(攸司)에게 나아가서 변명하고 대질할 수 있게 하소서.[87]

황희가 청하니, 세종이 "경이 만약 변명하고자 한다면 복덕(卜德, 박용의 아내)을 불러 초사(招辭)를 받는 것이 좋겠다." 하고 즉시 사헌부로 하여금 복덕을 잡아다가 의금부에서 국문하라고 했다.[88] 그러나 사평(史評)은 좋지 않았다.

황희는 판강릉부사 황군서의 얼자다. 김익정(金益精)과 더불어 서로 잇달아 대사헌이 되어서 둘 다 설우(雪牛)의 금을 받았으므로, 당시 사람들이 '황금 대사헌'이라고 했다. 또 난신 박포(朴苞)의 아내가 죽산현에 살면서 자기의 종과 간통하는 것을 우두머리 종이 알게 되니, 박포의 아내가 그 우두머리 종을 죽여 연못 속에 집어넣었는데, 여러 날 만에 시체가 떠오르니, 누구인지 알 수 없었다. 현관(縣官)이 시체를 검안하고 이를 추문하니, 박포의 아내는 정상이 드러날 것을 두려워해 도망가서 서울에 들어와 황희의 집 마당 북쪽 토굴 속에 숨어 여러 해 동안 살았는데, 황희가 이때 간통했으며, 박포의 아내가 일이 무사히 된 것을 알고 돌아갔다. 황희가 장인 양진(楊震)에게서 노비를 물려받은 것이 단지 3명뿐이었고, 아버지에게 물려받은 것도 많지 않았는데, 집 안에서 부리는 자와 농막에 흩어져 사는 자가 많았다. 정권을 잡은 여러 해 동안에 매관매직하고 형옥(刑獄)을 팔아 뇌물을 받았으나, 그가 사람들과 더불어 일을 의논하거나 혹은 고문(顧問)에 응할 때는 언사가 온화하고 단아하며, 의논하는 것이 다 사리에 맞아서 조금도 틀리거나 잘못됨이 없었으므로, 임금에게 무겁게 보인 것이었다. 그러나 그의 심술은 바르지 아니하니, 혹시 자기에게 거스르는 자가 있으면 몰래 중상했다. 박용의 아내가 말을 뇌물로 바치고 잔치를 베풀었다는 일은 본래 허언이 아니다. 임금이 대신을 중히 여기는 까닭에 의금부가 임금의 뜻을 받들어 추국한 것이고, 대원(臺員)들이 거짓 복죄(服罪)한 것이다. 임금이 옳고 그른 것을 밝게 알고 있었으므로 또한 대원들을 죄주지 않고, 혹은 좌천시키고 혹은 고쳐 임명하기도 했다. 만약에 정말로 박천기(朴天己)가 공술하지도 않은 말을 강제로 사헌부에서 초사(招辭)를 받았다면 대원의 죄가 이 정도로 그쳤겠는가?[89]

## 평안도 도체찰사로서 성보를 쌓다

1428년 10월 28일에 좌의정 황희와 예조 판서 신상(申商)을 평안도에 보내 성보(城堡)를 순찰하게 했다.[90] 도체찰사 황희는 평안도를 돌아보고 성보를 점검했다.[91]

11월 19일에 세종이 좌의정 황희에게 "활을 만드는 데는 물소 뿔만 한 것이 없으니, 중국에 요청해 전라도의 따듯한 지방에서 기르게 할까 하오." 하자 병조 판서 최윤덕(崔潤德)이 "신이 근일 무사의 도시(都試)를 거행할 때 보니, 활이 활시위에서 자주 벗어났으나 꺾이

지 않는 것은 모두 물소 뿔로 만든 활이었습니다."라 했다. 또한 좌의정 황희가 말하기를 "물소는 털이 적어 추위를 두려워하니 이 겨울에 우리를 만들어 잘 길러야만 살 수 있을 것입니다. 만약 요청한다면 황제께서 어찌 허락하지 않겠습니까? 다만 사서 가지고 오기가 어려울 듯합니다."라고 했다.[92]

### 부민고소금지법

1429년(세종 11년) 5월 11일에 좌의정 황희는 판부사 변계량 등과 함께 부민고소금지법(部民告訴禁止法)을 만들어 하극상의 풍조를 없애고자 했다.

1 　품관(品官)과 이민(吏民)으로서 수령을 고소한 뒤에 몰래 다른 사람을 사주해 고발하는 사람이 있어, 이로 말미암아 풍속이 날로 나빠지게 되니, 마땅히 엄하게 징계해야 할 것입니다.

2 　원컨대 이제부터 율문(律文)과 본조(本朝)의 교지에 사람들에게 진고(陳告)할 것을 허용한 조문과 사죄(死罪) 이외에 까닭 없이 다른 사람의 작은 허물을 고소한 것은 받지 말고 영을 어긴 것으로서 논죄하소서.

3 　낮은 사람이 높은 사람과 서로 송사(訟事)하는 사람으로서, 높은 이를 욕하고 구타한 것은 먼저 구타하고 욕한 죄를 조사해 율에 따라 벌을 결정한 뒤에 그 송사의 사실 여부를 분별하소서.[93]

세종도 이 의견에 따랐다.

## 인사 비리

1429년 10월 10일에 황희는 호조 판서 안순의 아들 안숭신(安崇信)을 경기 좌도 찰방에 천거했다. 그러나 세종은 "무릇 죄를 범한 관리는 반드시 먼저 계달한 뒤에 쓰게 되어 있다. 그런데 안숭신은 죄를 받은 지 오래되지 않았는데, 어째서 아뢰지도 않고 갑자기 추천했는가?"라고 물었다. 안순은 본래 황희와 친했다. 그래서 황희가 정승이 되면서 매양 안순의 아들과 사위를 천재라고 칭찬해 모두 현질(顯秩)에 발탁되었는데, 안숭신이 함길도사로서 죄를 범한 지 겨우 한 달이 지나 천거해서 쓸 수 없는 것을 황희가 억지로 추천한 것이다.[94]

1430년(세종 12년) 1월 24일에 세종은 말했다.

요사이 대간이 여러 번 말하기를, "제수(除授)가 잘못된 것이 더러 있다." 하는데, 이는 다름이 아니라 전함(前銜)으로 서용하는 법이 마련되지 못했기 때문이다. 벼슬이란 대체로 공로에 보답해 주는 것인데, 전함에서 한가로이 지내던 자가 혹시 계급을 뛰어올라 오히려 부지런히 근무하는 사람보다 높이 되는 것은 정말 옳지 못한 일이다. 앞으로는 전함의 자급(資級)을 그대로 제수하되, 만약 인품과 자격이 상당해 꼭 뛰어올려 승진시켜 주어야 할 자는 사유를 갖추어 아뢰도록 하라![95]

이때 이조 판서 이수(李隨)의 조카 이명생(李明生)이 전함 승사랑(承仕郎)으로서 계공랑(啓功郎)으로 뛰어 승진되니, 간원(諫院)에서 좌의정 황희와 이조 판서 이수 등을 탄핵했기 때문에 생긴 일이다.

## 기자묘

1430년 4월 9일 신천단순심별감(山川壇巡審別監) 정척(鄭陟)이 "평양 기자묘(箕子廟) 신위(神位)에 '조선후 기자(朝鮮侯 箕子)'라고 썼는데, 기자 두 자를 삭제하소서."라고 했다. 세종은 "그렇다. 기(箕)는 나라 이름이고 자(子)는 작(爵)인데, 이를 칭호로 함은 불가하다. 그러나 그저 '조선후'라고 일컫는 것도 미안한 듯하니, '후조선 시조 기자(後朝鮮始祖 箕子)'라고 하는 것이 어떠겠는가? 상정소(詳定所)로 하여금 의논해 아뢰게 하라!"라고 했다. 황희 등은 '조선 시조 기자'로 하자고 해 그대로 되었다.[96] 상정소에서 기자묘비의 편액(扁額)을 '기자비(箕子碑)'라고 전자(篆字)로 써서 아뢰니, 황희 등은 '기자묘비(箕子廟碑)'라고 하자고 해 그대로 되었다.[97]

4월 27일 황희는 죽은 실록청 총재 변계량을 대신해 『태종실록』을 감수해 올렸다.[98]

## 공법 여론 조사

1430년 8월 10일에 호조에서 중외의 공법에 대해 가부의 여론을 갖추어 아뢰니, 좌의정 황희·우의정 맹사성·찬성 허조 등의 의론에 따르라고 했다. 이때 호조에서 공법의 가부를 전국의 관민에게 물으니, 불가가 9만 8657인이요, 가가 7만 4149인이었다.[99] 10월 25일에는 비자(婢子)의 산전·산후에 천역(賤役)을 면제해 주는 법을 황희가 제조로 있는 상정소에서 법을 정하니 왕이 이에 따랐다.[100]

## 태석균 사건

1430년 11월 21일에는 태석균(太石鈞)의 일로 사헌부의 탄핵을
받았다.

> 사재주부(司宰主簿) 태석균이 제주 감목관(監牧官)이 되었을 적에 말
> 이 많이 죽었는데, 죄를 벗고 녹을 받고자 해 사헌부 관원에게 청
> 탁하고, 또 총재 신장(申檣)과 상호군 고득종(高得宗)에게 얘기해 청
> 탁해 주기를 부탁했는데, 신장은 태석균의 말을 듣고 대사헌 유계
> 문(柳季聞)·장령 이치(李蕾)에게 청해 속히 결재해 주라 하니, 유계
> 문과 이치는 신장의 청탁을 들어주었으며, 집의 이심(李審)은 좌의
> 정 황희의 청탁을 들었고, 장령 옥고(玉沽)와 지평 유한생(柳漢生)은
> 유계문의 말에 따라서 죄를 처결하기도 전에 바로 태석균의 고신(告
> 身)에 서명했으며, 또 제 시기에 녹을 받기 위해 밤에 죄주기를 청하
> 는 계본(啓本)을 올렸습니다. 고득종은 태석균의 녹을 받는 문제를
> 대언사에 요청했으나, 아직 시행하지는 않았사오니, 태석균·신장·유
> 계문·이심·이치는 장 100을 실시하고, 옥고·유한생은 장 80을 실
> 시하고, 고득종은 장 50을 실시하게 하소서.[101]

이와 같이 의금부에서 건의했으나, 신장은 현직만 파면하고, 유
계문은 공신의 아들이니 직첩만 회수하고, 유한생은 공신의 아들이
니 현직만 파면하고, 이심과 이치는 속전(續錢)을 바치게 했다. 그러나
사헌부가 상소했다.

좌의정 황희는 정부에 앉아서 이심(李審)의 아들 이백견(李伯堅)을 시켜서 이심에게 청하기를 "태석균의 죄가 불쌍하다." 했으니, 태석균의 죄를 빼어 주려고 애쓴 것이 분명합니다. 신등은 생각하기를, 태석균이 감목관의 직책을 띠고 있으면서 그 책임을 삼가지 못해 국가의 말이 죽은 것이 1000마리나 되었으니 그 죄가 가볍지 않습니다. 황희는 지위가 모든 관리의 우두머리로 앉아서 직책이 전체를 총괄하는 데 있으며 전하의 팔다리가 되어 있으니 반드시 공정한 도리를 펴서 전하께서 위임하신 중책에 부응해야 할 터인데, 일찍이 이런 것은 도모하지 않고 법을 맡은 사람과 인연해 청탁을 공공연히 행하고 옳고 그른 것을 전도해 국가의 법을 어지럽히고 있으니, 대신의 본의가 어디 있사옵니까? 전하께서는 법에 의해 죄를 다스리시어 나라의 법을 바로잡게 하시기를 바랍니다.[102]

황희가 청탁을 받고 죄인을 빼 주려고 한다고 공격했다. 그러나 세종은 "네 말이 옳다. 그러나 대신은 가볍게 죄를 주지 못한다." 하며 버텼다. 그러나 사헌부는 다시금 상소했다.

신등이 황희가 청탁한 죄에 대해 상소로 갖추어 보고했사오나, 전하께서는 대신을 끊는 것을 어렵게 생각하시와 곧 허락하지 아니하시오니 깊이 유감스럽습니다. 신등은 생각하기를, 지난번에 황희는 그의 사위인 서달의 죄를 면하기 위해 이수강·곽규 등과 내통해 죄 없는 사람에게 화를 끼칠 뻔하다가 일이 발각되니 이수강과 곽규 등이 모두 그 잘못을 자백했습니다 전하께서는 황희를 대우하심에 은혜가 지극히 우악하셨고, 예가 극히 융숭하셨사오니, 마땅히 송구한 태도로 잘못을 고치어 전하께서 애써서 대우하시는 은혜에 보답해야 할 것인데, 이를 돌보지 아니하고 또 태석균의 문제를 이심에게 부탁한 바, 이심은 황희의 말만 듣고 그것이 안 되는 줄 알면서도 거침없이 말을 들어주었으니, 이는 황희로 인해 법을 굽힘이 환하게 나타났습니다. 이것은 전하께서는 대신으로 황희를 대우하셨는데, 황희는 대신의 도리로 전하께 보답하지 않은 것입니다. 전하께서 아무리 관직에 머물러 있기를 명하시더라도 황희가 무슨 낯으로 조정에 서서 여러 사람들이 모두 우러러 보는 자리에 있겠습니까? 또한 대신의 권한을 잡은 사람의 청탁에 대해 만일 지사(志士)가 아닌 다음에 누가 감히 따르지 않겠습니까? 고려 말년에 권력이 대신에게 있었기 때문에 대간이란 자들도 대신이 시키는 대로 따라서 옳고 그른 것을 혼란시켜서 그 폐해가 많이 컸습니다. 죄 있는 자가 도리어 벌을 면하고 무고한 자가 도리어 함정에 빠졌습니다. 크게 어지러운 것이 극심했으니 한심하다 할 수 있습니다. 태석균의 일은 굽힌 것이 비록 작지만, 이런 문제를 그대로 버려둔다면 신등은 청탁에 의해 법을 굽히는 징조가 이제부터 시작되어 금할 길이 없을까 염려되오니, 이런 것은 빠른 기간 중에 밝혀야만 될 것입니다. 바라옵건대, 전하께서는 그를 파면, 추방하시고 다시는 등용하지 마시와 청탁과 법을 굽히는 징조를 막으옵소서.[103]

결국 황희의 관직을 파면했다.[104] 황희에 대한 혐의는 계속되었다. 1431년(세종 13년) 4월 21일에 사헌부는 다시 전 내섬시 주부 박도

(朴霈)가 관가의 둔전(屯田)을 의정 황희와 그의 어머니 김씨에게 주었으니, 직첩을 거두고 고문으로 다스리라는 요구가 있어 그대로 따랐다고 되어 있다.[105]


## ○○ 영의정에 올라 정무를 통괄하다

1431년 9월 3일에 황희는 영의정이 되었다.[106] 그러나 좌사간 김중곤(金中坤)은 황희가 태석균의 죄를 사헌부에 부탁해 용서해 준 것과 교하의 둔전을 개간한 공을 내세워 편취한 점을 들어 반대했다. 이에 대해 세종은 다음과 같이 말하며 들어주지 않았다.

내가 너의 말이 극진하게 베풀어 숨김이 없음을 아름답게 여긴다. 그러나 황희의 일은 모두 애매해 나타나지 아니했으니, 의리로 끊을 수는 없다. 그리고 하물며 나라를 다스리는 대신을 어찌 작은 과실로 가볍게 끊을 것이랴! 황희가 세자의 스승이 된 것은 예전부터 그리했는데, 어찌 오늘날에 이르러 불가하랴![107]

그러나 세종은 안숭선을 불러 황희를 비롯한 당시 재상들의 인물평을 했다.

황희가 교하 수령 박도에게 토지를 청하고, 박도의 아들을 행수(行首)로 들여 붙였으며, 또 태석균의 고신에 서경하기를 청했으니 진실로 의롭지 못했으매, 사간원이 청하는 것이 옳았다. 그러나 이미 의정대신이며, 또 태종께서 신임하시던 신하인데, 어찌 이런 일로 영영 끊으리오. 임인년(1422년) 태종께서 소환하시던 날에 내게 이르시기를 "양녕이 세자로 있었을 때 구종수의 무리들이 의탁하고 아부하며 불의한 일을 많이 행해, 양녕으로 하여금 길을 잘못 들게 했다." 하시고, 황희에게 의논하며 "어떻게 처치할까?" 물었더니, 황희가 "세자께서 연세가 적어서 매나 개를 가지고 노는 정도에 불과합니다." 하므로, 당시에 말들을 하기를 "황희는 중립해 일이 되어가는 꼴을 보고만 있다."라고 해 밖에 내쳤는데, 이제 생각하면 황희는 실로 죄가 없었다. 태종께서 또 한 원제 때의 사단의 사실을 인용해 말씀하시고 인해 눈물을 흘려 우셨으니, 그 황희의 재주를 사랑하시고 아끼시기를 지극히 하셨는데, 내가 어찌 신진 간신(諫臣)의 말에 따라 갑자기 끊을 수 있으랴! 경은 이런 뜻을 간원(諫員)들에게 갖추어 말하라!"[108]

세종은 황희의 부정을 인정은 하나 태종이 신임하던 대신이니 사건이 확실치도 않은데 영의정을 해임할 수 없다는 뜻을 밝혔다. 안숭선도 태석균의 일은 진실로 과실이나 지금 대신으로서 황희와 같은 식견을 가진 사람이 많지 않다고 했다. 이에 세종은 하륜·박은·이원 등은 재물을 탐했다고 했다. 하륜은 자기의 욕심을 도모하는 신하였고, 박은은 임금의 뜻을 맞추려는 신하였으며, 이원은 이(利)만 탐하고 의(義)는 모르는 신하라고 논평했다. 태종이 황희를 지신사로 삼고자 하륜에게 의논했더니. 하륜은 "황희가 간사한 소인(小人)이라 신용할 수 없다." 했으나 태종이 듣지 않았다고 한다. 이로 말미암아 하륜과 황희가 사이가 나빠져 매양 상대의 단점만 말했다. 조말생은 하륜 편인데, 하륜이 정권을 잡자 조말생을 집의(執義)에 임명했다. 그러나 그때 대사헌이었던 황희가 서경(署經)하지 않아 조말생이 황희의 집을 두 번이나 찾아갔으나 들어주지 않았다고 한다.[109]

황희는 중청증(重聽症)·건망증(健忘症)·각기증(脚氣症)이 있다는 핑계로 영의정을 사직하고자 했으나 들어주지 않았다.[110]

### 정종의 딸들

1431년 10월 14일에는 공정대왕(恭靖大王)의 딸들의 작호를 군주(郡主)·현주(縣主)로 하는 일을 집현전에서 논의하게 했다. 공정대왕은 숙종 때 정종(定宗)으로 묘호가 정해지기 전까지는 비록 대를 이은 임금이라고는 하지만 그를 두고 하륜은 "기생한 임금"이라고 했고, 박은은 "그 자손의 관작은 공령과 경령과 같이 할 수 없으니, 마땅히 등급을 내려 관직을 제수해야 될 것이다."라고 했다. 세종도 진안(鎭安)·익안(益安)의 딸의 예에 따라 시행하는 것이 좋겠다고 했다.[111]

### 구임법

1431년 11월 1일에는 6조 정·좌랑의 구임법(久任法, 한자리에 오래 있게 하는 법)을 제정했다.

온 나라의 서무(庶務)가 모두 6조로부터 나오는데, 어찌 병조(兵曹)의 낭청(郎廳)만 그 직임에 오래 있게 할 수 있습니까? 지금부터는

6조의 정랑(正郎)·좌랑(佐郎)이 결원이 있으면 다른 관청의 관리로 보충해 6조끼리는 서로 옮겨 차정(差定)하지 못하게 하고 모두 30개월이 찬 후에 체차(遞差)하게 하며, 좌랑이 어질고 능하면 그 조(曹)의 당상이 특별히 천거함을 기다려 정랑으로 승진시켜 그 직임에 오래 있게 하옵소서.[112]

황희의 상소에 그대로 따랐다. 이는 전랑권(銓郎權)이 강화되는 계기가 되었다.

### 구황 과다

1431년 11월 10일에 황희가 아뢨다.

여러 도의 감사들이 다투어 백성에게 사랑함을 보이려고 해마다 이와 같이 아뢰고 있습니다. 만약 그 뜻을 따르게 된다면 수십 년이 되지 않아서 국가의 창고가 텅 비어 모자라게 될 것이니, 반드시 따를 수 없습니다. 다만 함길도는 금년에 농사 시기를 잃었으며 더구나 사신을 접대한 일로써 간고(艱苦)함이 다른 도보다 배나 더하니, 그 의창에 바치는 것을 마땅히 피곡으로 수납하게 해야 할 것입니다.[113]

황희는 이와 같이 인기 영합주의에 빠지지 않고 대체를 파악해 일을 공정하게 처리하려고 노력했다.

11월 12일에 황희가 몸이 불편해 조하례(朝賀禮)에 참석하지 못한 적이 있었다.[114] 이에 사헌부 관료가 통례문(通禮門) 하리(下吏)를 매질을 했다가 국문을 당했다.[115]

## 외명부 직제를 정하다

1432년(세종 14년) 1월 16일에는 외명부(外命婦)의 직제를 다음과 같이 정했다.

정1품의 처 부부인(府夫人) 도호부이상관호(都護府以上官號).

종1품의 처 군부인(郡夫人).

정·종2품 이상의 처 현부인(縣夫人).

정·종3·4품의 처 신인(愼人), 혜인(惠人).

공신명부(功臣命婦) 정·종1품의 처 군부인.

공신명부 정·종2품의 처 현부인.[116]

## 경원성 옮겨 쌓기

1432년 2월 2일에 영의정 황희는 영변부(寧邊府)의 예에 따라 길 주(吉州)에 토관(土官)을 따로 두자고 했다.[117] 함흥 토관으로서 서반(西班) 가운데 사직(司直) 2원(員), 사정(司正) 2원, 부사정(副司正) 4원을 체 아직(遞兒職)으로 주어 도절제사 아래 예속하게 한 것이다.[118] 3월 6일 에는 세종이 황희를 함길도 도체찰사로 보내 경원성(慶源城)을 옮겨 쌓는 문제를 살펴보고 오라고 했다. 황희는 몸이 늙어 홀로 결정하기 어려우니 호조 판서 안순을 데리고 가서 심정(審定)하겠다고 했다.[119] 세종은 이들에게 활과 화살을 하사했다.[120] 4월 12일 황희는 다음과

같은 장계를 올렸다.[121]

1   용성(龍城)의 장항(獐項)·승가원(僧架院)·요광원현(要光院峴)은 바로 적인(賊人)의 오는 길이며, 방어상의 요충지입니다. 마땅히 경원의 성을 용성에 옮겨다가 석성을 쌓고, 경성(鏡城)의 보도현(甫都縣) 이북을 떼 내어 여기에 더 붙이게 하며, 승가원현의 길에는 흙이나 돌로 성을 쌓고, 사람이나 동물이 통행할 만한 산등성이는 파거나 깎아 버리고, 또 그 바깥쪽에는 구덩이를 파서 통행할 수 없게 만들며, 또 현재에 개설된 경원의 통로인 요광현(要光峴)에도 또한 성을 쌓고, 참호를 만들고, 또 길을 가로막아 작은 보루(堡壘)를 만들며, 또 군인의 포막(鋪幕)을 지어서 군인 수를 적당히 정해 파수를 보게 하고, 출입하는 사람들을 살피게 할 것이며, 경원의 신설한 곳에는 임시로 벽성을 쌓은 뒤에 무략이 있는 자를 선택해 경작할 만한 땅에 군사를 거느리고 주둔하게 하고, 당번인 유방군(留防軍)으로 하여금 알맞게 둔전을 경작해 군수를 보충하게 하는 것이 좋겠습니다.

2   용성 이북과 장항 이남에 묵은 땅이 매우 많습니다. 마땅히 장항천(獐項川)으로부터 동쪽으로 큰 산의 기슭에 이르는 500여 보의 땅에 성을 쌓고, 그중 물가로서 성을 쌓기 어려운 곳에는 목책(木柵)을 설치해야 합니다. 또 장항에 성을 쌓아 관문을 만들며, 작은 보루와 군인의 포막을 만들고 적당한 수의 척후병(斥候兵)을 두어야 합니다. 또 동쪽의 봉우리가 우뚝 솟은 곳에 연대(烟臺)를 만들어서 간혹 연화(烟火)·신포(信砲) 등의 방법으로 시기를 놓치지

않고 급히 보고하게 하고, 그 안에 노는 넓은 땅은 경원에서 새로 옮겨 온 백성으로 하여금 개간하게 하며, 용성으로부터 보도현(甫都縣)에 이르는 사이의 노는 넓은 땅과 경성·용성의 사람으로서 예전부터 살면서 많이 점유한 전지를 적당하게 감해 경원에서 새로 옮겨 온 백성들에게 주어야 합니다. 요광원현과 장항 두 곳을 지키는 군인은 경원에 사는 사람으로 주체를 삼게 하는 것이 좋겠습니다.

3  현재의 경원으로부터 길주에 이르기까지의 거리는 9식(息, 1식은 30리) 8리(里)나 됩니다. 그 사이에는 연대나 신포소(信砲所)를 두어야 할 곳이 모두 27개소나 되는데, 연대 한 곳마다 파수 볼 사람 10명을 정한다면 총계 270명이 됩니다. 그만한 군정을 나오게 하는 것도 본래 매우 어렵거니와 더군다나 항심(恒心)이 없는 군인들이 만약 바람 불고 비가 오고 날이 어두운 때에 듣고 보는 것이 시기를 잃는 일이라도 있게 되면, 터럭 끝만 한 착오로 천 리만큼 큰 과오를 저지르게 될 것이니, 그들을 믿고 있을 수 없습니다. 또 도내에 방어 시설을 구축하는 것은 오로지 북쪽 오랑캐를 막기 위한 것인데, 도절제사는 항상 군사를 거느리고 물러가 길주에서 지키고 있습니다. 그곳의 거리는 현재의 경원까지 7식 8리입니다. 신포(信砲)가 비록 빠르다고 하나 본래 먼 곳에 알려 급변(急變)에 대응하기는 어려운 것이니, 오랑캐를 막는 계책으로는 좋지 못합니다. 마땅히 경성군(鏡城郡)을 승격시켜 도호부로 삼고, 절제사로 판부사를 겸임하게 하며, 길주 판관을 본부(本府)에 옮기고, 길주를 단목(單牧)으로 한다면, 소식과 음신이 잘 통하게 되어서 요해처를 지킬 수 있겠습니다

4    현재 경원성의 둔수군(屯守軍)과 용성의 주수소(主守所)가 거
느린 군사는 북청(北靑) 이북의 고을에 일찍이 군적(軍籍)에 등록된
정군(正軍)으로서 총 1936명입니다. 그런데 지금 현재의 장정 수는
5595명입니다. 현재 인원을 보태서 5~6명을 한 호(戶)로 정하고,
일찍이 정한 봉족(奉足) 내에 가족별로 건장하고 충실한 호는 정군
으로 정하며, 현 인원을 가산한 장정 안에서 아들·사위·아우·조
카들을 그들의 봉족으로 주어야 하겠습니다. 각 고을에 있는 군기
와 옷과 갑옷은 당번 군정의 수에 준한 수량을 실어다가 경원부에
두고, 당번이 교대될 때마다 서로 주어서 방어하게 해야 합니다. 함
흥 이남의 유방군은 죄다 제대(除隊)하게 할 것이며, 만약 현 인원의
장정을 보태도 인원수가 부족할 때에는 경원 부근의 군인으로 하
여금 1년에 두 번 윤번으로 입번하게 하는 것이 좋겠습니다.

5    경원부는 마땅히 후퇴시켜 용성의 근동(斤洞)의 부리(夫里) 아
래에 세우는 것이 좋겠고, 경성군은 마땅히 본군(本郡)의 주촌동(朱
村洞) 옛 성터에 옮겨 설치하는 것이 좋겠습니다. 가을을 기다려 성
을 쌓고, 옮긴 뒤에 길주의 우승리(亏承里)·가부리(加夫里)를 떼내어
백성 631호와 토지 6210결을 경성에 더 붙여 줄 것이며, 또 경원·
경성을 일시에 이설(移設)하는 것이 온당치 않다면 마땅히 새로 옮
긴 경원부가 구자(口子)를 굳게 설비하기를 기다려 경성의 옛 성터
에 성을 쌓도록 하고, 우선은 도절제사로 하여금 그냥 옛 석성에서
방어하게 하는 것이 좋겠습니다.

6    길주의 읍성은 스스로 명당을 점거하고 있으나 서쪽으로 물
이 충격(衝擊)해 땅을 파괴하고 있는 곳의 거리가 2리(里) 140보(步)

190

이고, 동쪽으로 물이 충격하고 있는 곳의 거리는 1리 305보로서 지세가 절박하게 가깝지는 않으나, 이곳은 물의 형세가 급하고 빠르며 흙의 성질이 단단하지 않으니 여기에 성을 쌓고 읍소(邑所)를 둔다는 것은 장기적 계책이 될 수 없습니다. 만약 백탑리(白塔里)로 한다면 비록 물 근심은 없으나, 이미 세 개의 우물을 팠건만 물은 역시 부족합니다. 일찍이 다신성(多信城)을 쌓았더니, 수재가 몹시 심해서 백성이 살기에 편안치 못했습니다. 이제 서지리(西之里)를 살펴보니 성터가 있어서 4460척(尺)이나 되며, 공관(公館)·창고 등도 죄다 배치할 수 있습니다. 청컨대, 이 땅에 옮겨서 설치하게 하소서.[122]

황희는 적 깊숙이 있는 용성은 적의 요로(要路)로 험준하고 또 넓은 들이 있으니 이곳에 진(鎭)을 설치하고 석성(石城)을 쌓아 야인(野人)을 제압하자고 했다.[123] 또 1432년 4월 13일에 영의정 황희는 의주(義州)는 나라의 문호로서 다른 고을보다 일이 배나 되니 영변 토관 117명 중 17명을 줄이고, 또 13명을 더 설치해 의주에 토관(土官) 30명을 두자고 했다.[124]

### 궤장을 받다

1432년 4월 20일에 황희는 영의정직을 사직하고자 했으나 세종은 들어주지 않았다.[125] 오히려 4월 25일에 세종은 영의정 황희, 중추원사 이정간(李貞幹)에게 궤장(几杖)을 하사했다.[126] 세종의 교서는 다음과 같다.

정승인 신하가 이미 나이가 많고 학문과 덕행이 높으니 군주는 마땅히 우대하는 은총을 내려야 하는 것이다. 이에 좋은 은전은 사사로운 은혜는 아니다. 경은 세상을 도운 큰 재목이며, 나라를 다스리는 큰 그릇이다. 지혜는 일만 가지 정무(政務)를 통괄하기에 넉넉하고, 덕은 모든 관료를 진정시키기에 넉넉하도다. 우뚝 높은 지위와 명망, 의젓한 전형은 예스럽다. 몸소 4대의 임금을 섬겨 충의(忠義)는 더욱 두텁고, 수(壽)는 70에 이르러 영달함과 존귀함이 갖추었으니, 진실로 국가의 주춧돌이며 과인의 고굉(股肱)이로다. 의지하고 의뢰함이 깊음에 어찌 노성(老成)의 아름다움을 정표(旌表)하지 않을 수 있겠는가? 궤장을 내려 일어서고 앉는 것을 온편(穩便)하게 하고자 함이니, 경은 기체를 보전해 화기를 기르고, 심력을 다해 정치를 보살피라![127]

황희는 사은(謝恩)하는 전문(箋文)을 올렸다.[128]

1432년 5월 11일에 영의정 황희와 호조 판서 안순은 책봉사(冊封使) 정사(正使)와 부사(副使)로서 중궁(中宮)으로부터 옷감 1습(襲)을 하사받았다.[129]

## 영북진의 군호 보충

1432년 7월 27일 병조는 함흥 이남의 각 고을의 각색 군호(軍戶) 가운데 누락된 인정(人丁)을 죄다 찾아내어 북청(北靑) 이북에서 발견되는 사람이 있으면 정군(正軍)으로 충정하자고 했다. 이에 대해 영의정 황희가 진언했다.

본도는 해마다 사신을 접대하고, 금년에는 또 영북진성(寧北鎭城)을 쌓고, 또 연대(烟臺)를 설치하므로 백성들이 일이 많으니, 잠정적으로 북청 이북에 더 발견되는 인정으로 교지에 따라 패(牌)를 만드소서.[130]

## 원묘 제도

1432년 8월 16일에 황희는 의례상정소 도제조로서 원묘(原廟) 제도를 다음과 같이 의정했다.

후침(後寢)을 5칸(間)으로 지어 후세에 더 영조(營造)하지 못하게 했으니, 매 칸마다 벽감(壁龕)을 꾸며 방(房)을 만들고 선개(扇盖, 가리개)를 베풀어 그 체제를 작게 했으며, 전전(前殿)에는 감실(龕室)을 만들지 않고 3칸을 통하게 했습니다. 태조의 신위(神位)는 북쪽에 있어 남쪽을 향하고, 소(昭) 2위(位)는 동쪽에 있어 서쪽을 향하며, 목(穆) 2위는 서쪽에 있어 동쪽을 향하고 별달리 의장(儀仗)을 만들어 다른 곳에 간직했습니다. 제례(祭禮) 날이 되면 선개(扇盖) 2개를 태조의 자리 앞 남쪽에 설치하고 소목(昭穆)의 각 위는 압존(壓尊)되어 의장을 감히 베풀지 못하며, 만약 기일(忌日)이 되면 본위(本位) 앞에 의장을 베풀고 태조 및 소목의 신위를 받들어 전전(前殿)에 모시게 됩니다. 기일에 미치면 그 신주 1위를 만들어 전전에 모시고 제향(祭享)을 올릴 때에는 앞뒤의 전당(殿堂)이 심히 가까우므로 의장을 사용하지 않으며 후침과 전전 사이에는 월랑(月廊)을 세워 신도(神道)를 갖추었습니다.[131]

## 대성악제

1432년 8월 28일에 의례상정소 도제조 황희 등은 대성악제(大晟
樂制)를 다음과 같이 제정했다.

삼가 살펴보건대 『동인문(東人文)』에 기재된 대성악은 금(琴) 1현(絃)
·3현·5현·7현·9현이 각각 2면(面) 있고, 슬(瑟)도 또한 2면이 있으
며, 또 금이 1현 5면과 3현 13면과 5현 10면과 7현 16면과 9현
16면이 있으며, 슬도 42면이 있습니다. 대체로 대성악이 본디 옛날
것에 합하지 않고, 휘종(徽宗)이 내린 것도 또한 진열(陳列)하는 법이
없으며, 그 수효의 많고 적은 것이 같지 않음이 이와 같으니, 아마
일부(一部)로서 합해 진열한 풍악이 아닌 듯합니다. 또 『문헌통고(文
獻通考)』를 살펴보건대, 대성부(大晟府)는 일찍이 1현·3현·7현을 폐지
하고 다만 5현만 보존했다고 하니, 그것이 5음의 정성(正聲)을 얻어
여러 금보다 가장 우수했기 때문입니다. 대개 금은 본래 순임금의
5현이었는데, 후에 문왕·무왕의 2현을 보태어 7현이 된 것입니다.
지금 회례(會禮)에 진설한 악기 가운데에서 금이 6면이고, 슬이 6면
인 것은 본래 진씨(陳氏) 『악서(樂書)』의 천자회례등가도(天子回禮登歌
圖)에 금이 12면이고 슬이 12면이 있었는데, 제후의 제도는 항상 천
자의 반만 되는 까닭으로, 금과 슬이 합해 6면일 뿐이오니, 다르게
할 수가 없을 듯합니다.[132]

## 문무와 무무 제정

1432년 9월 1일에 의례상정소 도제조 황희 등은 문무(文舞)와

무무(武舞)의 제도를 상정했다. 상정소에서 상언했다.

우리 태조께서 신성한 무공으로서 운(運)을 응해 나라를 세웠고, 태종께서 문덕(文德)을 이어 태평을 이룩하셨습니다. 이제 정교(政教)가 이루어졌고 예악이 구비해 문덕을 널리 선포했으며, 왜인이 내조(來朝)하고, 야인(野人)이 정복되어 무공이 또 나타났으니, 마땅히 태조의 무공을 찬양해 무무(武舞)를 삼고, 태종의 문덕과 금상의 성덕(盛德)을 찬양해 문무(文舞)를 삼으면 여망에 거의 부합될 것입니다.[133]

태조를 위한 무무와 태종·세종을 위한 문무를 제정하자고 해 그대로 되었다.

### 민무휼·민무회

1432년 9월 1일 여흥 부원군(驪興府院君) 민제(閔霽)의 봉사(奉祀)에 대해 논의했다. 영의정 황희는 다음과 같이 아뢨다.

태종께서 항상 민무휼·민무회 등에게 명하시기를 "너희들은 왕도(王導, 중국 동진 시대의 사람으로 출장입상해 진나라를 중흥시킨 인물)로서 본을 받고, 왕돈(王敦, 중국 동진 시대 사람으로서 왕도의 종형인데, 공(功)을 믿고 권력을 마음대로 휘두르다가 반역했으나 실패해 죽었다.)으로서 경계를 삼아야 될 것이라." 했는데도, 민무휼 등이 태종의 말을 따르지 않고 도리어 그 형에게 붙었으니, 죄가 진실로 작지 않습니다. 더구나 대궁 내에

용서를 입지 못했사온즉 서용하는 데 적합지 않을 듯합니다.[134]

## 영의정부사로 행공(行公)하다

1432년 9월 7일에 황희는 영의정부사(領議政府事)로 승진했다.[135] 9월 11일에 황희는 의례상정소 도제조로서 다음과 같이 말하여 세종이 그대로 따랐다.

각 도(道)에 기생(妓生)이 있으니 지방의 각 관아는 그 노비의 다소를 참작해 만부득이한 곳을 제외하고는 모두 혁파하시옵소서.[136]

9월 17일에 세종이 "동맹가첩목아(童猛哥帖木兒)가 중국 사람을 사로잡아 거주하게 했는데, 어찌 요동(遼東) 가까운 데로 옮겨 살려 하겠는가?"라고 하자 황희 자신도 그럴 것이라 생각한다고 했다.[137]

또한 그날 세종이 제안했다.

일찍이 원묘(原廟)를 고쳐 문소전(文昭殿)으로 하고자 했는데, 지금 다시 생각해 보니 문자(文字)가 꾸미는 뜻이 있어서 의사에 합당하지 않으므로 효선전(孝先殿)으로 고치고자 하니 어떠한가? 만약 문소(文昭)와 광효(廣孝)의 옛 칭호를 차마 갑자기 고칠 수 없다고 한다면 소효(昭孝)로 고치는 것이 어떠한가?[138]

황희는 봉선전(奉先殿)이라 해야 한다고 했으나, 정초(鄭招)가 봉성전(奉誠殿)이라 하는 것이 좋고 해 그 의견을 따랐다.

## 회례악

1432년 9월 18일에 영의정부사 겸 의례상정소 도제조 황희 등은 회례에 사용할 풍악 제도를 진달했다.

회례의 풍악에 전하께서 장차 나올 때에는 헌가융안지악(軒架隆安之樂)을 아뢰고, 왕세자가 배례할 때는 헌가서안지악(軒架舒安之樂)을 아뢰며, 왕세자가 헌수(獻壽)할 때는 헌가휴안지악(軒架休安之樂)을 아뢰고, 여러 관원이 배례할 때는 헌가서안지악(軒架舒安之樂)을 아뢰며, 의정부에서 헌수할 때는 헌가휴안지악을 아뢰고, 진안(進案)에는 헌가휴안지악을 아뢰며, 진식(進食)에는 헌가수보록지악(軒架受寶籙之樂)을 아뢰고, 제3작(第三爵)에는 노래[文明之曲]가 등장하며, 문무(文舞)가 들어와 3성(세 차례)을 지은 후 물러납니다. 진식에 헌가근천지악(軒架覲天之樂)을 아뢰고, 제4작에는 노래가 등장해 하황은지곡(荷皇恩之曲)을 창하며, 진식에 헌가해서지악(軒架海瑞之樂)을 수명명지악(受明命之樂)으로 개정해 아뢰고, 제5작에는 헌가(軒架, 노래 이름은 무열지악(武烈之樂))를 아뢰고, 3성을 지은 후 물러납니다. 진식에 서자고지악(瑞鷓鴣之樂)을 아뢰고, 제6작에는 하황은지기(荷皇恩之伎)를 몽금척지기(夢金尺之伎)로 개정해 춤추며, 진식에 수용음지악(水龍吟之樂)을 아뢰고, 제7작에는 포구락지기(抛毬樂之伎)를 오양선지기(五羊仙之伎)로 개정해 춤추며, 진식에 황해청지악(黃海淸之樂)을 아뢰고, 제8작에는 아백지기(牙伯之伎)를 춤추며, 진식에 만년환지악(萬年歡之樂)을 아뢰고 제9작에는 무고지기(舞鼓之伎)를 춤추며, 진대선(進大膳)에는 태평년지악(太平年之樂)을 아뢰고, 이어서 정동방지곡

(靖東方之曲)을 노래하며, 왕세자와 여러 관원이 배례할 때에 헌가서안지악(軒架舒安之樂)을 아뢰고, 전하께서 장차 들어갈 때 헌가융안지악(軒架隆安之樂)을 아뢰게 하옵소서.[139]

세종은 이를 예조에 내려 조처하게 했다.

9월 30일에는 황희·유관(柳寬)·맹사성·권진(權軫) 등에게 노루 한 마리씩을 내렸다.[140] 1432년 10월 8일에 황희는 겸 승문원 제조로서 명사 윤봉(尹鳳)에게 면포 300필과 쌀 60석을 주자고 했다. 명나라 황제의 칙지(勅旨)에 사신에게 공식적으로 선물을 주지 못하게 했기 때문이다.[141]

10월 10일에 세종이 5부(部) 각 방(坊)에 집집마다 문을 2~3개 두자고 하자 영의정 황희가 반대했다.

집이 이웃과 서로 연접하고 담이 서로 이어진 터에 반드시 북문(北門)을 설치하게 한다면 그 형편이 서로 통하기 어려울 뿐 아니라 문을 낼 만한 자리도 없어 번거롭기만 하고 이루기는 어려울까 염려되옵니다.[142]

### 문소전·광효전 제악

1432년 10월 17일에 영의정부사 겸 의례상정소 도제조 황희 등이 진언했다.

이 앞서 문소전(文昭殿)·광효전(廣孝殿)의 제악(祭樂)에 가사(歌詞)기

없어 미편했사옵니다. 이제 원묘의 음악은 초헌(初獻)할 때 당상(堂上)에는 당악을 쓰고, 아헌(亞獻)할 때 당하(堂下)에는 향악을 쓰되, 그 가사를 만드실 것이었고, 종헌(終獻)할 때 당하의 음악은 향악과 당악을 겸용하되 전례에 의해 정동방곡(靖東方曲, 태조의 위화도 회군을 칭송한 노래로 정도전이 지었으며, 그 가사는 『악학궤범』·『악장가사』에 실려 있다.)을 합주하게 하소서.[143]

## 활쏘기보다 글 읽기

1432년 10월 25일에 세종이 세자에게 활쏘기와 말타기를 가르치는 문제를 가지고 의논했다. 양녕 대군이 16세 때 태종이 활쏘기를 배우라고 했다. 사람들은 그것이 양녕이 커서 광패하게 된 원인이라 하지만 세종은 그보다는 성색(聲色)에 빠져서 그리 된 것이라 했다. 이에 황희는 말했다.

학문은 모름지기 연소할 때에 힘써야 할 것이옵기로, 신의 생각으로는 세자께서 활쏘기를 익히심은 아직 이르지 않을까 합니다. 활쏘기와 말 달리기는 나이가 들어서도 배울 수 있는 것입니다.[144]

## 외제 물품 금지

1432년 11월 3일에 세종이,

중국에 입조하는 사람들이 금지하는 물품을 가지고 들어가 몰래 매매하는 자가 허다하오. 엄격한 금령이 율문(律文)에 실려 있으니 간혹 법령을 두려워하지 않고 방자한 행동을 하는 자가 있으니, 장차 무슨 방법으로 금지하겠소?[145]

라고 묻자 황희가 대답하여 그대로 따랐다.

중국에 가는 사람들이 천만 가지로 꾀를 내어 금하는 물건을 끼고 가는데, 압록강을 지날 때 비록 감시해 살피고 뒤져 검사해도 오히려 찾아내지 못합니다. 신등이 생각하기로는 돌아올 때 동팔참(東八站)에 이르거든 검찰관이 뜻밖에 나타나 재삼 수색하면 무역한 물건을 거의 다 찾아낼 것이라고 여겨지옵니다.[146]

### 결송법

1432년 11월 15일에는 결송법(決訟法)을 의논했다. 의례상정소 도제조 황희 등이 다음과 같이 진언하여 그대로 시행되었다.

결송하는 법은 문서를 살펴보고 증거를 추핵하는 것이므로 열흘 동안으로는 판결할 수 없는 것이온데, 이제 소송을 하는 자들이 혹은 지연시킨다고 호소하는 일이 있으나, 사헌부의 핵문(覈問)은 비록 10일에 이르더라도 모두 관문서계정율(官文書稽停律)로 논죄하오니, 이는 율문(律文)의 본뜻이 아닙니다. 대개 소송을 하는 자는 관리의 눈치를 보고 처리하는 형세를 들사옵는데, 만일 자기에게 불리하면 틈을 엿보아 반드시 배척해 곧 소송을 지연시킨다고 호소합니다. 한 사람이 추핵(推覈)에 걸리면 온 법사가 함께 피혐(避嫌)하게

200

되어 결송할 겨를이 없사옵고, 피혐하는 날은 늘 많고 소송을 듣는 날은 늘 적으니, 이는 이름이 폐단을 바로잡는다는 것이지 실상은 지연시키는 것이 됩니다. 그 소송을 듣는 관리는 양쪽의 문서가 함께 들어오고, 증거가 함께 다 잡힌 뒤에 소송을 듣되, 형조(刑曹)에 이문(移文)해 율에 따라 속을 바치게 하고, 재범자는 파직하며, 행수는 논죄하지 마옵소서.[147]

### 대열

1432년 12월 7일 영의정 황희는 노병을 이유로 사직을 청했으나 들어주지 않았다.[148]

12월 9일 세종은 여러 도에서 군사를 징발해 대열(大閱)을 하고자 했다.

하필 여러 도의 군사를 다 징발하오리까. 해마다 번상하는 군사로서 열병(閱兵)을 하면 여러 도의 군사가 서로 교대하면서 연습하지 아니할 자 없을 것이오니, 그렇게 하면 비록 중국의 사신이 본다 할지라도 반드시 "번상군뿐이다." 할 것이요, 4경(四境)에서 징병한 것이 아니라 할 것입니다.[149]

황희의 의견에 그대로 따랐다.

### 숙육전 편찬

1433년(세종 15년) 1월 4일에 황희는 의례상정소 도제조로서 『정

제속육전(經濟續六典)』을 찬진(撰進)해 주자소로 하여금 찍어 내게 했다.[150]

## 신문고

1433년 1월 16일에는 신문고(申聞鼓)를 치는 규례를 의정(議定)했다. 사헌부가 신문고를 치는 사람들이 정치의 득실(得失)이나 백성의 이해(利害)에 관해 신문고를 치는 것이 아니라 사사로운 일을 호소하거나 다른 사람을 무고(誣告)하는 경우가 많다고 했다. 더구나 "신문고를 치겠다."라며 상관을 협박하는 사람조차 있었다. 원통한 사정이 없는데도 신문고를 치는 사람들도 있었다. 이에 여러 사람들은 허위로 신문고를 치는 사람은 신소불실(申訴不實)이니 율(律)로 다스려야 한다고 했다. 그러나 영의정 황희는,

> 사생(死生)의 절박한 일에 한해 신문고를 치게 하고, 그 나머지 세쇄한 일과 노비의 쟁송은 결송관(決訟官)이 바뀐 후에 사헌부에 정문(呈文)을 올려 개정하게 하시옵소서. 무릇 형벌을 써서 송사(訟事)를 그치게 하는 것은 극약을 써서 병을 고치는 것과 같아 후회해도 미치지 못하는 한(恨)이 있을까 하옵니다.

라고 했다. 세종도 황희의 의견을 따랐다.[151]

1월 17일에 의례상정소 도제조인 황희는 병조 예하에 진무소(鎭撫所)를 두기를 청해 그대로 되었다.[152]

## 한금강 문상

1433년 2월 5일에 태종의 당내(堂內) 친척인 한금강(韓金剛)이 죽었다. 세종은 조문을 하고 치전(致奠)·부의(賻儀)·추증(追贈)·시호(諡號)를 내리고 싶어 했다. 그러나 상정소 도제조 황희는 시호만은 공덕이 없으면 줄 수가 없다고 했다. 공사를 엄격히 구별한 것이다.[153]

역대의 제도를 상고해 보건대 혹은 종척(宗戚)을 소중히 여겨 모두 요직에 배치하는 때도 있었고, 혹은 종친의 권력 남용을 꺼려 벼슬을 주지 않는 때도 있었습니다. 신등의 생각에는 종친을 돈목(敦睦)하게 하는 것은 천리(天理)와 인정(人情)에 부합되는 일이오나, 재능이 없으면 벼슬을 준 후에 시골에 물러 가 있게 함이 옳을 것입니다. 또 함흥의 황폐된 전지로서 한 사람 앞에 3~4결(結), 혹은 4~5결을 주고 조세를 면제해 특별한 은혜를 베풀게 하옵소서.[154]

황희와 권진은 종척이라도 벼슬을 주어 시골에 면세전을 경작하면서 살아가게 하는 것은 모르지만 능력이 없는데 등용하는 것은 반대했다.

## 도성 지리 논의

1433년 7월 3일 최양선(崔揚善)이 진언했다.

경복궁의 뒷산은 주산(主山)이 아니요, 목멱산(木覓山, 남산)에 올라 가 보면 향교동(鄕校洞)에 산맥이 뻗어 내렸으니, 지금 숭문원(崇文

院)의 기지(基地)가 실로 주산이 되는데, 도성을 정할 때에 어찌 궁궐을 이곳에 세우지 않고 백악(白岳)의 아래에 세웠는지 알지 못하옵니다. 지리서(地理書)에 말하기를 인가(人家)가 주산의 정혈(正穴)에 있으면 자손이 쇠미한다고 했으니, 만약 창덕궁을 숭문원의 기지로 옮긴다면 만세에 이익이 될 것입니다.[155]

세종이 전 판청주목사(判清州牧使) 이진(李蓁)으로 하여금 최양선과 함께 목멱산에 올라가 살펴보게 하니, 이진도 또한 최양선의 말이 옳다고 했다. 그리고 청명한 날 영의정 황희·예조 판서 신상(申商)·이진·이양달(李陽達)·고중안(高仲安)·최양선·정앙(鄭秧)을 데리고 목멱산에 올라가 주산의 정혈을 살펴보고, 과연 그릇되었다면 창덕궁은 옮길 수는 없고, 별달리 이궁(離宮) 100여 칸을 세우는 것이 옳을 것같다고 했다.

"이 일은 가장 소중해 오늘 결정할 일이 아니오니, 황희 등과 함께 남산에 올라가 소상히 살펴본 연후에 다시 아뢰겠습니다."[156]

안숭선이 아뢰어 세종의 동의를 받았다. 이에 세종은 영의정 황희·예조 판서 신상·지신사 안숭선 등에게 명해 목멱산에 올라가 산수의 맥을 살펴보게 하고, 지관(地官)으로 하여금 최양선의 말을 서로 변론하게 했다. 이양달·고중안·정앙 등은 백악(白岳)이 현무(玄武)가 되고, 경복궁 터가 명당이 된다고 했고, 이진·신효창(申孝昌) 등의 말은 최양선과 같았다. 이에 황희 등이 화공(畫工)을 시켜 삼각산을 그림으로 그려 올리고, 지관으로 하여금 각기 소회(所懷)를 써서 올리게 하니, 세종은 이를 집현전에 내렸다. 사람들은 이진·신효창 등이

요망한 논설로서 최양선을 사주해 승진할 기회를 도모했다고 기록하고 있다. 이양달·고중안·정앙 등은 이렇게 말했다.

> 백악은 삼각산이 솟아 그 아래에 보현봉(普賢峰)이 있고, 보현봉으로부터 나지막한 산으로 수리(數里)를 뻗어 오다가 뾰족한 봉우리가 솟았으니, 이것이 백악이요, 그 아래에 명당이 전개되었습니다. 바둑판같이 평탄해 천병만마(千兵萬馬)를 용납할 수 있는 것이 바로 명당이니, 이는 명당의 앞뒤가 바르고 중앙에 위치한 곳입니다. 주산의 북쪽에는 외협(外峽)이 삼각산의 서남방으로부터 한 줄기가 뻗어 내려 나암사(羅巖寺)의 남쪽에 이르고 또 한 줄기는 서남방으로부터 무악(毋岳)의 서쪽으로 뻗어 내렸으니, 이는 명당의 서북방에 있는 산줄기와 물줄기가 감싸 주게 된 대략입니다. 또 주산의 동북방은 한 줄기가 청량리 등지로부터 동북으로 뻗어 동남방의 큰 들에 이르러 멈추었고, 한 줄기는 사한동(沙閑洞)으로부터 뻗어 나와 동남방을 감싸 주었으며, 또 한 줄기는 사한동으로부터 남동으로 뻗어내려 동대문 밖에 와서 멈추었으니, 이는 명당의 동남방에 있는 산줄기와 여러 물줄기가 감싸 주게 된 대략입니다.[157]

7월 12일 세종은 안숭선의 추천에 따라 영의정 황희를 풍수학(風水學)의 도제조(都提調), 전 대제학 하연을 제조로 삼아 제학 정인지(鄭麟趾)·부교리 유의손(柳義孫)과 함께 집현전에 나아가 지리학을 강습하게 했다.[158] 그리고 7월 15일에는 영의정 황희·예조 판서 신상·유후(留後) 김자지(金自知)·전 대제학 하연·제학 정인지·지신사 안숭선 등에게 명해 삼각산 보현봉에 올라 산맥을 살펴보게 했다.[159] 이진·신효창·최양선 등은 "보현봉의 바른 줄기가 직접 승문원 터로 들어왔으니, 바로 현무(玄武)가 머리를 숙인 땅으로서 나라의 명당이 이만한 데가 없다."라 했고, 이양달·고중안·정안 등은 "보현봉의 바른 봉우리가 직접 백악봉으로 내려왔다."라 했다. 세종은 내일 친히 백악의 내맥이 들어온 곳에 올라가 보고 가부를 결정하겠다고 했다.[160] 세종은 지리를 믿지 않았다. 그러나 지루하는 사람들이 "경복궁 명당에 물이 없다."라고 하니 궁성의 동·서편과 내사복시(內司僕寺)의 북쪽에 연못을 파서 도랑을 내어 영제교(永濟橋)의 흐르는 물을 끌어들이려 했다.[161]

7월 29일 영의정 황희 등은 보현봉·백악·목멱산을 올라가 보고 보고서를 올렸다.

제생원(濟生院)의 좌지(坐地)는 보현봉으로부터 멀리 뻗어 내려서 그 정의(情意)가 백악에 이르러 멈추었으니, 곧 맥(脈)이 정간(正幹)이오, 백악에서 다시 동쪽을 향해 가지가 생겨 정업원(淨業院) 북쪽에 이르러 횡강(橫崗)이 되었고, 다시 한 가지가 생겨 동쪽으로 빙 둘러서 동대문에 이르러 멈춰 좌편 관란(關欄)이 되었으며, 다시 한 가지가 동남으로 뻗어 내려 종묘와 창덕궁의 맥이 되었으니, 그 정의(情意)가 오로지 위의 두 맥에 있습니다. 횡강(橫崗)에 미치기 전에 미미한 맥이 옆 산기슭으로부터 뻗어 내려 제생원 자리가 되었는데, 가지가 나눠진 뒤에는 다시 불쑥 일어나서 뭉친 형상이 없으니, 이는 내맥(來脈)의 지맥(支脈) 중에서도 지맥입니다. 땅을 택하는 데

는 반드시 4수(獸, 청룡·주작·백호·현무)를 보아야 합니다. (중략)

삼화(三花)를 구변도(九變圖)에 의해 상고하면 목멱이 제1화(第一花)요, 송악(松嶽)이 제2화요, 평양이 제3화가 된다는 것이요, 처음부터 이 국도(國都) 안에 3화가 갖추어졌다고 말할 것이 아닙니다. 그러면 경복궁이 명당자리를 얻어 임(壬)을 등지고 병(丙)을 향해 앉아서 삼각의 중심을 응했으니 설자(說者)의 말이 정론(正論)이 될 수 없을까 합니다.[162]

이를 바탕으로 1433년 7월 25일 의례상정소(도제조 황희)가 상소했다.

예로부터 제왕의 궁실에는 반드시 동서남북 4문(四門)이 있습니다. 옛 제도에 의해 북문을 설치하고 항상 닫아 두며, 사람으로 하여금 문밖에서 수직(守直)하게 하시옵소서.[163]

세종도 이 의견에 따랐다.

### 인사 관리

8월 17일 세종은 황희에게 일본에 갔다 온 회례사(回禮使) 이예(李藝) 등을 어떻게 위로할까를 물었다. 황희는 관직이 있는 자는 가자(加資)해 주고, 관직이 없는 자는 부사정(副司正)을 제수하고, 격군(格軍)은 쌀과 콩을 합해 4섬을 주자고 했다.

세종은 또 태평관(太平館)을 지을 때 죽은 자가 셋인데, 인부가 죽었을 때 관련되지 않은 관리와 하번(下番) 장인(匠人)들에게는 어떤 상을 주어야 할까를 물었다. 황희는 사람이 죽던 당시에 관여되지 않은 관리에게는 가자(加資, 품계를 올림)하고, 당번이 아닌 장인에게는 백미(白米)를 주는 것이 좋겠다고 했다. 세종도 이 의견에 따랐다.[164]

8월 26일에 승문원이 당재약(唐材藥)이 떨어져서 부득이 명나라에서 사 와야 하는데, 예부에 자문을 보내 구할까, 그냥 베를 가지고 가서 약재가 없는 사유를 설명하고 사 올까를 물었다. 황희는 예부에 자문을 보내는 것이 좋겠다고 했다.[165]

### 진도 수령 설치

1433년 윤8월 14일에 세종이 진도(珍島)에 수령(守令)을 두는 문제를 하문했다. 영의정 황희 등은 다음과 같이 건의해 그대로 시행되었다.

진도에 사는 백성이 113호이니, 그 인구수가 필시 500~600명에 덜 되지 않을 것이온데, 만약 모두 육지로 나오게 한다면 백성들이 집을 잃게 될 것이고, 만약 그대로 살게 한다면 반드시 왜구의 노략질을 받을 것입니다. 또 논과 밭이 도합 1000여 결(結)이어서 그것이 군수(軍需)에 도움이 되니, 마땅히 성을 쌓고 수령관을 두어서 외적을 막고, 백성들이 생업에 종사할 수 있도록 해야 할 것입니다. 그러나 신등이 전에 몸소 보지 못했사오니, 다시 관찰사를 시켜 거기에 수령관을 두는 것이 편할까 편치 않을까를 살펴보게 한 연후에 다시 의논하게 하옵소서.[166]

## 장영실에게 관직을 더해 주다

1433년 9월 16일 세종은 영의정 황희와 좌의정 맹사성을 불러 장영실(蔣英實)에게 벼슬을 주는 일을 의논했다.

행사직(行司直) 장영실은 그 아비가 본래 원나라의 소주(蘇州)·항주(杭州) 사람이고, 어미가 기생이었는데, 공교(工巧)한 솜씨가 보통 사람보다 뛰어나므로 태종께서 보호하시었고, 나도 역시 그를 아낀다. 1422~1423년 무렵에 상의원(尙衣院) 별좌(別坐)를 시키고자 해 이조 판서 허조와 병조 판서 조말생에게 의논했더니, 허조는 "기생 소생을 상의원에 임용할 수 없다."하고, 조말생은 "이런 무리는 상의원에 더욱 적합하다."해 두 의견이 일치되지 않으므로 내가 굳이 (임명)하지 못하다가 그 뒤에 다시 대신들에게 의논한즉, 유정현(柳廷顯) 등이 "상의원에 임명할 수 있다."하기에, 내가 그대로 따라서 별좌에 임명했다.

장영실의 사람됨이 비단 공교한 솜씨만 있는 것이 아니라 성질이 똑똑하기가 보통 사람보다 뛰어나서, 매양 강무(講武)할 때는 내 곁에 가까이 있게 해 내시를 대신해 명령을 전하기도 했다. 그러나 어찌 이것을 공이라고 하겠는가? 이제 자격궁루(自擊宮漏, 물시계)를 만들었는데, 비록 나의 가르침을 받아서 했지만, 만약 이 사람이 아니었더라면 암만해도 만들어 내지 못했을 것이다. 내가 들으니, 원나라 순제(順帝) 때 저절로 치는 물시계가 있었다 하나, 만듦새의 정교함이 아마도 장영실의 정밀함에는 미치지 못했을 것이다. 만대에 이어 전할 기물을 능히 만들었으니, ㄱ 공이 자지 않음으로

호군(護軍)의 관직을 더해 주고자 한다.[167]

이에 대해 황희 등은 흔쾌히 찬성했다.

김인(金忍)은 평양 관노였사오나 날래고 용맹함이 보통 사람보다 뛰어나므로 태종께서 호군을 특별히 제수하셨고, 그것만이 특례가 아니오라, 이 같은 무리들로 호군 이상의 관직을 받은 자가 매우 많사온데, 유독 장영실에게만 어찌 불가할 것이 있겠습니까?[168]

비록 신분제 사회였지만 입현무방(立賢無方)의 정신이 깃든 판단이었다. 황희와 같은 현상(賢相)이 있었기에 세종이 신분을 초월하는 인사를 할 수 있었다.

### 왕족 무후

1434년(세종 16년) 1월 20일 세종은 의안 대군(義安大君) 이화의 아들 이지숭이 적통에는 무후하고 다만 양첩 소생의 아들만 있는데, 충의위(忠義衛)에 입속시켜도 되는가를 물었다. 영의정 황희 등은 다음과 같이 말했다.

본조에서는 양천(良賤)의 분별을 엄정히 해 온 것이 이미 오래여서 경솔하게 고칠 수 없사오며, 또 이지숭이 비록 적통에는 아들이 없사오나 기타 여러 아들의 적자가 많사온데, 하필이면 이지숭의 첩의 아들을 충의위에 입속시킨 연후에 의안 대군의 제사를 이어받게 한단 말씀입니까?[169]

또 태조의 손자 이원생(李元生)이 송유경(宋惟瓊) 정천보(鄭千寶)의 술수에 빠져 반역죄에 연루되었다. 세종이 풀어 주고 싶었으나 황희가 반대했다.

이원생의 죄는 진실로 경솔히 논할 수 없습니다. 태조의 손자가 되어 태조의 어휘(御諱)를 위조했으니, 비록 직접 범한 것은 아니라 할지라도 송유경 등과 공모했사온즉, 자작지얼(自作之孼)이라 아니할 수 없습니다. 이는 귀신과 사람에게 다 같이 용서받지 못할 일로서 가볍게 그 작록을 돌려줄 수 없사오니, 마땅히 한때의 인정을 끊으시고 만대의 대방(大防)을 엄하게 하소서.[170]

### 변계량의 과전 교체

1434년 1월 28일 전 사직(司直) 조승(趙乘)이 죽은 그의 처부(妻父) 판부사 변계량의 과전을 교체해 달라고 했다. 이에 대해 영의정 황희가 말했다.

『속육전(續六典)』에 "재물을 탐해 장오죄(臟汚罪)에 걸린 자의 자손에게는 그 조부의 전지를 넘겨주는 것을 불허한다."했습니다. 그 본의를 미루어 생각하면, 그 아버지가 이미 장오죄를 범해 교체해 받지 못했은즉 그 아들도 아버지를 대신해 교체해 받을 수 없기 때문에, 다만 그 조부를 들어 말하기를, 교체해 주지 못한다 했고, 과전을 더하지 못한다는 문구가 없으며, 또 조승이 이미 벼슬에 종사했고, 그 전의 과전도 그대로 주고 빼앗지 않았사온즉, 그 처부의 과전을 물려주는 것이 마땅합니다.[171]

세종도 황희의 의견에 따랐다.

### 화약장 변상근

1434년 3월 16일 세종이 말했다.

군기감(軍器監)의 화포(火砲)는 관계되는 것이 가볍지 않거늘, 이를 약장(藥匠)들에게만 위임하고 감독 관장하는 관원이 없으니, 만일 어떤 사변이 있을 경우 누가 이를 맡아 하겠는가? 주부(主簿) 변상근(邊尙覲)이 유고하게 되면 더욱 우려될 것이니, 사복 겸관례(司僕兼官例)에 의해 조관이나 그 자제들 중에서 선택해 감독 관장케 하는 것이 어떤가?[172]

황희도 동의했다. 이에 병조가 다음과 같이 방안을 제시하여 그대로 실행되었다.

정교하고 무략 있는 자 10명을 선발해 겸군기(兼軍器)라 불러 화포의 제조만을 전담해 다스리게 하고, 군기감 제조로 하여금 그 근만(勤慢)을 점검 고찰하게 하옵소서.[173]

## 한학 강이관 승문원 이관

1434년 5월 8일에 승문원 도제조 황희는 한학(漢學) 강이관(講肄官)을 승문원으로 옮기는 문제에 대해 다음과 같이 상소했다.

> 강이관은 승문원에 옮길 수 없습니다. 일찍이 좋은 벼슬을 지낸 사람을 역학(譯學)에 섞어 놓으면 마음에 즐겁게 여기지 않을 것이니, 어찌 항상 서로 스승으로 권해 그 재주를 이루려고 하겠습니까? 또 나이 젊고 성재(成才)한 통사(通事) 두 사람과 총명 영리한 유신(儒臣) 10여 인을 택해 모두 강이관을 삼아 궐내를 처리하게 하고, 제조로 하여금 아일(衙日)마다 다시 고강(考講)하게 해 한어(漢語, 중국어)를 잘하고 못하는 것과 읽는 것이 정(精)하고 거친 것으로 등수를 매기고 겸해서 훈도관(訓導官)의 부지런하고 게으름을 상고해 월말에 아뢰게 해 출척(黜陟)의 근거로 삼으면 비록 부지런하지 않으려 하나 어찌 감히 방사하겠습니까?[174]

세종도 황희의 주장을 따랐다.

1435년(세종 17년) 3월 10일 세종은 명나라 영종(英宗) 등극부사 심도원(沈道源)에게 『자치통감(自治通鑑)』 호삼성(胡三省) 음주(音注)를 사오게 했다. 세종이 이 책을 보기를 간절하게 원했기 때문이다.[175]

3월 29일 황희는 영의정부사를 사직하는 전(箋)을 올렸으나, 세종은 윤허하지 않았다.[176]

### 양녕 대군 상경 반대

1435년 9월 19일에는 세종이 양녕 대군을 서울 집에 들어와 살게 하고자 했다. 이에 대해 영의정 황희가 반대했다.

양녕은 행하는 바가 광망(狂妄)해 평상시에 접견하는 것도 진실로 옳지 못한데, 무예를 연습할 때는 더욱 옳지 못합니다.[177]

그리고 12월 11일 황희가 또다시 간했다.

양녕을 후하게 대접해 금방(禁方)을 풀어놓았으니, 비록 옛날 순임금의 덕일지라도 이보다 더하지 못할 것입니다. 그러나 태종의 유명(遺命)이 완연히 귀가에 있는 듯하니, 접견하는 것도 오히려 옳지 못하거늘, 하물며 금방을 풀게 하는 명령을 내린 것이야 어떻겠습니까? 신등은 삼가 교지를 내린 것을 듣고 실로 매우 분하게 여기오니, 원컨대 전하께서는 태종의 유명을 어기지 마소서.[178]

### 공법 절목

1436년(세종 18년) 4월 25일 영의정 황희, 좌의정 최윤덕, 치사 좌의정 맹사성에게 내구마 1필씩 하사했다.[179]

5월 22일에 세종은 황희 등을 불러 공법의 절목(節目)을 의논했다.

각 도를 나누어서 3등으로 하되, 경상·전라·충청도를 상등, 경기·강원·황해도를 중등, 평안·함길도를 하등으로 하고, 토지의 품등은 한결같이 도행장(導行帳)대로 3등으로 나누어, 지난해의 손실수 (損失數)와 경비수(經費數)를 참작해 세액(稅額)을 정하소서.[180]

이러한 황희의 건의에 대해 참찬 하연이 안을 제출했다.

상등(上等)인 전라도는 그해가 풍년이면 상상(上上) 1결에 22두(斗) 를, 상중(上中)은 21두를, 상하(上下)는 20두를 수납하고 중년(中年) 일 경우에는 중상(中上)에 19두를, 중중(中中)에 18두를, 중하(中下) 에 17두를 수납하게 하고, 흉년일 경우에는 하상(下上)에 16두를, 하중(下中)에 15두를, 하하(下下)에 14두를 수납하게 하고, 중등인 경기도는 그해가 풍년일 경우에, 상등이면 상삼등(上三等)은 전라도 의 중등의 예에 준해 수납하게 하고, 평년이면 전라도의 흉년의 예 에 준해 수납하게 하며, 흉년이면 하상에 13두를, 하중에 12두를, 하하에 11두를 수납하게 하고, 하등인 평안도는 그해가 풍년이면 상등은 경기의 중년의 예에 준해 수납하게 하고, 중년이면 경기의 흉년에 예에 준해 수납하게 하면 흉년일 경우 하상에 10두를, 하 중에 9두를, 하하에 8두를 수납하게 하소서.[181]

그러나 황희 등은 반대했다.

토품(土品)의 상하와 복수(卜數)의 많고 적음을 비록 이미 분등(分等) 했다 하나 큰 차이가 없고, 다만 5~6척(尺) 정도 가감했을 뿐이오 며, 중전의 소출이 상전에 미치지 못하고, 하전에서의 소출이 중전에 미치지 못하는데도, 등급을 나누지 않고 일례(一例)로 부세를 거두게 되면 소득의 다과가 고르지 못할 것이며, 세정(稅政)이 중정(中正)을 잃게 될 것입니다. 만약 또 그해의 풍흉을 보아 조세를 거두고 등급을 매겨 매년 이를 고치게 되면 정실에 흘러 임의로 가감한다는 원망이 답험(踏驗)할 때와 다름이 없게 되어, 그 이름만 고쳤을 뿐, 옛 그대로 되고 말 것입니다. 신등은 생각하건대, 전자에 정한 논의가 이보다는 나을 것 같습니다.[182]

## 황치신의 행실

1437년(세종 19년) 2월 21일에 황희의 첫째 아들 황치신이 호조판서가 되었다. 그런데 황치신을 소개하는 글에 "치신은 황희의 아들인데, 그 아버지가 황군서의 정실 아들이 아닌 것을 알지 못하고, 한갓 그 세력을 믿고 임하는 곳마다 불의한 일을 많이 행하고도 부끄러워하지 아니하고, 또 거만하고 무례해 사대부를 멸시했다."[183]라고 좋지 않게 기술하고 있다.

## 세자 섭정 반대

1437년 4월 1일 세종이 세자에게 섭정을 시키고자 했다. 그러나 황희 등이 강력히 반대했다.

성상의 춘추가 겨우 마흔이 넘었으니, 옛사람이 이르는바 벼슬할 때이며, 또 태자가 섭정했다는 것은 태평 시대에는 없는 일이오니, 주나라 문왕·무왕 시대를 보면 가히 알 것입니다. 무왕은 나이가 일흔이 넘어서도 문왕이 오히려 섭정시키지 않았고, 기타 송나라나 위(魏)나라의 임금도 태자로 하여금 섭정하게 한 것은 반드시 모두 연고가 있어서 부득이 그러한 것인데, 이를 어찌 본받으오리까? 엎드려 바라옵건대, 아직 이 명을 거두시어 신민의 바라는 마음을 위로해 주옵소서.[184]

## 철전 사용

1438년(세종 20년) 2월 2일에는 동전(銅錢) 대용으로 철전(鐵錢)을 만들어 쓰자는 의견이 제기되었다.

무쇠의 생산은 한이 없고, 돈을 녹일 염려도 없으니, 철전을 부어 동전 대용으로 쓰는 것이 좋겠습니다. (중략) 서울과 외방의 각 호구에 흩어져 있는 동전을 빠짐없이 도로 거두어들여 문서에 명백하게 기재한 다음, 각자가 바친 수효대로 시가에 따라 값을 주되, 서울은 한성부에서, 외방은 각 고을 수령이 날짜를 한정해 거두어들일 것입니다. 만약 동전을 숨겼다가 후일에 발견된 자에게는 사주전율(私鑄錢律)을 적용해 죄를 묻되, 무슨 연고가 있어 기한을 넘긴 후에 자수해 현품을 바친 자에게는 죄를 면제하고, 30문(文) 이상을 숨긴 자는 영을 위반한 죄로써 다스릴 것입니다. 그리고 각 도의 무쇠가 산출되는 곳을 가려서 주전소(鑄錢所)를 설치하고, 무쇠장이 [水鐵匠]로서 기술이 있는 사람은 모두 주전소에 소속시켜, 돈을 만드는 데 능한 사람은 다른 구실[役]을 전부 면제하소서.[185]

황희 등은 이와 같이 건의했으나 세종은 후일에 다시 의논하자고 했다.

1438년 2월 15일 황희가 사직을 청했다. 집의 이옹(李雍)이 형조의 핵문하는 글에 답하면서 황희 등 재상들을 권신(權臣)이라 부르고, 사실을 얽었다고 죄를 청했으니, 엎드려 파직해 주기를 바란다는 것이었다.[186] 비답은 없었다.

### 제왕의 실록 열람 금지

3월 2일 세종은 도승지 신인손(辛引孫)에게 일러 『태종실록』을 보고자 했다.

옛날 제왕 중에는 친히 조종의 실록을 본 사람이 제법 많았다. 또 공자도 『춘추』를 지으면서 정공(定公)·애공(哀公)까지 이르렀고, 주자도 『중용』에서 신종의 소목(昭穆) 제도를 논하면서, "역사를 상고해 보면 신하들도 또한 당대 사기(史記)를 보는 것이 당연하다."라고 했다. 그런데 오직 당 태종이 국사(國史)를 보려고 하자 저수량(褚遂良)과 주자사(朱子奢) 등이 불가하다 했고, 문종(文宗)도 국사를 보고자 하니, 위모(魏謩)와 정랑(鄭郎)이 또한 불가하다 했다. 그러나 이것은 모두 당시 사기를 보려고 한 까닭에 신하들이 불가하다고 한 것이나, 조종의 실록을 보는 것이야 무엇이 해로우랴!

옛날 우리 태종께서 『태조실록』을 보고자 하니 변계량 등이 이르기를 "『태조실록』은 편수(編修)하기를 매우 잘해 사실을 모두 바르게 썼는데, 이제 전하께서 나아가 보신 뒤에 내려 주신다면 후세 사람들은 모두 믿지 못할 사기라 해 도리어 의심할 것입니다." 하므로, 태종께서 보시지 못했다.

　내가 즉위한 후에 『태종실록』을 편수하고자 하니, 대신 중 어떤 이가 말하기를, "사초만 갖추어서 두면 후세에 자연히 사기를 편수하게 될 터이니 반드시 급급할 것이 없고, 또 재상이 감수하는 것은 옳지 않습니다." 했으나 나는 이 일을 중하게 여겼던 까닭에 마침내 재신(宰臣)에게 편수하도록 명했다. 나는 또 "자손으로서 조종의 사업을 알지 못하면 장차 무엇으로 감계(鑑戒)할 것인가?" 하고, 『태조실록』을 보고자 해 여러 신하들에게 상의했더니, 유정현(柳廷顯) 등이 "조종이 정해 놓은 법에 의거해 조종의 사업을 잘 계술(繼述)하는 것이 실상은 아름다운 뜻이 된다." 하므로 이를 볼 수 있었다.

　지금 또 생각하니, 만약 당시의 사기가 아니면 조종이 정한 법을 보는 데 있어서, 조와 종의 무슨 구별이 있겠는가? 이미 『태조실록』을 보았으니 『태종실록』도 또한 보는 것이 마땅하다고 여겨지니, 여러 겸춘추에게 상의하라![187]

이에 황희 등이 간했다.

역대 임금으로서 비록 조종의 실록을 본 사람이 있더라도 본받을 것은 아닌가 합니다. 당 태종이 사기를 보고자 하자 저수량과 주자사 등이 "폐하께서 혼자서 본다면 일의 손실이 없지마는, 만약 사기를 보는 이 법이 자손에게 전해지게 되면, 후세에 그른 일을 옳게 꾸미고 단점을 장점으로 두호(斗護)해, 사관이 죽음을 면치 못하세 되면 여러 신하들은 임금의 뜻에 순응해 제 몸을 완전하게 하지 않으려는 자가 없을 것이니, 천 년 후에는 무엇을 믿겠습니까?"했으니, 신등의 논의는 바로 이 말과 같습니다. 이 두 신하는 모두 명신이라고 이름난 사람이니 그의 말은 반드시 본 바가 있을 것이고, 또 태종의 일은 전하께서 친히 보신 바이니 만약 태종의 일을 본으로 삼아 경계하고자 한다면 역대 사기가 갖추어져 있는데 어찌하여 반드시 지금의 실록을 보아야 하겠습니까? 하물며 조종의 사기는 비록 당대는 아니나 편수한 신하는 지금도 모두 있는데, 만약 전하께서 실록을 보신다는 것을 들으면 마음이 반드시 편하지 못할 것이며, 신등도 또한 타당하지 못하다고 여깁니다.[188]

세종이 마침내 실록을 보지 않았다.

### 사리각 수리 문제로 탄핵당하다
1438년 4월 12일 사간원에서 황희를 탄핵했다.

신등이 일찍이 흥천사(興天寺)의 사리각(舍利閣) 수리 문제에 대해 소(疏)나 말로써 누차 정지를 청했사오나 모두 윤허받지 못했습니다. 이는 신등이 모두 충성껏 간하는 정성이 없었던 탓으로 본시 죄책이 있사오나, 영의정 황희는 그 직위가 수상으로 있어 국가와 더불어 휴척(休戚)을 같이하는 입장인데도 일찍이 한마디의 말도 이에 미치지 않다가, 고시를 관장하는 날에 이르러서 거생(擧生)의 대책문(對策文)을 보고서 이를 포상·찬미해 장원(壯元)으로 선발했사온즉, 불탑 중수의 그릇됨을 결코 몰랐던 것이 아니며, 이로 미루어 볼진대, 그는 속으로 그르게 여기면서도 말하지 않았음이 분명합니다. 일국의 수상으로서 과연 이와 같을 수 있습니까? 청컨대이를 유사(攸司)에게 내리시어 그 연유를 국문하게 하옵소서.[189]

장원을 한 거생은 하위지(河緯地)다. 하위지는 대책문에서 흥천사사리각 수리를 반대하지 않은 대간을 공격했다. 이에 대해 세종은 자신이 불탑 중수를 명했음에도, 거생들이 바르게 술회한 말을 오히려 옳게 생각하는데 이들의 바른말을 문책하는 것은 옳지 못하다고 질타했다. 그리고 시험관으로서 영의정 황희가 이런 답안을 쓴 하위지를 장원으로 뽑은 것은 잘한 일이라고 했다. 황희는 즉시 사직전(辭職箋)을 올렸으나 세종은 윤허하지 않고 오히려 대간을 형조에 내려추문(推問)하라고 했다.[190]

## 세자 섭정 반대

1438년 4월 28일 세종은 몸이 아파 세자에게 섭정을 시키고자했다. 세종은 소갈병이 있는 데다가 등 뒤에 부종(浮腫)을 앓고 있었다. 이 두 병은 2년 전부터 앓고 있었다. 게다가 열하루 전에 임질(淋疾)까지 생겨 더 이상 집무를 할 수 없다는 이유에서였다. 그러나 황희는 세자 섭정을 반대했다.

아직 긴급한 일은 없사오니, 전례에 의해 이행하는 일 같은 것이야혹 잠시 지체한다 하더라도 무슨 지장이 있겠습니까? 그동안은 계

사(啓事)하는 것을 중지하고 동궁으로 하여금 섭행할 것이 아닙니다.[191]

## 89세의 고령이라 황희에게 초헌을 내리다

1439년(세종 21년) 6월 11일 황희는 하혈병(下血病)을 이유로 사직하고자 했다.[192] 황희는 도승지 김돈(金墩)에게 시를 써 부쳤다.[193]

벌써 물러날 나이 지났건만 벼슬을 그만두지 않고,　乞骸年去未休官
도당에서 밥만 먹고 있으니 얼마나 부끄러운 일이겠나.

伴食都堂幾厚顔

조용한 여가 보아 임금님께 여쭈어서,　香案從容陳老病
휘날리는 이 백발로 저 청산이나 대하도록 해 주었으면.

須教白髮對靑山

김돈은 황희가 귀는 잘 들리지 않으나 정신은 혼미하지 않으니, 비록 늙고 병들어 허리가 굽었을지라도 치사하는 것은 마땅치 않다고 보고하면서, 집에 누워서 대사를 처결하게 하자고 했다. 세종도 동의했다.[194] 그러면서 김돈에게 말했다.

네가 만약 황희를 보거든 전하여라. "영의정은 늙고 병들었으며, 허조는 비록 병은 없을지라도 나이가 일흔이 넘었는데, 이제 신개는 나이도 늙지 않았고 기운도 강건하므로 이에 우의정으로 삼았으니, 영의정은 마땅히 집에서 편히 수양하면서 기무(機務)를 청단(聽斷)

함이 가하고, 억지로 사진(仕進)할 필요는 없다.[195]

세종은 다시 세자에게 섭정을 시키려 했으나, 황희 등은 "당우(唐虞) 이래로 이런 법이 있지 않았으니, 원컨대 전하께서는 굽히셔서 노신(老臣)의 말을 좇으소서."[196]라고 했다.

7월 29일 세종은 황희 등 70세 이상 노인 14명의 상참(常參)을 면제해 주었다.[197] 이듬해인 1440년(세종 22년) 4월 3일 영의정 황희, 우의정 신개에게 초헌(軺軒, 수레)을 내려 주고, 예조에 명해 앞으로 2품 이상에게는 초헌을 타게 허락했다.[198]

### 김종서의 봉서

1440년 5월 12일 함길도 도절제사 김종서가 승정원에 봉서(奉書)했다. 근처에 사는 수십 명의 올량합(兀良哈)·알타리(斡朶里) 등이 무산(茂山) 지방에 쳐들어와 사람을 죽이고 말과 소를 노략질해 갔다는 것이다. 이에 황희는 노략질해 간 자가 누구인지 모르니, 생업을 편안히 하게 한 뒤에 죄인을 찾아내 처벌하자고 하면서 당장 군사를 보내 응징하자고 하는 김종서의 의견을 따르지 않았다.[199] 세종은 좌승지 성염조(成念祖)를 황희의 집에 보내 함길도 도절제사 김종서를 대신할 만한 사람을 천거하라고 했다. 황희 등은 좌부승지 이세형(李世衡)을 천거했다. 세종도 좋다고 했다.[200]

7월 13일에는 공법 시행 편부(便否)를 논의했다. 영의정 황희는 공법을 폐지하고 과거의 손실답험법(損失踏驗法)으로 돌아가자고 했다.[201]

## 황보신 사건

1440년 10월 12일에 황중생(黃仲生) 사건이 터졌다. 황중생은 황희와 내섬시(內贍寺) 여종 사이에서 태어난 사생아였다. 황중생은 동궁(東宮)의 소친시(小親侍)가 되어 궁중에서 시중들고 있었다. 그런 중 1436년에 내탕(內帑)의 금잔[金爵]과 광평 대군(廣平大君)의 금띠[金帶]를 훔쳤고, 이때에 이르러 또 동궁이 쓰던 이엄(耳掩)을 훔쳤다. 황중생이 한 짓으로 의심해 삼군진무(三軍鎭撫)를 시켜 그 집을 수색했더니 잠자리 속에서 이엄이 나오고, 다른 물건도 훔쳤다고 자복했다. 금잔의 무게가 20냥(兩)이었는데, 나온 것은 11냥이라 의금부에서 다시 추국했다.

황중생: 내가 적형(嫡兄) 황보신에게 주었다.

황보신: 나는 실지로 받은 바가 없다.

황중생: 너와 첩 윤이(閏伊)가 같이 앉아 있을 때 내가 바로 쥐어 주었는데, 네가 윤이에게 "네가 물리를 아는 체하는데, 이것이 진짜 황금인가?" 물었다. 윤이가 "진짜 황금이요." 하니 네가 그제서야 가죽 주머니 가운데 간직했는데 어찌 숨기는가?

황보신·윤이: 거짓이다.

황중생: 네가 의금부 지사가 되었을 때 의금부의 말 1필과 필단(匹段) 2필을 훔쳐 윤이에게 주더니, 이것까지 조사해 끄집어내지 못한 까닭으로 숨기고 있지 않은가? 너는 실제로 내가 준 금을 받았다.

의금부에서 또 일찍이 금동곳[金釵]을 몰수한 적이 있는데, 황보신이 또한 훔쳐다 몰래 사용하다가 주인이 고소하자 그 용처를 국문하니, 윤이의 머리 장식이 되어 있었다. 그 나머지 장물도 매우 많았다. 황희는 황중생이 자기의 아들이 아니라고 해 황중생이 드디어 성을 조(趙)라 바꾸었다 한다.[202]

11월 1일 의금부에서 황보신을 고문하고자 했으나, 세종은 황보신이 황희의 아들이라 해 국문을 못하게 하고, 오히려 황보신의 첩 윤이를 국문하라고 했다. 윤이는 진짜 범인은 황보신인데 왜 나를 이렇게 심하게 추국하느냐고 불평했다. 황보신은 이미 혐의를 인정했으니 국문할 것이 없고, 윤이는 황보신의 첩이니 대신 매를 맞겠다고 해야 옳을 것인데 행실이 이와 같으니, 다시 고문하는 것이 옳다는 것이다.[203] 그러나 의금부에서는 다음과 같이 아뢰었다.

> 황보신이 도용한 장물은 33관(貫)이오니, 청컨대 율(律)에 의해 장(杖) 100과 유(流) 3000리에 자자(刺字)하고, 윤이는 추문했을 때 "황보신이 훔친 물건이니, 황보신을 추국하지 첩을 국문하는 것은 옳지 않다."라고 했으니, 처첩고부율(妻妾告夫律)에 의해 장 100, 도(徒) 3년에 처하소서.[204]

세종은 황보신이 황희의 아들이라 해 특별히 관대하게 용서해, 단지 장 100에, 자자는 하지 않고, 유 3000리를 속(贖) 바치게 하고, 윤이는 단지 장 100에, 관비(官婢)로 삼아 함길도 경원(慶源)에 소속시키게 했다.[205] 이에 황희는 영의정직을 파직해 줄 것을 요구했으나 받

아들여지지 않았다.[206]

1441년(세종 23년) 7월 23일 왕세자빈 권씨가 동궁 자선당(資善堂)에서 원손(뒤에 단종)을 낳았다. 영의정 황희는 집현전 부제학 이상을 영솔하고 진하했다.[207] 그리고 아울러 전(箋)을 올려 원손의 탄생을 축하했다.[208] 그러나 이튿날 왕세자빈 권씨가 죽었다.

8월 16일 세종은 영의정 황희가 연로하다 해 초하루와 16일 외에 조회에 참례하지 말라고 했다.

### 과전 교체 요구

1441년 8월 20일에 황희는 다음과 같은 글을 승정원에 올렸다.

신의 자식 황보신이 죄를 지었사온데, 이제 예에 따라 (교하현의 과전을) 속공(屬公)하게 되었사온바, 이곳은 신의 전장(田莊)이 있는 곳이며, 또 신의 어머니와 외할머니의 분묘가 가까우므로 신의 과전과 바꿀까 하와, 즉시 글을 갖추어서 이미 승정원에 올렸습니다. (그런데) 신의 자식 황치신이 와서 말하기를, "이 일은 분명히 전례가 있다."라고 했습니다. 신이 그윽히 생각하옵건대, 사건이 황보신에게 관계되었으므로 마음에 부끄러워서 이내 상문(上聞, 임금에게 말함)하지 않았습니다. 엎드려 바라옵건대, 조용하게 잘 아뢰어서 신의 과전으로 바꾸어 주셔서, 세업(世業)을 잃지 않고 자손에게 전해 주어 분묘를 지키게 해 주시면, 신이 죽는 날에도 유감이 없겠나이다.[209]

자기의 전장과 자기의 과전을 바꾸어 묘전(墓田)으로 운영하게 해 달라는 것이었다. 승정원에서 아뢰니 세종이 청을 들어주었다. 그러나 우헌납 민인(閔寅)은 그 땅은 황치신이 이미 바꾸었던 땅인데, 그 아버지의 과전과 바꾸어 주는 것은 불가하다고 했다. 황치신의 욕심을 조장하는 것이 되기 때문이다. 그러나 세종은 이를 특명으로 바꾸어 주었다.[210]

### 세자 섭정 반대

1442년(세종 24년) 5월 3일 세종은 눈병을 이유로 세자에게 섭정을 시키려 했다. 황희 등은 반대했다.

임금께서 비록 눈병을 앓으시지만 연세가 한창이신데, 갑자기 세자에게 서무를 대신 처결하게 하신다면, 온 나라 신민들만 실망할 뿐아니라 후세에도 이를 법으로 삼을 것입니다. 어찌 그렇게 할 수 있겠습니까? 또는 명나라와 남북의 이웃 변경도 이 소문을 들으면 어떻게 여기겠습니까? 신등의 생각에는 아주 불가한 듯합니다.[211]

1442년 8월 25일 근정전(勤政殿)에서 양로연(養老宴)이 열렸다. 영의정부사 황희 등 80인이 참석했다.[212]

1443년(세종 25년) 4월 15일 세종은 영의정 황희 등에게 평안 감사가 될 만한 사람을 추천하라고 했다. 황희 등은 공조 참판 조극관(趙克寬)을 추천했다.[213]

4월 17일 세종은 말했다.

지금부터 세 차례의 대조하(大朝賀)와 초1일과 16일의 조참(朝參)은 내가 친히 받들 것이나, 그 이외의 조참은 세자가 승화당(承華堂)에서 남면(南面)하고 조회를 받을 것이다.[214]

황희 등은 "전하께서는 춘추가 한창이신데, 어찌하여 이러한 법을 갑자기 시행하시려 하십니까?"라고 하면서 강력히 반대했다.[215] 황희 등은 자선당과 승화당(承華堂)은 지존이 임어(臨御)하시는 처소이니, 세자가 동궁 정문에 앉고 여러 신하들이 재배례(再拜禮)를 거행하는 것이 어떠냐고 건의했다. 세종도 좋다고 했다.[216] 그리하여 5월 22일에는 세자가 조회를 받는 제도를 만들었다.[217]

### 공법 혁파 요청

1443년 7월 15일 세종은 다시 공법을 실시할 것인가를 의논했다. 그런데 영의정 황희는 혁파하기를 청하고, 우의정 신개는 실행하기를 청했다. 세종은 황희 쪽에 기울어 있었다.[218]

1443년 12월 4일 황희는 연로함을 이유로 사직하고자 했으나 세종은 윤허하지 않았다.[219]

1445년(세종 27년) 3월 25일 세종은 영의정 황희에게 비단 단령(團領) 1벌을 주었다.[220]

# 4  조선의 위상을 다진 노련한 외교술

## ○○ 4군 6진 개척을 배후에서 지휘하다

4군은 여연(閭延)·자성(慈城)·무창(茂昌)·우예(虞芮)로 압록강 주변에 설치되어 있었고, 6진은 종성(鍾城)·온성(穩城)·회령(會寧)·경원(慶源)·경흥(慶興)·부령(富寧)으로 두만강 주변에 있었다.

세종 대는 조선을 통틀어 가장 막강한 국방력을 가진 시대였다. 조선 건국 초기에는 왕조 교체와 1·2차 왕자의 난으로 정국이 소란했다. 그러나 태종이 왕위에 오르면서 사병을 혁파하고 강력한 중앙군을 설치해 국내 정세는 차차 안정을 되찾아 갔다. 한편으로는 불교 사찰을 정비해 혁파된 사찰의 재산을 국고로 몰수하여 재정적 기반을 튼튼히 했다. 이것은 군사력 강화의 재정적 기반이 되기도 했다.

이러한 군사력을 바탕으로 1419년에 태종은 상왕으로서 대마도를 정벌해 왜구의 근거지를 일망타진했다.[1] 사실 왜구의 침입은 조선 건국 전부터 골칫거리였다. 고려 말에 나라가 어지러워지자 왜구가 극성을 부려 하마터면 나라가 망할 뻔했다. 마침 고려 말에 최무선(崔茂宣)이 개발한 화약 무기를 활용해 이성계 등 신흥 무장들이 잘 막아내 무사할 수 있었다. 따지고 보면 이성계가 새 왕조를 창업할 수 있었던 것도 남원에서 왜구를 크게 격파한 황산 대첩 덕분이었다고도 할 수 있다.

그러나 조선 초기에는 여진족의 향배가 문제였다. 새로 일어난 명나라와 조선은 여진족이 살던 평안도, 함경도 지역을 누가 차지하느냐를 놓고 대립하고 있었다.

당시 조선의 평안도 지역인 서북면과 함경도 지역인 동북면에는 여진족이 살고 있었다. 이들 여진족은 툭하면 경계를 넘어와 노략질을 일삼았다. 조선은 이들에게 강·온 양면 작전을 폈다. 귀순해 오는 여진족에게는 벼슬과 선물을 내려 주고, 대항하는 자들에게는 군사를 일으켜 정벌하는 정책이었다. 그러나 세종 대에는 영토 확보를 위해 보다 강경한 수단을 썼다.

즉 1432년에 건주위(建州衛)의 추장 이만주(李滿住)가 침입해 오자 다음 해 3월에 세종은 최윤덕을 평안도 절제사, 김효성(金孝誠)을 도진무로 삼아 군사 1만 5500명을 거느리고 가서 이를 제압하게 했다. 이때 적군 170명을 척살하고, 200명을 사로잡는 대승을 거두었다. 또한 1437년 9월에는 이천(李蕆)으로 하여금 군사 8000명을 거느리고 압록강 건너 여진족의 소굴을 토벌하는 성과를 올렸다. 그리고 그 지역에 4군을 설치했다. 그러나 4군 지역은 벽지여서 교통이 불편하고 땅도 척박할 뿐 아니라 여진족의 반발이 심해 1455년(세조 1년)부터 1459년(세조 5년) 사이에 철폐되고 말았다. 그리하여 여연군과 무창군의 주민은 구성부(龜城府)에, 우예군과 자성군의 주민은 강계부(江界府)로 옮겼다. 그렇다고 영토 포기는 아니었다. 다소 허술하기는 하지만 계속 군사 지역으로 남아 있었던 것이다. 하연도 다음과 같이 말했다.

우예 이상을 지금 비록 혁파해 압록대강으로 경계를 한정한다 하더라도 여진인들이 이곳에 들어와 살 수는 없습니다. 진실로 영토를 줄이는 예가 아닙니다.[2]

평안도 도체찰사 박종우(朴從愚)는 폐4군의 주민을 법도 밖으로 놓아둘 수 없으니, 자성군에 탐후병(探候兵)을 파견하고, 강계 절도사는 1년에 두 차례씩 순찰케 해야 한다고 주장했다.[3]

이후 이 지역은 주민의 거주가 허용되지 않았다. 조선 후기에 접어들어 정약용(丁若鏞) 등 실학자들에 의해 이들 지역의 군사적 가치가 재조명되기는 했지만 4군이 다시 설치되지는 못했고, 19세기에 진보(鎭堡)가 다시 설치되기까지 버려진 땅으로 남아 있었다.[4]

이에 비해 동북면은 태조 이성계가 일어난 한 근거지였기 때문에 소홀히 할 수 없었다. 이 지역에 거주하던 여진족은 그의 이웃이었고, 이지란의 예에서 보듯 이들을 측근으로 포섭하기도 했다. 따라서 동북면에 대한 조선의 관심은 각별할 수밖에 없었고, 정책 역시 태조의 고향이라는 위상에 맞게 온건책 위주였다.[5]

태종 대에는 경원과 경성에 무역소를 개설해 여진족의 편의를 봐주었다. 그러나 이 지역에 거주하는 여진족들이 자주 침입해 오자 1435년에 세종은 김종서를 함경도 도절제사로 임명해 여진 정벌을 감행했다. 여진족들 사이의 불화를 이용한 것이다. 김종서는 세종과 황희의 적극적인 후원하에 6진을 개척하는 데 성공했다. 그리고 오도리족 등은 중국 내륙 지방으로 옮겨 가도록 했다.

조신들 중에는 여진족들을 그 지역에 그냥 살게 하자는 사람도 있었다. 그러나 세종은 영토 수호에 대한 확고한 신념이 있었다.

전일에 파저(婆猪)의 전역(戰役, 최윤덕의 4군 개척) 때에는 대신과 장수와 재상들이 다 불가하다고 말했다. 이 말들은 바로 만세에 변함이 없는 정론(正論)이었다. 그런데 내가 드디어 정벌을 명령해 성공했다. (중략) 매양 생각하니, 알목하(斡木河)는 본래 우리나라의 영토 안에 있던 땅이다. 혹시 범찰(凡察) 등이 딴 곳으로 옮겨가고, 또 강적이 있어서 알목하에 와서 살게 되면 다만 우리나라의 변경을 잃어버릴 뿐 아니라 또 하나의 강적이 생기게 된다. 그러므로 나는 그곳의 허술한 틈을 타서 영북진(寧北鎭)을 알목하로 옮기고, 경원부(慶源府)를 소다노(蘇多老)에 옮겨 옛 영토를 회복해서 조종의 뜻을 잇고자 하는데 어떤가?[6]

이와 같은 『세종실록』 기록만 보아도 알 수 있다. 세종은 "조종(祖宗) 구지(舊地)는 촌토(寸土)라도 축소할 수 없다."라는 신념을 가지고 김종서에게 명해 영토 확장의 근거를 찾으려고 애썼다.

동북경은 공험진(公嶮鎭)으로 경계를 삼았다는 전언이 오래전부터 있었으므로 윤관(尹瓘)이 공험진에 세운 비석을 조사케 하고, (중략) 두만강 밖에는 많은 고성이 있다고 들었는데 그 고성에도 비석이 있지 않겠는가? 만약 비문이 있다고 하면 이를 조사하라.[7]

그러나 6진을 확실한 조선의 영토로 만들기 위해서는 여러 가지 정책이 필요했다. 우선 해당 지역에 거주하는 주민 가운데 명망 있는 인물을 토관으로 임명하고, 사민정책(徙民政策)을 실시해 거기에 살 사람을 옮겨 와야 했다. 사민을 자원하는 사람들에게는 아전에게는 토관을 시켜 주고, 천인은 양민을 시켜 준다고 했다. 그러나 강제로 사민하는 것은 참으로 어려웠다. 강제 사민의 결과는 세조조에 이시애(李施愛)의 난으로 이어졌다.

사민은 본질적으로 범죄인을 변방에 유형 보내는 것과 같은 것이었다. 그러므로 국가에서 베푸는 신분상의 특전이나 경제적 우대가 있었음에도 입거인의 원망스러운 소요는 그치지 않았다. 이 때문에 평안도에 3000호, 함길도에 1600호 입거 계획이 1443년에 이르러 돌연 유이민(流離民)의 쇄환으로 바뀌었다. 신료들도 사민을 반대하거나 연기하자고 상소를 올리는 사람이 많았다. 그러나 세종은 끝까지 사민정책을 밀고 나갔다.

만약 국체를 유지하고자 하는 것으로 만세의 계책을 삼을진대, 어찌 백성들의 원망을 두려워해 가만히 있겠는가? 사민 또한 중대한 일이니만큼 시행하지 않을 수 없다[8]

그렇게 해 평안도와 함경도가 완전한 우리의 영토가 될 수 있는 기반을 마련한 것이다.

## 동맹가첩목아가 뵙기를 청하다

1429년 9월 24일에 동맹가첩목아가 뵙기를 청했다. 세종은 태종이 살아 있을 때 "이 사람은 우리 영토 안에 살고 있어 우리의 울타리가 되었으니, 마땅히 후하게 대우해야 한다."라고 하셨다면서 면담을 허락하려 했다. 그러나 황희는 "우선 거절했다가 다시 굳이 청하기를 기다려 허락하자."라고 했다.[9]

## 여진 여연 침범

1432년 12월 9일에 평안도 감사가 치계하기를, 야인 400기가 여연(閻延) 경내를 쳐들어와 사람과 물건을 노략질해 갔다고 했다. 이에 강계 절제사 박초(朴礎)가 군사를 이끌고 가서 붙들려 간 사람 26명과 말 30필, 소 50마리를 도로 찾아 왔으나 조선군도 13명이나 죽고, 25명이 부상했다.[10] 맹사성 등은 명나라에 보고하고 여진을 토벌하자고 했다. 그러나 황희가 말했다.

여진이 내침했을 때는 우리 군사가 비록 중국 땅까지 뒤쫓아 들어갈지라도 이는 방어하기 위한 것이요, 진실로 사대하는 의리에 해로움이 없을 것이온대, 황제가 어찌 허물하겠습니까? 그러나 군사를 일으켜 국경을 넘어갈 때는 미리 황제에게 보고하는 것이 의리에 타당하지 않습니다. 또 야인은 지극히 우완(愚頑)해 인면수심이라 그들의 마음을 헤아릴 수 없으니, 만일 그들 종족을 소탕하고자 한다면 불가합니다. 오랑캐를 다루는 계책은 옛 성현이 이미 상세히 말씀했사옵니다.[11]

동양 외교가 이미 성현으로부터 전수하는 평화주의에 바탕을 두고 있다는 것이다. 황희는 여진 사정을 알아보기 위해 갔던 홍사석(洪師錫)이 돌아오면 사람을 보내어 힐문하자고 했다.[12] 12월 21일 포주강(蒲州江)에 사는 이만주 관하의 올량합, 천호(千戶) 유을합(劉乙哈) 등 2인이 군사 100명을 거느리고 여연·강계 지방에 들어와 남녀 64명을 사로잡아 가지고 돌아갔다. 이에 이만주가 600명의 군사를 거느리고 가서 이들을 모두 빼앗아 보호하고 있으니 데리고 가라고 했다.

이만주가 거짓으로 홀라온(忽剌溫) 올적합(兀狄哈)이라 일컬은 것인지 의심이 없지 않으니, 홀라온의 허실을 알아 본 연후에 명 황제에게 주문(奏聞)해도 늦지 않을 것입니다.[13]

황희의 건의에 세종은 상호군 김을현(金乙玄)을 주문사로 파견하기로 했다.[14] 신상(申商) 등은 "사람을 보내어 힐문토록 하시되, 참으로 홀라온의 소위(所爲)임을 알게 되면 이만주를 포상하시고, 이만주의 소위이면 군사를 풀어 보내서 문죄하옵소서."라고 했다. 그러나 황희 등은 "비록 이만주의 소위라 할지라도, 그는 잘못을 뉘우쳐 약탈해 간 사람과 물건을 돌려보냈사오니, 또한 용서할 만한 것이온즉, 어찌 번거롭게 죄를 묻겠나이까."라고 했다.[15]

그런데 1433년 1월 9일에 이만주가 여연·강계를 쳐들어와 48명을 죽이고, 75명을 포로로 잡아갔다. 그러니 홍사석이 돌아오기 전이라도 사람을 보내어 꾸짖어야 한다고 했다.[16] 그리고 여연 절제사 김경(金敬)과 강계 절제사 박초·도절제사 문귀(文貴) 등을 처벌해야 한다고 했다.[17] 황희는 최윤덕·하경복(河敬復)·이순몽(李順蒙) 등을 대신 추천했다.[18] 그리고 여연·강계 사람들에게는 지난해 환상(還上, 환곡)과 금년 조세를 모두 감면해 주자고 했다.[19] 황희는 평안도와 함길도에 사람을 보내 군기(軍器)를 점고하고 연대(煙臺)를 설치하자고 했다. 세종도 군기감(軍器監)으로 하여금 활·화살·창·환도(環刀) 등을 만들어 연변(沿邊) 각 고을에 보내게 했다.[20] 세종은 "화포를 말에 싣고 다니며 쏘게 하는 것이 어떠냐?"라고 했다.

1월 20일, 황희는 첫 번째 파저강(婆猪江) 야인 정벌책을 건의했다.

화포는 성을 지키는 데는 사용할 수 있으나 들판에서는 마땅치 못합니다.[21]

그러면서 한편으로 여진에게 선물도 보내기로 했다.[22] 세종이 말했다.

파저강 야인의 침략한 정상이 심히 분명하니, 억측이 아니다. 우리의 가까운 지경에 있으면서 업신여기고 횡포하기를 이와 같이 하니, 어찌 참을 수 있으리오. 만약 군사를 일으키려면 외롭고 약하게 할 수 없고, 마땅히 크게 일으켜 토벌해야 할 것인데, 산이 험하고 물이 막혀 용병하기가 심히 우려되니, 보졸(步卒)을 뽑아서 가야 하겠다.[23]

그리하여 그해 2월 21일에 파저강 야인을 정벌하기 위해 최윤덕을 중군의 주장, 이순몽을 중군의 부장(副將), 최해산(崔海山)을 우군의 주장, 이각(李恪)을 우군의 주장으로 삼고, 마병(馬兵) 1000명, 보병(步兵) 2000명을 동원해 야인을 기습하기로 했다.

영의정 황희는 두 번째 파저강 야인 정벌 계책을 올렸다. 그는 황해도는 제외하고 평안도에서만 군사를 징발하자고 했다.[24] 세종은 집현전으로 하여금 고례를 참조해 출정(出征)할 때 종묘와 사직, 명산대천에 제사지내는 예를 행하라고 했다. 황희 등은 다음과 같이 건의했다.

정벌은 중대한 일이니, 사직과 종묘에 고함이 옳을 것이요, 그 경로의 명산대천은 압록강의 근원이 갑산(甲山)에서 나와 의주(義州)에 이르렀으니, 여러 대천을 지날 때마다 제사 지낼 필요가 없고, 장수로 하여금 다만 압록강에만 제사 지내게 함이 어떠하겠습니까?[25]

2월 25일에는 파저강에 부교(浮橋)를 놓는 일과 함길도의 무재(武才)를 뽑는 일을 논의했다. 황희 등은 "강에 얼음이 풀리면 저들이 반드시 마음을 놓고 모두 농사에 종사할 것입니다. 그러니 최해산을 먼저 그곳에 보내 성보와 목책을 순심(巡審)한다고 해 그들의 의심을 풀게 하고 몰래 만반의 준비를 했다가 불의에 수륙군(水陸軍)을 동원해 부교를 만들고 대거 공격해야 합니다."라고 했다. 또한 함길도의 무재를 뽑을 때 노비 5~6구(口), 토지 5~6결이 있는 자에 한해 응시할 수 있게 하자고 했으나 무예가 있는 자를 뽑기 위해 그러한 제한을 두지 않았다.[26]

2월 27일에 황희는 세 번째 야인 정벌 계책을 올렸다. 최윤덕은 이미 50명을 거느리고 갔고, 이순몽과 최해산은 30명의 패두(牌頭)를 더 뽑아 가고자 했다. 황희는 그곳에도 패두가 될 만한 사람들이 있을 것이니, 무예가 있는 자들을 뽑으면 된다고 했다. 세종이 군사 전략에 대해 묻자 황희가 답했다.

군사는 많은 것이 능사가 아니라 정병(精兵)을 뽑아 놓았다가 불의에 나타나 공격하는 것이 상책이 될 것이요, 결빙기(結氷期)를 기다려 군사를 잠복시켜 강을 건너 불의에 습격해 그 죄악을 성토하고 돌아오는 것이 중책입니다. 농사철에 군사를 징발해 부교를 만들고 강을 건너갔다가 적군이 미리 염탐하고 복병이 돌연히 나타난다면 승패를 예측할 수 없을 것이며, 또 장마철에 접어들면 진퇴양난일 것이니, 이것이 하책이 될 것입니다.[27]

그리고 이튿날 2월 28일에 영의정 황희는 네 번째 야인 정벌책을 건의했다.

저 야인들의 정상(情狀)이 어떻다는 것과, 또 산천의 형세가 어떻다는 것을 자세히 들었습니다. 오늘날 아무리 저들을 돌보아 편히 살도록 해 주더라도 나중에 정토(征討)하는 날을 당해 무슨 사변이 생겼다는 소문만 들으면 산으로 올라가 도망칠 수도 얼마든지 있습니다. 지금 신의 생각에는 저들을 아무리 토벌한다 하더라도 얻는 것이 잃는 것보다 못할 것이고, 또 수고롭기만 하고 아무 공을 거두지 못하게 되면 저들에게 비웃음만 당할 듯합니다.

　　오직 전하께서는 신이 전일에 여쭌 계책에 따라 도절제사로 하여금 저들에게 사로잡힌 우리 인구(人口)와 우마(牛馬)와 가재(家財)만 빨리 돌려보내라고 꾸짖도록 해야 할 것입니다. 만약 저들이 그대로 순응하지 않는다면 당장 토벌한다고 선언해 두렵게 여기도록 해야 할 것입니다. 그리고 저들로 하여금 변경에서 마음 놓고 농사할 수 없게 해 멀리 도망치도록 해야만 우리 명분도 바르고 대답할 말도 순조로울 것입니다. 만일 어쩔 수 없는 경우에 이르게 된다면 강물이 얼게 될 겨울철을 기다려 토벌하는 것이 어떻겠습니까?[28]

세종은 풀이 무성한 4월경에 군사를 동원해 토벌하라고 했다. 세종은 군사를 3000명 보내기로 했으나, 박호문이 그곳에 다녀와서 1만 명은 보내야 한다고 했다. 황희 등은 중관(中官)을 최윤덕에게 보내 알아본 다음에 숫자를 정하자고 했다. 또 반간(反間)을 보내는 것이 어떻겠느냐고 묻자 언어와 의식(衣食)이 달라 금방 들통이 나고 오히려 우리 기밀이 새어 나갈 위험이 있으니, 문서를 왕래하면서 그곳 정황을 알아보는 것이 낫다고 했다.[29]

1433년 3월 14일 황희는 다섯 번째 야인 정벌책을 올렸다. 이때 지신사 안숭선이 좌대언 김종서를 시켜 다음과 같이 보고했다.

본국(명)에서 도망한 중 의오(義悟)의 일을 위해 황제가 칙유(勅諭)해 돌려보내어 우리가 처치하기를 허락하고, 또 김을현(金乙玄)이 받들고 온 칙서의 구절에 "홀라온이 노략한 왕국(명)의 인민을 모두 돌려보내기를 신칙한다." 했고, 또 이르기를 "도둑이 만일 마음을 고치지 않거든 왕이 공격함이 가하다." 했으니, 지금 도적을 치기도 하고, 중국에 아뢰기도 하려고 하는데 어떨까요?[30]

명나라는 자기 백성을 보호하는 데 관심이 있고, 조선이 말을 듣지 않는 야인을 공격하는 것은 허락하는 태도였다. 영의정 황희는 "거사(擧事)를 주문하는 것과 주문해 뜻을 받은 뒤에 거사하는 두 건(件)의 주본(奏本)을 작성한 뒤에 의논하자."라고 했다. 그리고 군사 작전은 주장에게 맡기고, 군사는 평안도에서 마병 5000, 보병 5000을, 황해도에서 마병 5000을 뽑자고 했다. 그리고 거사는 나뭇잎이 떨어지고 얼음이 얼 때 하자고 했다.[31] 군사보다 외교에 더 신경을 쓰는 것을 감지할 수 있다. 그리고 세종은 거의 모든 논의를 황희의 의견을 따르고 있는 것을 볼 수 있다. 외교에 경험이 많고, 다른 사람들의 주장을 잘 종합해 보고하기 때문이다.

1433년 4월 27일 야인 정벌의 승전보가 전해졌다. 이날 세종이 말했다.

야인은 본시 시기와 혐의가 많은 자들이다. 전에 조연(趙涓)이 야인을 죽인 뒤, 야인이 중원(中原) 노상(路上)에서 조연과 비슷한 사람을 보면 해하고자 했으니 그 마음이 지독하다. 이번에 야인을 토벌한 뒤 틈을 타서 모해하는 일이 있을까 걱정이니, 북경에 가는 사신을 맞이하고 보내는 송영군(送迎軍)의 수를 더함이 어떠겠는가?[32]

이에 황희는 "일이 완전히 끝난 다음 저들의 성하고 쇠함을 보아 다시 의논하자고 했다.

1433년 5월 3일에 세종이 몇 가지 사안에 대해 논의했다.

1    지금 이만주를 정벌하니, 동맹가첩목아가 의심을 품고 두려워해 편안히 살지 못하므로 술과 음식을 내리려 한다.
2    내가 문치에 힘썼으나 저들이 먼저 도발해 정벌한 것이다.
3    야인들이 보복할까 두렵다.
4    출정한 사람의 말이 1000마리나 죽었는데 물어 줘야 하는가?
5    저들이 허물을 뉘우치고 귀순한다면 처음과 같이 대우할 것이다.[33]

신료들은 동맹가첩목아가 선물을 보내면 처음에는 의심하겠지만 사람을 보내 효유하면 들을 것이고, 승리한 다음에는 성벽을 굳게 지키다가 기회를 보아 추격하자고 했다. 말은 보상해 주는 것보다 말 주인에게 복호(復戶)를 내려 주는 선에서 끝내야 한다고 했다. 또 다른 야인들에게는 파저강 야인들이 후한 은혜를 받고도 배은망덕

해 토벌한 것이지 전공(戰功)을 노리고 토벌한 것이 아니라고 효유하라는 얘기는 세종의 의견을 따랐다.[34] 그리하여 동맹가첩목아에게 저포(苧布) 10필과 마포(麻布) 10필을, 권두(權豆)에게는 저포 5필과 마포 5필을 주고, 평안 감사로 하여금 술과 안주를 적당히 준비해 주라고 했다.[35]

며칠 후 5월 7일에 세종은 경회루에서 파저강 승전을 기념하는 축하연을 열고, 종묘에 승전을 고하고, 명 황제에게도 그 사실을 보고하자고 했다. 황희 등도 찬성해 승문원에 명에 보낼 보고서를 작성하게 했다. 또 최해산은 도절제사가 정한 대로 강을 건너지 않고 이튿날 건너가 야인이 도망쳐 버려 다른 장수보다 얻은 바가 적으니 군기(軍機)를 어긴 죄로 논공(論功)은 할 수 없다고 했다. 그리고 도절제사 최윤덕을 비롯한 승전 장수들이 돌아올 때 어떤 대우를 해야 하나를 의논했다. 황희는 대군(大君)이 마중할 것은 없고, 최윤덕은 지신사가, 이순몽 이하는 집현전 관원이 맞이하면 될 것이라 했다. 다만 최윤덕·이순몽·최해산·이징석(李澄石)에게는 여름옷 한 벌씩을 하사해 잔치에 입고 나오게 했다.[36]

포로가 된 올량합들은 명나라에서 돌려보내라고 하기 전에 전례에 따라 돌려보내되 사목을 만들어 강계 절도사에게 주어 늙은 포로 두 사람을 골라 동류들에게 전하게 했다. 사목의 내용은 다음과 같다.[37]

1   너희가 우리나라 가까운 경계에 뭉쳐 살면서 매양 은혜와 구휼을 받아 생활하고 있으니, 당연히 은덕을 감사히 생각해야 할 것

이다. 그런데 이제 너희가 중국 사람들을 노략질해 종으로 삼았으며, 종이 되었던 자들이 본국으로 도망해 온 것을 본국에서 중국으로 돌려보냈는데, 이것은 너희에게 혐의가 있어서가 아니라, 대국을 섬기는 떳떳한 예절이기 때문이다. 너희가 이것을 이해하지 못하고 원한만을 품고, 홀라온을 유인해 우리 변경 마을을 침범해 인민을 죽이고 사로잡으며, 또 재산과 마소를 약탈하고, 심지어 품속에 있는 어린아이를 눈 위에 버려두었으니, 그 악함이 너무나 심하다. 또 우리나라 사절과 장천사(張天使)가 갔을 적에 홀라온의 소위라고 칭탁해 중국을 속이고, 또 본국을 속여 죄악이 가득 차 있으므로, 장수를 보내서 죄를 묻게 한 것이니, 진실로 부득이한 일이었다. 만약 너희들이 죄를 뉘우치고 귀순하면 죄를 용서할 것이나, 악한 짓을 계속해 고치지 않으면 멸망할 것이다. 이는 모두 스스로 취한 것이니 어찌 남을 원망하랴!

2     이제부터 성심으로 귀순해 감히 다른 뜻을 품지 않으면, 복국에서 포로로 잡은 너희 처자들을 모두 돌려보내고, 또 전과 같이 후하게 구휼할 것이나, 만약 너희들이 후회하지 아니하고 강경하게 순종하지 않는다면, 본국에서 어찌 강제로 너희들을 귀순시키겠느냐.[38]


5월 20일에 세종은 군사들을 어떻게 논공할까를 고심했다. 황희는 장수가 기록한 공적 조서로 논공하는 것이 옳다고 했다.

최윤덕이 생포된 두 사람을 돌려보내면 우리를 약하게 보거나 산천의 형세를 알게 될 것이니 문제라고 하자, 세종은 함경도로 하여금 동북면 올량합에게 파저강의 일을 전하게 하는 것이 어떠냐고 했다. 황희는 이 말이 이미 전파되었으니 말을 전하지 않아도 저들이 스스로 알 것이라 했다.[39]

5월 21일 지신사 이순몽이 강계 부사에 임명된 조석강(趙石岡)은 무재(武才)는 있으나 경험이 부족하니, 홍사석(洪師錫)으로 바꾸고 판관(判官)을 가설하는 것이 좋겠다고 했다. 그러나 황희가 반대했다.

이순몽의 계책이 좋으나 강계 판관을 가설하면 경비를 생각하지 않을 수 없습니다. 박천군(博川郡)은 인민의 수가 적고, 또 영변(寧邊)과 가까우니, 박천을 영변에 이속(移屬)시키고 공름(公廩)을 강계로 옮기면 되겠습니다.[40]

허조는 가을을 기다려 박천을 영변에 합속시키자고 해 그렇게 되었다. 그러나 홍사석은 양인들에게 원한을 산 사람이니 이사신(李士信)으로 바꾸었다.[41]

5월 22일 황희는 명나라에 보내는 전첩서(戰捷書)의 내용을 다음과 같이 고치자고 주장했다.

신등은 이리저리 여러 차례 생각해 보았습니다. 이 상주문(上奏文)의 초본(草本) 속에 참획(斬獲)한 수효와 명수(名數)를 모두 얼마라고 분명히 적어 놓은 데 대해 신등의 생각으로는 이런 일이 본조(本朝)에서 황제의 요청을 받고 저들을 정토(征討)했다면 모두 분명히 알리는 것이 옳겠지만, 그러나 오늘 일은 다만 본국에서만 아는 것이기 때문에 이토록 분명히 알릴 수 없고, 또 이 사살한 수효를 확실히 알 수도 없는 것이 아니겠습니까? 그러니 이 참획한 수효는 없애 버리고 다만 사로잡은 당인(唐人)의 수효만 적어 알리는 것이 옳을 듯합니다.[42]

국익을 위해 전과를 액면 그대로 보고할 것이 아니라 중국 포로 수만 보고하자고 했다. 실리 외교다. 세종도 그렇게 하자고 했다.

5월 28일 전공의 상전(賞典) 시행과 변비(邊備), 군사 훈련에 관한 대책을 논의했다.

세종: 적과 가까운 곳에 있는 갑산(甲山)에 유방군(留防軍)을 설치하는 것이 어떤가?

제신(諸臣): 병조로 하여금 형편을 참작해 결정하게 하시옵소서.

세종: 혜산(惠山) 밖은 토지가 기름지나 주민은 7~8호에 불과해 적변이 있으면 적의 공격을 받는 첫머리이니 그 백성을 깊은 곳으로 옮기면 어떤가?

황희: 도순무사(都巡撫使) 심도원(沈道源)으로 하여금 옮겨 들이는 것이 적당한지를 물어보고, 또 옮겨 들일 곳을 살피게 한 뒤에 다시 논의해 정하소서.

세종: 60세 이상 된 사람이 자원해 출정한 자는 비록 공은 이루지 못했을지라도 그 뜻을 가히 상 줄 만하니, 공이 있는 사람의 예에 따라 상을 주는 것이 어떤가?

황희: 비록 벼슬로 상을 줄 만하나, 그 스스로 원하는 바를 들어주

는 것이 좋겠습니다.

세종: 출정한 군사 중 머리를 베고 생포한 자에게는 교서에 의해 그 공을 포상할 것이다. 그러나 적을 베고 사로잡지는 못했을지라 도, 적을 쫓고 포위한 공이 머리를 베고 생포한 자보다 갑절이 나 힘쓴 사람이 있으면, 어느 등(等)에 넣어서 포상할 것인가?

제신: 『병전등록(兵典謄錄)』에 군공을 상 주는 데 세 등급이 있으니, "교전해 머리를 벤 자와 생포한 자를 1등으로 삼는데, 군관 과 군인은 3급(級)을 뛰어올려서 벼슬로 상을 주고, 향리는 본 조에서 전지를 받들어 공패(功牌)를 주고, 자손에게 향리의 역 (役)을 면제해 주고, 역자(驛子)와 염간(鹽干)은 공패를 주고, 보 충군(補充軍)이 될 것을 허락하며, 자원에 의해 충군(充軍)한다. 수색해 머리를 베고 생포한 자를 2등으로 삼는데, 군관과 군 인은 2급을 올려 벼슬로 상을 주고, 향리·역자·염관(鹽官)·관 노(官奴) 등은 자기의 역을 면제한다. 종군해 힘을 바친 자를 3등으로 삼는데, 군관과 군인은 1급을 올려 벼슬로 상 준다." 라 했사온데, 이제 비록 머리를 베고 생포하지는 못했을지라도 능히 적을 포위하고 추격해 특이하게 공을 세운 자이면 2등에 의해 시행하게 하소서.

세종: 공이 있는 군사에게 벼슬로 상을 주는 등급을 의논해 올리라!

황희: 정3품은 통정 당상관으로 올리고, 종3품 및 정·종4품은 정 3품을 주고, 5품 이하는 각각 적의 머리를 베고 사로잡은 수 의 많고 적음에 따라 『병전등록』에 정한 대로 상을 줄 것이나, 제수할 때에 처리하기 어려운 것이 있으면 임금의 뜻을 받아

시행하게 하소서.

세종: 우리나라는 근래에 평화가 계속되어 진법 훈련을 소홀히 하고 있으므로 각 도의 진법(陳法)을 훈련시키고자 한다. 그러나 염려되는 것은 북정한 뒤 동맹가첩목아가 의구심을 품고 요동하고 있는데, 만약 평안도와 함경도에 군사를 모아 진법을 훈련시키면 저들이 반드시 더욱 의심을 낼 것이며, 또 남도는 왜국과 가까우므로, 왜인이 듣고 역시 의심할 것이니 어떻게 할까?

황희: 각 도의 군사를 훈련하는 것은 진실로 아름다운 일이나, 평안도와 함길도는 근년에 일이 많아 백성이 곤궁하고, 또 성을 쌓는 일이 있으니, 수년 후에 훈련하는 것이 어떻겠습니까?

세종: 하경복이 아뢰기를 "지여연군사(知閭延郡事) 신득해(辛得海)와 강계 부사 이사신 등은 모두 파저강 싸움에 나아가서 적을 죽이고 돌아왔는데, 지금 만약 야인의 경계에 가까이 있으면 야인들이 반드시 분함을 품을 것이니, 김윤수(金允壽)로 신득해를 대신하고, 양춘무(楊春茂)로 이사신을 대신하십시오." 했는데 어떤가?

제신: 가하옵니다.

세종: 최윤덕이 아뢰기를 "강계는 작은 고을이며 일이 복잡하지 않으니, 판관을 둘 필요가 없고, 자작(慈作)은 야인의 땅과 가까워서 적이 나오는 첫 지면이니, 여기에 읍(邑)을 두어 방어하는 것이 좋다." 했는데, 어떤가?

제신: 가하옵니다.[43]

세종도 대체로 신하들의 의견에 따랐다. 세종은 아무래도 변경 백성들의 안전이 불안했다. 이에 1433년 6월 6일에 세종은 영의정 황희, 좌의정 맹사성, 우의정 최윤덕을 불러 변경 방어책을 의논했다. 그리하여 우의정 최윤덕을 7월 보름께 파견해 변경 지방을 살피게 하고, 강계·자성·이산(理山)·경원·영북(寧北)·갑산 등 요해지에 군사를 보내 굳게 지키게 했다. 또 농민들은 활을 가지고 뭉쳐서 농사를 짓다가 적변(賊變)이 생기면 부근의 영(營)·진(鎭)과 연락해 적과 싸우게 했다.[44]

그런데 6월 11일 지함(池含)이 글을 보내 동맹가첩목아가 자기 친족을 돌려보내 달라고 한다고 했다. 알아보니 그의 종제(從弟) 동아거(童阿車)의 아내만 포로로 있었다. 황희는 "동맹가첩목아가 요구하는 포로는 네 살된 손녀입니다. 그러나 그녀는 본국에 없으니 동아거의 아내를 돌려보내봤자 소용이 없습니다. 또 정벌한 뒤 곧 포로를 돌려보내는 것은 너무 빠르며, 서서히 야인들이 항복하기를 기다려 돌려보내는 것이 좋겠습니다."라고 의견을 냈다. 그리고 관에서는 농민 한 사람당 화살 20~30개씩 나누어 주어 무사를 익히게 했다.[45]


## ○○ 엄단과 회유의 양면 정책


1433년 6월 18일에 명나라가 야인들에게서 빼앗은 마소와 가산을 돌려주라고 했다. 이에 영의정 황희가 건의했다.

이제 듣건대, 야인들이 (명에서 준) 고명(誥命)과 인장(印章)까지 모두 빼앗겼다고 황제에게 고했다 하니, 본국에서 얻은 물건은 모두 내어 주고, 고명과 인장만 내어놓지 않으면 중국에서 의심하지 않을 수 없을 것입니다. 왕자(王者)의 군사는 정의(正義)를 위해 토벌한 것뿐 인데, 이제 저들의 의복과 재산을 내놓으면 부끄럽지 않겠습니까? 포로가 된 인구와 마소 및 금은(金銀)·기명(器皿)은 칙유에 의해 돌려주고, 그 나머지 재물은 태워 버렸다고 대답하는 것이 편할 것입니다.[46]

명의 칙유를 들어주되 일부 노획물은 돌려주지 않아서 여진을 응징하는 뜻을 살리려 한 것을 볼 수 있다.

6월 20일 평안도 도절제사가 야인들이 처자를 빼앗기고 분을 풀지 못해 자주 내왕하니 사목을 만들어 설유(說諭, 말로 타이름)하는 것이 어떠냐고 했다. 그러나 황희를 비롯한 제신들은 그것은 적에게 약점을 보이는 것이라고 반대했다. 그 대신 도내의 군마와 하번갑사 (下番甲士)의 자제들을 방어할 곳으로 내려보내고 말꼴을 준비하게 했다.[47] 6월 24일 동맹가첩목아 휘하의 범찰 등이 통사(通事) 박천기(朴天奇)의 수행원 한 사람을 쏘아 죽이는 사건이 발생했다. 알목하가 본래 우리 조선의 영토인데, 동맹가첩목아가 지성으로 귀순하므로 화친하고 도와준 지 오래이나 이와 같은 사건이 일어난 것이니 마땅히 죽인 사람을 잡아 보내게 하고, 죽은 사람의 장례비를 물려야 한다는 것이 제신의 견해였다. 그러나 허조만은 지금 서쪽 야인과 대결하고 있는데, 동쪽 야인과 갈등을 빚는 것은 바람직하지 않다고 해 무

마하고 말았다.[48]

6월 29일 중국 도독(都督)이 파저강 정벌에 대해 듣고는 조선이 마음대로 군사를 일으켜 변경을 침범했다고 비난했다. 세종은 태종 문황제(太宗文皇帝)의 선유(宣諭)가 명백하고, 지금 황제의 칙유에 "기회를 보아 처치해 야인의 업신여김을 받지 마라." 했으니, 이것은 "황제가 반드시 (야인을) 정벌한 것을 잘못이라고 하지 않은 증거다."라고 했다. 그러고는 "너희가 지금이라도 침략을 그치고 성심으로 귀순한다면 너희 처자의 의복과 음식을 때를 잃지 않게 하고, 강포한 무리들이 핍박하지 못하게 해 안심하고 살 수 있게 해 줄 것이다."라고 여진을 효유했다.[49]

7월 2일 3의정 등을 불러 대여진 정책을 의논했다. 함길도 도절제사 성달생(成達生)의 보고를 받고 세종이 명했다.

저번에 야인을 대하기를 권도로서 할 것이요, 양목탑올(楊木答兀)이나 동맹가첩목아는 바로 중국의 역적이지만, 중국 황제가 그들을 역적이라고 일컫지 않고 매양 편안하게 무마하기를 힘썼다. 하물며 우리나라에서는 파저강 야인을 정벌해 이미 소탕해 없이했으니, 동여진과 또 흔단을 일으키는 것이 마땅한 일이 아닐까 하니, 경등은 잘 의논하라![50]

이에 황희가 의견을 냈다.

신등은 생각하기를 성달생의 책략은 한갓 저쪽 상대편을 가볍게만 여기고 그 종말을 헤아리지 않은 것입니다. 힘센 사람들을 보냈다가 저들이 반항하면 장차 어떻게 처리할 것입니까? 청하옵건대, 신 등이 전날 의논한 바와 같이, 쏘아 죽인 자를 내놓으라고 문책해서 만일 혹시라도 도망했다고 칭탁하거든 그 처자들을 잡아오도록 하고, 또 모두 함께 도망했다고 칭탁하거든 또 사람을 보내어 독촉하기를 일가 사람이라도 충당해 보라고 하고, 또 굳이 거절하고 보내지 않아 어찌할 수가 없게 되면, 원근 친척에게서 죽은 사람의 몸값과 화장이나 매장을 할 돈을 징수해 내도록 자주 사람을 보내어 다지고 독촉해서, 그 죄악을 징계하고 후환을 막는 것이 편할까 하옵니다.[51]

**이만주의 편지**

1433년 8월 14일에 평양 감사가 보고했다.

야인 두 사람이 이만주의 편지를 가지고 강계부 강북에 이르러 "최·맹 두 명나라 사신이 홀라온에 가서 사로잡힌 조선 사람을 데리고 이만주가 거주하는 곳을 경유해 만포(滿浦)로 나온다." 하기에 이미 각 지방관으로 하여금 접대할 차비를 준비하게 하고 이만주의 글을 올리옵니다.[52]

평양 감사가 올린 이만주의 편지 내용은 이러했다.

명나라 태종 황제의 성지(聖旨)로 파저강에 와서 살았는데, 1432년에 북방의 올적합이 군사 140명을 이끌고 조선의 변경에 침입해 백성 5명을 사로잡아 왔기에 그들과 싸워 64명을 빼앗아 오니, 조선에서 사람을 시켜 주식(酒食)을 보내왔으며, 또 군사를 일으켜 토벌해 사람을 죽이거나 사로잡아 갔습니다. 이에 글을 갖추어 황제에게 주달(奏達)하니, 명나라 사신이 성지를 받들고 나왔으니, 고집을 세우지 말고 노략해 간 남녀와 우마와 재물을 모두 돌려보내기 바랍니다.[53]

이에 대해 영의정 황희가 계책을 냈다.

이만주가 영은두목(寧恩頭木) 위역가(違亦歌)를 시켜 다만 낭복아한(浪卜兒罕)의 말만 듣고 상경하도록 허락해 상을 준다면 말려드는 것 같습니다. 마땅히 변장(邊將)을 시켜 "너희 추장(酋長)이 너희를 낭복아한에게 사자로 보낸 것이지 국가를 위해 온 것이 아니므로 계달(啓達)해 올려 보낼 수 없다."라고 대답하도록 하옵소서. 이렇게 타이르고 후대(厚待)해 돌려보내 저 사람들로 하여금 국가에서 받아들이지 않는 뜻을 알게 하지 마옵소서.[54]

세종도 그 의견에 따랐다. 명나라를 내세워 포로를 찾아가려고 하는 이만주의 행위를 간파하고 귀순하면 요구한 대로 해 주겠다고 받아친 것이다. 노련한 외교술이었다.

8월 17일에 세종이 안숭선을 시켜 의정부·병조와 삼군 도진무에 문의했다.

알목하에 사는 가시파(家時波)가 우리나라 사람 지만(池萬)을 쏘아 죽였기로 사람을 시켜 가시파를 잡아오게 했더니, 가시파가 처자를 데리고 도망해 버렸다. 동맹가첩목아가 말 한 마리를 배상받아 보내왔으므로 그자들이 우리나라를 두려워함이 분명하나, 사람 죽인 배상을 말 한 마리로 하는 것은 가벼운 것 같으니, 독촉해서 배상을 더하게 해야 하는가, 두어두고 논하지 말아야 하는가?[55]

황희가 답했다.

신의 오활한 소견은 전날 의견을 올릴 때 갖추어 말씀을 드렸거니와, 저들을 안심시키려면 관대한 은전을 베풀고 다시 배상시키지 말아야 합니다. (중략) 두어두고 논하지 말기로 하면 국경의 장수가 국가의 명으로 사람을 보내어 이르기를 "가시파의 범행을 나라에 보고한바, 나라에서 살인의 사건은 말로 보상이 되지 않고, 더구나 가시파가 이웃 땅에 가까이 살면서 방자한 행동을 거리낌 없이 했으니, 그 죄가 적지 않다. 그러나 바친 말은 이미 죽은 사람의 집에 보내 주었고, 또 본인이 도망해 버렸으므로 아직 그대로 두고 논하지 않겠다."라고 하는 것이 어떠할까 하옵니다.[56]

세종도 이에 따랐다. 지만에게는 쌀과 콩 각 3섬씩 부의(賻儀)해 제사 지내 주고, 복호(復戶)했다.[57]

8월 30일 세종은 다시 하문했다.

이제 각처에 흩어져 사는 야인들이 홀라온의 모양을 하고 조선 변방 고을을 도적질했다 하니, 어떻게 처리할까? 또 이제 포로 된 자의 말에 동맹가첩목아 관할하에 있는 열 사람이 파저강으로 옮아 사는데, 거년에 여연에 함께 와서 도적질했다 하니, 어떻게 하면 좋겠는가?[58]

황희는 "사람을 보내 명사 최진(崔眞)을 따라 알목하까지 가서 혹시 그런 말이 나오거든 우리나라가 보고한 것이 아님을 사실대로 대답하게 하소서."라고 대답했다. 세종은 또 물었다.

김을현(金乙玄)이 가지고 왔던 칙서에는 "삼가 홍무·영락 연간의 칙령에 의해, 만약 야인들이 전날의 마음을 고치지 않고 다시 와서 도적질하거든 기회를 보아 처치하라."라고 했는데, 이번에 온 칙서에는 그냥 서로 침범하지 말라고만 했으나, 이것은 오로지 양국의 화해를 위한 의도요, 먼젓번 칙령의 뜻을 고친 것은 아니니, 내 생각에는 이번 칙서를 준봉하는 일을 제외하고, 만약 저들이 다시 와서 침략하면 삼가 먼젓번 칙서에 기회 보아 처치하라고 함에 의거해 즉시 사정을 들어 보고하고 알려서 뒷일의 길을 열어 놓고 싶은 의향인데, 어떠한가?[59]

황희 등은 "저들이 와서 도둑질하면 문 안에 들어온 도둑이 임기응변할 것이지, 보고부터 미리 할 필요가 없습니다."라고 대답했다.[60] 전·후 칙서 중 유리한 것을 들어 여진을 정벌하고자 한 것이다.

## 여진 대책

1433년 윤8월 18일 세종은 "칙서에는 다만 사람과 가축을 돌려보내라 했고 가재(家財)에 대해서는 언급하지 않았으니, 사람과 가축만 돌려줄까, 가재도 돌려줄까?" 물었다. 황희는 "가재를 돌려보내는 것은 비록 칙서에 언급하지 않았더라도 의리상 무방할 것입니다."라고 대답했다.[61]

같은 날 세종은 유구국(琉球國)의 배 만드는 기술자인 오보야고(吾甫也古) 등에게 장가들게 해 준다고 했는데, 어떤가를 묻기도 했다. 이조 판서 허조는 "저런 토인에게 장가들게 하는 것은 불가하다." 했으나, 영의정 황희 등은 "저들이 이미 장가들게 될 것을 알고 있으니, 허락하지 않기가 어렵습니다."라고 했다.[62]

윤8월 20일에 세종은 파저강의 야인들이 빼앗긴 우마와 가산은 돌려 달라고 하면서 우리 백성에게서 약탈해 간 물건은 돌려줄 생각을 하지 않으니 어떻게 하면 좋겠는가 물었다. 그러면서 따로 빼앗긴 가재와 마소의 수를 적어서 관반사(館伴使)를 시켜 가는 도중에 사신에게 전해 주게 하면 어떠냐는 의견을 냈다. 제신들도 동의했다.[63]

## 최윤덕 치계

1433년 윤8월 29일에 평안도 도안무사 최윤덕이 치보했다. "파저강 야인 왕반거(王半車) 등 4인이 이만주의 편지를 가지고 와서 빼앗긴 가산을 돌려달라 하고, 그중 왕반거와 보개(甫介)는 서울로 올라가 왕을 뵙고자 한다."라는 내용이었다. 황희는 중국 사신이 올 때가 되었으니, 최윤덕이 적절히 회답해 보내게 하자고 했고, 안숭선은 "이번에 온 칙서 내용에 '변방 지경을 조심해 튼튼히 하고 이웃 나라와 화목하게 지내라.'라고 되어 있으니, 왕래해도 무방하다." 했다. 세종도 안숭선의 의견에 따랐다.[64]

9월 10일에 왕반거 등이 화친한다는 교지를 내려 달라고 했다.

이번에 온 사람의 말은 이미 이만주의 공문을 받아 가지고 와서 화친하자고 했으니, 예조의 첩문(牒文)을 보내 불목(不睦)했던 이유를 갖추어 설명하고, 겸해서 화해의 뜻을 일러 주는 것이 좋겠습니다. (중략) 서신을 통하는 것은 단연코 할 수 없는 것이오니, 자제들을 데려와 인질이 되기를 빈다든지, 또한 조회에서 뵙겠다고 청하면 의리상 막을 수 없습니다.[65]

황희는 이러한 의견을 냈으나 맹사성은 달리 주장했다.

이번에 온 야인들이 성심으로 문서를 통하기를 바란다면 막지 못할 것이오니, 야인의 문서 청하는 뜻을 갖추어 기록하고 이르기를 "너희들이 자진해 흔단을 일으켰으므로 부득이 가서 토벌한 것인데, 만일 마음을 고치고 정성을 바친다면 반드시 예전과 같이 대접할 것이다." 하십시오.[66]

이에 세종은 맹사성의 의견에 따랐다.

## 조말생 치계

1433년 10월 29일 함길도 감사 조말생이 치보했다.

올적합이 알목하에 침입해 권두 부자를 죽이고, 그 관하의 사람들도 죽임을 당한 자가 또한 많습니다. 다만 범찰·대이(大伊) 등이 다행히 죽음을 모면했는데, 우리나라 사람을 보고 애원하기를, "형세가 이곳에 살기는 어려우니, 경원 부근의 시반(時反) 등지로 옮겨 가기를 원합니다."라고 했습니다. 또 중국 황제가 흠차(欽差)한 배준(裵俊)이 일찍이 알목하에 왔다가 변란을 만났더니, 두목 100여 명을 인솔하고 몰래 영북진에 도착했습니다.[67]

이 보고에 대해 황희는 혹시라도 속임수일 수 있으니 경계하고 허락지 말아야 한다고 했다.

오랑캐를 친근하게 해 스스로 화란을 끼치는 일을 옛사람이 깊이 경계했습니다. 비록 성심으로 간청해 올지라도 마침내 허락할 수 없습니다.[68]

## 외교 현안 문제 토의

1433년 11월 11일 세종은 영의정 황희 등을 불러 현안 문제를 토의했다.

세종: 사신 창성(昌盛)이 방(榜) 쓰는 종이를 청구하는데 들어줄 것

인가, 아닌가?

황희: 칙유에 절실하게 거듭 말했으니, 비록 미세한 물품이기는 하나 들어줄 수 없습니다.

세종: 인산(麟山)·의주(義州)에 사는 사람들은 모두 다 입보(入保)하게 하니 이사하는 것을 꺼려 해 몰래 잇따라 도망쳐 흩어진다고 하는데 입보하게 할 것인가, 말 것인가?

황희: 적의 소굴이 꽤 멀리 떨어져 있으니, 입보를 면제하는 것이 좋겠습니다.

세종: 평안도 연변 각 고을의 주민들이 강을 건너가 경작하는 일을 금지한 것으로 인해, 생업이 매우 어렵게 되어서 몰래 도망쳐 흩어지는 자가 자주 있다고 하는데, 그 일의 이해를 충분히 의논하라!

황희: 적변(賊變)을 예측하기 어려우니 그들이 강을 건너가 경작하는 것은 금지하는 것이 좋겠습니다.

정초(鄭招): 그 도(道)로 하여금 이해를 알아봐서 시행하게 하는 것이 좋겠습니다.

세종: 전일에 청구한 방지(榜紙)는 매우 작은 물품이다. 그러나 모든 물품의 요구를 들어주지 말라는 황제의 칙유가 있기 때문에 청종할 수 없다고 관반(館伴)을 통해 사신에게 전하라!69

그리고 평안도 도안무사와 도관찰사에게 전지했다.

국경 연변의 주민들 중에는 강을 건너가서 경작하는 일을 금지하기 때문에 아마 몰래 도망쳐 흩어지는 자가 있을 것이다. 그러나 적변이 그치기 전에는 원래 마땅히 굳게 금지해야 되겠다. 그러나 적의 소굴과는 멀리 떨어져 있어서 경작할 수 있는 곳에는 경작하게 허락하는 것이 어떻겠는가? 이해와 좋고 나쁜 점을 같이 의논해 아뢰라.[70]

또한 도안무사에게도 전지했다.

내가 들으니 의주와 인산에 사는 주민들이 입보하는 것을 꺼려서 몰래 잇달아 도산(逃散)한다고 하기에, 정부와 육조에 의논하게 했더니, 다 입보하는 것을 면제하는 것이 좋다고 말한다. 좋고 나쁜 점을 자세히 살펴 아뢰라![71]

사신의 물품 요구는 성가신 일이었다. 바친 물건이 마음에 들지 않으면 노골적으로 싫어하고 행패를 부렸다. 이를 적절히 처리하는 것은 조선 외교의 큰 문제였다. 황희는 외교 경험이 많아 매사를 적절히 처리하는 데 능했고, 따라서 세종의 신임이 두터웠다.[72]

### 영북진과 경원진
1433년 11월 19일 세종은 황희 등을 불러,

수성하는 임금은 대체로 사냥 놀이나 성색을 좋아하지 않으면, 반드시 큰것을 좋아하고 공을 세우기를 즐겨하는 폐단이 있다. 이깃

이 예로부터 지금에 이르기까지 조상의 왕위를 계승하는 임금이 마땅히 경계해야 할 일이다. 내가 조상의 왕업을 계승해 영성(盈盛)한 왕운(王運)을 안존(安存)하는 것으로서 항상 마음먹고 있다.

라고 전제한 뒤, 덧붙여 말했다.

전일에 파저의 전역 때는 대신과 장수와 재상들이 다 불가하다고 말했다. 이 말들은 바로 만세의 변함없는 정론이었다. 그런데 내가 드디어 정벌을 명령해 성공했다. 그러나 그것은 특히 행운일 뿐이고 숭상할 만한 것은 못 된다. 지금 동맹가첩목아 부자가 함께 사망하고, 범찰이 그의 무리를 거느리고 우리의 경내에 와서 살고자 한다. 여러 대신들에게 의논했더니 모두가 경솔히 허락할 수 없다고 했는데, 그 언론이 지당하다. 그러나 매양 생각하니, 알목하는 본래 우리나라의 영토 안에 있던 땅이다. 혹시 범찰 등이 딴 곳으로 옮겨가고, 또 강적이 있어서 알목하에 와서 살게 되면, 다만 우리나라의 변경을 잃어버릴 뿐 아니라, 또 하나의 강적이 생기게 된다. 그러므로 나는 그곳의 허술한 기회를 틈타서 영북진을 알목하로 옮기고, 경원부를 소다노에 옮겨서 옛 영토를 회복해 조종의 뜻을 잇고자 한다.[73]

영북진과 경원부를 설치할 것을 선언한 것이다.

강한 도적이 와서 살게 되면 다시 적 하나가 생긴다고 하신 성상의 말씀은 지당합니다. 신등도 또한 허술한 틈을 타서 진(鎭)을 설치하는 것은 적당한 때라고 생각합니다. 그러나 두 진을 둔다면 하나의 진 안에 인구가 1000호 이상은 되어야 합당할 것인데, 그 인호(人戶)가 나올 곳이 매우 어렵습니다. 또 이 일이 어렵고도 중대하니, 가볍게 의논하기는 어렵습니다. 우효강(禹孝剛)이 오기를 기다려 형세를 자세히 물어본 뒤 다시 상세히 의논하게 하소서.[74]

황희 등은 세종의 뜻에 찬동하면서도 인호를 채울 일이 걱정이라고 했다. 세종은 하삼도(下三道)의 향리(鄕吏)·역졸(驛卒)·공천(公賤)·사천(私賤) 등을 모집해 신역(身役)을 면제해 주고 들어가 살게 하자고 했고, 황희 등은 함흥 이북의 인민들을 먼저 뽑아 들어가 살게 하자고 했다.[75] 그러고는 윤회(尹淮)에게 영북진과 경원진 설치를 공표하는 교지를 지어 반포하게 했다.[76]

동년 12월 16일 세종은 황희 등에게 예조를 시켜 야인들이 홀라온에게 군대를 청해 우리나라에 원한을 갚는다는 말이 도는데 사실이냐를 물어보게 하고, 이만주 등이 빼앗긴 인구·재물·칙유·고명 등을 돌려보내 달라고 하는데, 이미 대부분 돌려줬고 일부는 불사르고 물에 던져 남은 것이 없다고 말하라고 했다. 황희 등도 적절한 조처를 했다고 동의했다.[77]

1434년 1월 6일 함길도 감사 김종서가 경원진·영북진에 입주시킬 호수(戶數)와 그에 따른 사목을 조목별로 올렸다. 입주시킬 호수는 다음과 같다.

경원(慶源) 350호, 단천(端川) 280호, 북청(北靑) 280호, 홍원(洪原) 40호, 경성(鏡城) 550호, 길주(吉州) 500호, 함흥(咸興) 45호, 영흥(永興) 45호, 정평(定平) 30호, 안변(安邊) 20호, 문천(文川) 12호, 의천(宜川) 10호, 용진(龍津) 10호, 고원(高原) 15호, 예원(預原) 13호.

이 중 길주 이북 고을은 농사가 비교적 잘되고 거리도 과히 멀지 않기 때문에 배정된 액수가 많고, 그 이하의 고을은 농사도 흉년이 들고 거리도 멀기 때문에, 배정한 액수가 많지 않다고 했다.[78]

### 야인 대책

1월 12일 세종은 대신들과 야인에 대한 현안 문제를 논의하게 했다. 변방 사람들이 암암리에 파저강 야인들과 사적으로 왕래하며 물건을 서로 대여하기도 하고 혹은 혼인도 한다. 국가에서 어찌하면 좋은가? 귀순해 오는 사람을 묵인할 것인가, 금지할 것인가 하는 내용이다. 황희 등은 "피아(彼我)를 막론하고 사적으로 서로 왕래하는 것은 일체 엄금하고, 혹 수령을 와서 보고 소금이나 장(醬)을 요구하는 자가 있으면 한결같이 전례에 의해 할 것이며, 탐지할 일이 있으면 수령이 도절제사에게 이를 보고하고, 올라오기를 자원하는 자는 다만 그 두령되는 자만을 보내게 하되, 연간 40~50명을 초과하지 못하게 하소서."[79]라고 했다.

그런 가운데 형조에서 북청(北靑) 여자 좌이덕(佐伊德)이 야인과 간통해 야인 땅으로 도망해 들어갔으니, 어떻게 처벌할 것인가를 물어왔다. 이에 대해 영의정 황희는 "몰래 타국으로 따라갔으니, '다만 공모(共謀)한 자는 수종(首從)을 분별하지 않고 모두 이를 참형에 처한다.'라는 죄율이 바로 좌이덕의 죄에 부합하오나, 처첩과 자녀를 공신의 집에 주어 종으로 삼는다는 문구는 부녀자를 가리키는 것이 아니오니, 죄의 등급을 감해 시행하는 것이 어떠합니까?"[80]라고 의견을 냈다. 그리하여 1등급을 감해 시행하고, 연좌(緣坐)는 시키지 않았다.[81]

### 동맹가첩목아 아우 정벌 반대

1434년 4월 2일 영북진 절제사 이징옥(李澄玉)은 동맹가첩목아의 아우를 정벌하자고 하고, 도관찰사 김종서는 정벌하는 것이 옳지 않다고 했다. 영의정 황희는 "침략하려는 흔단도 없는데, 이를 치면 저들이 분노해 잡류(雜類)들을 이끌고 침노할 것이다."라고 해 반대했다. 세종도 "동맹가첩목아가 패망한 뒤로 우리나라가 곧 진(鎭)을 설치했으나 흔단이 없었는데 경거망동해 이를 치는 것은 옳지 않다."라고 결론을 내렸다.[82]

### 이만주 부하 귀의

1434년 4월 26일 건주위(建州衛) 지휘(指揮) 이만주 관하의 백호(百戶) 장지하(張支河) 등이 도망해 왔다. 예조에서는 의복을 주고 평안도로 돌려보내어 이만주가 와서 추쇄(推刷)해 가기를 기다려 보내 주자고 했다. 영의정 황희도 그 의견에 따랐다. 그러나 판서 최사강(崔士康) 등은 날이 춥지 않을 때 옷·갓·신을 주어 돌려보내자고 했다. 세종은 최사강의 의논을 따랐다.[83]

동년 5월 8일 세종은 황희 등을 불러 현안을 의논했다. 그중에는 야인에 관한 내용도 있었다. "야인이 우리와 땅을 맞대고 있어서 혹 짐승 가죽 등의 물건을 변장에게 주는 경우가 있는데, 거절하면 원한을 품는다. 어떻게 하면 좋은가?" 세종이 묻자 황희 등은 모두 "만일 가져다주는 물건이 있다면 감사하다고 말해야 하며, 면포(綿布)·염장(鹽醬)·미면(米麵) 등을 주되, 그들이 가져온 물건 값의 많고 적음에 따라 그때그때 요량해 주는 것이 좋을 것 같습니다."[84]라고 대답했다.

### 야인 재산 회수

1434년 5월 17일 통사 애검(艾儉)이 북경으로부터 돌아와 맹날가래(孟捏哥來)와 왕흠(王欽)·왕무(王武) 등 세 명의 명 사신을 만났는데, 그들이 "장차 칙서를 가지고 홀라온으로 갔다가 오는 7월 사이에 너희 나라로 가겠다. 연전에 너희 나라가 사로잡아 간 야인의 재산과 마필을 추쇄하기 위해서다."라고 하더라고 보고했다. 황희 등은 전에 돌려주지 않았던 살만답실리(撒滿答失里)의 말은 즉시 돌려주자고 했다. 어차피 돌려줄 것이면 즉시 돌려주자는 것이었다. 그러나 세종은 결정하기 어려우니 다시 의논해 보자고 했다.[85] 그러나 결국 돌려주기로 하되, 이미 말에 '내(內)'자 화인(火印)을 찍어 놓았으니, 서로 비슷한 글자의 전자(篆字)로서 화인을 다시 찍어 보내기로 했다.[86] 또 명나라가 양목답올(楊木笭兀)을 공격한다는 정보는 사신을 북경에 두 차례나 파견했음에도 듣지 못했으니 범찰이 지어낸 말일 가능성이 있다고 황희는 판단했다.[87]

## 동북면 방어 전략

1434년 6월 1일 세종은 의정부와 만포에 성을 쌓는 일과 삭주 (朔州)·창성(昌城)의 관장을 바꾸는 일을 논의했다.

1  강계로부터 만포까지가 90리이고, 만포에서 허련(許憐)까지가 30리인데, 그곳에 사는 백성은 겨우 300여 호밖에 안 된다. 언제나 겨울철을 당하면 늙은이를 끌고 어린이를 붙들고 강계에 입보하느라고 가산을 탕파(蕩破)하니, 백성들이 대단히 괴롭게 여긴다. 만포 구자(滿浦口子)에 목책을 제거하고, 석성(石城)으로 고쳐 쌓고, 근처의 주민으로 하여금 입보해 환란을 피하게 하는 것이 어떤가?

2  삭주에서 창성까지가 100여 리인데, 매양 겨울철을 당하면 삭주 절제사가 그 군마(軍馬)를 거느리고 창성에 가서 방수(防戍)하니, 그 폐단이 적지 않다. 이제부터 삭주 절제사를 창성에 옮기고 창성 지군(昌城知郡)을 삭주에 옮겨 서로 바꾸어 제수하는 것이 어떤가?

이에 대해 황희가 건의했다.

삭주와 창성 두 진장(鎭將)을 서로 바꾸어 제수하는 의논은 이미 오래되었습니다. 그러나 모든 변진을 설치할 때 비장(裨將)을 전후 좌우로 벌여두고 원수(元帥)를 그 중앙에 있도록 한 것은 사방에 위급한 일이 생기면 원수가 바로 모든 군사를 거느리고 나가 구원하고 대항하기 위해서입니다. 옛사람이 진(鎭)을 설치한 본의도 여기에 있고, 지금 삭주와 창성의 지세로 보아도 꼭 이런 이유에서 벗어나지 않을 것입니다. 만약 진장을 서로 바꾸려고 한다면 먼저 사람을 보내 그 지세의 편부부터 자세히 답사한 다음, 시행하도록 해야 할 것입니다.[88]

신중하고 사려 깊은 태도이다.

### 야인 식량 요구

1434년 6월 1일 지휘(指揮) 심타납노(沈·納奴)가 천호(千戶) 동호태(童胡泰) 등을 보내 요청했다.

우리가 살고 있는 곳의 인호(人戶)가 350호인데, 200호가 이산(離散)하고, 현재 살고 있는 사람은 150호뿐입니다. 지난해에는 흉년이 들었기 때문에 살길이 곤궁하니, 양식을 주기를 청합니다.[89]

세종은 승문원 제조 황희에게 논의하게 했다. 황희 등은,

이 사람의 명분이 이만주나 이살만답실리(李撒滿答失里)에 미치지는 못하지만, 그의 부락이 매우 많사오니, 바라옵건대, 이만주와 이살만답실리의 예에 따라 양식을 주는 것이 좋겠습니다.[90]

라고 했다. 세종도 그 의견에 따랐다.

## ○○ 북방 경계 확장과 대명 전략

1434년 6월 14일 세종은 영의정 황희 등을 불러 투항해 귀화한 야인의 처치를 의논했다.

파저강 야인이 투화해 신복(臣服)하기를 원하는 자가 가끔 있다. 만일 소원에 따라 받아들인다면 저들이 반드시 끊이지 않고 올 것이니, 역로(驛路)가 수고로울 뿐 아니라 국가에서 지대(支待)하기도 어려울 것이다. 하물며 파저강은 원래 건주위(建州衛)에 매여 있는데, 그 사람들이 모두 명나라의 제재를 받고 있으니, 비록 투항하더라도 우리나라에서 마음대로 받을 수 없다. 전에 내린 칙서에서는 각각 천도(天道)를 순하게 해 인접 지경과 화목하게 지내는 것이 좋겠다고 했으니, 이것은 저들과 우리 사이에 서로 잘 지내 침범하지 말게 하자는 뜻이었다. 지금 저 사람들이 와서 살기를 원하는 자, 또는 자주 사람을 보내는 자, 또는 토의(土宜)를 바치는 자 등이 있다. 그들의 왕래가 의(義)를 사모하는 것 같지만 속마음이 진실인지 거짓인지 알 수가 없다. 그렇다고 와서 살기를 원하는 자를 하나도 돌려보내지 않고 다 받아들인다면 장차 (그들이) 반드시 명나라에 우리나라가 도망자를 불러들이고, 반역자를 받아들인다고 공소(控訴)할 것이다. 만일 칙유를 내려 그 사유를 묻는다면 장차 어떻게 대답할 것인가? 후환이 없도록 하려면 마땅히 오늘에 도모해야 한다. 마땅히 상항(上項)의 사유를 갖추어 명나라에 알리는 것이 어떤가? 알리는 것을 글로 할 것인가? 말로 할 것인가?[91]

모두들 말하기를 "전에 온 김산(金山)은 비록 본국 사람이라고 자칭하나 그 형세를 보면 도망자입니다. 이미 거짓인 것을 알면서 받아들이고 돌려보내지 않는다면 참으로 편치 못할 일입니다. 또한 본고장으로 돌려보내면 저들이 공소할 꼬투리가 없을 것입니다. 무엇 때문에 번거롭게 명나라에 알릴 필요가 있겠습니까?"[92]라고 했다. 황희 또한 말했다.

국가에서 김산을 머물러 두고 옷 입히고 벼슬 주고 한 것은 본국인이기 때문입니다. 지금 온 야질다(也叱多)·야상합(也相哈)의 말에 김산은 그들의 동성삼촌숙(同姓三寸叔)이라 했으니, 본국인이 아닌 것이 분명합니다. 그 거짓 칭한 사실과 도망해 온 형적이 나타났으니, 이제 이미 그 거짓임을 알았으면 어찌 또한 본토로 돌려보내지 않겠습니까?[93]

세종은 김산의 출처(出處)를 예조에 다시 조사하라고 했다.

### 향화인 토지 체대

1434년 6월 30일에는 향화인(向化人, 귀화인) 자손에 대한 토지의 체대(遞代)를 논의했다. 향화인 자손 이우(李雨)가 아비의 전토를 물려받아 생활하고 있는데, 호조에서 공로가 없다 해 회수해 갔다. 이에 대해 영의정 황희 등은 "과전의 예에 따라 줄 만한 자라면 주는 것이 좋다." 하고, 도승지 안숭선은 "제 몸에 한해 전토를 주고, 죽은 뒤에는 환수해야 한다."라고 했다. 세종은 안숭선의 의견을 따랐다.[94]

## 이징옥의 사목

1434년 6월 30일 함길도 감사 김종서가 영북진 절제사 이징옥의 사목을 밀봉해 올렸다.

1    범찰이 처음 왔을 때는 언사(言辭)가 공손했으나, 말을 타고 입성하고자 하므로, 같이 온 지휘 태이(太伊)와 수문인(守門人) 등이 굳이 금한 다음에야 말에서 내려 입성했고,

2    범찰이 두 번째 왔을 때의 언사는 공손했으며, 서벽(西壁)에 승상(繩床)을 허락했어도 앉지 않고, 자기가 가지고 온 교상(交床)을 서벽에다 놓고 앉았으며,

3    범찰이 진성(鎭城)으로부터 서쪽으로 5리쯤 되는 자기의 옛 터에다 목책을 설치하고 알타리(斡朶里) 사람들을 데려다 살게 하고자 하며, 동맹가첩목아의 옛터인 북현(北峴)에서 100여 명을 모아서 모의했고,

4    범찰이 우적함(亏狄哈)과 처부(妻父)인 이장가(李將家)를 두려워해 장차 진성 서남 간 20여 리의 산간에 집을 짓고 몰래 숨어서 살고자 했으며,

5    범찰이 전날 입조했을 때 파저강 야인이 이만주의 집에 이르러 여러 날 묵었고,

6    동류인(同類人)들이 가만히 말하기를 "파저강으로 옮겨 살자고 한다." 하더니, 이미 집안사람들을 파저강에 보내 농사짓게 했고,

7    범찰이 그 아들로 하여금 채단(綵緞) 1필을 기증하게 했으나, 받아들이지 않고, 좋은 말로 음식을 대접해 보냈삽고,

8    범찰이 처음 보던 날 자노령(紫鷺翎, 얼룩 백로의 깃) 2매(枚)를 기증하므로 이를 받았사온대, 만일에 범찰과 이만주가 작당하게 되면 후환이 없지 않을 것이옵고, 타인으로써 공공연히 제어하기가 어렵습니다. 그러니 지난번에 피살된 사람들의 자제들이 원수를 갚는 것처럼 해 이를 제재하게 하는 것이 어떻겠습니까? 신의 어리석은 생각으로는 그 살인한 죄가 이미 오래되었고, 또 관작을 중국으로부터 받은 자인즉, 이제 까닭 없이 성죄(聲罪)하기는 어려울 것입니다. 그러나 이 사람은 끝끝내 반드시 근심이 될 것이오니, 불가불 일찍이 이를 위해 계책을 세워야 하겠나이다. 당인(唐人) 삼하(三下)의 말과 같이, 파저강으로 이사하는 때에 화심(禍心)을 품고서 혹은 사람을 잡아가고, 혹은 우마를 훔쳐간다면 그 일에 따라 추봉(追封)함이 어떻겠습니까? 변장의 계책을 듣지 않을 수 없사옵고, 저들의 이사는 본래가 정한 기일이 없사온지라, 이를 대비할 계책은 불가불 일찍이 마련해야 하겠사옵기로 엎드려 성상께 재결을 바랍니다.[95]

황희는 "제 생각으로는 범찰은 비록 제거할 만한 사람이라 하더라도 지금은 토벌할 죄가 없으니, 명분 없는 군사를 일으키기는 매우 어렵겠으나, 만일에 범찰이 혹 우마를 훔치고 변경을 노략한다면 변장이 임의로 구처(區處)함이 가할 것입니다."라는 의견을 개진했다.[96]

### 회령 야인 처치

1434년 8월 5일 함길도 감사 김종서가 아뢰었다.

회령(會寧)에 거주하는 야인의 무리가 혹은 옮기고 혹은 그대로 있사오니, 그 마음을 추측하기 어렵고, 또 장천사(張天使)가 나오지 아니할 리가 없을 것인데, 직위가 낮은 첨절제사로 대응하게 하면 보기에 잔약할 것 같으니, 저들이 가든지 머물든지 간에 계책을 정할 동안 우선 영북 절제사 이징옥으로 하여금 그대로 회령을 지키게 해 보기에 위엄이 있도록 하고, 본읍의 일은 내왕하면서 다스리게 함이 어떻겠습니까?[97]

황희는 "멀리서 헤아릴 수 없으니, 감사·도절제사·영북진 절제사 등으로 하여금 같이 정형(情形)을 살펴 아뢰게 한 뒤에 다시 의논하게 하소서."라고 했다. 세종도 그 의견을 따랐다.[98]

### 건주위 야인의 요구

1434년 8월 15일 건주 좌위 지휘 동범찰(童凡察)이 여진 문자로 쓴 글을 수하를 통해 보내 "양목답올이 노략질해 간 중국 사람들을 연전에 배준이 거느리고 본국으로 돌아갔는데, 이제 우리가 무역하기 위해 부리는 사람들이 변토(邊土)로 도망해 간 것을 변토 아문의 관리들이 분별하지 못하고 모두 양목답올이 잡아간 사람이라 해 중국으로 보냈으니 억울하다."[99]라고 항의했다. 이에 대해 영의정 황희 등이 말했다.

포로된 중국 사람들이 본토를 그리워해 도망해 왔는데, 중국을 섬기는 나라로서 어찌 풀어 보내지 않겠습니까? "진실로 너희들의 무

역하는 사람이라면 황제께 주문해 도로 받아 가는 것이 가하다."라고 대답하는 것이 마땅합니다.[100]

## 파저강 야인 와대 내외 귀의

그런데 1434년 8월 17일 파저강 야인 와대(瓦大) 내외가 여연으로 도망오는 사건이 있었다. 이들은 함길도 공주(孔州) 옹구리(雍丘里)에 살던 조선 사람인데, 야인들에게 포로가 되어 종살이하다가 고생을 이기지 못해 도망해 왔다는 것이다. 이에 대해 영의정 황희 등의 의논하여 말했다.

"와대 부처가 모두 조선 사람이기 때문에 아직 머물러 두고 있는 것이다. 참으로 너희 사람이면 너희들이 분변해 그 부모의 성명과 생사 여부, 사는 곳, 원근 친족 유무 등을 써서, 친족 한두 사람에게 주어서 보내라!"라고 해, 그 친족이 오거든 대질한 뒤에 다시 진위를 가려, 함길도 감사로 하여금 옹구리 옛 노인들에게 조사해 아뢰게 하옵소서.[101]

세종도 그 의견에 따랐다.

## 여진 인마 추쇄

1434년 8월 26일 우의정 최윤덕이 평안도로 가는 것의 가부를 물었다.

연전에 승전한 것은 소신의 무략(武略)으로서가 아니고, 오로지 전하께서 신무(神武)하옵신 소치입니다. 이제 저들이 비록 와서 항복했을지라도, 잠시 신하 노릇 하다가 곧 배반해, 그 마음이 매우 간사합니다. 신의 용렬하고 어리석음으로써 진복(鎭服)시킬 수 없사오나, 저들이 만약 신이 가는 것을 들으면, 반드시 군사를 엄하게 하고 방비를 굳게 할 것이라고 할 것이니, 신이 가는 것이 마땅합니다.[102]

최윤덕의 말에 황희 등도 수긍했다.

세종은 박신생(朴信生)이 조선의 사신으로 명나라에 들어갔을 때 명나라 관리들이 야인의 인구와 마소를 다 돌려줬느냐고 물으면 어떻게 대답하는 것이 좋을까를 물었다.

인구는 연전에 성지를 공경히 받들어서 즉시 사람을 보내어 추쇄해 빠짐없이 돌려보냈고, 홀로 첩아한(帖兒漢) 등 5명만은 본래 조선 사람이므로 사연을 갖추어 주달(奏達)하고 머물러 두었더니, 성지에 이르기를 "둘이 서로 화순(和順)하면 저들도 마음을 고쳐 귀순할 것이다. 두세 번 돌려보내 달라고 청하니, 부자와 부부가 서로 갈려 있는 정이 진실로 가엽다." 하시어, 우리나라에서 이미 돌려보냈고, 마필은 어느 곳 없이 두루 찾아서 역시 돌려 보냈으나, 간혹 간사한 백성이 숨기고 있는 것이 있어서 사람을 보내어 수색해 건장한 새끼 말 몇 필을 위의 첩아한과 일시에 보낸다고 대답하고, 만약 묻지 않으면 말하지 않으면 됩니다.[103]

황희 등이 이와 같이 의견을 개진하니, 세종도 그에 따랐다.

## 여진 포로·우마 반환 요구

1434년 9월 8일에 지휘 우자안첩목아(禹者顔帖木兒)가 알목하에 오면 어떻게 대접할까를 의논했다. 황희 등은 배준의 예에 따라 의복을 하사해 주고, 두목에게는 줄 것이 없다고 했다. 또 사신이 국경에 와서 왜 경원·영북 두 진을 설치했느냐고 물으면 그곳은 본래 우리 땅인데, 동맹가첩목아가 요청해 들어와 살게 했더니, 이제 이미 패망해 떠나고 흩어졌으니, 다른 사람들이 또 와서 있을까 두려워서 두 진을 설치하고 예전 경계를 회복했다고 대답하라고 했다.[104]

9월 11일 영의정 황희는 "염초(焰硝)는 군국(軍國)의 중요한 바이니, 마땅히 주달해 무역할 것이온대, 만약 천추사가 예부(禮部)에 정문(呈文)을 올려서 사들이게 하면 불가하므로, 전하께서 주달하고 무역하고자 생각했으나, 또 황제를 번거롭게 할까 두려워해 감히 아뢰어 청하지 못하신다는 말을 아울러 기록함이 어떻겠습니까?"라고 아뢰었다.[105]

10월 9일 두목(頭目) 손중(孫中)이 베껴 가지고 온 칙서에 "파저강 사람 56명과 소·말 300필을 아직 다 돌려주지 않았다."라고 했다. 세종은 그중에는 노략질할 때 거역하다가 살해된 사람도 있고, 스스로 빠져 죽은 사람도 있고, 오는 도중에 병들어 죽은 사람도 있고, 중국 군인이라 보내 준 사람도 있고, 잡아 왔다가 돌려보낸 사람도 있어서 돌려보내지 않은 사람이 없다고 했다. 또 잣이 흉년이라 인삼으로 황제에게 바치는 예물을 바꾸자고 했으나 황희는 반대했다. 잣

을 전부 감하고 보내지 않는 것이 좋다고 했다.[106]

10월 23일 명의 칙사 왕무(王茂)가 왜 포로와 말을 돌려보내지 않았느냐고 힐문했다. 황희 등은 야인의 마필을 돌려주려 했더니 제 말이 아니라고 해서 뒤늦게 본 주인을 찾아 돌려주었고, 첩아한(帖兒漢)과 딸 5명은 본래 조선 사람이라 돌려줄 필요가 없으나, 남편이 강가에 와서 울부짖어 강계에 머물러 두었다가 여름에 돌려주었다고 답변하라고 했다.[107]

### 갑산읍 설치 문제

1434년 12월 15일 함길도 도순문사 심도원이 갑산(甲山)에 읍을 설치할 것을 요구해 왔다. 이에 대해 영의정 황희 등이 다음과 같은 의견을 내 세종도 따랐다.

> 삼수(三水) 이하 무로구자(無路口子)의 땅은 옛적부터 일찍이 듣고 보지도 못했으니, 지금 도순무사가 아뢴 것에 의거해 수령을 두는 것이 편한지 않은지를 멀리서 헤아리기가 심히 어렵습니다. 그러나 아뢴 것으로 본다면 그 땅의 생김이 높고 좁고 척박해 경작할 수가 없으니, 백성들이 살 만한 곳이 아니고, 또 고을을 세우고 수령을 두면 마땅히 향리(鄕里)의 심부름할 사람을 채워야 하니, 백성들이 반드시 싫증을 낼 것이고, 감당할 힘이 없습니다. 청컨대 삼수 이하를 베어서 여연에 붙이고, 구자(口子)를 그대로 두어 목책을 배설하고, 얼음이 얼 때를 당하면 도절제사로 하여금 도내에서 무재가 있고 청렴·공정한 자를 뽑아서 거민을 영솔해 방어하게 하고, 강계

절제사로 하여금 검찰하게 하소서.[108]

### 이만주 부하 망명

1435년 5월 8일 이만주 관하의 동화응합(童和應哈) 등이 망명해 왔는데, 받아들일까 여부를 의정부에서 논의하도록 했다. 황희는 후일에 트집을 잡히지 않도록 받아들이지 말아야 한다고 했다. 그러나 세종은 평안도에 처자를 완취(完聚)하고 관에서 옷과 양식을 주어 밀고한 말이 사실인지, 이만주가 어떻게 나오는지 본 뒤에 결정하자고 한 좌의정 최윤덕의 의논을 따랐다.[109]

### 이만주 포로 반환 요구

1435년 6월 12일 이만주가 백성 만피(萬皮) 등 남녀 12명을 돌려달라고 했다. 황희 등은 생업을 잃고 얻어먹으러 온 모든 야인을 돌려보내자고 했다.[110] 6월 13일 파저강 야인이 귀화해 이만주가 홀라온과 더불어 여연에 침입해 남녀 7인과 말 6필, 소 5마리를 잡아갔다고 말했다. 사실이었다. 이 때문에 이를 막지 못한 군수 김윤수(金允壽) 등이 처벌받았다.[111] 7월 16일 야인 20여 명이 쳐들어왔다. 세종은 황제가 야인과 평화롭게 잘 지내라고 해 변경을 침입한 야인을 되도록 인구와 재산을 돌려보내 주었다. 그러나 야인에 대한 처치를 낱낱이 하다 보면 계속 그래야 할 것이니, 그들이 침입한 이유만을 보고하자고 했다.[112] 7월 24일 이만주가 또 공문을 보내 만피·생가(生哥) 등의 포로들을 돌려보내 달라고 재촉했다. 이에 대해 황희는,

도망해 온 사람들을 돌려보내지 않는 것은 그들의 노여움도 족히 애석하게 여길 것이 없고, 또한 무력으로 위협할 것도 없습니다. 저들이 만약 명에 알려 돌려보내라는 조칙(詔勅)이 있게 되면 저들은 반드시 그 은공을 명으로 돌리고 우리나라에는 고맙게 여기지는 않을 것입니다. 그러나 또 우리로서는 서로 화호하라는 칙서를 준수한 보답도 될 수도 있을 것입니다. 저들이 또 정성스러운 마음과 공손한 생각을 갖고 도망쳐 온 사람을 보내 달라고 한다 하더라도 조금 절제하는 태도를 가져야 할 것입니다. 만약 또 독사와 도야지 같은 야심을 품고 제멋대로 침략하면 방어를 굳게 해서 온갖 대비가 있는 것을 보여 줘야 할 것입니다.[113]

라고 했다. 명나라에 대해서는 공손하고, 양인에 대해서는 엄격한 외교 정책을 쓴 것이다.

### 야인 여연군 침입

그런데도 1435년 7월 25일 야인들이 여연군 조명간(趙明干)에 침입했다. 황희 등은 농사철이라 남자들이 모두 적을 추격해서는 안 되고, 수령으로 하여금 적에 대처하게 하라고 했다.[114]

### 이만주 토산물 상납

1436년 5월 24일 이만주가 지휘(指揮) 김납노(金納奴) 등 4인을 보내 토산물을 바쳤다. 이때 조정에서는 이들을 구류해 여연을 침공한 원인을 추문하고, 또 관(館)에서 접대하는 예식을 감하고자 했다. 이에

황희 등은 "접대하는 여러 가지를 감하거나 생략할 수 없고, 김납노
등은 모두가 이만주의 친척이 아니며 또 하찮은 일을 맡고 있는 자들
로 비록 구류한다 하더라도 이익될 것이 없으니, 단지 의리를 들어서
힐책이나 하고 전례대로 돌려보내소서."[115]라고 건의했다. 7월 18일 세
종은 이만주를 견제하기 위해 간첩을 투입하고, 우리 통사(通事)를 보
내 그곳 사람들과 오랫동안 왕래하게 하는 것이 어떠냐고 제의했다.
영의정 황희는 "만약 국경에 가까운 야인 중에서 동류를 배반하고 본
국에 성심을 다하는 사람을 얻는다면 좋겠으나, 저 사람들은 이랬다
저랬다 해 믿기 어려운데, 만약 본국의 정상을 저들에게 먼저 통하고
도리어 허탄한 말로 본국에 보고하면 이익은커녕 도리어 손해만 보게
될 것입니다."[116]라고 우려했다. 이중 간첩을 신용할 수 없다는 것이다.


### 여연에 지방관 설치

1436년 9월 4일 도승지 신인손(辛引孫)이 여연에 회령의 예에 따
라 2품 이상의 지방관을 두자고 했다. 황희도 2품 이상의 관원과 함
께 판관(判官)까지 두자고 했다.[117] 야인을 막는 데 편전(片箭)이 유용
했다. 그러나 이 기술을 야인이 익힌다면 대단히 위험하니, 비밀리에
기술을 개발해야 한다고 했다. 세종이 그 방안을 황희가 도제조로
있던 의례상정소에 전지했다.[118] 그러나 상정소는 1436년 11월 19일
에 혁파되었다. 판원사(判院事) 허조가 일이 끝났으니 없애야 한다는
주장 때문이었다.[119]

### 이만주 상경 요구

1436년 9월 15일 홀라온의 가탕기(加湯其) 등이 변경을 침입했는데, 범찰이 군사를 이끌고 와 도왔다. 황희는 옷 한 벌만 내려 주면 된다고 했다.[120] 당연히 그래야 한다고 보기 때문이다.

11월 20일 이만주가 사자 10명을 서울로 올려 보내려 했다. 이만주는 해마다 쳐들어오면서 홀라온이 한 짓이라고 속였다. 이런 사실을 조선이 알고 있음을 영중추원사 최윤덕이나 예조를 통해 이만주에게 통보한 터였다. 황희가 대책을 냈다.

> 지금 저들이 거의 서울에 이르렀는데 강계부로 돌려보내는 것은 옳지 못합니다. 접대하는 예도 후하게 하지 말고 박하게 하지도 말고, 그들의 말을 듣고 변고를 관찰할 것입니다. 이제부터는 저들이 강계부에 이르면 절제사가 그들의 나온 사정을 물어보고, 만약 부득이해 서울로 올려보낼 사람이면 올려보내고, 올려보내지 못할 사람은 타일러서 돌려보내어, 배척해 멀리함을 보여서 그들의 실정과 거짓을 보게 함이 어떻겠습니까?[121]

### 이만주 토벌 논의

1437년 5월 16일 세종은 이만주가 또 우리 국경에 머무르고 농사철을 당해 농사지으러 오니 토벌해야 한다고 주장했다. 이에 대해 황희 등은 반대했다.

> 이만주의 마음은 진실로 알 수 있으나, 성지를 받들고 왔으니 가서

토벌할 수 없으며, 저들이 침략하려는 단서가 없는데도 명분 없이 군사를 일으킬 수는 없습니다. 그리고 중국이 알게 되면 더욱 불가합니다. 또 그들이 와서 머무르는 곳이 높고 험해 군사를 행하기가 심히 어려우니, 마땅히 성을 튼튼하게 지켜서 삼가 손을 쓰지 말고, 저들이 와서 침노하기를 기다려서 공격해 쫓아내는 것이 어떻겠습니까?[122]

세종은 다시 반문했다.

비록 성지라고 말하나 우리나라에 관계된 것이 아니니, 성지가 오고 안 오고는 논할 것이 없다. 하물며 전에 성지가 있어 "야인에게 할 만한 형세면 비록 그 막(幕)에 직접 이르러 사로잡아 올지라도 오히려 가하다."라고 했는데, 이제 이유 없이 문득 국경 가까이에 이르렀으니, 어찌 토벌하지 않을 수 있으리오! 저들이 혹 우리 땅에 더욱 가까이 오면, 역시 명분 없는 군사라 해도 군사를 일으켜서 쫓을 수 없겠는가?[123]

세종은 주체적인 국토 수호를 강조했다. 이에 비해 황희는 사대부의 국방관을 견지하고 있었다.

군사를 보내어 토벌해도 반드시 이긴다고 할 수 없으니, 만약 저들이 와서 침노하기를 기다려서 공격하면, 곧은 것이 우리에게 있어서 중국 조정에 말하기가 쉬울 것입니다. 신등이 반복해서 생각해 보니, 사졸(土卒)을 엄하게 하고, 척후를 두어서 그 변동을 살피는 것만 같지 못합니다. 또 만약에 공격할 만한 형세가 되면 반드시 굳게 지킬 것만도 아닙니다.[124]

### 범찰의 갑옷·투구 요구

1437년 7월 1일에 범찰이 함경도 안에서 옮겨 살 것과 자기가 입을 갑옷과 투구를 한 벌 달라고 했다. 이에 황희 등은 가든지 머무르든지 마음대로 하되, 갑옷과 투구는 만들기 어려우니 줄 수 없다고 했다.[125] 그런데 알타리(斡朶里) 모다치(毛多赤)는 범찰이 홀라온과 더불어 조선을 침략하려 한다고 이간질했다. 이에 황희 등은 범찰의 귀부하는 마음은 진실인 것 같다. 그러나 그 간사함을 알 수 없으니, 머물러 있게 했다가 가을에 찬바람이 나거든 돌려보내는 것이 좋겠다고 했다. 그러면서 한편으로는 군사를 주둔시켜 엄하게 경비하자고 덧붙였다.[126] 그런데 야인들이 너무 많이 귀순해 와 이를 접대하기가 어려울 정도였다. 그리하여 황희 등은 도절제사로 하여금 부족(部族)의 강약과 대접의 후박(厚薄)을 적절히 조율하되, 후하게 대접하는 인원을 10인을 넘지 않게 하자고 했다. 그 나머지는 도절제사가 대접하거나 선물을 주어 돌려보내라 했다.[127] 그리고 윤봉(尹鳳)과 같은 환관 출신 사신이 부르더라도 가지 말라고 했다.[128]

### 홀라온의 귀순

1438년 7월 1일 알타리의 모다치가 북방에 있는 홀라온을 귀순시키겠다고 했다. 그 대신 세종은 모다치에게 의복 1벌, 청·홍 면포

2필, 종이 30권을 상으로 주자고 했다. 황희는 도절제사를 통해 감호관으로 하여금 은밀히 유시(諭示)하면서 주자고 했다.[129]

## 다시 북방 경계에 힘쓰다

평안·함경도에는 여진을 막기 위해 장성(長城)을 쌓고 있었다. 성을 쌓는 일은 국가를 위해 긴요한 일이지만 백성들이 괴로워하고, 또 전염병도 돌아 계속 쌓아야 할지 판단이 서지 않았다. 조신들도 쌓아야 한다느니, 황보인(皇甫仁)이 정한 성터가 잘못되었느니 하면서 논란이 많았다. 그렇다고 한 삼태기의 흙을 보태지 못해 성이 완성되지 않는 우를 범해서도 안 된다고 했다.[130] 황희 등은,

> 평안도의 행성(行城)은 다른 읍성과 비할 바가 아니고, 바로 강을 따라 쌓는 것이오니, 비록 다른 사람을 보내더라도 반드시 다른 의논이 없을 것입니다. 하물며 사람의 소견이 각각 다르므로, 만약 혹 다시 고치면 이론(異論)이 분분해 큰일을 이룩하기 어려우니, 황보인에게 위임해 쌓기를 마치게 하는 것이 좋겠습니다.[131]

라는 의견을 개진했다. 그래서 세종은 장성을 끝까지 쌓기를 결심했으나, 이로 인해 양계(兩界)가 피폐해졌다. 황희 등은 "장성은 비록 수십 년이 걸려도 마쳐야 하는데, 도적이 만약 허술한 틈을 타 갑자기 쳐들어오면 백성들이 죽거나 사로잡힐 것이니, 먼저 석보(石堡)를 쌓은 다음 장성을 쌓는 것이 좋겠다."라고 했다.[132]

### 이만주의 인물 쇄환

1441년 12월 24일 명사 오양(吳良) 등이 와서 의복·포물(布物) 등을 달라고 했다. 세종은 좌승지 이승손(李承孫)을 황희 집에 보내 의견을 물었다. 황희는 비밀리에 주자고 했다.[133] 오양이 여진 추장 및 범찰 형제를 불러올리고, 거주하는 야인의 이름을 부르게 하니, 그에게 뇌물을 주어 그의 조사를 무마하려 했다.[134] 또 창기(娼妓)를 요구해 그것도 들어주었다.[135]

이듬해 1442년 1월 11일 세종은 명사가 돌아갈 때 야인들이 잡아간 포로를 쇄환하겠다고 회주문(回奏文)을 써 보내는 것이 어떠냐고 물었다. 황희 등은 "지금 이만주의 인물을 쇄환할 때 우리나라 인물도 돌려주기를 아울러 청하는 것은 미안한 일입니다. 뒤에 청할 기회가 있을 것입니다."[136]라고 답했다. 세종도 그 의견에 따랐다. 명사 오양 등은 범찰 예하의 야인들이 다른 땅으로 옮겨 가지 않는다고 하니 황제에게 사은해야 한다고 했다. 그러나 황희 등은 범찰 예하의 야인들이 본래부터 우리 땅에 살고 있었는데, 명나라 덕으로 그렇게 되었다고 사은할 수 없다고 했다. 사은한다면 칙서에 "너희 나라가 대대로 예의를 지켜서 충성과 두터운 덕으로 나라를 세웠다."라고 한 내용에 대해 사은한다면 모르겠다고 했다.[137]

### 망가의 조회

1442년 6월 2일 사롱개(沙籠介)의 아들 망가(忘家)가 이름을 속이고 조선에 조회했다. 김종서 등은 사롱개 부자가 자주 우리 변방을 침략하니 처벌하고 돌려보내지 말아야 한다고 했다. 그러나 병으로 사제(私第)에 있는 황희는 세종의 자문에 다음과 같이 응답했다.

> 망가가 이름을 속이고 와서 조회한 것은 비록 미운 일이지만, 득리
> 복(得里卜)의 말도 또한 믿을 수 없습니다. (중략) 지금 득리복도 또한
> 망가를 잘못 보고서 사롱개의 아들이라 하는지 염려되니, 지금 잠
> 정적으로 이제 온 오랑개(吾郞介)의 권노(權老) 등 여러 사람들에게
> 먼저 물어 이름을 변경한 것이 참인지 거짓인지를 자세히 알아야
> 합니다. 비록 그가 사롱개의 아들이라 하더라도 이름을 변경한 것
> 을 가지고 구류(拘留)시킬 수는 없으니, 망가 등에게 "너희 무리 중
> 에 혹시 이름을 속이고 서울에 온 사람이 있는데, 국가에서 모르는
> 것은 아니지만, 먼 지방 사람을 포용하는 도량으로 어찌 견줄 필요
> 가 있겠느냐?" 하면서 저 사람들이 국가의 위력에 깊이 굴복하고
> 전하의 덕에 더욱 감동하게 하는 것만 같지 못합니다."[138]

온건하고 신중한 대답이었다. 이는 문치주의 국가인 조선 왕조
가 견지한 교린 정책의 일환이었다. 교린의 방향은 인접국과 전쟁이
나지 않을 정도로 교류하고 적극적으로 왕래하지 않는 것이다. 조선
은 사대에는 열심이었지만 교린에는 힘쓰지 않았다.

다음 날 6월 3일 망가를 심문했으나, 그는 사롱개의 아들이 아
니라 가롱개(加籠介)의 아들이라 했다. 가롱개는 사롱개의 재종형제다.
황보인 등은 이 사람들이 중국 사람은 아니니, 돌려보내지 않으려면
근각(根脚, 죄를 범한 사람의 죄상과 인적 사항)을 물을 필요가 없다고 했다.
그러나 황희 등은 이의를 제기했다.

망가의 근각도 아직 모르니 처치하기가 어렵습니다. (중략) 지금 잠정적으로 거짓 모르는 체하면서 근유(根由)를 묻지 않고 있다가 망가를 다 추문하기를 기다려 그 후에 다시 의논하게 하소서."[139]

6월 5일에도 심문이 계속되었으나 전날과 같이 공술했다. 황희는 망가는 남겨 두고 다른 사람들은 돌려보내자고 했다. 세종도 그의 의견을 따랐다.[140]

### 이만주의 사자 상경 거부

1442년 11월 8일 함길도 도절제사 김효성[141]이 치계했다. 이만주가 지난해에 보낸 낭득리복(郎得里卜)이 돌아오지 않으니, 도만호 낭복아한 등으로 하여금 자기의 서신을 가지고 서울로 보내려 한다고 했다. 그러나 서계(書契)에 인신(印信)도 없고, 낭복아한에게만 서신을 주어 보내니 옳지 못한 것 같아 관(館)에 머물러 두고 대접만 잘하고 있다는 것이다. 황희 등이 건의했다.

지금 낭복아한의 말을 듣건대, 서울에 올라오고자 하는 것은 상사(賞賜)를 바라는 것뿐이고, 이만주의 본뜻은 아니니 (중략) 마땅히 변상에게 "너희 추장이 너희들을 낭복아한에게 심부름 보냈으니, 국가를 위해 온 것이 아닌 까닭에 마땅히 계달해 올려보낼 수 없다."라고 개설(開說)해 돌려보내고, 저 사람들에게 국가에서 들어오지 못하게 하는 뜻을 알지 못하도록 하소서.[142]

세종도 그대로 따랐다.

### 유화책

1442년 12월 1일 함길도 도절제사 김효성이 치계했다. 동창(童倉)
이 지휘 동아리(童阿里) 등 4인을, 범찰이 지휘 망내(亡乃) 등 3인을 보
내서 "모(某) 등이 귀국의 은덕을 잊지 않고 친히 조회하려고 하나,
다만 눈이 많이 오고 길이 멀어 토산물을 싣고 오기가 곤란하니, 내
가 친히 조회함을 기다려 토산물을 바치겠다."라고 했다. 이에 대해
황희 등은,

> 남아 있는 야인들이 만약 도망해 옮기고자 한다면, 비록 이들 한
> 둘을 머물러 둔다 하더라도 무슨 이익이 있겠습니까? 또 저들이 귀
> 순해 국서를 받들고 와서 조회했으니, 잡아서 머물게 하는 것은 도
> 리에 합당하지 않으며, 한갓 그들의 원망만 증가시킬 뿐입니다. 또
> 서울에 올라오지 않은 사람을 여관에 구류시킨다면 접대하기만 어
> 려울 뿐 아니라 저들이 반드시 원망을 해 혹 후일에 귀순하려는 마
> 음을 막을 수도 있사오니, 예전의 예에 따라 이들을 대접하되 겉으
> 로는 관인(寬仁)하게 하고 다른 말로 핑계 대어 자주 사람을 보내
> 그들의 실정을 정탐하고, 혹은 군대의 위력을 보이기도 하고, 혹은
> 무휼(撫恤)하기도 하되, 안으로는 금약(禁約)을 엄히 해 요동치지 못
> 하게 하는 것만 같지 못합니다.[143]

라는 의견을 냈다. 세종은 이런 내용을 김효성에게 전지했다.

12월 7일 홀라온 우지개(亏知介)가 다시 구적라(仇赤羅)를 보내 서계를 올렸다. 둘째 아들 망가 등을 돌려보내 달라고 했다. 황희 등도 돌려보내는 것이 좋다고 했다. 이름을 바꾸어 대국(大國)을 속이거나 간계를 쓰지 말고 성심으로 귀순한다면 비록 사롱개가 친히 온다고 해도 구류하지 않을 것이라 했다.[144]

### 야인 취재 논의

1444년 2월 2일에 예조는 야인도 취재(取才)해 벼슬을 주자고 했다. 이에 대해 영의정 황희 등이 반대했다.

여러 종류의 야인을 전부터 재품(才品)의 높고 낮음에 따라 서용한 것이 아니라, 혹은 할아버지나 아비가 귀화한 것이 성심인가 아닌가와, 공로가 많은가 적은가와, 혹은 자신이 벼슬을 받고자 해 나온 지가 오래되었는가 오래되지 않았는가에 따라 차등 있게 벼슬을 준다는 것이 이미 성규(成規)로 되어 있사옵니다. 그런데 만일 재품에 따라 올리고 내려 서용한다면 귀화하는 야인들은 재주 없는 자가 많고, 재주 있는 자는 적으므로, 취재할 때 마땅히 후하게 할 자에게는 재주가 능할 것인즉, 취하고 내치기가 난처해 장애됨이 있을 것 같습니다. 또 회유하는 의리에도 어긋나니, 예전대로 시행함이 좋겠습니다.[145]

야인에 대해서는 재품보다 충성도를 더 중시했음을 알 수 있다. 세종도 황희 등의 의견에 따랐다.

### 귀순 야인 성 밖 거주 문제

1444년 8월 5일 함길도 도절제사 김효성이 치계했다. 회령 절제사 이인화(李仁和)가 말하기를 소로가무(所老加茂)가 80세 된 노부모를 봉양하기 위해 성 밖에 나가 살기를 원한다고 했다는 것이다. 황희 등은 그의 말이 사리에 맞으니, 그 요구를 들어주자고 했다.[146] 그러나 세종은 그가 당초에 지성으로 귀순해 회령 성 밖에 집을 짓고 살기를 원하고, 이어서 병든 어버이를 데려다 성안에서 함께 살기를 원해 다 들어주었는데, 이제 다시 성 밖으로 나가 살고자 하는 것은 무슨 까닭인지 모르겠으니 성안에 와서 사는 것이 좋겠다고 했다.[147]

8월 13일 황희 등은 변장 최완(崔浣)의 죄를 감해 줄 것을 요구했다. 최완은 군공을 바라고 항복한 야인을 죽인 죄로 사형을 당하게 되어 있었다. 그러나 대사령(大赦令)에 걸리고 율(律)을 바꾸어 모살(謀殺)이라 해 사형에 처하는 것은 옳지 못하다는 것이다. 나쁜 전례가 된다는 것이다.[148]

### 파저강 야인 토벌

1446년 5월 16일 파저강 야인 중에 우리 국경을 엿보는 자가 있었다. 영의정 황희가 아뢰었다.

적의 길을 엿보는 형적이 이미 나타났으니, 마땅히 가서 수색해 잡아서 두려워할 줄 알게 해야 하오나, 만일 수색해 잡으려고 하면 토병에게만 오로지 맡길 수 없고, 서울의 조련된 군사와 화포장(火砲匠) 등을 마땅히 아울러서 거느리고 가야 합니다. 지금 바야흐로 흉년이 들어서 민생이 지극히 어려우며, 또 더운 여름철을 당했고, 비록 군사만 쓰려고 해도 농민도 아울러 쓰지 않을 수 없는데, 식량을 싸 가지고 가는 것이 또한 어렵습니다. 신등은 원하옵건대, 여름철 동안에는 변비(邊備)를 더욱 엄하게 해 방수(防守)를 더욱 부지런히 하고, 추수 뒤에 비밀리에 간첩을 보내어 자세히 성식(聲息)을 탐지하고, 날랜 군사로 날쌔게 나아가서 근경(近境)에서 고기를 잡고 사냥할 때를 기다려 기회를 타서 덮쳐 잡되, 여러 날을 머무르게 하지 말고, 저들로 하여금 자취를 거두게 하면, 우리는 만전을 기할 수 있습니다.[149]

## ○○ 문치주의 사대 외교

### 금은 세공 면제 방안

1429년(세종 11년) 7월 30일에 세종은 좌의정 황희와 우의정 맹사성을 불러 금과 은을 명나라에 세공(歲貢)으로 바치는 것을 면제받을 방도를 의논했다.[150] 황희와 맹사성은 이 일은 중대하니 종친으로 사신을 삼고, 도총제(都摠制) 원민생(元閔生)을 부사로 삼자고 했다. 그래서 공령군(恭寧君) 이인(李裀)을 계품사(計稟使)로 삼고 원민생을 부사로 삼았다.[151] 그런데 광령(廣寧)에서 산해위(山海衛)에 이르는 사이에 달자(達者)들이 인물을 약탈한다고 해 이미 파견한 계품사 이인을 돌아오게 해야 한다고 세종은 걱정했다. 그러나 황희는 "왕친(王親)으로서 계품사를 삼는다는 것을 명사 창성(昌盛) 등이 이미 알고 갔기 때문에 요동 제로(諸路)에서 관사(館舍)를 수리해 놓고 기다린다고 합니다. 어떻게 돌아오게 할 수 있겠습니까? 무사 두 사람과 좋은 말 네 필을 골라 보내는 것이 좋겠습니다."라고 해 그대로 따랐다.[152]

### 윤봉의 행패

1431년 7월에 명사 윤봉이 와서 행패가 심했다. 환관 윤봉은 동생 윤중부(尹重富)에게 은근히 벼슬을 주기를 바랐다. 8월 19일 세종이 말했다.

명기(名器, 벼슬)는 지극히 중한 것이나, 윤봉을 위로하는 데에는 그 아우 윤중부에게 총제(摠制)의 벼슬을 주는 것 만한 것이 없다. 윤중부가 비록 이 벼슬을 받을지라도 허직(虛職)과 다름 없으니 무엇이 그렇게 아까우랴. (중략) 내가 백성을 구제하고 나라를 보호하려고 해 임시 조치로 이 의논에 따르는 것이나, 내가 명기를 아끼는 것은 경들이 아는 바이니, 이는 정말 한때의 임시 조치일 뿐이다.[153]

그리하여 윤중부에게 허직인 총제 벼슬을 주는 데 그쳤다.

사실 6년 전 1425년에 윤봉이 명사로 나왔을 때 그의 동생 윤중부는 부사정(副司正) 벼슬을 하고 있었는데, 곧 부사직(副司直)을 주어 윤봉을 압록강에서 맞이하게 했더니 윤봉이 매우 기뻐했다. 다음해 봄에 윤봉이 다시 와서 "윤중부에게 은대(銀帶)를 띠게 해 두목에게 보이고 싶다."라고 했다.

그 사람의 어질고 어질지 못함을 물론하고 벼슬을 주어야 할 무리에게는 법례(法例)에 구애됨이 없이 (벼슬을) 뛰어올려 주어서 기뻐하는 뜻을 보이게 하소서.[154]

이러한 황희의 의견에 세종도 따랐다. 극히 외교적인 판단이었다. 그 뒤로부터 윤중부는 윤봉 덕택에 상호군까지 올라갔고, 1429년에 이르러 윤봉 때문에 금은을 바치는 일을 면제받았다. 그 공을 인정해 총제직을 준 것이다.

그런데 윤봉은 만족하지 않았다. 8월 28일 이를 다시 논의했다. 윤중부의 벼슬을 초수(超授, 제 차례를 기다리지 않고 올려 줌)하는 것에 대해 강온 양론이 대립되었다. 안순 등은 명기는 중하니 함부로 주지 말고 다시 요구가 있을 때 주자고 주장했고, 허조는 계급에 구애하지 말고 벼슬을 주어 윤봉을 달래야 한다고 주장했다. 황희는 관직 제수에 반대했다.

윤봉은 이번 행차에 폐가 심히 많았습니다. 서울에 들어올 때에 그가 온 사연을 숨기고 말하지 않았고, 또 숙소도 정하지 않았으며, 지금 함길도에 가는 데에도 폐가 또한 더욱 심하오니, 무슨 공덕이 있습니까? 벼슬을 주지 않는 것이 마땅합니다.[155]

이에 세종은 황희의 의논이 옳으니 아직 벼슬은 주지 말고 함길도에 보내게 하라고 했다.[156]

## 사신에게 주는 물품 조정

1429년 겨울에 명 황제가 조칙을 내려 "지금부터는 조정에서 보내는 내관(內官) 내사(內史) 등에게는 다만 예로써 대접할 뿐이고, 물품을 증여하는 일은 없게 하라!" 했으므로 사신에게 물품을 주지 않았으나, 1430년 가을에는 날씨가 추워 두목(頭目)에게 유의(襦衣)를 주었더니, 1431년 가을에 조칙을 내려 "그곳에 가는 관군의 사용할 식량은 왕이 공급하기를 바라오. 만일 날씨가 추우면 옷과 신발 따위를 주어야 할 것이요." 했다. 이 조칙을 받고 관군에게 유의와 모관(毛冠) 등의 물품을 주었으며, 사신에게도 또한 증여가 있었다. 이에 1432년에 이르러 다시 이번에 사신이 오면 어떻게 할 것인가를 의논했다. 이때 황희는 이러한 의견을 냈다.

> 의복을 지어 주는 것은 일체 신해년(1431년)의 전례에 의할 것이나, 이제 만약 의복을 증여하라는 칙서가 없다면 비록 겨울옷이라도 반드시 중국 사신이 전례를 원용(援用)해 강청(强請)하는 것을 기다린 뒤에 지어 주어야 할 것이다.[157]

## 소 무역

1432년 6월 3일에는 소 무역에 관한 논란이 있었다. 명사 윤봉이 그의 동생 윤중부의 집에서 "소에 대한 일은 친히 황제께 아뢰어 이미 윤허하셨는데, 그때 마침 내가 없는 사이 계주(啓奏)한 것이 내려왔으므로 다시 아뢰지 못했다."라고 생색을 냈다. 예부 상서 호영(胡濙)이 "조선은 작은 나라이다. 지금 양곡을 운반하고, 해청과 토표(兎

292

豹)를 잡는 등의 일도 또한 번거롭고 소요스러운데, 그 위에 소의 무역까지 더한다면 어떻게 한단 말인가?"했다. 이에 윤봉이 "이미 그러한 줄 알면 어째서 주문하지 않는가?" 물으니, 호영은 "황제가 여러 신하들의 말을 듣지 않으니, 주청하기 어렵다. 조신(朝臣)들은 다 황제의 처사가 옳다고는 생각지 않는다. 이제 만약 소를 생산하지 않는 폐단을 자세히 주청한다면 반드시 윤준(允准)을 얻을 것이다. 그렇지 않으면 반수의 감면을 주청하는 것도 또한 좋을 것이다."라고 했다. 요컨대 소 무역을 면제해 달라고 할 것인가, 탕감해 달라고 할 것인가가 논의의 대상이었다.

갑신년(1404년)에 소를 무역해 간 뒤 거의 30년이 되었으니, 지금 만약 폐해가 있다고 진술해 면제하기를 청한다는 것은 아마 도리에 맞는 일이 아닐 것이다. 지정한 수대로 준비해 바치는 것이 온당하고 유익할 것 같다. 한 마음으로는 이렇게도 생각한다. 한두 번 운송하면 요동에서 반드시 몸집이 작다고 해 되돌릴 것이다. 그때 가서 마련하기 어렵다는 뜻을 자세히 주달하면 어떠겠는가?[158]

세종의 말에 황희도 동조했다.

### 윤봉 접대

1432년 11월 18일에 세종은 영의정 황희 등을 보제원(普濟院)에 보내어 명사 윤봉을 위로하게 했다. 그러나 윤봉의 행패는 계속되었다. 접반사(接伴使) 이징옥(李澄玉)이 아뢰었다.

윤봉이 경원부에 이르러 절제사 송희미(宋希美)에게 개[狗]를 달라고 청하므로, 신이 말리면서 말하기를, "이미 칙서가 있고, 또 나라의 명령이 있으므로, 사리에 비추어 그것을 좇을 수 없다."라고 했습니다. 또 경성군(鏡城郡)에 이르니, 윤봉이 두목으로 하여금 백성의 개를 빼앗아 오게 해 매우 사랑하므로, 신이 슬며시 그 주인에게 일러 훔쳐 가게 했습니다. 이에 윤봉이 노해서는 "재상은 어찌 이처럼 사리를 알지 못하오. 어찌하여 한 마리의 개를 아끼시오." 하더니, 두목을 분견해 그 개를 도로 빼앗아 왔습니다. 그러고는 또다시 백성의 개 네 마리를 빼앗아 가지고 와서 개 먹이를 구하므로, 신이 또 주지 않았더니, 윤봉이 더욱 노해 개 두 마리를 주인에게 돌려보내거늘, 신이 다시 개 주인에게 명해 모두 다 가져가도록 일렀습니다. 윤봉이 길주에 이르러 대로해 그 주인을 핍박하고 개를 끌어오게 하자, 주인이 노해 바치지 아니하고 신의 처소로 보냈기에 신이 숨기고 내놓지 않았더니, 또 두목을 매질하고, 또 두목을 시켜 역리(驛吏)를 때리게 하며, 윤봉이 친히 탄자(彈子)를 쏘아 거의 죽게 한 뒤에야 겨우 그쳤습니다.

도순찰사 유은지(劉殷之)가 당초에 신더러 말하기를, "해청(海靑, 매)은 3연(連)만 잡으면 족하고, 지나치면 불가하다." 했습니다. 뒤에 경성(鏡城) 사람이 해청 1연을 잡았으므로, 신이 숲 속에 숨겨 두고 비밀리에 응사(鷹師)로 하여금 보게 하고, 거짓말하기를 "이것은 해청이 아니라 바로 제강(提綱)이다." 하며 놓아 보내게 했습니다. 마침 어떤 사람이 백제강(白提綱)을 잡아 가지고 왔사온바, 윤봉이 말하기를 "유감이다. 이것이 어찌 해청인가?" 하고 빨리 놓아 보내게

했습니다.[159]

이에 세종은,

전조의 대신들이 여러 번 남을 속이는 간사한 꾀를 행해서 태조 고황제가 매우 책망하고 용서하지 않은 일이 있었으나, 개국한 뒤로 솔선해 섬기기를 정성껏 했으므로 황제가 대우하기를 후하게 했다. (중략) 아홉 길 되는 산을 만들다가 한 삼태기의 흙을 잘못함으로 공이 깨어지게 되어 반드시 천하 사람의 웃음거리가 될 것이니 한심한 일이 아닌가![160]

라고 하고 이징옥을 의금부에 가두었다. 존명사대를 제일 큰 대의명분으로 생각하던 문치주의 외교의 진면목이다.

### 중국 사신을 맞아 위로하다

1433년 윤8월 8일에 영의정 황희와 공조 판서 조계생이 벽제역(碧蹄驛)에 가서 중국 사신을 맞이했다.[161] 황희는 돌아와서 다음과 같이 보고했다.

명사를 위해 위로연을 베풀었을 때 맹날가래는 병들었다고 핑계 대고 나오지 않았기에 억지로라도 나오라고 청한 후에 잠깐 나와 인사만 끝내고 도로 들어갔고, 최진(崔眞)은 끝까지 한껏 즐겁고 만족해했습니다. 신이 들은 바로는 이 두 사신이 노상(路上)에서 조금 불화(不和)한 모습이 있었는데, 이 불화한 사유는 최(崔)가 제 마음대로 하려고 하기 때문에 맹(孟)이 감정을 가졌다는 것입니다. 전에 최가 병들었을 때는 사람을 보내 문안한 일이 있었는데, 지금 맹에게 만약 문안하지 않는다면 공연히 그에게 감정을 살 듯합니다.[162]

## 사신의 친족 사칭 징계

1433년 윤8월 22일에 함길도 절제사가 치보했다.

명사 지휘 배준과 천호 혁연(赫連) 등이 군사 20명을 데리고 알목하로부터 경원으로 달려와서 이렇게 고했다 하옵니다.

"우리가 지난해 매를 잡기 위해 장내관(張內官)을 따라서 나왔다가 돌아갈 때 동맹가첩목아와 범찰 등이 양목답올이 노략해 온 인구 130명을 찾아내어 중국으로 가게 했으므로, 황제께서 동맹가첩목아로 도독(都督)을 삼고 범찰로 도사(都司)를 삼고서, 칙명으로 '양목답올의 노략질해 간 인구를 비록 세 살 먹은 어린아이라도 남김없이 찾아 가지고 오라!' 하셨습니다. 그런데 동맹가첩목아 등이 칙명을 받고 돌아가서는 꾸물꾸물 미적거리고 오지 않으므로, 황제께서 우리에게 명하시어 군사 160명을 거느리고 알목하에 이르게 하시니, 동맹가첩목아 등이 양목답올의 노략질한 인구를 본월 15일까지 전부 전해 주기로 약속했습니다. 이에 우리가 풀밭 벌판에 주둔하고 기다렸더니, 15일 새벽에 도둑 떼가 와서 포위하여 우리 군사 2명을 쏘아 죽이고, 도적 1명도 화살에 맞아 죽었습니다. 도적이 어디서 왔는가를 물어본즉, 혐진올적합(嫌眞兀狄哈)이라고 하면서 공격하기를 그치지 않아, 우리가 겨우 빠져나왔는데, 실상은 동맹가첩목아가 수모자로서 도적 행위를 해, 그 죄를 면하려고 거짓으로 올적합이라 칭탁한 것입니다. 만약 우리들이 모두 알목하로 돌아가면 혹시 돌려보낼 인구들을 다 죽여 버릴까 염려되기 때문에 천호 혁연 등 5명을 여기에 머물러 두고, 나는 떨어져 남은 자들을 수습하기 위해 도로 알목하로 가겠는데, 만약 알타리 사람들이 인물들을 내놓지 않기로 생각을 하고, 속임수로 올적합이라 칭탁한 것이라면 내가 마땅히 조선에 알려 황제께 주달하겠습니다."

그러고는 말을 마치고 돌아가매, 혁연 등 5명을 성내로 맞아들여 절제사 자신이 친히 후하게 위로했다고 하옵니다.

영북진(寧北鎭) 절제사의 보고에는 "동맹가첩목아 부자가 사람을 시켜 와서 고하기를, 양목답올이 혐진올적합 300여 명을 청해다가 배 지휘가 주둔해 있는 곳을 포위하여 군사 6명을 쏘아죽이고는 병기와 여러 가지 물건을 약탈해 돌아가므로, 동맹가첩목아 부자가 500여 명을 거느리고 좁은 골목에 이르러서 적을 포위하고 말하기를, '너희가 양목답올을 잡아 내놓으면 포위를 풀어 보내겠다.' 하면서 그들을 포위한 것을 풀지 않고 있다고 했다." 하옵니다.[163]

동맹가첩목아 부자가 올적합을 핑계로 노략질을 일삼는다는 것이다. 이에 대해 황희 등의 의견을 냈다.

배준이 만약 올라오고자 하거든 그 도착한 곳에 머무르게 하고, 거기서 이르기를 "감히 마음대로 올려 보낼 수 없으니, 전하의 명령을 기다려 올려 보내겠다." 하고 주야로 말을 달려 와서 아뢴 뒤에 5품이나 6품 되는 통사를 보내어 후하게 위로해 영접하게 하고, 감사나 절제사가 상면할 때는 객은 동쪽에, 주인은 서쪽에 앉고, 유밀과(油密果)는 제폐하고 편할 대로 대접할 것이며, 각 고을의 수령들은 다만 끼니에 술을 아울러 대접하고, 앉는 차례는 역시 위에 말한 것과 같이 할 것이며, 중국에 보고하는 일은 다시 소식을 기다려서 의논해 시행하게 하옵소서.[164]

세종도 그 의견을 따랐다. 아무리 명나라 장수라도 국왕의 허가 없이 함부로 행동하는 것은 허락하지 않은 것이다. 같은 날 세종은 중국 사신의 친척이라고 사칭하는 폐단을 법으로 금지할 것을 제안했다.

우리나라에 중국 사신이 나오는 때면 망령되이 그의 친족이 된다고 청탁하고 외람되게 관작을 받는 자가 있는데, 그 실정도 모르면서 그 청을 들어주어 온 지 몇 해가 되었다. 요즘 의주(義州) 사람과 황주(黃州) 사람이 망령되게 최진의 친족이라고 사칭하다가 드러나서 패망한 자가 있는데, 전부터 금지해 왔다면 반드시 오늘의 이러한 무리가 없을 것이니, 일찍이 법을 세우지 못한 것을 깊이 후회한다. 최진이 이제 파저강으로 향해 떠났으니, 겨우 평양이나 지나거든 잡아다가 함께 법에 따라 징계하고, 교지를 내려 법을 세워서 뒷날의 폐단을 막게 하는 것이 어떻겠는가?[165]

황희 등도 이에 동조했다.

사신이 겨우 평양이나 지난 뒤에 아전을 내보내어 체포해 사정 이유를 국문해서 중벌에 처하게 하고, 교지를 내리는 것은 그만두고, 형조로 하여금 분부를 받아 법을 만들게 하는 것이 좋겠습니다.[166]

1433년 윤8월 24일에 세종은 또 다음과 같은 의견을 냈다.

전자에 대인이 동맹가첩목아의 곳에 가만히 보낸 칙서에는 "조선의 보고에 의하면 알목하·파저강 등지에 거주하는 야인들이 홀라온 야인의 얼굴과 모양을 가장하고 400여 기병을 규합해 갑자기 변방 고을에 들어와 군졸과 인민을 살해했고, 지금도 또 여러 사람을 규합해 엿보고 노략질하려 한다."라고 기재되어 있으나, 당초에 우리나라에 보낸 초본에는 단지 "파저강 야인들이 홀라온을 유인해 도적질했다."라고 썼을 뿐이요, 알목하 야인의 말은 없었으니, 명사도 이 내용을 알고 있는 것이다. 알목하 야인들이 만약 보고한 초본의 사연을 묻는다면 사실대로 일러 주라 하는 것이 어떻겠는가?[167]

이에 대해 영의정 황희가 답변했다.

갑산에 장수를 보낸 일과 야인 지방에 우리나라 사람을 보내지 않기로 한 일은 사실 목록(=事件目錄)대로 시행하는 것이 좋으나, 알목하 야인이 칙서에 아울러 기재된 일은 만약 변명하자면 중국을 지목해 말하게 되므로 관계가 가벼운 것이 아니오며, 또 가지고 온 사신과 말한다는 것이 불가합니다. 대체로 황제의 명령이나 칙서로 유시한 것은 크게 의리에 해되는 것이 없다면 번국(藩國, 제후국)에서 내용을 상세하게 따져서 바로잡는다는 것은 신의 마음에는 불가하다고 생각되옵니다.[168]

명나라에 대한 사대에 신경을 많이 쓰고 있음을 볼 수 있다.

### 요동 자제 파견 문제

1433년 윤8월 28일 승문원은 요동에 자제들을 유학시키는 초안을 올렸다. 이에 대해 황희는 "곧 천추사를 보내서 주청하는 것이 좋겠습니다."라고 대답했다.[169] 정초는 요동 향학(鄕學)보다는 국자감(國子監)에 유학시키는 것이 좋겠다고 했으나 세종은 황희의 의견을 따랐다. 명나라는 쇄국주의 정책을 써 외국 유학생을 받지 않았다. 간첩 노릇을 한다는 이유에서였다. 그런데도 세종은 이튿날 이렇게 말했다.

자제를 보내 입학하는 일은 내가 생각키에 부모처자와 서로 이별하는 정은 진실로 참을 수 없는 일이나 우리나라가·중국과 사귀는데 요긴한 것은 오로지 중국어와 이문(吏文)에 있다. 이제 우리나라 통사가 겨우 자기의 할 말은 할 줄은 알되, 중국 사람의 말은 잘 알아듣지 못해 관계되는 것이 가볍지 않으니, 염려하지 않을 수 없다. 전날 태종 때 진작부터 자제 입학을 요청하려 하다가 판부사 변계량이 말리면서 아뢰기를 "우리 통사들이 아는 말만 가지고도 중국과 교제할 수 있는데, 무엇하러 번거롭게 청하겠습니까?" 해 중지되었는데, 명 태조 때 유구국이 재상의 자제를 보내 입학하게 하니, 황제가 매우 가상하게 여겼다. 나는 생각하기를 이문은 우리나라 사람이 비록 다 알지는 못하더라도 그대로 문자로 통할 수가 있지만, 중국에 가서는 언어로서 통화하는 일이 퍽 많은데, 중국 사람의 말하는 뜻을 잘 알아듣지 못하면서 어떻게 잘 대답할 수 있었겠는가. 대체로 언어라는 것은 털끝만 한 차이로 만사가 그릇될 수 있으니, 진실로 염려되는 것이다. 그러기에 승문원에 명해 초안을 써서 요동 향학에 입학하기를 청하는 것이니, 중국 조정은 외국 자제가 입학하는 것을 아름다운 일이라 할 것이다. 그런데 단지 요동에 입학할 것만 청하는 것은 좀 미흡한 것 같고, 더구나 북경은 길도 꽤 가까우니 북경의 국자감이나 혹은 요동 향학에 입학할 것을 주본(奏本)에다 기재하는 것이 어떠겠는가?"[170]

세종이 훈민정음을 만든 이유 중의 하나가 이러한 대명 외교를 원활히 하고자 했던 것임을 짐작하게 한다. 그는 기왕이면 요동 향학에 그치지 않고 북경 국자감에 유학시킬 것까지 생각하고 있었다.

그리고 같은 날 윤8월 29일, 명 황제가 동맹가첩목아에게 유시(諭示)하기를 "파저강 야인과 공모해 조선의 변방 고을을 노략질했다."라고 했다. 동맹가첩목아 부자가 이 유시를 보고 우리나라가 중국에 그렇게 고자질한 것으로 알 수도 있었다. 세종은 "우리나라에서 보고한 것은 다만 이만주의 죄를 성토한 것에 불과했는데, 중국의 칙서가 이같이 된 것은 이만주가 동맹가첩목아의 연척(連戚)이 되므로 필시

공모한 것으로 생각한 모양이고, 또 우리와 야인의 싸움을 중지시키
려고 했기 때문이다."라고 짐작했다. 이에 대해 황희는 "이번에 나온
칙서가 비록 우리나라의 뜻이 아니지만 만약 우리나라가 이 일을 변
명한다면 이것은 손윗 나라를 가리켜 그르다고 하는 것이니, 불가하
다."라고 했다. 세종도 황희의 의견에 따랐다.[171]

### 중국 유학생 선발

1433년 9월 17일에는 중국 유학생을 뽑는 문제를 의논했다. 세
종이 하명했다.

모름지기 나이 적고 총명하고 민첩한 자를 가리어 중국에 입학시켜
서 전심으로 학업을 닦게 해야 후일에 크게 쓰일 것이다. 만약 글과
행실이 이미 성숙한 사람만 취택하고 나이 적은 사람은 채택하지 않
는다면, 겨우 익혀 가지고 돌아와서는 곧 노쇠하게 되어 쓰지 못하게
될 것이니, 사대부집 자제이거나 시골서 뽑아 올린 보통 백성이거나
를 막론하고 나이 적고, 총명하고, 민첩한 자를 선택하게 하라![172]

그러나 황희는 나이 적은 자만을 취택하고 재주와 행실을 보지
않으면 언어와 행동이 범절에 맞지 않을 것이니, 마땅히 인재다운 인
재를 뽑아야 할 것이라고 했다.[173]

### 명 황제의 칙서

1433년 9월 21일 평안 감사 이숙치(李叔時)가 사신 백호(百戶) 왕

흠(王欽)·사인(舍人) 왕무흠(王武欽)이 가지고 온 칙서를 베껴 보냈다.

황제는 칙서로 야인의 두목 목답올(木答兀)·사롱가(沙籠加)·득륭가 (得隆哥)·남복가(南卜哥)·아로고(阿魯古)·독로다(禿魯多)·액륵긍혁(額 勒肯革) 등에게 유시하노라. 너희가 능히 천도(天道)를 공경해 중국 의 조정에 마음으로 귀순해 변방 지경에 살고 있으면서 근신해 법 도를 지키니, 짐이 마음으로 가상하고 기쁘게 여기노라! 그런데 근 자에 들으니 너희가 지난해에 조선의 인구와 가축을 노략질해 갔다 고 한다. 칙서가 이르는 대로 너희는 곧 원래의 노략질해 간 인구와 가축을 찾아내어, 백호 완흠과 사인 왕무흠에게 교부해, 지휘 첨 사 맹날가래와 백호 최진 등과 함께 영솔하고 가서 조선 국왕에게 돌려주면 더욱 너희들의 조정을 공경하고 귀순하는 아름다운 뜻을 볼 수 있을 것이다. 그래서 유시하노라![174]

황희 등은 다음과 같이 대답했다.

처음부터 오지 않았다면 말할 것도 없거니와, 저 사람들이 이미 국 경에 이르렀는데 막고서 들이지 않는다는 것은 예절에 어떠하겠습 니까? 미안할까 깊이 염려스러우니, 어려운 길에 멀리 온 연고를 설 명해 위로하고, 사람을 시켜 청해 오게 하는 것이 가할까 하오며, 접대하는 것은 다 같이 황제의 사람이오니 사신의 준례대로 하되, 다만 결채(結彩)와 군위(軍威)를 폐지하고, 또 칙서를 맞이하는 의식 을 없애게 하소서.[175]

세종은 최진을 기다려서 함께 올라오도록 했다. 10월 13일 세종은 대신들과 해청을 진헌하는 문제를 논의했다. 칙서에 "좋은 해청 두어 연을 가져오라." 했다. 이에 함길도에서 7연을 잡았는데, 5연만 진헌하고 2연은 비밀리에 남겨 두어 파적(破寂, 심심풀이)에 쓰자느니 다 바치자느니 하면서 의논이 분분했다. 황희는 다 진헌해 뒷걱정을 없애자고 했다. 세종은 황희의 의견에 따라 다 진헌했다.[176]

1433년 11월 26일 세종은 명사 최진 등이 이만주의 죄를 덮어주자고 하자, 이만주 등이 저지른 음모를 낱낱이 열거해 알렸다.[177] 그리고는 12월 12일 진양 대군(晉陽大君) 이유(李瑈)를 보내 명사 최진 등을 모화관(慕華館)에서 전별하게 하고, 영의정 황희 등에게 벽제관까지 따라가 위로하게 했다.[178]

1433년 12월 13일 천추사 박안신(朴安臣)이 가지고 온 칙서(勅書)에서 명나라는 파저강 전투의 후속 조처를 잘했다는 칭찬과 아울러 중국에 유학생을 파견하는 일은 완곡하게 반대했다. 세종은 진하사(進賀使)를 통해 인삼 1000근 이상을 바쳐 고마운 뜻을 표하고, 전에 뽑은 자제들을 사역원(司譯院)에서 중국 발음으로 된 책을 익히게 하고, 북경에 사신을 보낼 때마다 딸려 보내자고 했다.[179] 그리고 12월 14일에 세종은 칙서에 구해 보라고 한 매를 진헌하는 것이 좋은지 여부를 물었다. 황희는 "이 새매는 늦게 잡은 것이니, 진헌하는 것이 좋지 않습니다. 또 이미 진헌한 수가 부족하지 않으니, 아직 진헌을 정지하는 것이 어떻겠습니까?"[180]라고 대답했다.

### 중국어 학습생

1434년 1월 10일 집현전 부제학 설순(偰循)은 중국어를 학습시키기 위해 뽑아서 사역원에서 수습(修習)하고 있는 수찬 신석견(辛石堅)·부수찬 남수문(南秀文)·저작랑 김예몽(金禮蒙) 등을 도로 집현전에 근무하도록 해 달라고 요구했다. 중국 유학이 무산되었기 때문이다. 이에 대해 영의정 황희 등은 "이들을 순전히 중국어를 학습하게 해 사대에 도움이 되도록 하는 것이 옳다."라고 주장했다.[181]

### 요동군 야인 정벌

1434년 3월 30일 "통사 김정수(金精秀)가 북경에서 돌아와 '명나라가 요동군 9000명과 황성군(皇城軍) 1000명을 동원해 양목탑올을 치려 하는데, 그 식량을 우리보고 대라고 한다.' 전하니, 어찌하면 좋겠는가?"라고 세종이 일을 상의하니 제신은 칙서가 온 다음에 논의하자고 했다. 다만 신개만은 많지도 않은데 고을에 넘겨 군량을 예비하는 것이 좋겠다고 했다.[182]

### 명군 여진 정벌

1434년 5월 12일에 병조가 명나라 지휘 배준이 포로가 된 사람들을 귀순시키기 위해 군사를 거느리고 야인 땅에 갔다가 혐진우적합(嫌眞亏狄哈)에게 패했는데, 황제가 노해 문죄(問罪)하려고 내관(內官) 장신(張信)과 홍로시(鴻臚寺) 관원 1인에게 명해 황실에 소속된 화통군(火桶軍) 200, 요동군 1000을 거느리고 본월 그믐에 장차 알목하에 이른다고 보고했다. 이에 세종은 영의정 황희 등을 불러 접대할 절목을 마련했다.

1  사신이 알목하에 도착하거든 인사범절을 그때그때 적절히 문답하고, 혹 백안수소(伯顔愁所)·알목하 등처에 군문을 설치하고 방어하는 사유를 묻거든, "이 땅은 본래 우리나라 지경으로서 약간 명의 알타리·올량합들이 와서 살다가, 지난해에 또 우적합 등에게 패해 유리표산(流離漂散)하게 되었는데, 우리나라에서는 이 땅이 본래 우리 땅인지라 공한지(空閑地)로 비워 둘 수 없어서 아직은 목책만을 설치해 다른 도적을 막는다."라고 답하라! 또 저들이 만약 칙서에 영배례(迎拜禮)를 하라 하면 "본국에 전하려고 가져온 성지(聖旨)가 아니고, 또 중국 조정의 각 아문에서도 영배의 예가 없는데, 나 홀로 어찌 영배례를 할 것인가?"하고, 저들이 만약 칙서를 청상(廳上)에 봉안했다고 하면 절제사는 마당에 들어가 오배고두례(五拜叩頭禮)를 행하라!

2  사신이 성내에 들어가 유숙하겠다고 하면 "초지(草地)에 군영(軍營)을 설치해 몹시 좁으므로 머물 만한 곳이 없다."라고 하고, 사신이 또 이바지하기를 요구하거든 "새로 이사한 처음이라 공사(公私)가 모두 궁핍하므로 지대(支待)하지 못하겠다." 하고, 간단히 주과(酒果)를 차려 먹게 하라!

3  내관·조관(朝官) 두 사신이 함께 남향해 앉거든, 경원·영북 두 진의 절제사는 동벽에 앉고, 만약 내관이 남향하고 조관이 동벽에 앉거든, 절제사는 서벽에 앉으라![183]

## 몽고 황제 칙서

1442년 5월 4일 함길도 도절제사 이세형(李世衡)이 치계했다. 달달(達達)의 독토올왕(篤吐兀王) 등 16인이 몽고 황제의 칙서를 가지고 4월 16일 아적랑이(阿赤郞耳)에 도착했는데, 의리로 거절했다는 것이다. 세종은 급히 황희 등 대신 회의를 열었다. 황희 등은 이는 중대한 일이니 마땅히 명나라에 주문해야 한다고 했다. 그리하여 첨지중추원사 이변(李邊)을 주문사로 보냈다.[184]

## 명에 화약 기술 요구

1444년 10월 12일 예조 판서 김종서가 일본 사람 등구랑(藤九郞)의 말에 "내가 여러 나라 병선을 보니, 중국 배가 제일 좋고, 유구국 배가 그다음이요, 조선 배가 가장 하등이다."라 했다고 아뢰었다. 이에 세종이 명했다.

옛날에 명나라 태조고황제(太祖高皇帝)가 화약을 특별히 주었는데, 우리나라에서 그것을 잘 사용하지 못하고 있다. 내가 들으니, 중국 화포는 한 방 쏘면 화살이 무척 많이 나가는데, 우리나라는 태조·태종 때에는 한 방에 화살이 10개도 못 되었고, 나의 대에 와서는 화살 7~8개를 쓰는 것도 역시 잘되지 않으니, 이것은 필시 우리나라 사람이 그 묘방을 잘 알지 못한 것이다. 요사이 우리나라에서 이미 명나라에 왜인 포로를 바쳤고, 또 명나라에서는 왜구를 막으라는 칙서를 보내왔으므로, 이런 때 화포를 청하는 것이 마침 좋겠으니, 내가 청해 보고자 하며, 화약 만드는 기술자를 청구해 보아서 기술자를 주지 않으면 만든 화약을 청구하고, 또 만든 화약을 주지 않으면 우리나라 사람을 보내어 기술을 배워 익히도록 할 것이며, 또 병선도 이 예에 따라 3단(段)으로 나누어서 차례로 청구했으면 하니, 의정부로 하여금 참작해 의논해 올리게 하라!"[185]

영의정 황희는 사람을 보내 기술을 배워 오는 것을 선택했다. 그러나 우의정 신개 등은 소극적인 반응을 보였다.

지금 중국 황제가 비록 우리를 한집안같이 보고 있다 하나, 어찌 해외에 있는 나라를 다 믿을 것입니까? 중국 조정이 우리에게 의심을 가지지 않겠습니까? 또 다행으로 우리의 청을 들어준다고 하더라도, 만약 왜적이 명나라를 침범하게 되었을 때 명나라에서 칙서를 내려 "너희 나라에서 병선과 화포에 대한 기술을 배워 갔으니, 이 두 가지 것을 갖추고 또 군량을 많이 준비해 대기하라! 짐이 장차 너희에게 장수를 명해 일본을 치게 하겠다." 하면, 우리가 무슨 말로 대처하겠습니까? 또 근자에 주청한 일들도 자주 있었으니, 너무 성가심이 되지 않겠습니까? 지금 이것을 청했다가 뒤에 또 청하지 않으면 안 될 일이라도 생기면 어떻게 하겠습니까? 신등의 의견으로는 청하지 않는 것이 낫지 않을까 합니다.[186]

세종도 신개 등의 의견을 따랐다. 문치 외교의 한계이기도 하다.

### 중국에 관복 요청

1446년 8월 15일 김하(金何)를 동지중추원사로 삼아 세자의 관복을 중국에 청하기로 했다 이에 대해 영의정 황희 등이 말했다.

성상의 명령이 마땅합니다. 만약 별도로 사신을 보낸다면 김하만한 사람이 없습니다. 우리나라는 중국과 어음(語音)이 서로 통하지 않으므로 중국말을 알지 못하는 사람은 임금의 의사를 능히 통달할 수 없습니다. 김하는 중국말에 통달하니, 외국에 사신으로 가서 능히 응대할 책임을 맡길 만합니다마는 다만 관질(官秩)이 낮을 뿐입니다.[187]

세종은 김하를 동지중추원사로 삼아 주문사로 보냈다.

## ○○ 일본과의 관계

### 대마도주 종정성

1434년 3월 7일 대마도 종정성(宗貞盛)이 말을 달라고 했다. 정인지는 주자고 했으나, 황희는 반대했다. "오랑캐들은 만족을 모르고, 그런 사단(事端)을 열어서는 안 된다는 것"이다. 또 대마도에 기근이 들어 조선으로 도망해 온 사람들이 있었다. 정초는 받아들이지 않는다면 흔단을 일으킬 것이라 해 받아들였다.[188]

### 대마도주 아우 도서 요청

1434년 4월 12일 종정성의 아우 종언칠(宗彦七)이 도서(圖書)를 청해 왔다. 이에 대해 승문원 도제조 황희는 "종언칠은 자기 땅이 있고 백성이 있으니, 도서를 주는 것이 마땅하다." 했다. 그러나 허조는 전례가 없고, 형의 도서로 왕래해도 된다고 했다. 세종은 황희의 의견에 따랐다.[189]

4월 22일에는 대마도 월중수(越中守) 종자무(宗資茂)가 와서 닥나무 뿌리를 팔고자 했다. 예조에서는 포소(浦所)에 머물러 물건을 팔게 하고, 상경하지 못하게 하자고 했다. 승문원 도제조 황희는,

> 종자무는 이전부터 비록 통신은 없사오나, 이웃 땅에 살고 있고, 토산물을 바쳤으니, 서울[京中]에서 접대함이 옳겠습니다. 또 바친 닥나무 뿌리[楮根]가 비록 말라빠졌다 하더라도 진상의 예에 답하지 않을 수 없습니다.[190]

라고 했다. 세종도 그 의견에 따랐다.

### 이예·김구경 처벌

1434년 5월 11일에 세종은 외국(일본)에 가서 잘못을 저지른 이예·김구경(金久冏)의 죄에 대해 사전(赦前)에 있던 일이니, 풀어 주면 어떤가고 물었다.

> 타국에 사신으로 가 범한 일은 추핵하지 않을 수 없습니다. 또 이예

· 김구경은 돌아온 지 여러 달이 되었는데도 아뢰지 않은 죄는 역시 작지 않습니다. 그리고 이예는 또 김구경의 소송으로 말미암은 연후에야 김구경의 허물을 발설했으니, 모름지기 핵실(覈實)해 뒤에 오는 사람을 징계함이 옳겠습니다.[191]

황희의 말에 세종도 동의했다.

### 왜관의 금방 조건

1434년 6월 24일에 예조가 왜관(倭館)의 금방 조건(禁防條件)을 올렸다.

동평관(東平館)·서평관(西平館) 및 묵사(墨寺)에 나누어 든 객인(客人)들이 서로 무시로 왕래하는데, 근처에 사는 사람과 모리배들이 인연을 따라 서로 통해 몰래 숨어서 무역을 하므로 그 폐단을 막기 어렵습니다. 동·서관을 합쳐 한 관(館)으로 하시고, 빈집을 더 짓되, 사면에 난간과 담을 높이 쌓고서, 해가 돋은 뒤에 문을 열고, 해가 질 때 문을 닫아 출입을 엄히 통제하고, 왜인의 물건을 무역하는 한잡인(閑雜人) 등은 공청(公廳)에서 무역할 때 이외에는 내·외를 막론하고 객인과 더불어 몰래 숨어서 대화하는 자는 언제든지 즉시 구속해, 위령률(違令律)에 의해 죄를 부과함으로써 잠통(潛通)하는 폐단을 막게 하소서.[192]

이에 대해 의례상정소 도제조 황희 등은 "예조에서 아뢴 바에 따라 시행하되, 단지 해가 돋아 밝아 올 때만 문을 열고, 해가 져서 어두워질 때 문을 닫는 것이 어떻겠습니까?"라고 했다.

마땅히 예조에서 아뢴 바에 따라 동·서관을 합쳐 한 관으로 만들고, 빈 집을 더 짓되, 사면에 난간과 담을 높이 쌓아서 출입을 금지하게 하는 것이 좋겠습니다. 단지 그 체제만은 신이 지난해 중국에 갔을 때 본 금릉관사(金陵館舍)의 제도를 생각하옵건대, 회동관(會同館)의 북쪽에 나아가면 객관(客館)을 4구(區)로 나누어 지었으되, 구마다 각각 전후청(前後廳)이 있고, 청의 좌우에는 침실이 있으며, 또 각각 대문이 있고, 후청(後廳)으로부터 대문 좌우에 각각 행랑(行廊)이 있어, 이름을 오만역(吳蠻驛)이라 했는데, 제1소·2소·3소·4소가 함께 한 담에 있었습니다. 이제 이 제도에 의해 구관(舊館)은 그대로 두고, 관의 남쪽에다가 두 칸을 더 지어, 구관과 더불어 네 곳이 되게 만들되, 관의 크고 작음은 땅의 형편에 따라 참작해 배치하여 짓게 하소서.[193]

그러나 세종은 허조(許稠)의 이 같은 의견을 따랐다. 이를 통해 왜사(倭使)를 접대하던 동·서평관의 구조를 엿볼 수 있다.

### 내이포 왜인 처치

1434년 8월 5일 세종은 내이포(乃而浦) 등처에 와 있는 왜인들이 많은데 후환이 생길까 두려우니, 미리 조처해야 하지 않겠느냐고 물었다. 이에 대해 황희가 답했다.

그들이 와서 살기를 허락한 것이 이미 오랜데, 이제 거절하고 들이지 않기는 때가 늦었습니다. 또 각 도에 나누어 두려면 저들이 반드시 싫어할 것이니 진퇴가 어렵습니다. 아직 그대로 두되, 신등이 다만 원하는 것은 금년에 먼저 김해 읍성을 쌓고, 다음에 내이포 현성(縣城)을 쌓아서 만일 왜적의 변이 있거든 백성들로 하여금 옮겨 들어와서 피난하게 하옵소서.[194]

## 종정성의 쌀 요구

1435년 2월 7일 대마도주 종정성이 사람을 보내 흉년이 들어 먹을 것이 없으니 쌀을 좀 도와 달라고 했다. 승문원 제조 황희는 종정성에게 쌀 100석, 소주 20병을 주자고 했다. 반대하는 사람도 있었지만 세종은 황희의 의견을 따랐다.[195]

## 대마도주 도망자 쇄환 요구

1437년 3월 3일 대마도주 종정성이 산달포(山達浦)로 도망 온 마삼랑(馬三郎) 등 26명의 왜인을 돌려보내 달라고 요구해 왔다. 조선에서는 이들에게 생업을 주어 안접(安接)시키려 했기 때문에 돌려보내지 않았다. 황희는 돌려보내자고 했으나 찬성 신개가 쇄환했다가 살육당할 위험이 있고 앞으로 투화(投化)해 오는 사람을 위해서도 좋은 말로 거절하자고 했다. 세종은 신개의 의견을 따랐다.[196]

## 문인 없이 온 대마도인

1439년 윤2월 15일에 대마도 종무직(宗茂直)이 보낸 구라사야문

(仇羅沙也文) 등이 도주(島主) 종정성의 문인(文引)도 없이 왔다. 영의정 황희 등이 말했다.

구라사야문 등이 비록 종정성의 문인이 없다 하더라도 종무직은 종대선(宗大善)의 아우요, 종대선이 일찍이 우리나라에 노여워함이 있어서 아직도 풀리지 않았는데, 이제 또 그 사신을 받지 아니하면 더욱 원망하게 될 것이니, 권도를 좇아서 상경하게 하는 것이 편하겠습니다.[197]

### 대마도는 우리 땅

1441년 11월 21일 세종이 물었다.

왜인이 본국 고초도(孤草島)에서 고기를 낚아서 살기를 원하자 모두 말하기를 "고초도는 우리나라 땅이고, 또 변경이 가까우므로 허락할 수 없다."라고 했다. 대마도는 곧 우리나라 땅인데, 왜인에게 무엇이 관계되랴! 허락하지 않음이 이치에 거슬리지 않으나, 이제 왜인들이 간절히 청하니, 우리나라에서 이웃을 사귀고 작은 나라를 사랑하는 의리에 옳은 것인가? 하물며 왜인들이 고기잡이로 생활하니, 또한 가엽다. 지난번에 황희 등은 "고기잡이하는 배는 거짓 모르는 체하는 것이 가하다." 했고, 그 나머지 대신들은 혹 "엄하게 금하고 끊는 것이 좋겠다." 했다. 이제 고기잡이를 허락하면 왜인이 우리 땅에 들어와서 이익을 취하는 것이니, 불가하다. 또 떼지어 내왕하면 불측한 화(禍)가 있을까 염려스러우니, 어떻게 처치하는 것이 좋겠는가?[198]

이튿날 황희 등이 의견을 냈다.

왜인이 고기잡이를 청하는 것은 지극한 심정에서 나왔으므로, 비록 허락하지 않을지라도 몰래 숨어 내왕하면서 그 이익을 취할 것이니, 허락해 은혜를 베푸는 것만 같지 못하며, 또 약속을 정해 왕래를 조절하는 것이 편리할 것 같습니다. 지세포(知世浦)는 바로 왜선이 왕래하는 요충지므로 지혜와 용맹이 있는 자를 골라서 만호(萬戶)로 삼고, 종정성에게 "너희의 생활이 곤란하고, 또 두세 번 청하니, 고초도에서 고기잡이하는 것을 허락하고자 하니, 모름지기 배의 대·소를 구분해 문인을 주어 내왕하게 하고, 지세포에 세를 바치며, 만약 문인이 없거나 또 세를 바치지 않으면, 죄를 논하고 세금을 거두겠다." 함이 적당합니다.[199]

세종도 그 의견에 따랐다.

### 일본 통신사

1442년 12월 16일에 세종이 일본에 통신사(通信使)를 보내는 문제를 의논했다. 영의정 황희는 보내야 한다고 했고, 우의정 신개는 보낼 필요가 없다고 했다. 세종은 황희의 의견에 따라 이조(吏曹)로 하여금 통신사가 될 만한 사람을 물색하라고 했다.[200]

## 일기주에서 잡아간 포로 쇄환

1443년 7월 1일 경상도 처치사(處置使) 정간(丁艮)이 치계했다. 일기주(一岐州) 상만호(上萬戶) 도구라(都仇羅)가 "본도(本島)에서 온 사람에게 들었는데, 전날에 중국에 쳐들어갔다가 돌아올 때, 제주관선(濟州官船)을 만나 사람을 죽이고 노략질을 했는데, 범인은 바로 일기주의 두가마두(豆加磨頭) 등이다."라고 했다는 것이다. 이에 다른 사람들은 도적질한 사람을 잡아 올려 조사하자고 했으나, 황희는 "일기(一岐) 사람이 침범한 것은 알지 못하는 것처럼 하고, 우선 대마도를 조사하라." 했다. 그러나 참판 신인손은 "황희의 의견이 좋으나, 도적질한 자가 대마도 사람이 아니고 실로 일기주 사람이라면, 비록 대마도를 조사한들 어찌 포로되어 간 사람들을 돌려보내겠습니까? 속히 통사(通事)를 도구라에게 보내어 불러다가 구류시키고 도적질한 사람을 자세히 물어 그 동정을 보는 것이 좋겠습니다."라고 했다. 세종도 그 의견을 따라 즉시 통사 피상의(皮尙宜)와 이수재(李秀才)를 내이포에 보내어 도구라를 부르게 하고, 경상좌도 처치사 이화(李樺)에게 전지해 도구라를 데리고 올라오라고 했다.[201]

황희 등은 일본에 정통한 이예를 대마도에 보내 노략질해 간 인물을 찾아오고자 했다. 이예는 만약 범인이 일기주에 있으면 반드시 지좌전(志佐殿)에 보낸 연후에 찾아올 수 있다고 했다. 이예는 부사·종사관 각 한 사람씩을 주고, 약간의 예물을 가지고 가야 한다고 했다. 모두 좋다고 해 군기감(軍器監) 정(正) 모순(牟恂)을 부사로 삼았다.

황희 등은 "전날의 도적질한 것은 저들이 지시해서 시킨 것은 아니었으니, 만약 예물을 증여한다면 저들이 반드시 덕(德)에 감복해

316

마음을 다해 (포로들을) 찾아 보낼 것입니다."라고 한데 반해, 신개 등
은 "만약 예물을 받고도 포로들을 수색해 보내지 않으면 예물을 주
지 말자고 했다.[202] 세종은 도구라에게 옷 세 벌을 내려 주었다.[203] 이
와 같이 황희는 항상 교린(交隣)에 덕화(德化)를 중시했다.


### 일본 국왕 조문

1443 10월 22일 일본 국왕이 죽었는데 사신을 보내 조의(弔意)
를 표해야 옳은가를 의논했다. 영의정 황희는,

> 일본이 처음에 우리 사신을 받아들이려 하지 않았으니, 자주 통신
> 사를 보낼 것은 아니오나, 청컨대, 온 사신이 돌아갈 때 서계(書契)
> 와 예물을 부쳐 보내어 그 뜻에 대답하고, 뒤에 마땅히 사신을 보
> 내어 치부(致賻)·치하(致賀)하는 것이 편하겠습니다.[204]

라는 견해를 내놓았다. 그런데 12월 27일 일본국사(日本國使) 광엄(光
嚴)이 "본국왕은 나이가 어린 데다가 또 귀국 통신사가 막 돌아왔으
니, 지금 치하하는 예물을 우리에게 부치고, 우선 치제(致祭)할 예물
은 정지하는 것이 편하다."했다. 이에 황희도 아직은 통신사를 중지
하고, 치제·치부의 예물은 광엄에게 부치는 것이 좋겠다고 했다. 광
엄이 돌아갈 때 마땅히 통신사를 보내서 신왕(新王)에게 치하하고, 부
사는 전왕에게 치제하는 것이 편하다는 것이 황희의 생각이었다.[205]

1444년 10월 21일 일본 사람 정대랑(井大郞)이 벼슬을 달라고 했
으나 황희는 벼슬을 줄 만한 요거이 안 된다고 거절하리고 했다.[206]

## 대마도 종성가의 요구 사항

1444년 11월 1일 종성가(宗盛家)가 중[僧] 광준(光俊)을 보내 6가지 조목을 요구해 왔다.

1   1년 동안 왕래하는 배의 수를 정해 줄 것.

2   흉년에 곡식을 줄 것.

3   모시와 표범 가죽을 줄 것.

4   고초도에 고기잡이를 허락할 것.

5   저희 아랫 사람들을 부산포(富山浦)에 살게 할 것.

6   동래(東萊) 온천에서 목욕하는 것을 허락할 것.

영의정 황희는 목욕하는 것 이외는 모두 허락하지 말자고 했다.[207] 만약에 이 청을 들어주면 종언차랑(宗彦次郎)·종무직(宗茂直)·조전(早田) 등 다른 왜인들의 잇달은 요구가 따를 것이기 때문에 안 된다는 것이다. 좌찬성 하연은 종성가는 종언칠보다 세력이 적으니 배는 1년에 4척만 정해 주면 된다는 의견을 냈다.(종언칠은 1년에 7척) 그리고 그 섬에 기근이 심하다니, 곡식 10석을 주자고 했다. 세종도 하연의 의견을 따랐다.[208]

1445년 2월 7일 대마도주 종정성이 야마사기(也馬沙其)를 송환해 달라고 했다. 영의정 황희 등은,

이 사람은 처음에 내이포에 와서 걸식하며 살던 것을 윤인소(尹仁紹)가 임금의 명령으로 불러 달래서 온 것이고, 종정성이 우리나라

를 위해 내보낸 자가 아니고, 또 이 사람의 기술은 칼을 만드는 것 한 가지뿐인데, 우리나라 사람들이 다 배웠으니, 가든가 있든가 우리나라에는 관계가 없습니다. 만약 보내 주지 않으면 나라 일을 누설할까 의심스럽습니다. 전후에 돌려보낸 자가 한 사람뿐인데, 어찌 이 사람에게만 의심할 것입니까? 그 청함에 따라 돌려보내는 것이 좋겠습니다.[209]

라고 했으나 좌의정 신개는 다른 의견을 냈다.

이 사람들이 귀화한 지 7년인데, 군기감 장인들과 함께 거처한 지가 오래되어 비밀리 화약 만드는 법을 배웠을 것이니, 의심할 만합니다. 우선 머물러 두고, 종정성이 다시 청하거든 사실인지 거짓인지를 보고 돌려보내는 것이 어떻겠습니까?

세종은 신개 등의 의견을 따랐다.

### 왜인의 호시 물가

1445년 4월 11일 세종은 의정부·예조에 명해 왜인의 호시물가(互市物價)를 의논하게 했다.

여러 섬의 홍리(興利)하는 왜인이 가지고 온 동(銅)·납(鑞)·단목(丹木) 등 운반하기 어렵고 무거운 물건은 반을 나누어 포(浦)에 머물러 두고 무역하게 하되, 오직 일본 국왕의 사신과 대내전(大內殿)이

보낸 객인(客人)에게는 수량대로 다 서울로 수송해 무역하게 했으니, 같은 물건인데 공·사의 무역하는 값이 높고 헐함이 있다면 대체에 어긋남이 있사옵니다. 이제부터는 왜인에게 밝게 효유해 물가를 참작해 피차에 적당하게 하고 공·사의 값을 한결같이 할 것입니다.[210]

세종도 황희 등의 이러한 의견을 따랐다.

# 5  명재상 황희, 세상을 떠나다

○○ 마지막까지 세종을 보필하다

1445년(세종 27년) 5월 1일에 세종은 군국의 중요한 일은 제외하고, 일체 서무를 세자에게 대신 다스리게 하겠다고 했다. 황희 등은 "이는 비록 내선(內禪)에 비할 것은 아니나, 정사가 두 곳에서 나오면 뒷날 세상에서 어떻게 여기오리까?"라고 반대했다. 이에 세종은 종용하며 말했다.

경등은 나의 병을 알지 못하고 이처럼 굳이 청하나, 근래에 눈이 어둡고 기운이 쇠해 만약 약한 몸을 억지로 일으켜서 친히 서무를 재결하게 되면 반드시 오래 살지 못할 것이다. 이러므로 한가롭게 몸을 수양하면 만약에 한두 해 동안이라도 목숨을 연장해 세상에 살아 있다면 어찌 다행하지 않겠는가? 대체로 새로 세우는 법령

321

과 사람을 쓰고 군사를 조정하는 등의 큰일은 내가 직접 다스리겠으나, 그 나머지 서무는 세자로 하여금 대신 다스리게 하고자 하니, 이것이 몸을 보호하기에 급급한 뜻이다. 경등은 어찌하여 내 병을 헤아리지 않고 억지로 말하는가?

황희 등도 마지못해 "우선 상지(上旨)에 의해 시행하옵소서."라고 물러설 수 밖에 없었다. 6월 19일 세종은 의정부에 전지했다.

영의정 황희는 나이 여든이 넘었으나, 의정부의 일이 번거로우므로 정신을 편히 수양할 겨를이 없을까 염려되니, 금후로는 전교로써 의논하게 한 공사(公事)와 본부의 합좌일(合坐日) 외에 일상 행하는 서무는 번거롭게 맡기지 마라![1]

### 경기·충청에 공법 정지

1445년 7월 9일 전제색 제조(田制色提調)가 전제 별감(田制別監)을 보내어 충청·경기도에 공법을 실시하자고 했다. 그러나 영의정 황희와 좌의정 신개가 반대했다.

경기·충청은 전해에 농사를 실패했고, 금년의 농사도 비록 가하다고는 하나 화곡(禾穀)이 아직 다 패지[發穗] 않았으니, 만일 늦바람이나 혹 이른 서리를 만나면 금년의 연사(年事)도 또한 알 수가 없습니다. 별감(別監)이 다만 싹이 잘된 것만 보고 풍년이라 해 공법을 행했다가, 마침내 혹시 결실이 되지 않으면 백성의 근심과 원망

322

이 한이 있겠습니까? 또 별감 70여 인이 주군(州郡)에 돌아다니면 소요의 폐단도 적지 않을 것이니, 청컨대 정지하소서.[2]

세종도 그 의견을 따랐다.

### 왕비 국장

1446년(세종 28년) 3월 25일 왕비가 죽어 국장(國葬)·산릉(山陵) 도 감(都監)을 설치하고 영의정 황희를 제조(提調)로 삼았다.[3] 그리고 4월 9일에 영의정 황희는 백관을 거느리고 빈전(殯殿)에 진향(進香)했다.[4] 또한 영릉(英陵)의 수호군(守護軍)은 두지 않기로 했다. 영릉이 헌릉(獻 陵) 관내에 있었기 때문이다.[5]

### 변장 자제 대동 금지

1446년 7월 29일 병조는 함길도와 평안도의 변장은 자제를 데 리고 부임하지 못하게 했다. 이에 대해 영의정 황희가 의견을 냈다.

함길도와 평안도 변장의 자서(子壻)와 한량인(閑良人) 중 무재(武才) 가 있는 사람이 얼마 되지 않는데, 이처럼 재주 없는 사람들을 거 느리고 가는 것이 무엇이 유익하겠습니까? 먼저 법을 상세히 만들 고 거듭 검거(檢擧)함을 밝히는 것이 편리하고 유익할 듯합니다.[6]

### 황희의 아내가 죽다

1448년(세종 30년) 3월 28일 황희의 아내가 죽었다. 세종은 장사

를 치르는 데 관곽(棺槨)과 미두(米豆) 30석, 종이 90권, 석회 50석을 쓰게 했다.[7]

## 내불당 건립 반대

1448년 7월 22일 세종은 궁중에 내불당을 지으려 했다. 영의정 황희는 극력 반대했다.[8]

대개 석씨(釋氏)의 학설이 백성만 괴롭히고 국가에도 무익한 것은 성상께서도 벌써 밝게 아시는 바입니다. 늙은 신으로서 뭐 다시 여쭐 필요가 있겠습니까? 하지만 신의 생각에는 아무리 나라에 이익이 되고, 백성을 편케 할 수 있는 일이라 할지라도 사람마다 싫어하면 그대로 따라야 할 줄로 압니다. 지금 이 불우(佛宇)를 세운다는 것은 다만 국가의 재정을 모손시키고 백성의 마음을 해롭히는 것뿐입니다. 신이 옛날 태종을 모실 때 하교하시기를 "불씨의 교(敎)는 너무 탄망(誕妄)해 치체(治體)에 해가 있으니, 내가 그 폐단을 뽑아 없애겠다."라고까지 했었으나 그만 뜻을 이루지 못하고 세상을 버렸습니다. 이런 하교가 지금까지 신의 귀에 들리는 듯하고, 능실(陵室) 옆에 불찰(佛刹)을 세우지 않는 것도 바로 그때의 실험이었습니다. 전하께서도 즉위한 이후 태종의 뜻을 그대로 계승해 불씨를 도태시키라는 교명이 여러 차례 내려지자, 신은 마음속으로 참 다행스럽게 여겼던 것입니다. 뜻밖에 오늘에 와서 새삼스럽게 국도(國都)에 불우를 세운다 하니, 이는 다만 후세에 한량없는 해를 끼치고 영불(佞佛)하는 사람의 구실을 만들어 주는 것밖에 되지 않습니다.[9]

1449년(세종 31년) 5월 27일에 영의정 황희는 나이 아흔이 되어 공이 없이 녹만 먹으니, 사직하고자 했다. 그러나 윤허받지 못했다.[10]

### 세자에게 서무 일임

1449년 7월 12일 세종은 세자를 대궐로 불러들여 1품 이상의 제수(除授)를 제외한 일체의 서무를 위임하려 했다. 이에 대해 황희가 만류했다.

> 서무는 동궁이 모두 재결(裁決)하고 있습니다. 다만 남은 것은 2품 이상을 제수하고 과죄(科罪)하는 것과, 행향사(行香使)를 낙점하는 등의 일이온데, 2품 이상은 범죄를 저지르는 사람이 많지 않아서 계달(啓達)하는 때가 적고, 또 과죄하면 반드시 파출(罷黜)되는 자가 있을 것이니, 이미 제수한 것을 알고 파출된 것을 알지 못하면 가하겠습니까? 행향사의 낙점은 역시 많지 않으니, 동궁에게 위임하시는 것이 불가합니다.[11]

세종도 "노대신이 더위를 무릅쓰고 간곡히 청하니, 내 우선 따를 것이요, 후에 다시 상량해 정하겠다."라고 했다.

### 황희의 치사

1449년 10월 5일 황희를 영의정부사로 그대로 두고 치사하게 했다. 이에 조야(朝野)가 그 물러남을 애석하게 여겼으나, 나라에 큰일이 생기면 임금이 근시(近侍)를 보내 물어보고 결정하도록 했다. 임금이 황희의 넓고 깊은 식견이 없으면 큰일을 잘 판단할 수 없다고 생각했기 때문이다.[12] 그리고 황희에게 종신토록 2품록(二品祿)을 주도록 명했다.[13] 황희는 재상 자리에 있기를 20여 년에 지론(持論, 주장하는 이론)이 너그럽고 후한 데다가 분경(紛更, 어수선하게 해 뒤바꿈)을 좋아하지 않고, 나라 사람의 여론을 잘 진정하니, 당시 사람들이 명재상(名宰相)이라고 불렀다.[14]

문종 즉위년(1450년) 9월 2일 의정부에서 사신(使臣)들에게 연회를 베풀었다. 영의정으로 치사한 황희도 참여했는데, 자리가 영의정 하연의 위에 있었다.[15]

1450년(세종 32년) 2월 17일에 세종이 영응 대군 집 동별궁(東別宮)에서 죽었다. 향년 52세.[16]

그런데 영의정으로 치사한 황희가 아들 황보신의 직첩을 돌려주기를 청했다.

신이 유약하기 짝이 없어서 자식 가르치기를 엄하게 못해 둘째 아들 황보신이 죄를 지어 삭직된 지 벌써 11년이 되었습니다. 비록 장죄(贓罪)를 범했다 하더라도 창고의 재물이 아니며, 또 정상(情狀)이 애매한데, 고문으로 자복했으니, 신이 어찌 하루라도 마음에 잊을 수 있겠습니까? 그러나 천위(天威)를 두려워해 감히 말을 못하고 지금까지 왔습니다. 신의 나이가 지금 89세이니, 죽음이 조석에 있습니다. 이에 늙은 소가 새끼를 핥아 주는 심정으로 어리석은 신이 목숨을 마치도록 민망스러운 마음을 풀지 못하겠습니다. 이제 크게 용서해 유신(維新)하는 날을 당해 특별히 직첩을 돌려주시면 신이

죽어도 눈을 감겠습니다. 부자의 정은 천성인지라, 감히 천위를 무릅쓰고 죽음을 잊고 아룁니다.[17]

이에 곧 황보신의 고신을 돌려주었다. 황보신이 일찍이 장죄를 범해 정상이 간휼(奸譎)하니, 마땅히 죽을 때까지 직첩을 돌려주지 않아야 할 것인데, 대신을 중하게 대접하는 도리로서 특별히 돌려준 것이다.[18]

## ○○ 황희, 긴 생애를 마치다

1452년(문종 2년) 2월 8일 영의정부사로서 치사한 황희가 졸했다.[19] 이에 문종은 황희를 세종 묘정(廟廷)에 배향(配享)하고 이어 익성이라는 시호를 내리고, 도승지 강맹경(姜孟卿)을 보내 사당에 제사 지내라고 명했다. 그리고 파주 금승리에 간좌(艮坐)로 장사 지냈다. 또한 문종은 장작감(將作監)에 명해 금승리에 영신원(靈神院)을 세워 승도(僧徒)로 하여금 지키게 했다.[20] 황희의 졸기(卒記)는 다음과 같다.

황희는 장수현 사람인데, 자는 구부요, 판강릉부사 황군서의 아들이다. 출생할 때 신기(神氣)가 보통 아이와 달랐는데, 고려 말기에 과거에 급제해 성균관 학관(學官)에 임명되었다. 태조가 개국함에 선발되어 세자 우정자를 겸임하고, 조금 후에 예문춘추관을 맡았다가 사헌부 감찰과 우습유로 전직되었는데, 어떤 일로 경원 교수관으로 좌천되었다. 태종이 사직을 안정시키니, 다시 습유로 불러올려졌는데, 어떤 일을 말했다가 파면되었고, 조금 후에 우보궐에 임명되었으나, 또 말로써 임금의 뜻에 거슬려서 파면되었다. 형조·예조·병조·이조 등 여러 조의 정랑을 역임했다.

이때 박석명이 지신사로서 오랫동안 기밀을 관장하고 있었는데, 여러 번 사면하기를 청하니, 태종이 말하기를 "경이 경과 같은 사람을 천거해야만 대체(代遞)할 수 있을 것이다." 하니, 박석명이 황희를 천거해서 갑자기 도평의사사 경력(經歷)과 병조 의랑으로 천직(遷職)되었다. 그가 아버지 상사(喪事)를 만나니, 태종은 승추부(承樞府)가 군무(軍務)를 관장하고, 또 국가에 사고가 많은 까닭으로, 무관을 기복출사(起復出仕)시키는 제도를 권도(權道)로 따르게 해 대호군(大護軍)에 임명하고, 승추부 경력(經歷)을 겸임하게 했다. 우사간 대부로 승진되었다가 얼마 안 되어 좌부대언에 발탁되고, 마침내 박석명을 대신해 지신사에 임명되었다. 후하게 대우함이 비할 데 없어서 기밀을 오로지 맡고 있었으니, 비록 하루 이틀 동안이라도 임금을 뵙지 않는다면 반드시 불러서 뵙도록 했다. 태종이 일찍이 말하기를 "이 일은 나와 경만이 알고 있으니, 만약 누설된다면 경이 아니면 곧 내가 한 것이다."라고 했다. 훈구 대신들이 좋아하지 아니해 혹은 그 간사함을 말하는 사람이 있기도 했다.

이때 민무구·민무질 등이 권세가 크게 성해 종지(宗支, 종파와 지파)를 모해하니, 황희는 이숙번·이응·조영무·유양(柳亮) 등과 더불어 밀지를 받아 이들을 도모했는데, 태종이 일찍이 이르기를, "만약 신중히 해 빈틈이 없지 않으면 후회해도 미칠 수 없을 것이다."

했더니, 여러 민씨들이 마침내 실패했다. 1408년에 목인해의 변고가 일어나니, 황희가 마침 집에 있었으므로 태종이 급히 황희를 불러 말하기를 "평양군(平壤君)이 모반하니, 계엄(戒嚴)해 변고에 대비하라!" 했다. 황희가 이르기를 "누가 모주입니까?" 하니, 태종이 말하기를 "조용(趙庸)이다."라고 했다. 황희가 대답하기를 "조용의 사람됨이 아버지와 군주를 시해하는 일은 하지 않을 것입니다."라고 했다. 후에 평양군이 옥에 갇혔으므로 황희가 목인해를 아울러 옥에 가두어 대질하도록 청하니, 태종이 그대로 따랐는데, 과연 목인해의 계획이었다. 그 후에 김과(金科)가 죄를 얻으니, 조용도 또한 공사(供辭, 죄인이 범죄 사실을 진술한 말)에 관련되었다. 태종이 대신들을 모아 놓고 친히 분변하니, 정직한 것이 조용에게 있었다. 태종이 황희에게 이르기를 "'조용은 아버지와 군주를 시해하는 짓은 하지 않을 것입니다.' 하더니, 과연 그렇구나." 하니, 조용이 비로소 그 말뜻을 알고 물러가서는 감격해 말을 하지 못했다.

1409년 가을에 가정대부(嘉靖大夫) 참지의정부사에 발탁되고, 겨울에 또 형조 판서에 발탁되었다 다음 해 3월에 지의정부사가 되고, 대사헌에 천직되었다. 그다음 해에는 병조 판서로 옮겼다가 예조 판서로 옮겼으나, 병을 얻어 매우 위독하니 태종이 내의 김조(金慥)·조청(曺聽) 등에게 명해 병을 치료하게 하고, 안부를 하루에 서너 번이나 물어서 병이 나았다. 태종이 김조 등에게 이르기를 "이 사람이 성실하고 정직하니 참으로 재상이다. 그대들이 능히 병을 치료해 내가 매우 기쁘게 생각한다." 하고는 후하게 상을 주었다.

얼마 후에 어떤 일로 파면되었다가 1415년에 세자 이제가 덕망을 잃어 태종이 황희와 이원을 불러 세자의 무례한 실상을 말하니, 황희는, 세자는 경솔히 변동시킬 수 없다고 여겨 이에 이르기를 "세자가 나이가 어려서 그런 것이니, 큰 과실은 아닙니다."라고 했다. 태종은 황희가 일찍이 여러 민씨들을 제거하자고 주장했으므로 세자에게 붙어서 민씨에게 분풀이 하고 후일의 터전을 삼으려 한다는 이유로 크게 성내어 점점 멀리해 공조 판서에 임명했다가 다음 해에 평안도 도순문사로 내보냈다.

1418년에 판한성부사로 불러서 돌아왔으나, 세자가 폐위되니 황희도 폐해 서인으로 삼아 교하에 폄출(貶黜)시키고, 모자를 함께 거처하도록 허가했다. 대신과 대간들이 죄주기를 청해 그치지 않았으니, 태종이 황희의 생질 오치선을 폄소(貶所)에 보내 말하기를 "경은 비록 공신이 아니지만 나는 공신으로 대우하므로, 하루 이틀 동안이라도 보이지 않으면 반드시 불러 보아서 하루라도 나와 좌우에서 떠나 있지 못하게 하려고 하는데, 지금 대신과 대간들이 경에게 죄주기를 청해 양경(兩京) 사이에는 거처시킬 수 없다고 한다. 그런 까닭으로 경을 경의 향관(鄕貫)인 남원에 옮겨 두니, 경은 어미와 더불어 편리할 대로 함께 가라!"하고는, 또 사헌부에 명해 압송하지 말도록 했다. 오치선이 복명하므로 태종이 "황희가 무슨 말을 하더냐?" 물으니 오치선이 아뢰기를 "황희의 말이 '살가죽과 뼈는 부모가 낳으셨지만, 의식(衣食)과 복종(僕從)은 모두 성상의 은덕이니, 신이 어찌 감히 은덕을 배반하겠는가? 실상 다른 마음은 없었다.'라고 하면서 마침내 울면서 어찌할 바를 모르고 있었습니다." 하매, 태종이 "이미 시행했으니 어떻게 할 수 없다."라고 했다. 황희가 남원에 이르러서는 문을 닫고 빈객을 사절하니, 비록 동년(同年, 과거 시험 동기생) 친구일지라도 그 얼굴을 보기가 드물었다.

　태종이 그 사실이 아닌 것을 알고서 1422년 2월에 불러서 서울에 돌아오게 했다. 황희가 태종을 알현하고 사은하니, 세종이 곁에 모시고 있었다. 태종이 말하기를 "내가 풍양(豊壤)에 있을 적에 매양 경의 일을 주상에게 말했는데, 오늘이 바로 경이 서울에 오는 날이로다." 하고는 명해 후하게 대접하도록 하고, 과전과 고신을 돌려주게 하고, 세종에게 부탁해 임용하도록 했다. 10월에 의정부 참찬에 임명하고, 예조 판서에 전직되었다. 강원도에서 기근이 있었는데, 관찰사 이명덕이 구황의 계책을 잘못 썼으므로 황희로서 이를 대체시켰더니, 황희가 마음을 다해 진휼(賑恤)했다. 세종이 이를 가상히 여겨 숭정대부 판우군도총제부사에 승진 임명하고 그대로 관찰사로 삼았다. 다음 해 6월에 불러들여 의정부 찬성에 임명하고 대사헌을 겸무하게 했으며, 판병조사를 겸무하게 했다.

　세종이 어느 날 황희를 불러 일을 의논하다가 황희에게 이르기를, "경이 귀양 가 있을 때 태종이 일찍이 나에게 이르시기를 '황희는 곧 한(漢)나라의 사단과 같은 사람이니, 무슨 죄가 있겠는가?' 하셨다." 하고는 좌의정 겸 세자사로 승진시켰다. 황희가 평안도의 순문사가 되었을 때 행대(行臺, 행대감찰) 이장손(李長孫)이 대등한 예로서 황희를 모욕하고, 황희와 더불어 서로 글을 올려 논핵(論劾)하므로 태종이 양편을 화해시켰는데, 뒤에 황희가 정권을 잡으니, 이장손은 통진(通津) 수령으로 교체되었다. 황희가 말하기를 "이 사람이 관직에 있으면서 명성이 있었다." 하고는, 천거해 헌납으로 삼았고, 또 천거해 사인(舍人)으로 삼았다.

황희는 어머니 상을 당해 불사(佛事)를 행하지 않고, 한결같이 『가례』를 따랐다. 때마침 임금이 세자를 장차 북경(北京)에 입조시키려 했기 때문에 황희를 기복(起復)시켜 따라가게 하려 하자 두세 번 사양했으나 윤허하지 않았다. 사헌부에서 황희가 동산 역리(東山驛吏)가 뇌물을 주는 것을 받았다고 탄핵해 황희가 또 사양했으나 윤허하지 않았다. 겨울에 평안도 도체찰사가 되어 약산(藥山)에 성터를 정했는데, 황희는 약산이 요충(要衝)에 있으므로 영변(寧邊) 대도호부를 설치해 도절제사 본영(本營)으로 삼았다. 황희가 하혈병을 앓아 치료하기가 어렵게 되자, 세종은 내의(內醫) 노중례(盧重禮)를 보내 포백(布帛)을 가지고 요동으로 가서 명의(名醫)에게 묻도록 했다. 1430년 12월에 태석균의 일로 파면되었으나, 1431년 9월에 이르러 영의정부사에 임명되었다.

1432년에는 나이 70세가 되자 전문(箋文)을 올려 벼슬을 그만두고 물러가 있기를 청했으나, 윤허하지 않고 궤장을 하사했다. 또 겨울 날씨가 따뜻하고 얼음이 얼지 않아, 음양(陰陽)을 조화시키는 직책에 있을 면목이 없다는 이유로 사직했으나, 윤허하지 않았다. 1438년 겨울에는 또 천둥이 치는 변고로 사직했으나, 윤허하지 않았다. 1441년에는 세종께서 황희가 연로하므로 다만 초하루와 보름에만 조회하도록 명하니, 황희가 사직하기를 청했으나, 윤허하지 않았고, 1443년 겨울에 또 사직하기를 청했으나, 윤허하지 않았다. 1445년에는 또 큰일 외에 보통 행하는 서무는 번거롭게 하지 말도록 명했다. 1449년에 본직을 치사하니, 명해 2품의 봉록을 주어 그

평생을 마치도록 하고, 나라에 큰일이 있으면 가서 묻도록 했다. 이 때에 와서 대단치 않은 병으로 졸하니, 조회를 3일 동안 폐지하고, 관청에서 장사를 지냈다. 조정과 민간에서 놀라 탄식해 서로 조문하지 않는 이가 없었으며, 이서(吏胥)와 여러 관사의 복예(僕隷)들도 모두 전(奠)을 올려 제사를 지냈으니, 전고(前古)에 없던 일이었다.

일찍이 유서(遺書)를 지어 자손들에게 경계했다. "내가 죽은 뒤에는 상장(喪葬)의 예절은 한결같이 『가례』에 따르되, 본토에서 시행하기 어려운 일을 억지로 따라 할 필요는 없다. 능력과 분수에 맞게 집의 형세에 따라 알맞게 할 것이며, 허식(虛飾)은 일체 행하지 마라. 『가례』의 음식에 관한 절차는 질병을 초래할까 염려되니, 존장(尊長)의 명령을 기다리지 않고, 억지로 죽을 먹도록 하라! 이미 시행한 가법(家法)에 따라 불사는 행하지 말고, 빈소(殯所)에 있은 지 7일 동안은 산소에 차려 놓는 제물은 『가례』에 없는 바인데, 부처에게 아첨하는 사람이 꾀를 내어 사사로이 하는 것이니 행할 수 없다."

황희는 관후(寬厚)하고 침중(沈重)해 재상의 식견과 도량이 있었으며, 자질이 크고 훌륭했으며, 총명이 남보다 뛰어났다. 집을 다스림에는 검소하고, 기쁨과 노여움을 얼굴에 나타내지 않았으며, 일을 의논할 때는 정대(正大)해 대체를 보존하는 데 힘쓰고, 번거롭게 변경하는 것을 좋아하지 않았다. 세종이 중년 이후에는 새로운 제도를 많이 제정하니, 황희는 생각하기를 '조종의 옛날 제도를 경솔히 변경할 수 없다.' 하고, 홀로 반박하는 의견을 올렸으니, 비록 다 따르지 않았으나 중지시켜 막은 바가 많았으므로 옛날 재상의 기풍이 있었다. 옥사를 의정할 때에는 관용(寬容)으로써 주견을 삼아서 일찍이 사람들에게 이르기를 "차라리 형벌을 가볍게 해 실수할지언정 억울한 형벌은 할 수 없다."라 했다. 비록 늙었으나, 손에서 책을 놓지 않았으며, 항시 한쪽 눈을 번갈아 감아 시력을 기르고, 비록 잔글자라도 또한 읽기를 꺼리지 않았다. 재상이 된 지 24년 동안에 중앙과 지방에서 우러러 바라보면서 모두 말하기를, '어진 재상'이라 했다. 늙었는데도 기력이 강건해 홍안백발(紅顔白髮)을 바라다보면 신선과 같았으므로, 세상에서 그를 송나라 문 노공(文潞公, 문언박(文彦博))에 비했다.

그러나 성품이 지나치게 관대해 제가(齊家)에 단점이 있었으며, 청렴결백한 지조가 모자라 정권을 오랫동안 잡고 있었으므로, 자못 청렴하지 못하다는 비난이 있었다. 처의 형제인 양수(楊修)와 양치(楊治)가 법에 어긋난 일이 발각되자 황희는 이 일이 풍문(風聞)에서 나왔다고 글을 올려 변명해 구해 냈다. 또 그 아들 황치신에게 관청에서 몰수한 과전을 바꾸어 주려고 해 또 글을 올려 청하기도 했다. 또 황중생이란 사람을 서자로 삼아서 집안에 드나들게 했다가, 후에 황중생이 죽을죄를 범하자, 곧 자기 아들이 아니라고 하고는 성을 조(趙)가로 고치니, 애석하게 여기는 사람이 많았다.

졸한 지 5일 만에 임금이 도승지 강맹경(姜孟卿)을 보내 의정부에 의논하기를 "황희를 세종의 묘정에 배향하려 하는데 어떻겠는가?" 하니, 김종서·정분(鄭苯)·허후(許詡) 등이 아뢰기를 "황희는 수상이 된 지 20여 년 동안에 비록 전쟁에서 세운 공로[汗馬之勞]는 없지만 임금을 보좌한 공로는 매우 커서 대신의 체통을 얻었으니, 선왕에게 배향시킨다면 사람들의 청문(聽聞)에 충분할 것입니다."

했다. 명해 세종의 묘정에 배향시키게 하고, 익성이란 시호를 내렸
으니, 사려(思慮)가 심원(深遠)한 것을 익(翼)이라 하고, 재상이 되어
종말까지 잘 마친 것을 성(成)이라 한다는 뜻이다. 아들들은 황치신
·황보신·황수신 등이 있다.[21]

## 문종의 사제 교서

1452년(문종 2년) 2월 12일 문종은 황희에게 다음과 같은 사제 교
서(賜祭教書)를 내렸다.

상은 3년의 슬픔을 다 마쳐야만 태묘에 승부(升祔)하게 되고, 신하
는 한마음으로써 보좌했으니 어찌 영왕(세종) 묘에 추배하지 않겠는
가? 이는 사사로운 은혜로서가 아니라 예부터의 전례(典禮)에 의한
것이다.

경은 풍채가 엄준하며, 국량이 크고 깊은 데다가 확고한 수행
(修行)은 도저히 꺾을 수 없고, 정대한 학문은 너무도 높았도다. 진
퇴(進退)가 다 도의에 부합되고, 희로(喜怒)는 일체 표정에 나타내지
않았으며, 사람의 재주를 용납할 수 있는 아량에다 어려운 국사에
앞장서는 충성을 지녔으며, 나라가 번창할 시기에 즈음해 마침 태
종 만나 이목지관(耳目之官, 대간) 이 되어 기강이 바로 잡히고, 후설
지관(喉舌之官, 승지)이 되어 좋은 진언이 많았다. 그 지략은 민씨(민
무구·민무질) 등의 흉계를 저지시켰는지라 묵연히 왕실의 화근이 제
거되고 충직함은 참다운 재상인지라 깊이 명주(明主)의 지우(知遇)
를 받았으며, 2도(평안·강원)에 나가자 관리는 두려워하고 백성은 그

리워했으며, 6조의 판서가 되자 정사가 닦아지고, 폐막이 시정되었도다. 명나라 사신을 전담해 응대하고, 정당(政堂)의 의논에 참여해 도왔으므로 세종은 심복처럼 기대었고, 사림은 태산북두처럼 우러러보았다. 1품 품계에 올라 우뚝 군부(軍府)에 임해 있고, 3태(三台, 영·좌·우상) 지위에 이르러 엄연히 백관의 지표가 되어 큰일과 큰 의논을 결단하는 데는 진실로 길흉을 점치는 시귀(蓍龜, 시초와 거북)와 같았고, 좋은 정책과 좋은 의견을 고하는 데는 언제나 병을 고치는 약석(藥石, 약과 침)보다 나았도다.

임금을 과오 없는 데로 인도하기를 완수하고, 백성들을 안정한 데로 이끌기를 힘썼으며, 조종의 법도는 뜯어 고치기를 좋아하지 않고, 평소의 의논은 모쪼록 관후(寬厚)함을 힘썼다. 국정을 잡은 지 16년 동안에 인재들이 그 뛰어난 안목에 발탁되고, 수상으로 있은 지 24년 동안에 국사가 단단한 반석처럼 편안했으며, 아홉 번 시관(試官)을 맡았으나 번번이 인재를 얻었다는 칭찬을 받았고, 열 번 해골(骸骨)을 핑계 대었으나 오히려 임금에게 '나를 도와달라'는 부탁을 받았으며, 병이 났을 때는 약과 음식을 보내고 연세가 높았을 때는 궤장을 하사했다. 몸소 4대를 섬기면서 충(忠)과 의(義)가 더욱 돈독하고, 연세가 아흔에 이르도록 덕과 지위가 함께 높았으니, 진실로 인주의 팔과 다리이며, 또한 국가의 기둥과 주추였다.

내가 대위(大位)에 오르던 해가 마침 경이 자리에서 사퇴하던 때였다. 그러나 중대한 일에는 꼭 사람을 보내 문의했도다. 현상(賢相)으로 영원한 의지를 삼으려 했는데, 어찌 갑자기 반염(攀髥, 『사기』 「봉선서」에 황제가 득도해 용을 타고 하늘로 오를 때 종자(從者)들이 용의 구레나

룻을 부둥켜안고 부르짖었다는 고사. 사람의 죽음을 슬퍼한다는 뜻)의 뜻을 두어 나로 하여금 망감(亡鑑, 위징(魏徵)이 죽자 당 태종이 구리로 거울을 삼으니 의관을 정제할 수 있고, 역사로 거울을 삼으니 흥망을 알 수 있고, 사람을 거울로 삼으니 잘잘못을 알 수 있었는데, 이제 그가 갔으니 거울 하나를 잃었다고 했다한다. 현상을 잃어 슬프다는 뜻)의 탄식이 있게 하는가? 대신의 나라를 돕는 마음이 생시와 사후가 다름없는 것인즉, 인군(人君)의 덕을 존중하는 전례(典禮)도 처음과 나중이 같아야 하므로 특별히 시호를 정하는 영광을 논하고, 묘정에 배향하는 서열에 오르게 한다.

아! 공종(功宗, 공이 뛰어난 사람)을 기록해 제사를 드리니, 거의 낙고(洛誥)와 함께 부합되고(『서경』 「반경」에 공이 가장 많은 공신에게 큰 제사를 내린다는 뜻), 탕(湯)에게 나아가 상서(祥瑞)를 내리게 하니, 반경만이 아름다운 게 아닐 뿐(『서경』 「반경」에 신하가 탐욕스러워 정사를 잘못하면 탕의 영(靈)에게 알려 재앙을 내리게 한다는 말을 반대로 인용한 것), 바라건대 정순(貞純)한 혼이여! 나의 이 성의를 받으소서.[22]

황희의 일생을 가장 함축적으로 기술하고 있다.

### 문소전 세종묘에 배향

1452년 4월 10일에는 세종과 소헌 왕후(昭憲王后)의 신주를 문소전(文昭殿)에 부묘(祔廟)하고, 익성공 황희와 정열공(貞烈公) 최윤덕, 문경공(文敬公) 허조, 문희공(文僖公) 신개, 문정공(文靖公) 이수를 묘정에 배향했다. 황희는 세종조에 있어 의정부에 가장 오래 있으면서 대체를 보존하는 데 힘쓰고, 어지럽게 고치는 것을 일삼지 않아 세종이 그의 지론(持論, 항상 주장하는 이론)이 정대함을 여러 차례 칭찬했다. 어떤 사람이 일찍이 그가 탐음(貪淫)한 행실이 있다고 비판했다. 그러나 그 사람이 이런 말을 한 것은 곧 일찍이 황씨의 자제들을 좋아하지 않아서였다. 허조는 나라를 근심하기를 자기 집과 같이 했고, 진심으로 국가를 위해 심력(心力)을 다했으며, 말과 행실이 다 본받을 만했다. 대개 황희의 중후(重厚)함은 대체를 얻고 허조의 충직함은 법을 지켰으니, 수성(守成)의 어진 재상이라고 할 만하다. 황희는 모양과 태도[姿表]가 크고 훌륭[魁偉]했으며, 총명이 남보다 월등히 뛰어나고[絶倫], 인격과 도량[德量]이 넓고 깊어[宏深] 자신이 수상이 된 지 24년 동안에 대체를 보존하는 데 힘쓰고, 어수선하게 바꾸는 것[紛更]을 일삼지 아니해 나라의 정책을 세우는 데 중추적 역할[蓍龜]을 했다.[23]


## ○○ 황희에 대한 논평과 추모

### 이호민의 황희 논평

1452년 7월 4일에는 사신(史臣) 이호민(李好閔)이 쓴 황희에 대한 기사를 실을 것인가를 토론했다.

> 정인지(지춘추관사): 이것은 내가 듣지 못한 것이다. 감정에 치우치고 근거가 없는 것 같으니, 마땅히 여러 사람과 의논해 정해야겠다. …… 그가 이르기를 "황희는 황군서의 얼자다."라고 한 것은 일찍이 이런 말이 있었다. 황희도 또한 일찍이 스스로 말하

기를, "나는 정실의 아들이 아니다."라고 했다. 그러나 그 밖의 일은 전에 듣지 못했다.

허후: 우리 아홉 사람(정인지·황보인·김종서·허후·김요·이계전·정창손·신석조·최항)이 이미 모두 듣지 못했으니, 이호문이 어찌 능히 홀로 알 수 있겠는가? 나의 선인(허조)께서 매양 황희를 칭찬하고 흠모하면서 존경해 마지않았다. 사람됨이 도량이 매우 넓으며 희로를 나타내지 않았다. 수상이 된 지 거의 30년에 진실로 탐오(貪汚)한 이름이 없었는데, 어찌 남몰래 사람을 중상하고, 관작을 팔아먹고, 옥사에 뇌물을 받아서 재물이 거만이겠는가? 그가 친구에게 안부를 묻고 선물을 준 것[問遺]은 간혹 있으나, 만약 자녀의 수양(收養)한 일 같은 것은 곧 세상 이목이 들어서 아는 바이다. 황치신과 황수신은 모두 수양이 없고, 오로지 황보신의 처만이 양모에게서 자라서 노비와 재물을 많이 얻었다. 그러나 그것이 어찌 황희에게 관계되는 것이겠는가? 그가 말하기를 "본래 노비가 없었고, 장인에게서 얻은 것은 겨우 노비 1~2구뿐이다. 그러나 자기가 부리는 노비는 그 수를 알지 못한다."라고 했으나, 아내 양씨(楊氏)는 세족(世族)이기 때문에 그가 "노비가 없었다."라고 한 말은 망언이다. 더구나 황희의 자녀가 노비를 부리는 것은 사람이 모두 아는데, 어찌 그 수를 알지 못한다고 하는가? 그가 김익정(金益精)이 황희와 더불어 서로 잇달아 대사헌이 되어서 모두 중 설우의 금(金)을 받았으므로 당시 사람들이 이들을 '황금 대사헌'이라 불렀다 했으나, 이것도 또한 알 수 없다. 이미 말하기를 "당시 사람들이 이를

일컬었다." 했는데, 지금 여기에 앉아 있는 8~9인은 어찌 한 사람도 들은 적이 없는가? 이호문은 나의 친속이나, 사람됨이 조급하고 망령되고 단정치 못한데, 그 말을 취해 믿을 수 없으니, 이를 삭제함이 어떤가?

김종서: 박포의 아내 사건은 규문(閨門) 안의 일이니, 진실로 쉽게 알 수 없다. 그 밖의 일은 마땅히 사람의 이목에 전파되었으므로 숨겨 둘 수가 없는데, 어찌 이와 같은데도 사람들이 알지 못했을까? 김익정은 나의 재종형인데, 내가 자세히 그 사람을 안다. 청렴결백함을 스스로 내세우고 있으니, …… 헌장(憲長)이 되어서 남의 뇌물을 받았다는 것은 단연코 그러하지 않을 것이다.

정인지: 내가 일찍이 세종의 교지를 친히 받들었는데, 말씀하시기를, "경들은 또한 사신(史臣)이니, 자세히 알고 있는 일은 추록(追錄)하는 것이 옳다." 하셨다. 일개 한림(翰林)이 쓴 것도 또한 사초라 하니, 대신에게 감수시키는데, 훤하게 아는 일을 홀로 쓰지 않는 것이 옳겠는가? 우리도 또한 사신이다. 이미 그 근거가 없음을 알면서 고치지 않는다면 어찌 이를 직필이라 하겠는가?

성삼문: 이호문의 사초를 살펴보건대, 오랫동안 연기와 먼지에 묻어 종이 빛이 다 누렇고, 오직 이 한 장만이 깨끗하고 희어서 같지 않은데, 그것은 사사로운 감정에서 나와서 추서(追書)한 것이 분명하니, 삭제한들 무엇이 나쁘겠는가?

김맹헌(金孟獻): 내가 이호문과 한때 한림에 있었는데, 사람됨이 광

망(狂妄)해 족히 따질 것이 못된다.[24]

황희의 출신, 행실, 뇌물 등을 비난하는 사초를 대신들이 모두 사책에 싣는 것을 반대하고 있다.

### 신도비와 소공대

1500년(연산군 6년)에 손자 첨지중추부사 황사장(黃事長)이 영의정 고령 부원군 신숙주가 짓고 동지중추부사 안침(安琛)이 글씨를 쓴 신도비를 묘하에 세웠고,[25] 1516년(중종 11년)에 현손인 소양공(昭襄公) 황맹헌(黃孟獻)이 강원 감사로 있을 때 소공대(召公臺)를 중수(重修)하고 비석을 세웠다.[26]

### 백옥동 영당

그 후 1580년(선조 13년)에 5세손 현감 황돈(黃惇) 등이 건의해 상주(尙州) 중모현(中牟縣) 수봉촌(壽峰村)에 백옥동(白玉洞) 영당(影堂)을 세웠고, 1632년(인조 10년)에 7세손 현감 황수(黃脩)가 백옥동의 유상(遺像)을 파주 본가에 봉안했으며,[27] 1714년(숙종 40년)에 상주 사림들이 서원으로 승격시켰다.[28]

### 창계 서원 창설

또한 1693년(인조 19년)에 장수 현감 민진숭(閔鎭崇)과 본현 사림들이 현의 북쪽 뉴령(杻嶺) 아래 선창촌(仙倉村)에 창계 서원(滄溪書院)을 세웠다.[29] 그리고 1727년(영조 3년)에 13세손 충렬공(忠烈公) 황선(黃璿)이

백옥동의 유상을 모사해 반구정(伴鷗亭)과 창계 서원에 봉안했다.[30]

### 영조의 치제

영조는 근신을 보내 묘와 영당에 치제(致祭)했다. 즉 1731년(영조 7년) 10월에는 파주에 행차해서 예조 정란 한두일(韓斗一)을 보내 황희 묘에 제사 지내게 했고, 1746년(영조 22년)에 다시 반구정의 화상을 올리라 해서 보고, 좌승지 남태온(南泰溫)을 보내 영당에 제사 지내게 했다.[31] 또 1775년(영조 51년) 6월에는 왕이 황희의 화상을 다시 들이라 해 보고 좌승지 홍경안(洪景顔)을 보내 가묘(家廟)에 치제하게 했다.[32]

### 풍계 서원 설립

그 후 정조 대에는 1788년(정조 12년)에 남원 사람들이 부의 서쪽 풍산(楓山) 아래 견소곡방(見所谷坊) 산수촌(山水村)에 풍계 서원(楓溪書院)을 세우고 유상을 봉안했고, 1789년(정조 13년) 2월에는 왕이 파주에 행차해 좌승지 김이정(金履正)을 보내 황희의 묘에 제사 지내게 했다.[33] 또한 같은 해 4월에는 옥동 서원(玉洞書院)에 사액(賜額)을 하고, 우승지 박천형(朴天衡)을 보내 원묘(院廟)에 제사 지내게 했다. 그리고 1790년(정조 14년)에는 공주 사람들이 황희를 기호 서원(岐湖書院)에 배향했다. 기호 서원은 서하(西河) 임춘(林椿)을 배향한 서원이다.[34]

### 순조의 치제

순조조에도 1808년(순조 8년) 8월에 왕이 파주에 행차해 예조 좌랑 정화석(鄭華錫)을 보내 황희의 묘에 제사 지내게 했고, 1825년(순조 25년) 4월에 사손(祀孫) 황협(黃悏)이 문과에 급제했다고 예조 좌랑 황종현(黃宗絃)을 보내 가묘에 제사 지내게 했다.[35] 1843년(헌종 9년) 4월 헌종도 파주에 행차해 교하·통진 부사 조의석(趙義錫)을 보내 황희 묘에 제사 지내게 했고, 1849년(헌종 15년)에는 후손들이 반구정을 중수하고 영정을 봉안했다.[36]

### 태악·산양 서원 설립

1856년(철종 7년)에는 연기(燕岐) 사람들이 현의 서쪽 태산촌(台山村)에 태악 서원(台嶽書院)을 세웠고, 1857년(철종 8년)에는 삼척 사람들이 부의 남쪽 소공대 아래에 산양 서원(山陽書院)을 설립했다.[37] 고종 때에도 1867년(고종 4년)에 16세손 황기종(黃基鍾) 등이 상주 산양(山陽) 대도촌(大道村)에 숙청사(肅淸祠)를 세웠고, 1872년(고종 9년) 3월에는 왕이 파주에 행차해 교하 군수 이정하(李貞夏)를 보내 황희 묘에 제사 지내게 했다.[38]


## ○○ 황희의 자녀들

황희의 부인은 둘인데, 첫째 부인은 판사복시사 최안(崔安)의 딸 정경부인 최씨로 딸 하나를 두었고, 둘째 부인은 공조 전서를 지낸 양진(楊震)의 딸이요, 고려 찬성사 양지수(楊之壽)의 손녀요, 정승 양기(楊起)의 증손녀요, 밀직부사 서천주(宣天柱)의 외손녀인 정경부인 정주 양씨로 3남 1녀를 두었다.

장남은 황치신으로 행 호조 판서, 증 우의정이었고 시호는 호안공(胡安公)이다. 차남은 황보신으로 종친부 전첨(典籤), 증 한성부 소윤이었으며, 삼남은 황수신으로 영의정을 지냈고, 시호는 열성공(烈成公)이다. 1565년(명종 20년)에 간행된 가정(嘉靖) 을축보(乙丑譜)에는 사남황직신이 없었으나, 1723년(경종 3년)에 간행된 계묘보(癸卯譜)에는 제가(諸家)의 보단(譜單)을 참작해 황직신을 황희의 제4남으로 입파수보(入派修譜)했다.[39] 최씨 부인의 딸은 교동 현감 서달에게, 양씨 부인의딸은 강화 도호부사 기질(奇質)에게 시집갔다. 손자는 남녀 모두 69명이다.[40]

### 황치신(黃致身)

황치신은 황희의 장자요, 자는 맹충(孟忠)이다. 1397년에 태어났는데, 나면서부터 기이하고 거룩했다. 태종이 황동(黃童)이라는 이름을 내렸는데, 뒤에 황치신으로 바꾸었다. 5∼6세에 기우자(騎牛子) 이행(李行)[41]이 그를 보고, "참으로 영특한 인물이다."라고 칭찬했다. 장성할수록 학업에 열중해 태종이 소문을 듣고 황희에게 "경의 아들이학문에 전념한다 하니 가히 동중서의 문하생이라 해도 부끄러울 것이 없겠다." 하면서 이름을 '동(董)'이라고 지어 주고, 공안부 부승으로 1계급 특진시켜 주었다. 그 후 벼슬이 사재감 직장을 거쳐, 사섬시(司贍寺) 주부, 사헌부 감찰, 호조 좌랑, 사온서 영(令) 등의 관직을 역임했다.[42]

그는 처음에 음직으로 시작해 뒤에 문직(文職)으로 전환했다.

1426년에 형조 도관정랑(都官正郎)이 되었을 때는 세도가들이 양민을 노비로 점탈하는 것을 보고 그들을 모두 양인으로 환원해 주었다. 다음 해에 무관으로 세자 익찬을 겸임하고, 판통례문사로 전보되어 상서 소윤(尙瑞少尹)을 겸임했다. 1433년에 승정원 동부승지로 발탁되었다가 뒤에 사건에 연루되어 면직되었다. 1435년에 예조 참의가 되었다가 호조 참의로 옮겨갔다. 1438년에 가선대부로 승진해 중추원 부사가 되었다가 한성 부윤으로 전임되었다. 세종도 그가 옳고 그른 것을 잘 판결해 세간에 물의(物議)가 없다는 것을 알고 그의 재기(才器)를 매우 아꼈다. 경기도 관찰사가 되어서는 조정에 아뢰어 토지의 세금을 면적이 아닌 수확량에 따라 징수하니 백성들이 편리하게 생각했다. 임기가 차서 경창 부윤(慶昌府尹)으로 이배되었다가 형조 참판으로 옮겼다. 1444년에 자헌대부 호조 판서가 되었다가 한성 부사로 옮겼다.[43]

1448년에 어머니 상을, 1452년에 아버지 상을 당했다. 상복이 끝나자 중추원사에 제배되어 중국 황제의 생신을 축하하는 사신으로 연경(燕京)에 다녀왔다. 이때 태조 이래로 구하려고 애썼으나 구하지 못하던 『송사(宋史)』 한 질을 그가 주청해 얻어 가지고 왔다. 수양 대군은 이 사실을 노산군에게 아뢰어 종묘에 고하고, 그에게 안장을 갖춘 말 한 필을 하사하고, 종품(從品) 1계를 올려 주었다. 그리고 다음 해 도진무사(都鎭撫使)를 겸임하게 했다.[44]

1457년(세조 3년)에 충청도 병마절제사에 임명되어 형벌을 고르게 하고, 사병을 어루만져 옛 명장의 위풍을 떨쳤다. 그는 소싯적부터 활을 잘 쐈는데, 하루는 군사 훈련을 하던 중 활로 짐승을 관통

시켜 말라 죽은 나무에 꽂혀 좀처럼 빠지지 않았다. 이에 군리(群吏)들이 탄복해 말하기를 "한(漢)나라 이광(李廣)의 돌을 뚫는 활 솜씨도 능히 공보다 못했을 것이다."라고 했다고 한다. 곧 인순부 윤(仁順府尹)으로 전임되었다. 1461년(세조 7년)에 숭정대부로 승진해 중추부사를 맡았다가 얼마 안 되어 사퇴하고 수년간 한가하게 지냈다.[45]

1466년(세조 12년)에 아우인 황수신이 집으로 찾아 왔을 때, 황수신이 종자를 시켜 그의 정원에 달려 있는 감을 따다가 함께 나누어 먹으면서 "이 감은 우리 함양촌장(咸陽村庄)에서 생산한 것이다."라고 하기에 그도 먹으면서 여러 번 맛있다고 칭찬했다. 그러나 아우가 돌아간 뒤에 보니, 정원에 감이 다 없어진지라 그때서야 속은 줄 알았다고 한다. 이때 마침 세조가 영응 대군 집에 행차했다가 이 소식을 듣고 영응 대군에게 말하기를 "우리 형제의 우애도 또한 마땅히 이러해야 할 것이다."라고 하고, 곧 황치신을 불러 동지중추부사 겸 도총관을 제수했다 한다. 나이가 70이 되어 치사하고자 했으나 들어주지 않았다.[46]

1468년(세조 14년)에 숭록대부로 승진되었다. 1479년(성종 10년)에 판중추부사에 제수되었다. 그다음 해에 늙었다고 사직하려 했으나 왕이 사관(史官)을 보내 만류했다. 그러나 그다음 해인 1484년(성종 15년)에 병으로 본댁에서 죽었다. 향년 88세. 이 소식을 듣고 성종이 매우 슬퍼하면서 이틀간 조회를 열지 않고, 사신을 보내 조제(弔祭)했다.[47]

그는 성품이 관후(寬厚)하고 성실했다. 일곱 왕을 섬기는 동안 문과에 급제하지 않았는데도 높은 벼슬을 했고, 덕망이 무거웠으며, 절의가 한결같이 변함없었다. 세조가 순행(巡行)할 때는 늘 그를 유도대장(留都大將)으로 삼았으며, 항상 "나의 곽자의(郭子儀)"라고 칭찬했다.

부인은 둘인데, 첫째 부인은 종부시 판사 김기(金淇)의 딸 상주 김씨요, 둘째 부인은 급제(及第) 황상(黃象)의 딸 평해 황씨다. 9남(事親·事長·事賢·事兄·事忠·事孝·事恭·事義·事敬) 5녀(禹孝新·蔡潭·安堯經·李九經·申叔檜)를 두었다. 장자 황사친은 마전(麻田) 군수요, 차자 황사장은 무과에 급제해 첨지중추부사를 지냈고, 3자 황사현은 중부 녹사요, 4자 황사형은 무과에 급제해 사헌부 감찰을 지냈다. 이상이 상주 김씨의 소생이다. 5자 황사충은 진위 현감이요, 6자 황사효는 문과에 급제해 의정부 사인을 지냈고, 7자 황사공은 무과에 급제해 공조 참의를 지냈으며, 8자 황사의는 일찍 죽었고, 9자 황사경은 무과에 급제해 내금위장을 지냈다. 이상은 평해 황씨 소생이다. 장녀는 참의 우효신에게, 차녀는 호군 이구경에게 시집갔는데 이상은 상주 김씨의 소생이요, 3녀는 승사랑 신숙회에게 시집갔는데 평해 황씨의 소생이다.[48]

첫째 사위 우효신은 단양 우씨로 참의를 지냈다. 군수 우양주(禹良疇)의 아들이요, 정승 우인열(禹仁烈)의 손자다. 둘째 사위 채택은 평강 채씨로 판관을 지냈다. 아버지는 군수를 지낸 채효순(蔡孝順)이요, 증손 채경선(蔡慶先)의 손자는 전문형(典文衡)을 한 호주(湖洲) 채유후(蔡裕後)다. 차자 채자심(蔡子深)의 둘째 사위 현령 유복룡(柳伏龍)의 둘째 사위 김오(金祦)의 아들이 인목 대비(仁穆大妃)의 아버지인 연흥 부원군(延興府院君) 김제남(金悌男)이다. 그리고 김제남의 사위가 안동 김씨인 김광찬(金光燦)이다. 김광찬의 아들로는 영의정을 지낸 김수흥(金壽興)·김수항(金壽恒, 호는 문곡(文谷)) 이 있고 김수항의 아들로는 영의정을 지낸 김창집(金昌集)과 유명한 유학자인 농암(農巖) 김창협(金昌協),

삼연(三淵) 김창흡(金昌翕)이 있다. 또한 김광찬의 외손은 좌의정을 지낸 연안 이씨 이세백(李世白)이다.

차자 채자심의 3녀는 성희주(成希周)에게 시집갔는데, 성희주의 아들 성세평(成世平)은 감사를 지냈고, 성락(成洛)은 승지를 지냈으며, 성영(成泳)은 판서를 지냈다. 성희주의 사위는 조수(趙琇)인데, 조수의 첫째 사위 윤국형(尹國馨)은 판서를, 둘째 사위 이성중(李誠中)도 판서를 지냈다. 채자심의 넷째 사위는 강린(姜璘)인데, 그의 증손이 판서를 지낸 강백년(姜栢年)의 아들이 전문형을 한 강현(姜鋧)이다. 아들 채자연(蔡子涓)은 첨지중추부사를 지냈는데, 그의 아들 채세걸(蔡世傑)은 감사를 지냈고, 채세영(蔡世英)은 판서를 지냈으며, 채세영의 아들 채연(蔡涎)의 사위인 윤은필(尹殷弼)은 참판을, 윤은필의 손자 윤승길(尹承吉)은 판서를, 윤승훈(尹承勳)은 영의정을 지냈다. 윤승훈의 사위인 이경여(李敬輿, 호는 백강(白江))도 영의정을 지냈다. 또 이경여의 아들 이민서(李敏敍, 호는 서하(西河))는 전문형을 했으며, 이경여의 손녀사위 홍중기(洪重箕)의 손자는 영의정을 지낸 홍봉한(洪鳳漢)이다. 홍봉한의 딸이 혜경궁 홍씨라는 것은 잘 알려진 사실이다. 홍봉한의 사위 최경지(崔敬止)는 부제학을 지냈고, 외손 남궁효(南宮孝)는 정자(正字)를 지냈으며, 남궁효의 외손녀서 허봉(許篈)은 전한(典翰)을, 허봉의 외손서 김세렴(金世濂, 호는 동명(東溟))은 판서를 지냈다.[49]

황치신의 둘째 사위 송효경(宋孝卿)은 순흥 안씨로 남대 참의(南臺參議)를 지냈으며, 아버지는 현감을 지낸 안영(安泳)이다. 아들인 첨지중추부사 안순(安珣)의 사위가 원송수(元松壽)요, 원송수의 아들 원호(元豪)는 무목사(武牧使)로 임진란 때 전사했다. 원호의 손자가 좌의정을 지낸 원두표(元斗杓)요, 원두표의 현손서가 오흥 부원군(鰲興府院君) 김한구(金漢耉)다. 그리고 김한구의 딸이 정순 왕후(定順王后)다.[50] 내·외손은 56명이나 되었고, 증손은 51명이나 되었다.[51]

황치신은 5자(事長-武·事兄-武·事孝-文·事恭-武·事敬-武) 등과로 대광보국숭록대부의정부 우의정 겸 영경연사 감춘추관사를 증직받았다. 부인에게는 세미(歲米) 200석을 하사했다. 그리하여 사람들은 그가 3달(三達, 작(爵)·치(齒)·덕(德))과 5복(五福, 수(壽)·부(富)·강녕(康寧)·유호덕(攸好德)·고종명(考終命))을 이루었다고 부러워했다.[52]

황치신의 묘는 고양군 남쪽 16리에 있는 덕수촌(德水村)에 임좌(壬坐)로 있다. 또 청담(淸潭)에 있다고도 하고, 뉴촌(杻村)에 있다고도 한다. 상주 김씨의 묘는 교하 금승리 지곡(地谷)에 있고, 평해 황씨의 묘는 남편과 합장이다.[53]


### 황보신(黃保身)

황보신은 황희의 차자요, 자는 중전(仲全)이다. 1401년에 태어나 1456년(세조 2년) 6월 16일에 서울 집에서 죽었다. 향년 56세. 음사(蔭仕)로 사헌부 감찰, 호조 정랑, 호군, 종친부 전첨을 역임했으나, 병으로 중년에 상주 중모별업(中牟別業)으로 은거했다. 1456년에 병이 들어 서울에 올라와 가묘에 절하고 형제를 만나보았으나 상주로 돌아가기 전에 죽었다. 묘는 상주 속현 공성서면(功城西面) 우리현(雩里峴) 묵방리(墨坊里)에 간좌곤향(艮坐坤向)으로 있다. 사위 광산 부원군(光山府院君) 김국광(金國光)이 지은 묘갈 음기(陰記)가 있다. 세조가 즉위하자 그를 좌익원종공신(佐翼原從功臣)에 책봉하고, 한성 소윤을 삼았다. 뒤에 증손 황맹헌(黃孟獻)의 현달로 이조 참의에 증직되었다. 부인은 보문각 직제학 홍여강(洪汝剛)의 딸이요, 검교 참찬 홍잠(洪潛)의 손녀요, 대언 홍개도(洪開道)의 증손녀요, 판서 상주 김씨 김거도(金居道)의 외손녀인 남양 홍씨다. 1399년에 태어나 1479년(성종 16년) 11월 4일에 죽었다. 향년 81세. 묘는 남편 묘 뒤에 있다. 자손이 상주에 세거하고 있고, 따로 제전(祭田)을 두어 매년 10월 10일에 제사를 지낸다.[54]

황보신은 4남(友兄·從兄·敬兄·恭兄) 1녀(金國光)를 두었다. 장남 황우형은 선공감 정(正)이었고, 차남 황종형은 선공감 부정(副正)이었고, 3남 황경형은 선공감 주부였으며, 4남 황공형은 선교랑(宣教郎)이었다. 딸은 광산 부원군 김국광에게 시집갔다.

김국광(1415~1480년)의 자는 관경(觀卿), 호는 서석(瑞石), 시호는 정정(丁靖), 본관은 광산(光山)이다. 감찰 김철산(金鐵山)의 아들이다. 일찍이 성균 생원으로 있었는데 황희가 기특하게 여겨 "김생(金生)은 작게 이룰 사람이 아니다."라고 하면서, 자기의 차자 한성 소윤 황보신의 사위가 되게 했다. 손녀사위를 삼은 것이다. 1438년에 생원시에 합격하고, 1441년에 문과에 급제해 부정자·박사·주부·감찰·판관 등의 관직을 역임했다. 1448년에 서장관으로 명나라에 다녀왔으며, 1452년(단종 즉위년)에 계유정난이 일어나자 원종공신 삼등에 녹훈되었다.

1455년(세조 1년)에 할머니 상으로 복상을 하고 있었는데, 세조가 "김국광은 지금 어디에 있느냐?"하며 찾았다. 좌우에서 복상 중이라고 대답했다고 한다. 복을 마치자 지평·장령·병조 참의 등의 관직을 역임하고, 세조가 그의 능력을 인정해 "사지제일(事知第一)"이라는 네

자를 손수 써서 내려 주었다 한다. 당시 승지들이 어떤 일로 견책을 받았는데, 세조는 그에게 승정원의 출납을 맡겼다. 1464년(세조 10년)에 호조 판서, 1466년(세조 12년)에 병조 판서를 지낸 후 우참찬, 우찬성으로 승진했다.

1467년(세조 13년) 이시애의 난을 진압한 공으로 적개공신(敵愾功臣) 2등에 녹훈되고 광산군(光山君)에 책봉되었다. 그런데 어떤 사람이 익명서를 붙여 그를 비방하고, 또 대간도 이를 근거로 그를 탄핵했다. 그러자 세조가 크게 노해 "내가 김국광이 그럴 리가 없다는 것을 잘 알고 있는데, 하물며 지금 국가가 일이 많아 김국광이 없으면 실로 누구와 큰일을 의논하란 말이냐. 나라를 그르칠 자들은 반드시 이자들일 것이다."라며 간관을 죄주었다.

1469년(예종 1년)에 우의정이 되어 신숙주 등과 함께 원상(院相)으로서 국정에 참여했다. 1470년(성종 1년)에 성종이 즉위하자 좌의정으로 승진해 좌리공신(佐理功臣) 1등에 책훈되고 광산 부원군이 되었다. 1480년(성종 11년)에 죽었다. 향년 66세.[55]

김국광의 아들은 대사간을 지낸 김극유(金克忸), 강화 부사를 지낸 김극니(金克怩), 경력을 지낸 김극수(金克羞), 무(武) 승지를 지낸 김극괴(金克愧) 등 넷이 있었다. 김극유는 두 아들을 두었는데 장자는 김종윤(金宗胤)이요, 차자는 김소윤(金昭胤)이다. 김종윤의 3자가 김호(金鎬)요, 김호의 장자가 황강(黃岡) 김계휘(金繼輝)다. 김계휘의 아들이 사계(沙溪) 김장생(金長生)이며, 김장생의 아들이 신독재(愼獨齋) 김집(金集)과 허주(虛舟) 김반(金槃)이다. 김반의 아들이 창주(滄洲) 김익희(金益熙)·김익겸(金益兼, 강도절사(江都節死))이요, 김익겸의 아들이 전문형을 한 김만기(金萬基)다. 김만기는 광성 부원군(光城府院君)으로 숙종 비 인경 왕후(仁敬王后)의 아버지다. 김만기의 아들이 판서를 지낸 김진구(金鎭龜)와 전문형을 한 김진규(金鎭圭)다. 그리고 김익겸의 차남이 『사씨남정기』를 쓰고 전문형을 한 김만중(金萬重)이다. 혁혁한 노론 명가다. 또 김종윤의 장손 김은휘의 사위가 강찬(姜燦)이요, 강찬의 아들이 좌의정을 지낸 강석기(姜碩期)이며, 강석기의 장녀가 소현 세자 빈이요, 차녀가 동춘당(同春堂) 문정공 송준길(宋浚吉)의 아버지인 송이창(宋爾昌)의 부인이다. 송준길의 사위가 여양 부원군(驪陽府院君) 민유중(閔維重)이요, 민유중의 딸이 숙종 비 인현 왕후(仁顯王后) 여흥 민씨다.

한편 김극유의 차자가 김소윤(金昭胤)이요, 김소윤의 아들이 판서를 지낸 김개(金鎧)요, 김개의 아들이 김익휘(金益輝)다. 김익휘의 사위가 정자를 지낸 이기준(李耆浚)이요, 이기준의 아들이 이중기(李重基)요, 이중기의 아들이 승지를 지낸 이행건(李行健)과 우의정을 지낸 이행원(李行遠)이다. 이기준의 차자가 이후기(李厚基)요, 이후기의 아들이 참판을 지낸 이행진(李行進)과 부제학을 지낸 이행우(李行遇)다. 김극유의 사위가 정광좌(鄭光佐)요, 정광좌의 외증손서가 심의겸(沈義謙)이며, 심의겸의 외손서가 행명(涬溟) 윤순지(尹順之)다. 강화 부사 김극니의 사위가 판서 성세순(成世純)이요, 성세순의 차자가 청송(聽松) 성수침(成守琛)이요, 성수침의 아들이 문간공(文簡公) 우계(牛溪) 성혼(成渾)이요, 성혼의 사위가 팔송(八松) 윤황(尹煌)이요, 윤황의 아들이 노서(魯西) 윤선거(尹宣擧)와 석호(石湖) 윤문거(尹文擧)요, 윤선거의 아들이 명재(明齋) 윤증(尹拯)과 농은(農隱) 윤추(尹推)다.

김국광의 3자 김극수(金克羞)는 경력을 지냈고, 4자 김극괴(金克愧)

는 수사를 지냈다. 장녀는 정랑을 지낸 이경정(李璟正)에게 시집갔으며, 이경정의 아들은 첨사를 지낸 이윤형(李允泂)이다. 이윤형의 사위가 문정공 정암(靜菴) 조광조(趙光祖)요, 이윤형의 아들이 이엽(李曄)이요, 이엽의 외손이 판서를 지낸 윤국형(尹國馨)이다. 윤국형의 아들이 감사를 지낸 윤경립(尹敬立)이요, 윤경립의 사위가 김신국(金藎國)이다. 김신국의 사위가 현감 이혜(李譓)요, 이혜의 사위가 부윤 허광(許壙)이며, 허광의 사위가 유세구(柳世龜)요, 유세구의 아들이 사인 유감(柳堪)이요, 유감의 아들이 참판 유영립(柳永立)이요, 유영립의 사위가 영의정을 지낸 지천(遲川) 최명길(崔鳴吉)의 아버지 최기남(崔起南)이다. 최명길의 계자(系子) 최후량(崔後亮)의 아들이 영의정을 지낸 명곡(明谷) 최석정(崔錫鼎)과 좌의정을 지낸 손와(損窩) 최석항(崔錫恒)이다. 최석정의 사위가 군수를 지낸 송여림(宋汝霖)이요, 송여림의 아들이 군수를 지낸 송세훈(宋世勳)이요, 송세훈의 증손이 참의를 지낸 송국택(宋國澤)이다. 송국택의 사위가 청풍 부원군(淸風府院君) 김우명(金佑明)이요, 김우명의 딸이 현종 비 명성 왕후(明聖王后)다. 김우명의 현손이 청원 부원군(淸原府院君) 김시묵(金時默)이요, 김시묵의 딸이 정조 비 효의 왕후(孝懿王后)다. 송여림의 3자가 송세경(宋世勁)이요, 송세경의 사위가 참의를 지낸 홍천민(洪天民)이며, 홍천민의 증손이 판서를 지낸 홍처량(洪處亮)이다.[56]


## 황수신(黃守身)

황희의 3자가 황수신이다. 황수신의 자는 계효(季孝)요, 호는 나부(懦父), 시호는 열성(烈成)이다. 1407년 정월 19일에 한양에서 태어나 1467년(세조 13년)에 죽었다. 향년 61세. 어려서부터 이미 대인의 도량이 있었다. 5~6세 때에 여러 아이들과 놀고 있었는데, 한 아이가 실족해 우물에 빠지니 다른 아이들은 놀라 흩어졌으나 그만은 의젓이 옷을 벗고 발을 적셔 가면서 그 아이를 건져 냈다. 이 소식을 들은 황희는 "우리 집에 또 재상 한 사람이 났다."라 했다고 한다.

황수신이 흥천사(興天寺)에서 공부를 한 적이 있었다. 그런데 마침 충녕 대군이 그 절에 와서 그곳에서 글을 읽는 아이들을 불러 4운시(四韻詩)를 외우게 하고, 응대를 어떻게 하나를 보고자 했다. 충녕 대군은 낭랑한 목소리로 먼저 글을 외우는 황수신을 보고 매우 기특하게 여겼다고 한다. 황희가 평양 부윤으로 있을 때 중국 사신 황엄을 환영하는 연회가 영빈관에서 열렸다. 황엄이 구경꾼 중에 섞여 있는 황수신을 보고 "이 아이는 뉘 집 귀공자인가?" 하자, 황희가 자신의 아들이라고 대답하니, 황엄이 다시 "아들을 낳으려면 마땅히 이러해야 하니, 이 아이를 잘 가르치면 후일에 반드시 위대한 인물이 될 것이다." 하고는 자리에 앉게 하고 상 위에 있는 음식을 거두어 주고, 또 진귀한 노리개 몇 개를 주고 헤어졌다 한다. 또 황주에 가서 선물을 보내면서 "어제 본 황희의 아들은 참으로 훌륭한 아이다. 마음에 생각이 나서 잊을 수가 없다."라고 했다 한다.

1423년(세조 5년)에 사마시에 응시하러 갔다가 시험관으로부터 모욕을 당하고 분개해 시 한수를 지었다.

백성에게 혜택 주고 세상을 건지는 것이 과거만 거쳐야 되는 것은 아니니,                                    澤民濟世非由第

그 후로는 과거를 포기하고 학문에 전념해 경사(經史)를 널리 섭렵했다. 세종이 이조에 묻기를 "황희의 여러 아들 중에 벼슬한 사람이 몇 사람인가?" 하니 대답하기를 "벼슬한 아들이 둘이고, 한 명은 소년입니다."라고 했다. 세종이 "소년이란 흥천사에서 시를 외우던 아이가 아니냐?" 하며 특별히 종묘 부승(宗廟副丞)에 제수하고 통사랑 품계를 주었다. 이어 종부시 직장·사헌부 지평·호조 정랑·사재감 부정을 역임하고 조봉대부의 품계를 받았다. 미구에 호군으로써 경기도 경력을 겸임했다. 지재(止齋) 권제(權踶)가 감사가 되어 이조에 부탁해 감사의 비장(裨將)을 시켰다. 여러 번 옮겨 사헌부 장령이 되었다. 이때 요사스러운 무당들이 패를 지어 서울 장안에 모여 사람들의 화복을 점치니 사대부 부녀들까지도 떠들썩했지만 그는 이에 현혹되지 않고 상소를 올려 이들을 성 밖으로 쫓아냈다.

1436년에 중훈대부 사섬시 윤(尹)에 제수되었다. 국가에서 함길도 6진에 삼남(三南)의 호족과 향리를 사민(徙民)할 때 세종이 그를 발탁해 전라도 경차관(敬差官)을 삼았다. 그는 하리들이 공금을 많이 착복하는 것을 보고 권선징악의 방법을 조목조목 아뢰어 국리민복(國利民福)을 챙겨 주니 세종이 다른 도에도 같은 방법을 쓰게 했다. 지사간원사에 전임되었을 때 참판 고약해(高若海)가 수령의 파직을 여섯 차례나 요청하다가 왕의 뜻에 거슬려 죄를 받게 되었다. 이에 황수신이 "고약해는 생원으로 초가집에 궁하게 살며 알려지려고 노력하지 않았으나 임금께서 발탁해 썼습니다. 결국 전하의 지우(知遇)에 감동해 나라를 이롭게 하려고 말을 아끼지 않은 것인데 그를 처벌하면 안 됩니다."라고 하니 세종이 화를 풀었다 한다.

상호군 겸 지형조장결도관이 되어 보니 미결된 노비 소송이 산적해 있었다. 그는 관아에 들어서자마자 보좌관에게 "천하에 어찌 결단하기 어려운 일이 있으리요." 하고는 옛 소송 문서를 가져오라 해 바람이 나는 것처럼 빨리 진위(眞僞)를 판결했다. 그리하여 통정대부 지병조사가 되었다. 1443년에 내직으로 들어가 승정원의 좌부승지·도승지를 지냈다. 본래 문과에 급제하지 않으면 도승지에 임명될 수 없었는데, 그는 재학(才學)이 뛰어나 특별히 임명된 것이다. 1447년에 종실 중에 황수신을 꺼리는 사람이 있어 황수신을 붕당으로 무고했으나 세종이 그를 믿기 때문에 파직하고 고신만 회수했다. 얼마 있다가 부인의 상을 당했다. 세종은 "황수신은 유능한 재목으로 이미 관직을 잃었고, 또 상사(喪事)를 만났으니 그 마음을 위로하지 않을 수 없다." 하고 고신을 돌려주었다.

1450년에 문종이 즉위하자 황수신은 탈상하고 가선대부 동지중추원사가 되었다. 문종이 일찍이 군진(軍陣)이 어지러워진 것을 걱정해 황수신을 삼군 도진무(三軍都鎭撫)로 삼고 "군사를 다스림은 마땅히 세유영(細柳營, 한나라 주아부의 군영)과 같이 군율이 엄해야 한다."라고 했다. 미구에 병조 참판으로 옮겨 병정(兵政)을 총괄하고, 부대를 나누어 교외에서 군사 훈련을 실시하니, 정기(旌旗)와 사졸이 옛 모습을 바꾸어 정채(精彩)가 급변했다. 문종이 친히 사열을 마치고 기뻐해 내구마 한 필을 하사했다.

1452년에 부친상을 당했다. 이때는 수양 대군이 누차 상가에 들러 시국에 관해 토론했다. 1454년(단종 2년)에 탈상하자 한성 부윤을 제수했다. 이때 삼포 왜란이 일어나 황수신을 자헌대부 경상도 관찰사에 임명하고 진무사(鎭撫使)를 겸임케 했다. 1455년(세조 1년) 윤6월에 세조가 즉위해 그를 의정부 우참찬에 임명하고 추충좌익공신(推忠佐翼功臣) 남원군(南原君)에 책봉했다. 1457년(세조 3년)에 겸 판이조사(兼判吏曹事)가 되었다. 세조가 장차 원구단에 제사를 올리려 할 때 황수신이 행사 초안을 만들어 올렸다. 이해 명나라에서는 천순(天順) 황제(영종(英宗))가 즉위하고, 황태자가 책봉되자 강희맹(姜希孟)을 하등극사(賀登極使), 황수신을 하황태자사(賀皇太子使)로 삼아 명나라에 보내 축하했다.

1458년(세조 4년)에 세조가 성균관에 가서 황수신을 고시관으로 삼아 도하(都夏) 등 5인을 선발했다. 문과에 급제하지 않은 사람이 고시관이 된 것은 전에 없던 일이었다. 숭정대부로 승진했다. 이해 충청도에 흉년이 들자 황수신을 진휼사(賑恤使)로 삼아 진휼하니 굶주리는 사람이 줄어들었다. 다시 보국숭록대부 남원 부원군으로 승진했다.

1464년(세조 10년)에 성화(成化) 황제(헌종(憲宗))가 즉위하자 세조가 황수신을 대광보국숭록대부 우의정으로 삼아 하등극사로 파견했다. 1466년(세조 12년)에 좌의정으로 승진했다. 황수신이 병이 들어 누차 사직을 청했으나 어의를 보내 치료해 주게 했다. 4월에 영의정으로 승진했으나 몸이 불편해 사례하지 못했다. 세조는 주찬(酒饌)을 하사하면서 "경은 조금도 마음에 미안하게 여기지 말고 치료에만 전심하라. 국사는 누워서 다스려도 무방하다."라고 했다.[57]

1467년(세조 13년) 5월 21일에 정침에서 죽었다. 왕은 3일간 조회를 열지 않고, 예관을 보내 조제(弔祭)하고 부조했다. 열성(烈成: 秉德尊業日烈 佐相克終日成)이라는 시호를 받았다.

부인은 판전농시사 김준덕(金俊德)의 딸이요, 판사 김수증(金壽曾)의 손녀요, 화의군(和議君) 김달상(金達祥)의 증손녀요, 판사 초계(草溪) 정갱(鄭賡)의 외손녀인 일선 김씨다. 묘는 파주 금승리(金蠅里) 선영에 황희 묘역의 백호(白虎) 쪽 언덕에 건좌(乾坐)로 있다. 남편과 쌍분이다. 삼탄(三灘) 이승소(李承召)가 짓고, 종부시정 최한량(崔漢良)이 쓴 신도비명이 있다. 그러나 비석이 낡아 1943년에 다시 세웠다. 추기문(追記文)은 18세손 황술연(黃述淵)이 지었다. 그리고 1983년에 종중 결의로 전주 구억리(九億里)에 있던 황수신의 부조묘(不祧廟)를 그의 묘가 있는 파주 금승리로 옮겼다.[58] 비 모양은 전보다 약간 크게 하고, 비문은 이승소의 글을 그대로 옮겨 썼다. 그러나 1693년(숙종 19년)에 유림의 의논에 따라 황수신을 장수의 창계 서원에 향사(享祀)하게 된 사실이 누락되어 있어 이 사실을 추록했다.[59]

황수신은 4남(愼·察·省·旭) 2녀(李繼重·崔漢良)를 두었다.

황수신의 장자가 황신이다. 황신의 자는 신모(愼模)로, 1434년 4월 17일에 태어나 1474년(성종 5년) 4월 12일에 죽었다. 향년 41세. 음사(蔭仕)로 좌통례에 임명되었다가 가선대부 호조 참판까지 올라갔다. 좌리 원종공신(佐理原從功臣)에 참여했고, 아버지로부터 장원군(長原君)을 이어받았다. 묘는 금승리의 아버지 황수신의 묘 백호 쪽 건좌에 있다. 진주 강혼(姜渾)이 지은 묘갈 음기가 있다. 부인은 지돈령부사 대민공(戴愍公) 완역재(玩易齋) 강석덕(姜碩德)의 딸이요, 도순문사를 지낸 통정(通亭) 강회백(姜准伯)의 손녀요, 진산 부원군(晉山府院君) 강시(姜

著)의 증손녀요, 좌의정 심온(沈溫)의 외손녀인 정부인 진주 강씨다. 1434년에 태어나 1506년(중종 1년)에 죽었다. 향년 73세.

황수신의 차자가 황찰이다. 황찰의 자는 찰모(察模)다. 1460년(세조 6년)에 태어나 1506년(중종 1년)에 죽었다. 향년 47세. 자질이 총명해 사복시 정에 임명되었고, 무용(武勇)이 뛰어나 훈련첨지(訓鍊僉知)가 되어 가선대부 첨지중추부사까지 올라갔다. 부인은 공조 판서 공숙공(恭肅公) 김양경(金良璥)의 딸이요, 현령 김효민(金孝敏)의 손녀딸인 정부인 상주 김씨다. 1522년(중종 17년)에 죽었다. 묘는 금승리에 묘좌(卯坐)로 있다. 남편과 함께 묻혔다. 묘갈이 있다.[60]

황수신의 3자가 황성이다. 황성의 자는 성모(省模)다. 1462년(세조 8년)에 태어나 1507년(중종 2년)에 죽었다. 향년 47세. 충훈도사·남대장령(南臺掌令)을 지냈다. 이조 참의에 증직되었다. 부인은 숙부인 안동 김씨다. 묘는 경산군(慶山郡) 와촌면(瓦村面) 소월동(所月洞) 뒷 기슭에 신좌(申坐)로 있다. 남편과 함께 묻혔다. 묘갈이 있다.[61]

황수신의 4자가 황욱이다. 황욱의 자는 덕모(德模)다. 1464년(세조 10년)에 태어났다. 첨지중추부사를 지냈다. 부인은 숙부인 광산 김씨다. 묘는 금승리에 있다.[62]

황수신의 장녀는 군수를 지낸 전의 이씨 이계중(李繼重)에게 시집갔다. 이계중의 아버지는 호군 이의(李椅)요, 장자는 이고(李槹)다. 이고의 아들이 이수손(李守孫)이요, 이수손의 사위가 대사헌을 지낸 유운(柳雲)이요 기묘명신(己卯名臣)이다. 이고의 외손서가 박세형(朴世炯)이요, 박세형의 사위가 도원수를 지낸 권율(權慄)이며, 권율의 사위가 백사(白沙) 이항복(李恒福)이다. 이계중의 차자가 이당(李樘)이다. 이당의 사위가 이성수(伊城守) 이지(李墀)요, 이지의 아들이 당해부수(唐海副守) 이명구(李明龜)다. 이명구의 사위가 목사를 지낸 신잠(申潛)이요, 신잠의 외증손이 판서를 지낸 이명(李溟)이다. 이명의 둘째 사위가 신여주(申汝柱)요, 신여주의 손자가 승지를 지낸 신응구(申應榘)요, 신응구의 손자가 우의정을 지낸 신익상(申翊相)이다. 신응구의 사위가 찬획사(贊劃事)를 지낸 이시발(李始發)이요, 이시발의 아들이 판서를 지낸 이경휘(李慶徽)와 좌의정을 지낸 이경억(李慶億)이다. 이지의 사위가 탄수(灘叟) 이연경(李延慶)이요, 이연경의 사위가 영의정을 지낸 소재(蘇齋) 노수신(盧守愼)이다. 그리고 노수신의 외손이 우의정을 지낸 심희수(沈喜壽)다.[63]

황수신의 차녀는 성균관 사예를 지낸 화순 최씨 최한량(崔漢良)에게 시집갔다. 최한량의 아버지는 대사성을 지낸 최사로(崔士老)다. 최한량의 장자 최중숙(崔重叔)은 현감을 지냈고, 차자 최중준(崔重濬)의 외증손이 정자 김덕연(金德淵)이요, 김덕연의 사위가 참판을 지낸 양릉군(陽陵君) 수색(水色) 허적(許積)이다.[64]

황희의 4자가 황직신이다. 황직신은 오위(五衛)의 사직(司直) 벼슬을 해 사직공파라 한다. 그러나 사직공파는 1565년(명종 20년)에 간행된 가정보(嘉靖譜)에는 보이지 않고, 1723년(경종 3년)에 간행된 계묘보(癸卯譜)에 와서야 입파(立派) 수록되어 있다. 제가보단(諸家譜單)에 따라 수보되었다고 하나 후고를 기다린다. 황직신은 『신증동국여지승람』 보성사사찰지(寶城寺寺刹誌) 대원사(大元寺) 주(註)에 중봉산(中奉山)에 황희 영당이 있다고 하고, 또 사직 황직신이 본현(장수현)에 복거(卜居)하고 있었기 때문에 영당을 세우고, 황희 영정을 경건히 모셔 병화(兵火)를 피

황희의 세계

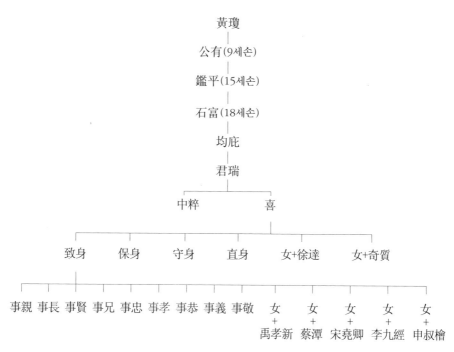

黃瓊
│
公有(9세손)
│
鑑平(15세손)
│
石富(18세손)
│
均庇
│
君瑞
┌───────┴───────┐
中粹          喜
┌─────┬─────┬─────┼─────┬──────┐
致身   保身   守身   直身   女+徐達   女+奇質

致身
┌──┬──┬──┬──┬──┬──┬──┬──┬──┬──┬──┬──┬──┐
事親 事長 事賢 事兄 事忠 事孝 事恭 事義 事敬 女 女 女 女 女
                                    + + + + +
                                   禹孝新 蔡潭 宋堯卿 李九經 申叔檜

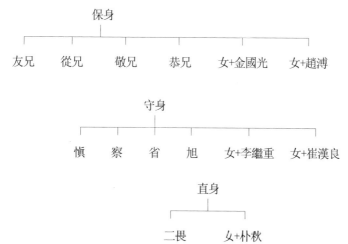

保身
┌─────┬─────┬─────┼─────┬──────┐
友兄   從兄   敬兄   恭兄   女+金國光   女+趙溥

守身
┌─────┬─────┬─────┼─────┬──────┐
愼    察    省    旭   女+李繼重   女+崔漢良

直身
┌────┴────┐
二畏      女+朴秋

하는 계책을 삼았다고 되어 있다. 그런데 이 영당에 있던 영정은 그 후 황보신의 후예들이 많이 사는 천하리(川下里)로 옮겨 갔다.[65]

황직신은 1남(三畏) 1녀(朴秋)를 두었다고 한다. 황직신의 아들이 황삼외요, 딸은 박추(朴秋)에게 시집갔다. 황삼외에 관한 기록도 1565년에 간행된 가정보에는 없고, 1723년에 간행된 구 계묘보(舊 癸卯譜)에 와서야 수록된 이유가 무엇인지 모르겠다. 뿐만 아니라 황삼외의 두 아들 황정(黃楨)과 황추(黃樞)가 한천공(寒泉公) 황성창(黃誠昌)의 제4·5자로 등재되어 있는 것이 어찌 된 일인지 모르겠다.[66] 사위 박추의 기록도 미심쩍다고 족보에 기록되어 있다.[67] 후고를 기다린다.

황희는 6녀를 두었는데, 장녀는 서달에게, 5녀는 기질에게 각각 시집갔다. 서달은 이천 서씨로 판사를 지냈고, 아버지는 판서를 지낸 서선(徐選)이다. 후손들은 목천(木川)에 살았다. 기질은 행주 기씨로 참판을 지냈다. 아버지는 지평을 지낸 기중수(奇仲修)다.[68]


## ○○ 후손 중의 명인들

황희의 후손 중 명인으로서는 사장(事長)·사현(事賢)·사형(事兄)·사효(事孝)·사공(事恭)·사경(事敬)·종형(從兄)·경형(敬兄)·신(愼)·찰(察)·학(鶴)·취(鷲)·탄(坦)·관(瓘)·성창(誠昌)·근창(謹昌)·예창(禮昌)·윤공(允恭)·윤굉(允宏)·윤탕(允宕)·윤길(允吉)·맹헌(孟獻)·여헌(汝獻)·효헌(孝獻)·순(純)·윤(綸)·진(絹)·철(轍)·단(博)·사수(嗣壽)·전(詮)·적(迪)·진(進)·대중(大中)·용(茸)·징(澄)·협(協)·이(怡)·징(憕)·종길(宗吉)·정욱(廷彧)·

정식(廷式)·근(謹)·여즙(汝楫)·정윤(廷尹)·정언(廷彦)·예원(禮元)·준원(俊元)·시간(時幹)·낙(洛)·기(沂)·경림(慶霖)·극준(克俊)·석(奭)·면(冕)·위(暐)·석명(碩鳴)·만배(萬培)·즙(緝)·뉴(紐)·신(紳)·위(偉)·면(緬)·연지(延之)·곤재(坤載)·경구(慶龜)·숙구(俶龜)·신구(信龜)·유손(有孫)·유업(有業)·춘억(春檍)·재윤(載胤)·덕유(德柔)·세(世)·영중(榮仲)·신중(信仲)·영(瀯)·만회(晚會)·대중(大中)·진하(鎭夏)·재청(載淸)·진충(進忠)·득영(得榮)·이정(爾正)·이장(爾章)·익재(翼再)·협(秋)·신묵(愼默)·동원(東源)·경원(景源)·난선(蘭善)·수(秀)·석주(錫周)·항주(洇周)·민연(敏淵)·술연(迷淵)·현(玹) 등이 있다.[69]

## 황사장(黃事長)

황사장은 황치신의 차자다. 무과에 급제해 경상좌도병사 겸 안동 도호부사를 지냈다. 부인은 사직(司直) 이지원(李智源)의 딸이요, 전중감(殿中監) 이비(李棐)의 손녀요, 판서 이득방(李得芳)의 증손녀요, 부사(副使) 야로(冶爐) 송천우(宋千祐)의 외손녀인 성주 이씨다. 묘는 금승리 지곡(池谷) 선영(先塋)에 임좌(壬坐)로 있다. 남편과 함께 묻혀 있다.[70]

황사장의 외아들이 황섬(黃蟾)이다. 황섬은 무과에 급제해 첨사를 지냈고, 병조 판서를 증직받았다. 황섬의 아들 중에 장남 황기준(黃起峻)은 자가 자원(子遠)으로, 1470년(예종 1년)에 태어나, 1510년(중종 5년)에 생원시에 합격해 조지서 별제를 지냈다. 1544년(중종 39년)에 죽었다. 향년 75세. 좌찬성에 증직되었다. 부인은 박집(朴緝)의 딸이요, 감사 박서창(朴徐昌)의 손녀요, 부마(駙馬) 지돈령부사 박갱(朴賡)의 증손녀요, 전성군(全城君) 이예장(李禮長)의 외손녀인 밀양 박씨다. 묘는 황사장의 묘 앞에 임좌(壬坐)로 있다. 남편과 함께 묻혔다. 종자(從子) 황염(黃恬)이 짓고, 청송(聽松) 성수침(成守琛)이 글씨를 쓴 묘갈이 있다. 차남 황윤준(黃允峻)은 자가 자겸(子謙)이다. 1504년(연산군 10년)에 진사시에 합격하고, 1517년(중종 12년)에 문과 별시 병과에 급제해 종부시 정을 지냈다. 도승지에 증직되었다. 묘는 금승리에 유좌(酉坐)로 있다.

황기준의 아들 황열(黃悅)과 황윤준의 아들 황염·황단(黃傳)도 문과에 급제했다. 황열의 자는 중흡(仲洽)이요, 호는 정관(靜觀)이다. 1501년(연산군 7년)에 태어나 1536년(중종 31년)에 문과 별시 병과에 급제해 오위장 등의 관직을 지냈다. 1575년(선조 8년) 12월 12일에 죽었다. 향년 75세. 순충적덕병의보조공신(純忠積德秉義補祚功臣)에 책봉되고, 영의정 장원 부원군(長遠府院君)으로 증직되었다.

황염의 자는 태숙(泰叔)이다. 1519년(중종 14년)에 생원시에 합격하고, 1521년(중종 16년)에 문과 별시 병과에 급제해 홍문관 전한(典翰)을 지냈다. 황단은 자가 중약(仲約)이다. 1528년(중종 23년)에 진사시에 합격하고, 1532년(중종 27년)에 문과 별시 을과에 급제해 홍문관 정자·동래 부사·판결사 등의 관직을 역임했다. 1545년(인종 1년) 을사사화에 화를 입어 귀양을 갔다가 뒤에 좌찬성에 증직되었다. 을사명현(乙巳名賢)에 들었다.[71]

### 황정식(黃廷式)

황열은 세 아들(廷式·廷彧·廷肅)을 두었다. 장남 황정식의 자는 경중(景中)이다. 1529년(중종 24년)에 태어나 1561년(명종 16년)에 식년 문과 을과에 급제해 이조 참의를 지냈다. 임진왜란 때 선조를 평양으로 호종했다가 1592년(선조 25년) 6월 16일에 병란 중에 죽었다. 호성원종공신에 책봉되었다. 이조 참판 겸 홍문제학에 증직되었다. 묘는 금승리 상산봉(上山峰) 아래에 해좌(亥坐)로 있다. 부인은 감찰 이구정(李龜貞)의 딸 영천 이씨다. 부부가 함께 묻혔다.[72]

### 황정욱(黃廷彧)

황열의 차남이 황정욱이다. 황정욱의 자는 경문(景文)이요, 호는 지천(芝川)이다. 1532년(중종 27년)에 태어나 1607년(선조 40년)에 죽었다. 향년 76세. 어려서부터 아이들과 섞여 놀지 않았다. 그리하여 조부 황기준이 "이 아이는 지기(志氣)와 도량(度量)이 비상하니, 마침내는 반드시 국가의 큰 인재가 되리라." 했다. 1552년(명종 7년)에 생원시에 합격하고, 1558년(명종 13년)에 식년 문과 병과에 급제해 승문원 권지로 분관되었다가, 예문관 검열·대교·봉교가 되고 시강원 설서를 역임했다. 1561년(명종 16년)에 호조 좌랑으로 승진되었다가 곧 이어 예조로 옮겼으며, 해미 현감, 충청도 도사로 나갔다 들어와 성균관 직강으로 전보되었다. 1565년(명종 20년) 봄에 사간원 헌납 겸 지제교가 되고, 홍문관 수찬·교리, 사헌부 지평·장령으로 옮겨갔다. 이때 명종은 항상 아프고, 세자의 자리가 오래 비어 있었으나 말하는 사람이 없었다. 이에 그가 대간으로 있으면서 "금일의 대계가 바로 세자를 정하는 데 있다."라고 주장했으나 다른 사람들이 수석으로 주청하기를 어려워 하다가 명종이 죽고 말았다. 그러나 그는 비록 자제들에게까지 이런 말을 입에 담은 적이 없었다.

선조가 즉위하자 널리 이름난 유생들을 모집해 경연을 자주 열었다. 황정욱도 장시간 경연에 참가해 사리가 분명하게 경전을 강론하니 소재 노수신이 귀양에서 돌아와 "강관(講官) 중에서 제일"이라고 칭찬했고, 고봉(高峰) 기대승(奇大升)도 "지금 우리들 중에 학문을 해석하는 것이 정밀함은 황정욱만 한 사람이 없다." 했다고 한다. 1566년(명종 22년) 겨울에 서장관으로 명나라에 다녀왔다. 1568년(선조 1년)에 홍문관 교리·부응교, 1569년(선조 2년)에 사헌부 집의, 성균관 사성 겸 춘추관 편수관, 사간원 사간 등의 관직을 차례로 역임했다. 1570년(선조 3년)에 다시 교리가 되어 문자 어구가 동료들의 뜻과 맞지 않아 성균관 직강으로 밀려났으나 선조가 "황정욱이 오래 보이지 않으니, 어찌된 일이냐?" 물었다고 한다. 황정욱은 성균관 사성, 군자감 정, 사복시 정을 역임했다. 그러다가 1573년(선조 6년)에 부인의 상을 당해 복상이 끝난 다음 아버지를 모시기 위해 양주 목사가 되기를 바랐으나 얼마 있다가 아버지 상을 당했다. 1578년(선조 11년)에 탈상하고 군자시 정에서 통예원 우통례로 전보되었으나 병 때문에 사직했다. 그 후 내자시 정이 되어 종묘 대축집례(大祝執禮)로 차출되었다.

　　1579년(선조 12년) 봄에 진주의 호강(豪强)을 엄히 다스려야 한다고 계청했으나 도리어 그를 해주로 전보시켰다. 1580년(선조 13년) 여름에 돌아와 예빈시 정에 제수되고, 또 진주로 전보되었으나 병 때문에 부임하지 못했다. 1582년(선조 15년)에 선조는 조선국이 생긴 이래로 황정욱은 시에 능할 뿐만 아니라 경학에도 밝아 그 명성이 점필재(佔畢齋) 김종직과 가지런하니 그 밖의 사람은 따를 수 없다고 했다. 명나라 사신 황왕양(黃王兩)이 올 때는 접반사 율곡 이이의 종사관으로 수행하게 되어 있었으나 사양하고 나가지 않았다. 품계가 통정대부로 승진되어 장례원 판결사에 제수되었다가 곧이어 충청도 관찰사로 나갔다. 문신정시에 장원해 승진했고, 그가 진계(陳啓)한 종계무변(宗系誣辨)이 달성되어 수충공성익모수기광국공신(輸忠貢誠翼謨修紀光國功臣)에 책봉되었으며, 보국숭록대부 겸 병조판서양관대제학 장계부원군(長溪府院君)을 받았다.

1591년(선조 24년) 봄에 병조 판서에 제수되었다. 통신사 황윤길이 복명하자 대사헌 윤두수(尹斗壽)가 "전하가 지성으로 대국을 섬겼으니, 금일의 사건을 중국에 보고하지 않을 수 없다."라고 했다. 황정욱도 동조했다. 선조가 그의 의견을 물으니 "이는 국가의 존망이 달린 문제이니, 중국 조정에 보고해 병마를 정비하고 날로 새로운 변에 대처해야 한다." 말했다. 이때 대제학이 결원이 되자 그를 홍문·예문관 대제학에 임명했다. 이해 가을에 탄핵을 받아 영평(永平) 촌사에 은거했다. 그러나 그해 가을에 모든 것이 복구되었다.

1592년 4월에 임진왜란이 일어나자 시골서 올라와 급히 어가를 호위해 함경도로 피란가려다 국경인(鞠敬仁)이 난을 일으켜 임해군과 순화군을 왜군에게 넘겨주었다. 이에 자살하려 했으나 발각되어 뜻을 이루지 못했다. 가등청정(加藤淸正, 가토 기요마사)이 만일 자기와 강화하면 두 왕자를 풀어 주겠다고 해 황정욱의 아들 황혁(黃赫)으로 하여금 그 문서를 선조에게 전달하라고 했다. 삼사에서는 황정욱 부자를 극형에 처하라고 극론했으나 선조는 황정욱을 길주(吉州)로 유배하는 데 그쳤다. 1597년(선조 30년)에 특별히 석방하라고 했으나, 반대하는 사람이 있어 풀려나지 못했다. 선조는 그를 촌락에 한가히 머무르게 하고 거처를 이리저리 옮기면서 식량과 약을 내려 주었다. 1607년

(선조 40년) 8월 14일에 서울 노량진 교거(僑居, 임시로 거처하는 곳)에서 죽었다. 향년 76세.

1608년(선조 41년)에 선조가 죽고 광해군이 즉위했다. 그러자 1612년(광해군 4년)에 황정욱의 아들 황혁은 신율(申慄)의 모함에 의해 죽고, 일가 전체가 화를 입었다. 1623년(인조 1년) 인조반정으로 왕위에 오른 인조가 즉시 그 원한을 풀어 주었다. 따라서 그의 관작도 회복되었다.[73]

죽은 뒤 영의정에 증직되고 시호는 문정(文貞)이다. 문집이 전한다. 묘는 교하현 북쪽 금승리 동구(洞口) 청룡 머리에 묘좌(卯座)로 있다. 부부가 함께 묻혀 있다. 홍서봉(洪瑞鳳)이 지은 신도비와 우암 송시열이 지은 묘지가 있다. 황단은 6남(廷吉·廷福·廷澤·廷祿·廷喆·廷翼)을 두었는데, 장남 황정길은 1533년(중종 26년)에 진사시에 합격해 승지를 증직받았다. 4남 황정록은 1542년(중종 37년) 정월 27일에 태어나 1567년(명종 22년) 봄에 무과에 등제해 선전관과 운산(雲山) 군수·창성(昌城) 방어사·전라 좌수사·남병사 등의 관직을 역임했다. 1620년(광해군 12년) 2월 28일에 죽었다. 향년 76세.

### 황정철(黃廷喆)

황단의 5남 황정철의 자는 충선(充善)이요, 호는 애죽(愛竹)이다. 1547년(명종 2년)에 태어나 1570년(선조 3년)에 생원시에 합격하고, 1586년(선조 19년)에 알성 문과 병과에 급제해 좌부승지 겸 경영 참찬관, 춘추관 수찬관을 역임하고, 광해군조에는 벼슬하지 않았다. 1616년(광해군 8년) 2월 18일에 죽었다. 향년 70세. 죽은 후에 좌찬성

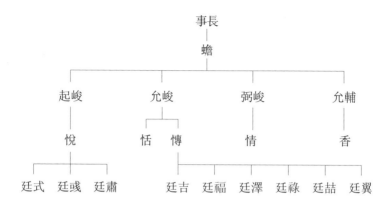

겸 의금부사 세자이사 지경연춘추관 성균관사 홍문관 대제학 예문
관 대제학 오위도총부 도총관에 증직되었다. 부인은 현감 정인덕(鄭麟
德)의 딸인 증정경부인 진주 정씨다. 묘는 익성공 황희의 묘 청룡 머
리에 묘좌로 있다.[74]


### 황사현(黃事賢)

황사현은 황치신의 3남이다. 황사현의 자는 췌원(萃元)이요, 호는
금곡(金谷)이며, 중부 녹사를 지냈다. 부인은 판사 김효원(金孝元)의 딸
광산 김씨다. 타고난 모습과 풍채가 뛰어났고, 지조가 견고하고 강직했
으며, 학문을 즐겨 경서의 뜻을 통달해 마침내 과거에 합격해 선정을
베풀었다. 후손 황의철(黃義哲)·황만주(黃萬周) 등이 경기도 고양군 신도
면(神道面) 지뉴리(紙杻里) 황사현의 아버지 황치신의 묘 근처를 수개월
동안 샅샅이 뒤져 보았으나 산소를 찾지 못했다. 그리하여 부득이 초
혼(招魂)해 경남 밀양군 부북면(府北面) 대항리(大項里) 천모당(瞻慕堂) 뒤

금곡산록(金谷山麓)에 계좌로 부부를 합장했다. 제사는 음력 10월 15일에 봉행한다.

### 황학(黃鶴)

황사현은 2남(鶴·鷟) 3녀(許誠·孫壽宗·李成孫)를 두었다. 장남 황학(黃鶴)은 호군을 지냈다. 그는 소년 시절에 남방을 유람하다가 밀양의 산수와 풍치가 우수함을 좋아해 마음에 항상 이를 그리워하고 있던 바 관직을 물러날 때 동생인 부호군 황취(黃鷟)와 상의하기를 "나와 자네가 함께 밀양 땅에 가서 살지 않겠는가?" 하고 드디어 형제가 남하해 대항(大項)에 이르러 살았다. 형제가 모두 세상을 떠나니, 바로 자손들이 의복과 신발을 대항(大項)의 가까운 땅에 안장했다.

황취의 손자인 증판서 황사수(黃嗣壽)가 또 호남 땅 나주로 이주해 현재 그 자손들이 그곳에 명문거족(名門巨族)을 이루고 살고 있고, 황학의 후손들도 누대 대항 땅에 오래 거주해 여러 대의 조상의 분묘가 있는 고향이 되었다. 여기에 봉분이 있으니 4척의 높이로 대항 동산(東山)에 유좌로 있는 것이 바로 황학의 산소다. 후손들이 항상 의물(儀物)이 미비해 한스럽게 여기던바 이제 종손 황의철(黃義哲)의 아들 황재연(黃在淵)이 부친의 명을 받아 혼자 돈을 내 비석을 장만했다. 장차 묘 옆에 비를 세우려 할 때 여러 족인(族人)들이 기뻐서 행장과 예물을 갖추어 그 족인 황의종(黃義宗)으로 하여금 멀리 이홍중(李興中)을 찾아와 비문을 청탁하면서 말했다.

"지금부터 우리 선조까지의 세대가 거의 500년 동안에 여러 번 전란, 화재로 문헌이 모조리 없어졌고, 다만 선대로부터 말로 전하기를 '부군(黃鶴)의 사람 된 바탕과 타고난 성질과 체격이 크고 훌륭했으며, 의지와 언행이 올바르고 커서 관직에 있을 적에는 조정의 신임을 받았고, 집에 있을 적에는 향당(鄕黨)의 존경을 받았다.' 하나 우리 후손들이 감히 따로 서술하지 못하는 것은 추호라도 사실과 다르게 기록될까 두려워해서였다."

자손들이 "다만 그 사적(事跡)에 의거해 이를 무궁하도록 자손에게 고할 뿐이다."라고 했다. 이흥중이 그 말을 듣고 묘갈명을 썼다. 세조가 호안공(胡安公) 황치신을 칭찬하기를 "옛 당나라 곽자의(郭子儀)와 같다." 했으니, 황치신은 황학의 할아버지다. 황학은 황치신의 자손 중 관직이 4품에 이르렀고, 자손 중 6인이 밀양 향안(鄕案)에 들어 있으니, 자손들의 미덕을 가히 알 수가 있다.[75]

부인은 하서천(河瑞千)의 딸 진양 하씨다. 묘는 밀양군 부북면 대항리 동산(東山)에 유좌(酉坐)로 있다. 부부가 함께 묻혔다. 벽진 이씨 이흥중(李興中)이 짓고, 광주 안씨 안강환(安康煥)이 글씨를 쓴 묘비가 있다. 황학의 장남이 황신효(黃藎孝)다. 황신효의 자는 경겸(景謙)이다. 1495년(연산군 1년)에 태어나 1519년(중종 14년) 3월 30일에 죽었다. 향년 25세. 부장을 지냈다. 향안(鄕案)에 입록되었다. 묘는 밀양군 부북면 사랑동(舍廊洞)에 경좌(庚坐)로 있다. 표석과 지석(誌石)이 있다. 부인은 진사 박승백(朴承伯)의 딸 밀양 박씨다. 남편과 함께 묻혔다.[76]


### 황취(黃鷲)

황사현의 차남이 황취(黃鷲)다. 황취의 호는 장군(將軍)이요, 부호군을 지냈다. 그는 밀양 대항(大項)에서 영암(靈岩) 금동(金洞)으로 이주했다. 그는 용모가 빼어나고 성품이 엄장(嚴莊)했으며, 활쏘기와 말타기를 좋아해 왜적이 쳐들어왔을 때는 밀양 대항에서 남산성(南山城)을 방위하는 데 공로가 있었다. 부인은 성주 이씨다. 묘는 밀양 부북면 대항남산(大項南山) 화성동(火城洞)에 자좌로 있다. 음력 10월 15일에 제사를 지낸다. 황용연(黃龍淵)이 지은 묘갈이 있다. 황취는 두 아들(藎忠·藎誠)을 두었다. 장남 황신충은 습독관(習讀官)을 지냈다. 차남 황신성의 호는 청운(靑雲)이고, 충무위(忠武衛) 부사직을 지냈다.

부인은 밀양 박씨다. 묘는 아버지 묘 아래에 자좌로 있다. 음력 10월 15일에 제사를 지낸다.[77]

황신효는 2남(嗣宗·嗣源) 4녀(李玼·金應鑑·裵光遠·李元亮)를 두었다. 황사종은 권관(權管)을 지냈으며, 3월 3일에 죽었다. 향안에 입록되었다. 부인은 김광침(金光忱)의 딸 금산(錦山) 김씨다. 묘는 밀양군 부북면 사랑동(舍廊洞) 아버지 묘 백호 쪽 고개에 곤좌로 있다.[78]


### 황근(黃謹)

황사종의 장남이 황근이다. 첨지중추부사를 지냈다. 생졸 연대는 알 수 없다. 그는 유학에 깊은 조예가 있었다. 1567년(명종 22년)에 그는 유생 안수관(安守寬)과 함께 퇴계 선생에게 '점필서원(佔畢書院)'이라는 현판 네 글자와 향사축문(享祀祝文)을 써 달라고 부탁했는데, 그 유품이 지금도 서원에 전해 온다고 한다. 묘는 밀양 대항리(大項里) 금곡산(金谷山) 기슭에 임좌로 있다. 후암(後菴) 송증헌(宋曾憲)이 짓고, 교리 이종문(李鍾文)이 글씨를 쓴 묘갈문이 있다. 부인은 전적을 지낸 손한(孫翰)의 딸 밀성 손씨다. 묘는 청도군 풍각면(豐角面) 서원(西院) 동

화산(東花山) 기슭에 자좌로 있다.[79]

### 황기원(黃起源)

황학의 10세손이 황기원이다. 황기원의 자는 하언(夏言)이요, 호는 귀원(歸園)이다. 1794년(정조 18년)에 태어나 1862년(철종 13년) 8월 19일에 죽었다. 향년 69세. 1828년(순조 28년)에 문과에 급제해 성균관 전적, 사간원 정언·헌납·사간, 사헌부 지평·장령·집의, 이·병조 정랑, 종부시·장악원 정, 통예원 좌·우통례 등의 관직을 역임했다.『귀원집(歸園集)』 2권이 전한다. 소눌(小訥) 노상직(盧相稷)이 지은 행장과 동강(東江) 김영한(金甯漢)이 지은 묘갈이 있다. 묘는 상동면(上東面) 오곡리(烏谷里) 중산(中山) 동쪽 기슭에 묘좌로 있다. 부인은 조광수(趙光燧)의 딸 함안 조씨다. 묘는 부북면(府北面) 위량리(位良里) 내량곡(內良谷) 시아버지 황진(黃璡)의 묘 아래에 자좌로 있다.[80]

### 황사수(黃嗣壽)

황취의 장손이 황사수다. 황사수의 호는 사훈(士勳)·귤포(橘圃)다. 1501년(연산군 7년) 7월 5일에 한양 가회동(嘉會洞)에서 태어나 1584년(선조 17년) 9월 17일에 죽었다. 향년 84세. 천성이 효성스러워 어려서부터 부모가 하는 일에 순종했다. 부모를 봉양·진퇴하는 절차는 모두『소학』을 따랐고, 가문의 미덕을 전승해 기거동작에 법도가 있었다. 입으로 선악과 시비를 말하지 않았고, 예의에 어긋난 저속지대(低俗地帶)는 가지 않았다. 그리고 사람의 과오가 있으면 이를 사리로 일깨워 기필코 고치게 하니 향리 사람들이 모두 그를 모범으로 삼았다.

그는 나이 스물도 안 되어 경서와 사기(史記)에 능통했고 과문(科文)과 문예에 이르기까지 수련하지 않은 것이 없었다. 그리하여 일찍이 진사 초시에는 합격했으나, 복시에는 병 때문에 나가지 못했다. 이로 인해 과거 보는 일은 포기하고 말하기를 "이는 사군자(士君子)가 힘쓸 바가 아니다. 심신의 학문에만 힘쓰고 도덕의 포전(圃田)에 우유(優遊)하며, 명예와 이익은 단념하겠다."라 했다. 이에 몸은 초야에 묻혀 있으면서도 큰 뜻을 품고 스스로를 즐겼으며, 집 안 환경을 청결하게 하고, 서적이 좌우로 진열된 자리에 무릎을 꿇고 단정하게 앉아 옛 성현을 대해 완미(玩味)하지 못한 것을 맛보는 것처럼 했다. 이에 사방에서 배우러 오는 선비들이 많았다. 그리하여 노소를 막론하고 '귤원 선생'이라고 부르며 따랐다.[81]

처음에 밀양으로 낙향했다가 뒤에 나주로 이주해 세거했다. 증손자 5인이 모두 무과에 등제해 자헌대부 이조 판서 겸 지경연참찬관 의금부사 오위도총부 도총관에 증직되었다. 부인은 첨사 김종일(金鍾一)의 딸 선산 김씨다. 묘는 영암(靈岩) 신북면(新北面) 금동(金洞) 뒷 기슭 애동(艾洞)에 간좌로 있다. 부부가 함께 묻혔다. 월성(月城) 최씨 운재(雲齋) 최영조(崔永祚)가 지은 묘갈명이 있다. 연안 이씨 규장각 부제학 이병관(李炳觀)이 지은 신도비명과, 규장각 직각 평산 신씨 신좌균(申佐均)이 지은 신도비문과, 예조 참판 남양 홍씨 홍종소(洪鍾韶)가 지은 신도비문[篆字]이 있다.[82] 황사수는 3남(道謹·雄謹·末謹)을 두었고, 그중 차남 웅근은 두 아들(碩宗·武宗)을 두었는데, 무종의 아들 황핵(黃核)의 아들 5형제(大中·偉中·正中·宥中·處中)가 모두 무과에 급제했다.[83]

황무종의 외아들 황핵의 자는 군실(君實)이다. 5자를 모두 무과에 등제시켜 세칭 '5황(黃)'이라 했다. 1628년(인조 6년) 11월 무오에 왕이 예조 좌랑 이행건(李行健)을 보내 증 한성 판관 황핵의 영전에 제사를 내렸다. 그 내용은 5자가 모두 등과한 것은 덕을 쌓은 소치이니, 우리나라에서 옛날에도 드문 일이라는 것이다. 그래서 관직을 증직해 주고, 제사를 내린다고 했다. 그리하여 그에게는 봉직랑(奉直郎) 한성 판관이 증직되었다. 묘는 나주 오산면(吾山面) 남당(南塘)에 자좌로 있다. 묘갈이 있다. 부인은 김홍(金泓)의 딸 증공인(贈恭人) 김해 김씨다.[84]

### 황대중(黃大中)

황대중은 황핵의 장남이다. 자는 정숙(正叔)이요, 당호는 양건(兩蹇, 선조가 내린 호)이다. 1551년(명종 6년) 5월 5일에 서울 백동(栢洞)에서 태어나 1597년 8월 16일에 죽었다. 향년 47세. 무과에 등제해 제주 판관, 개성 경력을 지냈다. 어려서 영민했고, 자라서 글을 잘했다. 일찍이 왼쪽 넓적다리를 베어 어머니의 병을 낫게 했으나, 다리를 절게 되었다. 이 때문에 사람들이 그를 '효건(孝蹇)'이라 했다. 효도로 얻은 절뚝발이라는 뜻이다. 부친의 상사에는 주변 수군의 조객들이 모여들었으니, 그 효성을 사모해서였다. 도의 감사가 효행으로 천거해 정릉(貞陵) 참봉을 제수했으나, 늙은 부모를 봉양해야 한다고 사양하고 부임하지 않았다.

그는 일찍부터 왜란을 예견해, 황윤길(黃允吉)이 일본에 사신으로 갈 때 시를 지어 보냈는데, 그 내용에 "올 때엔 반드시 국가의 걱정을 엿보고 오라."라는 구절이 들어 있었다. 그리고 그는 준마와 보검을 마련해 시기를 기다리고 있었다. 1592년 4월에 왜적이 부산에 상륙하자 절도사 선거이(宣居怡)를 따라 수원으로 가서 힘껏 싸웠다. 말을 타고 칼을 차고 여산(礪山)에 당도해 적병을 만나 10여 명을 베었다. 경성에 들어와서는 오음(梧陰) 윤두수(尹斗壽)와 백사 이항복의 허락을 얻어 참모 회의에 참여했다. 선조가 의주로 피란 갈 때는 호종해 동파역(東坡驛)에 당도했는데 굶주린 병졸들이 왕에게 바칠 음식을 훔쳐 먹으니 그가 매를 때려 쫓아내고 "풍이(馮夷)도 팥죽을 바쳤는데 너희는 어찌 그렇게 모두 불충한가?" 하니 모두 숙연해졌다고 한다.

개성에 이르러서는 선조가 종묘의 신주를 모셔 오지 못해 행차하지 못하자 스스로 신주를 모시고 와 선조가 가상하게 여겼다. 장차 영변으로 행차하려 할 때 3종질 승지 황정식(黃廷式)이 전사해 그 시체를 거두려는 찰나에 왜적의 괴수가 달려들어 그가 나서서 베었다. 이여송(李如松)이 적을 따라 남쪽으로 내려올 때 그가 나서서 향도장이 되었다. 조령(鳥嶺)에 이르러 종형 병사 황진(黃進)을 만나 슬프고 분개해 눈물을 흘리면서 시를 지어 화답했다. 그 시에 "천추에 빛나는 건 순원(巡遠)의 충의(忠義)로서 어느 곳에 회양성(淮陽城)이 있을까."라고 했다.[85]

진주성이 포위되었다는 소식을 듣고 그는 군사 300을 풀어 자청해 달려가서 구원했으나 성은 이미 함락되었다. 그는 여러 장수들과 함께 죽으려 하다가 "교활한 원수가 멸망하지 않았는데, 한갓 죽음은 아무 이익이 없다." 하고는 말을 달리고 칼을 휘두르면서 출성하니 적이 감히 대들지 못했다. 충무공 이순신의 군막에 당도하니,

이순신이 본래부터 그의 충성과 용맹을 알고 심히 기뻐해 함께 한산도(閑山島)에서 적을 막기로 했다. 그는 선봉으로 배에 올라 싸움을 독려하다가 오른편 다리에 적탄을 맞으니 이순신이 다리를 어루만지며 "옛날의 효건(孝蹇)이 오늘의 충건(忠蹇)도 겸했구나."라고 했다고 한다. 다시 왜선 3척이 붉은 투구와 금빛 갑옷을 입은 괴수의 지휘하에 포구로 달려오자 그가 쏘아 죽이니 적병이 패주했다.

1598년에 정유재란이 일어나 적이 다시 쳐들어오자 그는 체찰사 종사관으로 소집되었다. 적병이 남원성을 포위하니, 그는 군사를 나누어서 가서 구원했다. 총병(摠兵) 양원(楊元)이 거느린 3000 군사가 이미 성안에 있고, 소집당한 전라 병사 이복남(李福男)이 거느린 군사 100여 명과 그가 거느린 300여 명을 합쳐도 적병은 많고 아군은 적었다. 그런데도 구원병이 오지 않으니, 양원은 도망가고 이복남은 전사했다. 그는 할 수 없이 성에 올라 궁궐을 향해 4배를 올리고 다시 선산을 향해 절하며 "이곳은 나의 선산이 있는 고을이니, 내가 여기서 죽는 것은 영광이다." 하고는 적탄을 맞고 죽었다. 적의 괴수도 이를 의롭게 여겨 비단에 "조선 충신 황대중"이라고 크게 써서 올렸다. 주부 김완(金完)이 황대중이 전사했다는 소식을 듣고 이곳에 왔을 때 그는 아직 목숨이 끊어지지 않았다. 그는 김완에게 "내 시체를 거두어 내 말에 실으면 말이 스스로 집에 돌아 갈 것이다."라는 말을 남기고 숨을 거두었다. 아우인 황위중(黃偉中)·황정중(黃正中)이 남해(南海)에 내려가서 시신을 수습해 돌아와 장사를 지냈다. 묘는 강진(康津) 열수면(列樹面) 구상리(九祥里) 뒷기슭 성산(星山) 밑 동령(東嶺) 고개에 계좌(癸坐)로 있다.

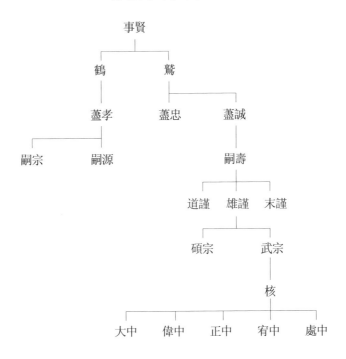

부인은 둘인데, 첫째 부인은 동복 오씨로 묘는 실전되었고, 둘째 부인은 진사 마승한(馬承閒)의 딸 장흥 마씨다. 뒷날 암행어사 정만석 (鄭晩錫)이 그의 충효가 지극함을 들어 장계를 올리니, 나라에서 정문 (旌門)을 세우도록 명했다. 그리고 사림들이 남원 충렬사(忠烈祠)에 배향했다. 인조는 1625년(인조 3년) 7월 26일에 우승지 이목(李楘)을 보내어 공신녹권을 하사했다.[86] 손자 황두명(黃斗明)도 무과에 급제해 선전관, 부호군을 지냈다. 부인은 엄응대(嚴應大)의 딸 영월 엄씨다.

황핵의 차남 황위중(黃偉中)도 무과에 등제해 군자감 판관을 지냈다. 부인은 변치우(邊致宇)의 딸 황주 변씨다. 묘가 없어 설단(設壇)해서 제사 지낸다. 3남 황정중(黃正中)도 무과에 등제해 선전관, 사복시 정을 역임했다. 고흥(高興) 봉래도(蓬萊島)에서 순절(殉節)했다. 부인은 첨사 오문일(吳文逸)의 딸 나주 오씨다. 묘가 없어 학동리(鶴洞里) 태산(泰山) 아래에 설단을 해 제사 지낸다. 4남 황유중(黃有中)도 무과에 등제해 훈련원 판관, 병조 좌랑을 역임했다. 부인은 임성백(林成栢)의 딸 나주 임씨다. 5남 황처중(黃處中)도 무과에 등제해 주부, 병마우후(兵馬虞侯)를 지냈다. 부인은 수원 백씨다. 묘가 없어 설단해 제사한다.[87]

### 황사형(黃事兄)

황사형은 황치신의 4자다. 무과에 급제해 사헌부 감찰을 지냈다. 첫째 부인은 대사성 설위(薛緯)의 딸 순창 설씨다. 둘째 부인은 김백지(金百知)의 딸 안동 김씨다.[88]

### 황사효(黃事孝)

황사효의 자는 백원(百源)으로 황치신의 6자다. 1447년(성종 8년)에 식년 문과 병과에 급제해 집현전 정자·의정부 사인·직제학·황해도 관찰사·대사헌·겸 세자우빈객·예조 판서를 지냈다. 1758년(영조 34년)에 아들인 황탄(黃坦)이 정국공신(靖國功臣)에 참여해 장원군(長原君)에 책봉되고, 아버지인 황사효와 함께 시장(諡狀)이 논의되어 황사효의 시호를 양정(良靖: 溫良好樂曰良 寬樂令終曰靖)으로 정했다. 그가 1477년(성종 8년)에 식년 문과에 급제했다는 것은 방목(榜目)에 기재되어 있고, 의정부 사인(舍人)이 되었다는 것은 김종직이 지은 황수신 비문에 보인다. 그리고 승지를 거쳐 가선대부로 승진채 황해도 관찰사를 지냈다는 것은 허백당(虛白堂) 홍귀달(洪貴達)의 시와 교서(敎書)에 나타나고, 자헌대부 사헌부 대사헌 겸 세자우빈객을 지냈다는 것은 보첩(譜牒)에 나타나 있다. 묘는 파주군 탄현면(炭縣面) 금승리(金蠅里)에 술좌(戌座)로 있다. 부인은 군수 김일지(金日知)의 딸 경주 김씨다. 묘는 황치신 묘 아래에 술좌로 있다. 운석(雲石) 조인영(趙寅永)이 지은 묘갈이 있다.[89]

황사효는 세 아들(坦·堠·堞)을 두었다. 장남 황탄은 형조 참판을 지냈다. 중종반정에 참여해 결책익운분의정국공신(決策翼運奮義靖國功臣)에 책훈되고 장산군(長山君)에 봉해졌으며, 부조묘의 특전을 받았다. 자헌대부 병조 판서에 증직되었다. 시호는 정의(貞毅)다. 묘는 경기도 고양군 남쪽 덕수동에 건좌로 있다. 부부 쌍분이다. 차남 황개의 자는 앙지(仰止)다. 진위장군 충무위 부사직을 지냈다. 중종반정 때 특별히 공조 참의에 추증되었다. 손자 황진(黃進)이 선무공신(宣武功臣)이 되어 다시 숭정대부 의정부 좌참찬에 증직되었다. 묘는 남원 주포방(周浦坊) 송곡(松谷)에 부부 쌍분으로 있다. 3남 황첩은 사직 벼슬을 지냈는데, 원종공신으로 병조 참판에 증직되었다. 묘는 청원군 부용면(芙蓉面) 부강리(芙江里) 산35번지에 곤좌로 있다. 황개의 아들이 황윤공(黃允恭)이다. 황윤공의 자는 경숙(敬肅)인데, 1517년(중종 12년)에 태어나 1555년(명종 10년)에 죽었다. 향년 39세. 생부는 황원(黃愿)이다. 부인은 봉사 남응성(南應星)의 딸 남양 방씨다. 남편이 죽은 지 26년인 1580년(선조 13년) 3월 3일에 죽었다.[90] 아들 황진이 임란 선무공신이 되어 대광보국숭록대부 의정부 좌의정 겸 영경연춘추관사에 증직되었다.

380

황윤공은 두 아들(迪·進)을 두었다. 장남 황적은 1541년(중종 36년) 11월 19일에 태어나 1591년(선조 24년)에 죽었다. 향년 51세. 생부는 황원(黃愿)이다. 일찍이 「소무전(蘇武傳)」을 읽고 탄식하기를 "대장부가 이미 한(漢)나라의 절개를 세웠는데, 어찌 (옥중에서) 괴롭게 눈을 씹고 죽지 않았나?" 하고 드디어 무예를 닦아 무과에 급제했다. 1591년(선조 24년)에 황진이 황윤길(黃允吉)을 수행해 일본에 갔을 때 보검 두 자루를 사 가지고 돌아와 말하기를 "미구에 저 왜구가 반드시 침범해 올 것이니 우리 형제는 장차 이 칼을 나누어 쓸 것이다."라고 했다고 한다. 그 후 환란이 닥쳐옴에도 조정에서 국방에 힘쓰지 않자 상소를 올려 왜구를 방어할 계책을 세울 것을 주장하니, 오히려 그를 조야를 선동한 죄로 전주옥에 가두기에, 황진이 달려가 구해냈으나 이로 인해 번민하다가 병을 얻어 사가로 돌아와 죽고 말았다. 1894년(고종 31년)에 상신(相臣)이 포장(襃章)을 주청해 좌승지를 증직받았다. 부인은 진사 유충(柳冲)의 딸인 서산 유씨다. 묘는 부부가 함께 풍산(楓山)에 있다. 좨주(祭酒) 송병선(宋秉璿)이 지은 묘갈이 있다.[91]

## 황진(黃進)

황윤공의 차남이 황진이다. 황진의 자는 명보(明甫)요, 시호는 무민(武愍)이다. 1550년(명종 5년) 10월 18일에 태어나 1598년(선조 31년) 6월 28일에 죽었다. 향년 49세. 황진은 사람됨이 엄중하고, 기절(氣節)을 숭상했으며, 훤칠한 키에 아름다운 수염을 가지고 있었다. 어려서부터 활쏘기와 말타기를 일삼았고, 힘이 남다르게 세고 동작이 민첩했다. 이종인(李宗仁)과 벗으로 사귀어 생사를 같이할 것을 언약했다.

1576년(선조 9년)에 27세의 나이로 무과에 급제해 선전관이 되었다. 모친상을 당해 3년상을 치르고 복을 마친 다음에 거산도(居山道) 찰방이 되었다. 1583년(선조 16년)에 시전(時錢)의 난에 적의 목을 많이 베었으나 죄 짓고 군에 들어와 공로를 쌓아야만 군역을 면하고 돌아가게 될 형편에 있는 친구에게 수급(首級)을 주어 집으로 돌아가도록 했다. 안원권관(安原權管)을 거쳐 다시 선전관이 되었고, 제용감(濟用監) 주부로 옮겼다가 동복 현감으로 나갔다.[92]

1591년(선조 24년)에 황진이 통신사 정사 황윤길을 따라 일본에 갔을 때 왜적이 반드시 쳐들어오리라는 것을 알아차리고 주머니를 털어 보검 두 자루를 사 가지고 돌아와 "얼마 뒤에 왜적이 쳐들어올 것이니 내 장차 이 칼을 쓰리라!"라고 했다고 한다. 일본에 갔을 때 일인들이 활쏘기를 하면서 우리 사신에게 겁을 주자 황진이 50보 거리에 표적을 설치하고 백발백중하니 그들이 놀라 서로 돌아보며 얼굴빛이 바뀌었다고 한다. 또한 물새가 한 마리는 바다에 떠 있고, 한 마리는 공중에 나는 것을 황진이 활을 쏘아 다 맞추었다 한다. 풍신수길(豊臣秀吉, 도요토미 히데요시)이 조선 사신을 홀대하자 부사 김성일(金誠一)이 크게 부끄러워하면서, "다른 날 복명할 때 만약 풍신수길의 모반을 그대로 보고하면 집정(執政, 유성룡)이 화친을 주장한다고 반드시 죄를 얻을 것"이라 해, "수길이 모반하지 않는다."라고 보고하니 조정이 그 말을 믿고 드디어 군사를 기르는 것을 그만두었다. 이에 황진은 서인인 황윤길을 편들어 유성룡의 남인을 공격하려 했다.

풍신수길이 사신을 보내 화친을 구하는 것은 길을 빌려 요양(遼陽)

으로 들어가려는 것입니다. 지금 집정이 사자(使者)를 파견하는 것을 허락하고, 수길과 화친을 약속했으나 김성일은 집정의 당(黨)이니, 집정을 위해 전하를 속인 것입니다. 그러고는 수길이 길을 빌려 달라는 것은 중국 천자를 배반하려는 것이 아니라 실제로는 화친을 구하는 것이라고 합니다. 무릇 수길은 일개 미치광이에 불과합니다. 그 나라의 주인인 원의등(源義藤)을 죽이고 드디어 스스로 서서 대장군이라 하고, 또 중국 천자를 배반하고자 하니 이는 소위 난신적자(亂臣賊子)입니다. 사람들이 잡아서 죽여도 되는데, 집정이 수길을 위해 그 모반을 감추어 주고, 김성일은 또 집정을 위해 전하를 속이니, 춘추의 법으로 죄가 있음을 밝혀 먼저 그 당여(黨與)를 다스리소서. 원컨대 전하는 김성일의 머리를 잘라 춘추의 법을 밝히소서.

그러나 사건이 커질까 봐 주위의 종족들이 말려 이 상소는 올리지는 못했다.[93]

그 후 얼마 있다가 광국(光國) 원종공신으로 선략(宣略)장군에 오르고 제용감 주부가 되었다가, 동복 현감으로 나갔다. 현에는 좋은 말이 있어 능히 고산준령을 달릴 수 있었다. 그는 전쟁이 나면 쓸 요량으로 이 말을 사서 현의 마구간에서 길렀다. 그는 언제나 공무를 마치고 나면 곧바로 갑옷을 입고 말을 달려 무예를 익히곤 했다. 그 이듬해 여름에 왜적이 쳐들어오자 그는 호남 관찰사 이광(李洸)을 따라 임금을 호위하려고 북으로 올라가 용인에 이르렀는데, 우리 군사는 흩어져 버리고 없었다. 이에 그는 홀로 군사를 거느리고 수원 사

교(沙橋)에 매복해 있다가 휘하 군사를 온전히 이끌고 돌아와 곰치[熊峙]를 지켰다.[94]

황진의 전공은 곰치·이치(梨峙, 배재) 전투에서 빛났다. 1592년 7~8월에 왜적은 전주를 공격하기 위해 상주·금산을 거쳐 웅치와 이치 쪽으로 남하했다. 이에 동복 현감 황진은 전라도 도절제사 권율(權慄)의 지휘 아래 열읍 관병과 더불어 각처 요지를 나누어 점거해 영남으로부터 호남으로 들어오는 왜적을 막았다. 특히 이치 전투에서 포화가 쏟아지는 가운데 황진은 위대기(魏大器)·공시억(孔時億) 등 약간 인과 더불어 종일토록 힘껏 싸워 대승을 거두었다. 이때 황진은 다리에 총상을 입어 유혈이 낭자한데도 끝까지 분전했다. 또한 왜적의 대장도 황진에게 사살되었다고 한다. 그리하여 호남이 온전할 수 있었다. 그 후 왜승(倭僧) 화안사(和安師)가 조선 영위사(迎慰使)에게 말하기를 "귀국 군대가 이긴 것이 3곳인데 웅치 대전이 제일이요, 황진의 군사가 가장 두렵다."라 했다고 한다.[95] 1593년(선조 26년) 말에 올린 전라도 관찰사 겸 병마수군절도사 이정암(李廷馣)의 보고에도 "충청 병사 황진은 무용이 뛰어나고 여력(膂力)이 과인(過人)해 곰치 전투에서는 왜적의 선봉을 꺾었고, 이치 전투에서는 적은 병력으로 대군을 섬멸한 공적을 올렸습니다. 금산의 적이 전주를 침범하지 못한 것은 다 이 사람의 덕이었습니다."라고 했다. 이러한 사실은 안방준(安邦俊)의 『호남창의록(湖南倡義錄)』에도 잘 나타나 있다.[96]

왜적들이 전주를 향해 쳐들어오자 그는 군사를 이끌고 안덕원(安德院)에서 왜적을 대파해 그 공으로 훈련 판관에 올랐다. 또 이치 싸움에서 밤중에 그가 다리에 총상을 입었으나 더욱 열심히 싸웠다.

왜적들이 크게 패해 후퇴하는데, 그가 다시 총상을 입고 기절해 누워 있자 왜적이 다시 쳐들어왔다. 그러나 부하 병사들이 왜적을 물리치고 그를 구해 냈다. 만약 이 두 곳을 막지 못했으면 적들이 호남을 짓밟을 판이었다. 주장(主將)이 전공을 제대로 올리지 않아 상(賞)이 훈련 부정(訓鍊副正)에 그쳤다. 그러나 체찰사 정철(鄭澈)이 남녘을 두루 돌다가 그의 명성을 듣고 그에게 글을 보내어 임시로 익산 군수 겸 조방장을 하도록 했다.

그는 절도사 선거이를 따라 군사를 이끌고 북으로 올라가 수원에 주둔하고, 척후(斥候)로 맨 앞에서 힘껏 싸우다가 왜적의 말까지 빼앗아 가지고 돌아왔다. 이 공으로 그는 절충장군 충청도 조방장으로 승진했다. 그리고 1593년(선조 26년) 봄에 충청도 병마절도사가 되었다. 그리고 서울에서 쫓겨 온 왜적들을 상주 적암(赤巖)에서 격파했다. 이해 6월 가등청정이 크게 군사를 일으켜 장차 진주를 치려 할 때 창의사(倡義使) 김천일(金千鎰)·절도사 최경회(崔慶會)·장수 이종인(李宗仁) 등과 진주에 모였다. 문열공(文烈公) 김천일의 군은 약 300이요, 충의공(忠毅公) 최경회의 군은 500이요, 효열공(孝烈公) 고종후(高從厚)의 군은 400이요, 충의공(忠毅公) 장윤(張潤)의 군은 300이요, 황진의 군은 700이었다.

그는 "많은 군사가 함께 성안으로 들어갔다가 만일 포위되어 외부의 구원이 없으면 반드시 위태로울 것이니, 나는 한 군사를 거느리고 성 밖에 진을 치고 있다가 안팎이 서로 대응해 적세를 분산시키는 것이 좋겠소."라고 했으나, 창의사가 어렵게 여겨 부득이 성안으로 들어갔다. 적들은 며칠 동안 구덩이를 메우고 흙산과 비루(飛樓)와 죽책(竹柵)과 목궤(木櫃)를 쌓고 포탄과 탄환을 쏟아부었다. 그때 마침

큰비가 내려 성이 무너지자 그는 몸소 흙과 돌을 져 날라 여기저기 때워 가면서 9일 동안이나 맞섰는데, 왜적이 헤아릴 수 없이 많이 죽었다. 그런데 1593년(선조 26년) 6월 28일에 황진이 갑자기 얼굴에 총을 맞고 죽었다. 향년 49세. 이 틈을 타 왜적들이 기세를 올려 드디어 성이 함락되고 말았다. 죽은 군민(軍民)이 6만 인이나 되었다. 김천일과 최경회·고종후도 촉석루(矗石樓) 아래로 떨어져 죽었다. 황진의 집 사람들이 그의 시체를 거두어 그해 7월 10일에 남원 풍산(楓山)에 안장했다.

진주에 모였을 때 의병장 곽재우가 "진주는 외로운 성이라 가히 지키지 못할 뿐만 아니라 당신은 충청도 절도사로서 진주성을 지키다가 죽는다는 것은 그 직책이 아니다."라고 입성(入城)을 만류했다. 그러나 황진은 "이 일은 이미 창의사(김천일)와 약속한 것이니 비록 죽는다 해도 약속을 어길 수는 없다."라 말했다고 한다. 곽재우가 그의 뜻을 움직일 수 없다는 것을 알고 드디어 술을 마시며 이별했다. 그 뒤 황진이 순직했다는 소식을 듣고 "아! 슬프도다. 황진이야말로 의를 굳게 지킨 열장부(烈丈夫)다."라고 칭송했다 한다.[97]

선조는 그의 충렬을 가상히 여겨 예관을 보내 제사 지내게 했으며, 좌찬성에 증직하고, 정여(旌閭)를 내려 주고, 그의 일가(一家)를 복호(復戶, 잡역을 면해 주는 것)해 주는가 하면 창렬사(彰烈祠)라는 사당을 세워 김천일·최경회 등과 함께 봄가을로 제사 지내게 했다. 자손들이 그를 남원의 정충사(旌忠祠)와 진주의 창렬사에 배향하고 제사를 지낸다. 선무원종 1등 공신과 광국공신에 녹훈되었다. 1605년(선조 38년)에 부조묘(不祧廟)를 허락받았다. 풍산(楓山)에 있던 묘는 1873년(고종 10년)에 주포방(周浦坊) 정충사 뒤편에 유좌(酉坐)로 옮겼다. 포저(浦渚) 조익(趙翼)이 지은 행장과 계곡(谿谷) 장유(張維)가 지은 신도비, 청음(淸陰) 김상헌(金尙憲)이 짓고 신독재(愼獨齋) 김집(金集)이 글씨를 쓴 묘정비(廟庭碑), 서하(西河) 이민서(李敏敍)가 지은 순의비(殉義碑), 우산(牛山) 안방준(安邦俊)이 지은 서사(敍事), 연천(淵泉) 홍석주(洪奭周)가 지은 정려비(旌閭碑), 화석(華石) 이익회(李翊會)와 역천(櫟泉) 송명흠(宋明欽)이 쓴 현판, 운석(雲石) 조인영(趙寅永)이 지은 묘표, 족손 강한(江漢) 황경원(黃景源)이 지은 묘지, 참판 민창혁(閔昌爀)이 지은 전(傳), 손자 황위(黃暐)가 지은 정충록(旌忠錄), 성담(性潭) 송환기(宋煥箕)가 지은 서(序) 등이 세상에 전한다. 또한 황진의 집에 전해오던 고문서 125점은 1987년 12월 27일에 보물 942호로 지정했다. 그리고 전북향토문화연구회에서 발의해 송준호(宋俊浩)가 지은 황진 장군 이현(梨峴) 대첩비가 1999년에 문광부 주관으로 건립되었다.[98]

부인은 부장(部將) 소충세(蘇忠世)의 딸 진주 소씨다. 16세에 황진에게 시집왔다. 1549년(명종 4년)에 태어나 1626년(인조 4년) 11월 12일에 죽었다. 향년 78세. 부인은 부드럽고 순한 뜻으로 근검절약하고 시부모를 잘 섬겼다. 임진왜란 때 많은 사람들이 겁을 내 달아났으나 부인은 유독 굳세게 집을 지켰다. 남편이 죽자 "내가 어찌 남편을 따라 죽는 것이 어려우리오마는 내가 죽으면 누가 남편의 뒤를 보살피리오."라고 했다고 한다. 적이 물러가자 아들을 보내 시신을 집으로 모시고 와 장례를 지냈다. 부인은 남편 덕으로 특별히 정경부인에 증직되었다. 묘는 남편 묘의 왼쪽 언덕에 신좌(辛坐)로 있다. 2남(廷稷·廷說)을 두었는데, 장남 황정직은 안동 판관이었고, 차남 황정설은 거제

현령이었다.<sup>99</sup>

### 황대중(黃大中)

황대중은 황사효의 증손자요, 황첩의 손자요, 황윤정의 차남이
다. 황윤정은 두 아들(發·大中)을 두었다. 장남 황발(黃發)은 자가 길
보(吉甫)요, 직장을 지냈다. 묘는 청원군 부용면(芙蓉面) 부강리(芙江里)
105번지 금성(金城)에 축좌(丑坐)로 있다. 부인은 참봉 오식(吳軾)의 딸
인 보성(寶城) 오씨다. 묘는 청원군 부용면 행산리(杏山里) 12번지에 을
좌(乙坐)로 있다.<sup>100</sup>

차남 황대중의 처음 이름은 황유(黃莠)요 자는 정숙(正叔)이다.
1551년(명종 6년)에 태어나 1597년(선조 27년) 8월 16일에 죽었다. 향년
47세. 문학과 효행으로 정릉(貞陵) 참봉을 받았다. 친히 왼쪽 다리를 베
어 병든 부모를 공양하고, 임란 중에 탄환을 맞아 오른쪽 다리마저
잃었다. 그래서 세칭 충효양건(忠孝兩蹇)이라 하기까지 했다. 1597년
8월 26일에 남원에서 순절해 충렬사(忠烈祠)에 배향되고, 원종공신에
녹훈되었으며, 좌승지에 증직되었다.

1605년(선조 38년)에 도승지 신흠(申欽)을 보내 반교문(頒敎文)을 내
리고, 1670년(현종 11년)에 홍문관 수찬 신후(申厚)를 보내 치제했다.
1684년(숙종 10년)에 예조 정랑 조이한(趙爾翰)을 보내 치제하고, 1795년
(정조 19년)에 암행어사 정만석(鄭晚錫)의 상소로 정여(旌閭)를 내렸다. 지
천(芝川) 황정욱(黃廷彧)이 지은 순절기(殉節記)와 백강(白江) 이경여(李敬
輿)가 지은 양건당기(兩蹇堂記), 판돈령부사 이민보(李敏輔)가 지은 정려
기(旌閭記), 운석(雲石) 조인영(趙寅永)이 지은 순의비명(殉義碑銘), 송사(松

황사효의 직계 비속

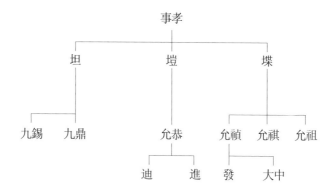

沙) 기우만(奇宇萬)이 지은 묘갈명 등이 있다. 면암(勉庵) 최익현(崔益鉉)
이 서문을 붙이고, 후손 황재묵(黃在默)이 간행한 문집 1권이 전한다.
묘는 강진 구상리(九祥里) 동령현(東嶺峴)에 계좌(癸坐)로 있다. 부인은
셋인데 첫째는 서익겸(徐益謙)의 딸 이천 서씨요, 둘째는 생원 오집균
(吳執均)의 딸 동복 오씨요, 셋째는 진사 마승한(馬承閒)의 딸 장흥 마
씨다.[101]


### 황사공(黃事恭)

황사공은 황치신의 7자로 사마시에 합격하고, 무과에 급제해 공
조 참의를 지냈다. 묘는 공주 산내면(山內面) 대별리(大別里) 둔와동(遁
頤洞)에 정좌(丁坐)로 있다. 부인은 숙부인 남양 홍씨인데, 묘는 남편
묘 같은 등성이 주작(朱雀) 방향에 상·하분으로 있다.[102]

## 황사경 (黃事敬)

황사경은 황치신의 9자로, 자는 신지(愼之)다. 1452년(문종 2년) 모월 29일에 태어나 1531년(중종 26년) 6월 4일에 죽었다. 향년 81세. 1489년(성종 20년)에 무과에 급제해 오랫동안 떠돌다가 1499년(연산군 5년)에 처음으로 부장(部將)에 제수된 이후 현감·주부·감찰을 역임하고 창평(昌平) 현령 겸 남원 진관 병마절도도위로 승진했다. 1507년(중종 2년) 9월 2일에 이과(李顆)의 난을 평정해 수충보사우세정난원종공신(輸忠保社佑世定難原從功臣)에 책봉되었다. 말년에 80이 되어 수직(壽職, 나이 많은 사람에게 주는 관직)으로 절충장군 첨지중추부사에 제배되었고, 죽은 뒤에 통정대부 승정원 좌승지 겸 경연참찬관에 증직되었다. 묘는 고양군 신도면(神道面) 지축리(紙杻里) 산 72번지 황수신 묘 뒤쪽에 임좌로 있다. 부부가 함께 묻혔다. 묘갈이 있었는데 유실되어 전하지 않는다.

부인은 군수 안극변(安克辨)의 딸 광주 안씨다. 묘는 덕수촌 황치신 묘 옆에 있다. 그런데 1976년 예비군 참호를 파던 중 그의 묘지(墓誌)가 발견되어 산소를 다시 수축하고 묘지는 묘 뒤쪽에 파묻어 놓았다 한다. 아들 넷(憲·愿·應·懲)을 두었는데, 장남 황헌(黃憲)은 선교랑(宣敎郞)을, 차남 황원은 진사를, 3남 황응은 무과에 급제해 배천 현령을, 4남 황징은 현령을 지냈다.[103] 황징은 세 아들(允中·允孚·允吉)을 두었다. 장남 황윤중은 생원시에 합격하고 1560년(명종 15년)에 별시 문과에 급제해 옥천 군수를 지냈다. 부인은 둘인데 첫째 부인은 판관 장세경(張世經)의 딸 해풍(海豊) 장씨요, 둘째 부인은 생원 이영복(李永福)의 딸 청주 이씨다. 차남 황윤부는 이흡(李洽)의 딸 경주 이씨와 혼

인했다. 3남 황윤길은 임란 전에 일본에 통신사 정사로 다녀왔다.[104]

### 황윤길(黃允吉)

황윤길은 황사경의 손자요, 황징(黃懲)의 3남이다. 황윤길의 자는 길재(吉哉)요, 호는 송당(松堂)이다. 1536년(중종 31년)에 한성부 반송방(磐松坊)에서 태어나 1558년(명종 13년)에 진사시에 합격하고, 1561년(명종 16년)에 식년 문과에 급제해 사간원 정언, 사헌부 지평, 황주 목사, 변무사(辨誣使) 서장관(1577년), 병조 참판 등의 관직을 역임했다. 그리고 일본의 침략 야욕이 엿보이자 조선에서는 1590년(선조 23년) 3월에 통신사를 파견해 적정을 살피고자 했다. 그리하여 통신사 상사(上使)에 송당 황윤길, 부사(副使)에 학봉(鶴峰) 김성일, 서장관에는 산전(山前) 허성(許筬), 제술관(製述官)에는 차천로(車天輅), 군관(軍官) 황진, 종사관 송재(松齋) 황용(黃茸) 등 200명이 일본으로 갔다.

사행은 4월 29일에 부산을 출발해 대마도에서 한 달 넘게 체류하다가 일기도·박다주(博多州)·장문주(長門州)·낭고야(浪古耶)를 거쳐 7월 21일 경도(京都)에 도착했으나 풍신수길이 변방 정벌 및 궁실 수리를 핑계로 국서 받기를 미루었다. 그러다가 11월 7일에야 왕명을 전하고 20일에 답서를 받았다. 그들은 매사에 오만방자하고 분기(憤氣)를 돋운 후 사죄 공경하는 척하며 길을 빙빙 돌아가면서 각처의 병영과 성지를 보여 주고 병약한 군졸들만 배치해 허실(虛實)을 혼동케 했다.

풍신수길은 자신의 위용이나 국력을 과시하다가도 공석에서 평복을 입고 필부(匹夫)처럼 행동해 사신의 판단을 흐리게 했으며, 답서에는 3~4년간에 대적하는 자를 모두 격멸한 자신의 용력을 과시하고, 명나라에 들어가고자 하니 교린(交隣)의 의리로 편들어 달라고 했다. 답서에 "관백(關白) 수길이 조선 국왕 각하에게 봉복서(奉復書)한다."라고 썼다. 그러나 우리 사신들의 항의로 '전하(殿下)'와 '배복서(拜復書)'로 바꾸었으나 내용은 그대로였다. 이러한 소행들은 전쟁의 단초를 만들고 정세를 오판하게 하기 위한 수작이었다. 김성일은 이런 답서는 받을 수 없다고 거부했으나 왜인들이 들을 리가 없었다.

황윤길은 "지금 국가 존망이 저들에게 달린 마당에 사소한 문구나 따지면 무엇하겠는가? 빨리 귀국해 대책을 강구하는 것만 못하다."라며 귀국을 서둘렀다. 이런 과정에서 상사와 부사 간에 사이가 나빠졌다. 황윤길은 사포(沙浦)에 도착해 서장을 올리고 1591년 3월에 부산에 도착하자마자 왜적이 미구에 쳐들어올 것이라고 치계했다. 임금 앞에서 왕이 물을 때도 왜정을 자세히 살펴 본 바 그들이 반드시 침범할 것이니 유비무환의 대응책을 강구해야 한다고 주장했다. 허성도 같은 내용으로 보고했으나 유독 김성일만은 왜적이 절대로 쳐들어올 리가 없으니 황윤길의 말은 인심을 요동시킬 뿐이라고 배격했다. 이에 묘의(廟議, 묘당의 의논)가 양분되어 옥신각신했으나 서애 유성룡이 부사의 의견을 지지함으로서 다음 해에 닥칠 환란을 적극 대처하지 못했다.

유성룡은 그의 『징비록(懲毖錄)』에서 김성일의 참뜻은 왜적이 꼭 쳐들어오지 않는다는 것이 아니라 민심이 동요될까 두려워서 임시방편으로 말한 것에 불과하다고 했다. 1592년 4월 13일 왜적이 부산에 대거 침입했다. 선조는 전년의 시비를 가려 경상우병사였던 김성일을 의금부에 가두고 황윤길을 병조 판서에 임명했다. 그러나 병조 판서에 취임하기 전에 죽고 말았다. 김성일은 7일 만인 24일에 풀려났다. 묘는 고양시 덕양구 지뉴동(紙杻洞) 산72의 1 황치신 묘 오른쪽 언덕에 있다. 부부가 함께 묻혔다. 종질(從姪) 송재 황용이 전시라 산소는 썼으나 행적을 제대로 갖추지 못했다. 황윤길의 자손들은 강원도 양구(楊口) 율목동(栗木洞)으로 잠적해서 종중에서 알지 못해 족보에 자손이 없는 것으로 기록되어 왔는데, 춘천의 종인 황의찬(黃義贊)이 황윤길 이하 5대의 세계와 집안에 내려오는 문헌들을 보소(譜所)에 제출해 비로소 알게 되었다고 한다.[105]

부인은 첨정 김구(金鑵)의 딸 안동 김씨다.[106]

황사경의 3남 황응(黃應)은 4남(允寬·允宏·允容·允宕)을 두었다. 3남 황윤용의 자는 언확(彦廓)이다. 1533년(중종 28년) 7월 27일에 태어나 1620년(광해군 12년) 10월 19일에 죽었다. 향년 88세. 1562년(명종 17년)에 무과에 급제해 사헌부 감찰이 되고 중시에 1등을 해 길주·김해 부사, 충청도·경상도 수사를 역임했다. 1595년(선조 28년)에 좌승지에 임명되고, 경연 참찬관을 겸임했다. 부인은 군수 신수학(申壽鶴)의 딸 평산 신씨다. 묘는 연백군 운산면(雲山面) 석산리(石山里) 간촌(間村) 뒷기슭에 자좌(子坐)로 있다. 쌍분이다. 4남 황윤탕의 자는 언호(彦浩)다. 1539년(중종 34년) 2월 14일에 태어나 1565년(명종 20년) 정월 17일에 죽었다. 향년 27세. 군자감 주부에 증직되고, 공조 참의에 재증직되었다. 임진왜란 때 호남으로 피란 가 자손들이 대대로 보령군 웅천면(熊川面)에 눌러 살았다. 묘는 고양군 신도면 지뉴리 산84번지에 유좌(酉坐)로 있다. 부부가 함께 묻혔다. 부인은 두성령(杜城令) 이암(李岩)의 딸 진주 이씨다. 1538년(중종 33년) 3월 4일에 태어나 1576년(선조 9) 9월 10일에 죽었다. 향년 39세. 묘는 고양군 중흥동(中興洞) 덕수산(德水山) 기슭에 유좌(酉坐)로 있다. 승지 이덕온(李德溫)이 지은 묘갈명이 있었으나 뒤에 유실되어 역사학자 황의돈(黃義敦)이 지은 묘표 음기가 있다.[107]

### 황즙(黃葺)

황윤탕의 아들이 황즙이다. 황즙의 자는 문보(文輔)요, 호는 송재(松齋), 또는 칠우당(七友堂)이다. 1560년(명종 15년) 3월 13일에 태어나 1613년(광해군 5년) 1월 17일에 죽었다. 향년 54세. 그는 어려서부터 문장과 시에 능했으나 난리를 만나 과거에 응시하지 못했다. 그리하여 비인현(庇仁縣)에 집을 짓고 송재, 또는 칠우당이라 했다. 이곳에 화초를 재배하고, 대나무를 길러 안빈낙도했다. 벼슬을 권하는 사람이 있으면 "운이 있으면 벼슬에 나갈 것"이라고 할 뿐이었다.

1590년(선조 23년)에 송당 황윤길이 정사로 일본에 갈 때 "자신이 일인의 국의(菊義)를 보고 사생을 불고하겠다."라고 하고 종사관으로 황윤길을 따라 일본에 다녀왔다. 1590년(선조 23년) 3월에 황윤길이 왜적이 미구에 쳐들어온다고 상소했으나 부사 김성일이 "신이 보기에는 침범할 리 만무하다. 인심을 동요하는 처사니 심히 괴이한 일"이라고 아뢰었다. 왕이 김성일의 말을 가납하고 인심을 동요시킨 죄로 황윤길은 파직되었다. 사행의 일원으로 같이 갔던 황즙은 그의 6촌 무민공(武愍公) 황진과 함께 김성일의 잘못을 지적하고 왜적의 침입을 대비해야 한다고 상소했다.

결국 1592년 4월 왜적이 부산에 상륙하고 말았다. 이에 선조가 황윤길의 주장이 맞은 것을 알고 황윤길을 병조 판서에 임명했으나 취임하기 전에 변을 당해 죽고 말았다. 그는 황윤길의 시신을 수습해 고양 선영에 장사 지냈다. 그러고는 부인 임씨(任氏)와 12살 난 아들 황정식을 데리고 충청도 비인현 저동(苧洞, 현재의 판교면 저동리)에 내려와 칩거했다. 곧이어 상경하려 했으나 전쟁통이라 여의치 않아 그곳에 정착하기로 하고 조출한 초당을 지어 송재(松齋)라 명명했다. 그리고 주변에 소나무, 대나무, 매화, 국화, 모람, 오동나무, 진달래 등을 심고 칠우당(七友堂)이라고 했다.

그러던 중 1598년에 정유재란이 일어나 명병이 순천에 주둔하고 조선 정부에 군량 보급을 요구했다. 이에 총관사 한효순(韓孝純)이 그를 찾아와 군량 책임관을 맡아달라고 간청하자 벼슬은 하지 않고 백의종군해 군량미 600석을 모집해 주었다. 한효순이 이 사실을 왕에게 보고하니 선조는 1599년(선조 32년) 3월에 통훈대부 예빈시 직장을 제수했다. 또 1601년(선조 34년)에 경복궁을 중건할 때 이에 소요되는 정철(正鐵)을 모으게 했는데, 충청 순찰사 장만이 찾아와 도와주기를 간청했다. 이에 역시 백의로 정철 4000근을 모아 상납했다. 이 공로로 포상하려 했으나 서용되기 전에 죽었다. 1616년(광해군 8년) 4월 30일에 그의 공로가 재론되어 임진란벽조도종사유공록원종공신(壬辰亂辟調度從事有功錄原從功臣)에 봉하고, 좌승지 겸 경연참찬관에 가증되었다. 묘는 지금의 웅천면(熊川面) 벽동(碧洞)에 사좌(巳座)로 있다. 그러나 1620년(광해군 12년)경에 아들 황정식이 광암(廣岩)으로 이주해 효행으로 정여를 받고 사포서(司圃署) 별제를 제수했으나 나가지 않고 지금까지 370여 년간을 살고 있다. 부인은 진사 임서신(任瑞臣)의 딸 풍천 임씨다. 묘는 보

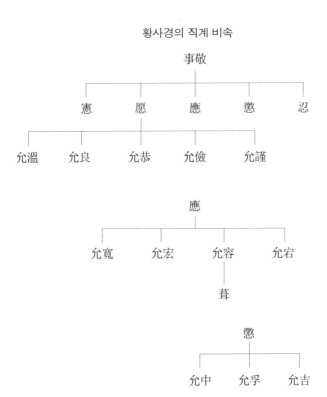

령 웅천면(熊川面) 대창리(大昌里) 사곡산(寺谷山) 101번지에 있다. 부부가 함께 묻혔다. 오봉(五峰) 이호민(李好閔)이 지은 묘갈명이 있다.[108]

### 황종형(黃從兄)

황보신의 차자로, 자는 의지(義止)요, 호는 설봉(雪峰)이다. 1428년에 태어나 선공감 부정(副正), 청도 군수, 함안 군수 등의 관직을 역임했다. 청도 군수로 있을 때는 할아버지 황희가 지은 『예부운략』을 간행했다. 뒤에 그의 손자 황맹헌(黃孟獻)이 현달해 이조 참판 겸 동지의

금부사에 증직되었다. 부인은 좌의정을 지낸 철성 부원군(鐵城府院君) 이원(李原)의 딸이요, 밀직부사 평재(平齋) 이강(李岡)의 손녀딸이요, 시중을 지낸 행촌(杏村) 이암(李嵒)의 증손녀인 정부인 철성 이씨다. 묘는 상주 공성면(功城面) 우하리(于下里)에 인좌(寅坐) 신향(申向)으로 있다.

황종형은 6남(瓘·瓚·瑾·瑾·琓·琢) 4녀(金孟鍾·柳約·兪希祖·李承宗)를 두었다. 장남 황관은 진사로서 부사를, 차남 황찬은 진무부위를, 3남 황근은 첨지를, 4남 황필은 현감을, 5남 황완은 생원을, 6남 황전은 우후(虞侯)를 지냈다. 장녀는 첨정 김맹주에게, 차녀는 군수 유약에게, 3녀는 종사랑 유희조에게, 4녀는 군수 이승종에게 각각 시집갔다. 장손 황관은 문목사(文牧使, 문관 목사) 강미수(姜眉壽)의 딸에게 장가들어 5남(孟獻·允獻·世獻·汝獻·孝獻) 1녀(朴仁範)를 두었다. 장남 황맹헌은 사마시와 문과를 거쳐 한성 판윤이 되었고, 정국공신으로 장원군(長原君)에 책봉되었으며, 차남 황윤헌은 생원·진사시에 모두 합격해 한성 참군(叅軍)을, 3남 황세헌은 생원시에 합격해 부사를, 4남 황여헌은 진사시, 문과를 거쳐 호당(湖)에 선발되고 홍문관 교리, 이조 정랑을, 5남 황효헌은 진사시와 문과를 거쳐 호당에 선발되고, 이조 참판·양관(홍문·예문) 대제학을 각각 역임했으며, 장녀는 첨정 박인범에게 시집갔다.[109]

### 황관(黃瓘)

황관은 황종형의 장남이다. 호는 송암(松岩)이다. 1450년에 태어났다. 천성이 총명하고 책읽기를 좋아해 한 번 보면 바로 기억하고 스승이 가르치기 전에 스스로 먼저 해득했다. 16세 되던 1465년(세조 11년)

에 진사가 되고, 찰방·진보(眞寶) 군수·함안 군수·김해 도호부사 등의 관직을 역임했다. 큰아들 황맹헌의 현달로 순충보조공신(純忠補祚功臣) 자헌대부 이조 판서 겸 지의금부사에 증직되고 장원군(長原君)에 책봉되었다. 묘는 상주 공성면(功城面) 우리현(雩里峴) 묵방동(墨坊洞)에 간좌로 있다. 5남(孟獻·允獻·世獻·汝獻·孝獻) 1녀(朴仁範)를 두었다.

장남 황맹헌은 식년 문과에 급제해 예조 판서를 지냈고, 차남 황윤헌은 생원·진사 양시(兩試)에 합격해 한성 참군을, 3남 황세헌은 생원시에 합격해 의금부 도사, 천안 군수, 대구 도호부사를, 4남 황여헌은 문과 별시 병과에 급제해 호당에 선발되고, 저작, 박사, 이조 좌랑, 성균 전적, 홍문관 수찬·교리, 공조 정랑, 이조 정랑, 영덕 현령, 비안 현감, 울산 군수 등의 관직을, 5남 황효헌은 진사시와 문과 별시 을과에 급제해 호당에 선발되고, 예문 응교, 성균 대사성, 이조 참판, 부제학, 양관 제학, 문형, 강원·황해 관찰사 등의 관직을 각각 역임했다. 부인은 문목사 강미수(姜眉壽)의 딸 진주 강씨. 1459년에 태어나 1535년(중종 30년) 1월 23일에 죽었다. 77세를 살았다. 어려서 외조부 판한성부사 이사임(李思任)의 집에서 성장했다. 부인은 온순하고 예쁘며 아름답고 착했다. 규중에서 덕을 쌓아 장수하고 자식이 잘되어 봉양을 잘 받아 "복이 많은 분이다."라는 칭송을 받았다.[110]


### 황맹헌(黃孟獻)

황맹헌은 이조 참판 황종형의 손자요, 이조 판서 황관의 장남이다. 황맹헌의 자는 노경(魯卿)이요, 호는 월헌(月軒)이며, 시호는 소양(昭襄)이다. 1472년(성종 3년)에 태어나 1535년 10월 9일에 죽었다. 향년 64세. 그는 우암(寓庵) 홍충언(洪忠彦)·송재(松齋) 이우(李堣) 등과 더불어 예안(禮安) 안중사(安中寺)에서 공부했다. 어려서부터 성품이 효성스럽고 인후한 도량이 있었는데, 남과 더불어 일을 할 때는 충실하고 신의가 있었으며, 형제와는 우애가 깊고 화기가 있었다. 약관에 진사시에 합격하고, 1498년(연산군 4년)에 식년 문과에 급제했다. 주부를 역임하고, 여러 번 뛰어올라 예문·홍문관 직제학과 사헌부 감찰, 사간원 정언, 의정부 사인을 지냈다.

그런데 당시 연산군이 거칠고 음탕해 종사가 위태롭자 1506년(중종 1년)에 박원종(朴元宗)·유순정(柳順汀)·성희안(成希顔) 등과 더불어 반정을 일으켜 연산군을 쫓아내고 중종을 옹립했다. 그리하여 정국(靖國) 4등 공신에 책봉되고 장원군(長原君)에 봉해졌다. 1507년(중종 2년)에 승정원 부승지로 옮겼는데, 이과(李顆)의 옥사를 다스린 공으로 정난공신(靖難功臣)에 책봉되었다. 1508년(중종 3년)에 승지가 되어 사정전(思政殿)에서 시강(侍講)한 다음 서인(庶人)에게도 3년상을 행하도록 주청했다. 1509년(중종 4년)에 호조 참판으로 임명되어 "경상도의 왜료(倭料)가 1년에 2만 석인데 공안(貢案)에는 1만 5천 석밖에 없으니, 금년에는 옛날에 저축분과 1506년 이전 미납 조세로 충당하자."라고 제안해 그대로 되었다. 1510년(중종 5년)에 특명으로 기복(起復)시켜 형조 참판, 공조 참판, 예조 참판, 전라도 관찰사에 제배했다. 1512년(중종 7년)에 사헌부 대사헌으로 옮겼다.

1515년(중종 10년)에 강원도 관찰사로 나갔다. 이때 척주(陟州)와 현리(瓦峴里)에 가서 소공대를 중수했는데, 소공대는 황희를 기리는 시설이었다. 1423년에 관동 지방에 흉년이 들자 특명으로 황희를 관찰사로 보냈는데, 백성들을 조율해 편안히 살게 된 자가 많았다. 그 후 백성들이 황희를 사모해 그가 쉬던 곳에 소공대라는 축대를 만들고 은혜에 감사했다고 한다. 이에 황맹헌이 관찰사로 나가매 백성들이 아래에 와서 추모의 마음을 갖고 무너진 곳을 개수하고 비석을 세워 은혜에 보답코자 했다. 돌아와 사헌부 대사헌이 되었다. 1518년(중종 13년) 가을에 한성부 우윤에 임명되었으나 모친이 상주에 있어 사직서를 내고 돌아가 모시게 해 달라고 했으나 들어주지 않았다. 얼마 후 한성 좌윤에 제배되었는데, 아우 수찬 황효헌(黃孝獻)과 더불어 사직서를 내니 휴가를 주어 고향에 돌아가게 했다.

　　1524년(중종 19년)에 경상도 관찰사가 되었다. 그 당시에는 진상하는 물품이 지방 특산물과 맞지 않는 경우가 많았는데 황맹헌은 조정에 건의해 이를 맞도록 해 주었다. 그래서 백성들이 편하게 여겼다 한다. 임기를 마치고 장원군을 받고 자헌대부 예조 판서로 승진했다. 1525년(중종 20년)에 한성 판윤으로 옮기고, 1527년(중종 22년) 경기 관찰사가 되었다. 이해에 흉년이 들자 특별히 황맹헌을 뽑아 관찰사로 삼은 것이다. 1528년(중종 23년)에 판중추부사가 되었다. 그런데 황맹헌이 50대가 되고 어머니가 80여 세가 되었다. 이에 돌아와 어머니를 봉양하도록 허락받고, 여러 동생들과 어머니를 극진히 모셨다. 집 뒤에 여러 봉우리가 옥처럼 늘어서 있었는데, 매번 술잔을 들어 그 밑에서 헌수하니 이로 인해 이 봉우리를 헌수봉이라고 했다고 한다. 1535년(중종 30년) 1월에 어머니가 죽어 소상을 마치기 전에 그마저 죽으니, 1535년 10월 9일이다. 특명으로 부조전(不祧典)을 허락받았다.[111]

　　부인은 둘인데, 첫째 부인은 생원 이희손(李喜孫)의 딸이요, 좌랑 이수아(李壽兒)의 손녀요, 참판 이성장(李誠長)의 증손녀인 정부인 전의 이씨다. 1505년(연산군 11년) 4월 26일에 죽었다. 묘는 단성(丹城) 원실면(元實面) 사월(沙月) 빈소산(殯所山)에 신좌로 있다. 둘째 부인은 사도시(司導寺) 정(正) 김부령(金富寧)의 딸이요, 진사 김형(金泂)의 손녀요, 이조 참판 김익정(金益精)의 증손녀인 안동 김씨다. 1509년(중종 4년) 3월 4일에 죽었다. 묘는 남편과 합장이다.[112]

황맹헌은 2남(恒·協) 3녀(愼文彦·河舟·朴苡)를 두었다. 후부인 안동 김씨가 아들 둘을 낳았는데, 장남 황항은 소촌(召村) 찰방을 지냈으며, 차남 황협은 자가 사화(士和)요, 호는 목옹(牧翁)인데, 한성부 주부를 지냈다. 부인은 우후 이무(李珷)의 딸이요, 부제학 이중현(李仲賢)의 손녀인 숙인 재령 이씨다. 묘는 파주군 문산읍 사목리(沙鶩里) 반장동(盤庄洞)에 오좌자향(午坐子向)으로 있다.[113] 부인 이씨는 세 딸을 두었는데, 장녀는 별좌 신문언(愼文彦)에게, 차녀는 직장 하주(河舟)에게, 막내딸은 단성 부사 박이(朴苡)에게 각각 시집갔다. 부인은 사위 박이를 따라 단성으로 내려갔으므로 묘가 단성에 있다. 황항은 3남(吉元·順元·壽元)을 두었으며, 차남 황협은 아들 하나(禮元)를 두었다.[114]

황관의 차남 한성 참군(參軍) 황윤헌(黃允獻)의 차남이 황이(黃怡)다. 황이의 자는 중숙(仲肅)이다. 그는 젊어서 큰 뜻을 가지고 공부했으나 뜻하는 대로 되지 않자 의분에 북받쳐 무직을 택해 1551년(명종 26년)에 무과 병과에 급제해 주부가 되었다. 그 후 대흥·하동 현감, 양산 군수를 역임하고, 공조·병조·호조 정랑, 사도시·선공감·군기시 첨정, 제용감 부정(副正)을 거쳐 성주 목사를 역임했다. 1553년(명종 8년) 1월에 죽으니 향년 52세다. 묘는 상주 무진정(無盡亭) 동쪽(東쪽) 산록에 병향(丙向)으로 있다. 부인은 충의위 이이진(李以震)의 딸이요, 영의정 이극배(李克培)의 4세손인 광주 이씨다. 74세를 살았다. 부부가 함께 묻혔다.[115]

### 황여헌(黃汝獻)

황여헌은 황관의 4남으로 자는 헌지(獻之)요, 호는 유촌(柳村)이다. 1486년(성종 17년)에 태어나 1566년(명종 21년)에 죽었다. 향년 81세. 약관에 진사시에 합격하고 1509년(중종 4년)에 별시 문과에 급제해 홍문관 정자가 되었고, 그해 11월에 경연에 나가 강론해 임금의 칭찬을 받았다. 홍문관 저작·박사를 지내고, 이조 좌랑, 수찬, 공조·이조 정랑, 홍문관 교리 등의 관직을 역임했다. 호당(湖堂)에 뽑혀『동문선(東文選)』을 편집했다. 기묘사화 후에 외직인 비안 현령, 영덕 현령을 거쳐 1530년(중종 25년)에 울산 군수가 되었다. 1536년(중종 36년)에 초산으로 귀양 갔다가 1538년(중종 33년)에 귀양살이에서 풀려나왔다.

그는 문장도 탁월하고 필법도 고아(高雅)해서 호음(湖陰) 정사룡(鄭士龍)·양곡(陽谷) 소세양(蘇世讓)과 함께 3준걸(三俊傑)이라 일컬어졌다고 한다.「죽지가(竹枝歌)」라는 시가를 지어 읊었더니 중국인들이 옛날 소동파보다 낫다고 했다고 한다. 사명당(四溟堂) 임유정(任惟政)이 일찍이 그에게『맹자』를 배우고 그 후 불문으로 들어갔다. 만년에 황간 용포(龍浦)에다가 송안정(送雁亭)을 짓고 즐겼다. 동생인 축재(蓄齋) 황효헌과 함께『장계이고(長溪二稿)』를 간행했다. 묘는 송안정 왼쪽 기슭에 술좌로 있다.[116]

부인은 공조 좌랑 이수겸(李守謙)의 딸이요, 안악 군수, 증 도승지 이세충(李世忠)의 손녀요, 영의정 광릉(廣陵) 부원군 익평공(翼平公) 이극배의 증손녀요, 이조 참판 청평군(淸平君) 한언(韓堰)의 외손녀인 광주 이씨다. 묘는 쌍분으로 남편과 함께 묻혔다. 1녀는 이정립(李挺立)에게 시집갔는데 아들이 없어 종후손이 제사를 받든다.[117]

### 황효헌(黃孝獻)

황효헌은 함안 군수를 지낸 황종형의 손자요, 김해 도호부사를 지낸 황관의 5남이다. 황효헌의 자는 진가(進可, 뒤에 숙공(叔貢)으로 바꿈), 호는 축옹(畜翁)이다. 1490년(성종 21년)에 태어나 1532년(중종 27년) 6월 17일에 죽었다. 향년 43세. 젊어서부터 학문에 힘써 18세 되던 1507년(중종 2년)에 진사시에 합격하고, 25세 되던 1514년(중종 9년)에 별시 문과 을과에 급제했다. 당시 모재(慕齋) 김안국(金安國)이 시관이었는데, 인재를 얻었다고 좋아했다. 홍문관 박사로 선발되었다가 천거되어 예문관 검열이 되었다.

1516년(중종 11년)에 중종이 의정부·이조·성균관에 명해 유림 중에서 스승이 될 만한 인재를 선발하라고 해 황효헌·이자(李秄)·최숙생(崔淑生)·김세필(金世弼)·김안국·소세양·조광조·김구(金球)·박상(朴祥)·김정(金淨) 등이 뽑혔다. 1517년(중종 12년)에 사헌부 지평 겸 지제교(知製敎)에 제수되었다가 이조 정랑으로 전근되었다. 근친(覲親)하기 위해 경차관(敬差官, 지방에 검사할 일이 있을 때 임시로 보내는 관원)으로 나갔다가 들어와 홍문관 교리가 되었다. 호당에 선발되어 학업을 닦다가 예문관 응교로 발탁되었다. 이 자리는 장차 대제학으로 승진하는 자리지만 그는 어제(御製)의 율시(律詩)를 지을 수 없다고 핑계 대고 스스로 물러났다.

1518년(중종 1년)에 경연에서 『성리대전』을 강론할 인재를 선정할 때 황효헌은 조광조·김안국·권벌(權橃) 등과 함께 뽑혔으나, 외직에 있었기 때문에 부임하지 못했다. 이때 조광조는 크게 조야에서 추앙을 받아 대궐에 들어가 임금의 자문에 응할 때 아는 대로 말씀을 올리지 않은 것이 없고, 비록 추운 겨울과 무더운 여름이라도 날이 저물도록 그치지 않으니, 동료들이 모두 싫어했다. 1519년(중종 14년) 봄에 김우회(金友會)라는 사람이 사림을 무함한 일이 있어 조광조가 이를 중재하기 위해 힘썼으나 신진 사림들이 반드시 옛날에 생긴 부정한 공훈을 낱낱이 파헤쳐 폭로하려 하다가 11월에 기묘사화가 일어났다. 황효헌은 사화가 일어나기 전에 사사로이 어떤 사람에게 말하기를,

> 임금께서 비록 착한 것을 좋아하더라도 곧은 말을 들으면 한갓 마음이 동요되어 허심탄회하게 그 뜻을 받아들일 것 같고, 또 조광조·김정·김식(金湜) 세 분은 진실로 사림의 영수로되, 신진 관료 중에 일을 좋아하는 사람들이 하풍(下風)에 붙어 너무 과격하게 구신(舊臣)들을 배척하고 무훈(武勳)을 삭탈하니 이를 좋아하지 않는 구신들이 무리를 지어 음모를 꾸밀 것이 필연적이다.

라고 했는데, 그 말이 딱 맞았다. 그는 이로 인해 고향으로 내려가 자취를 감추고, 세상 공명에는 뜻이 없었다. 이때 『하유(下帷)』, 『갈굴(渴掘)』 등의 책을 썼는데, 『갈굴』이란 경연에 있을 때 임금에게 자상히

아뢴 상소(上疏)와 차자(箚子)를 모은 것이다. 1527년(중종 22년)에 이르러 간흉들이 이미 소탕되고 정광필(鄭光弼)이 다시 정승직에 오르니, 조정이 다시 맑고 밝아졌다. 이해에 특별히 황효헌을 발탁해 대사성을 삼았다가 부제학으로 옮기고, 승정원 승지를 거쳐 강원·황해 감사로 임명했다. 1529년(중종 24년)에 이조 참판에서 홍문관 제학으로 옮겨 가고, 품계도 가선대부로 뛰어 올라 대제학의 물망에 올랐으나 얼마 후 사표를 내고 향리로 돌아갔다. 1532년(중종 27년)에 사건이 있어 안동 부사로 내려가 있다가 그해 6월 17일에 죽었다. 묘는 처음에 그 고을 고무담(古鉧潭)에 있었는데, 뒤에 묵방리 선영에 간좌로 옮겼다.[118]

부인은 찬성 헌의공(獻懿公) 윤금손(尹金孫)의 딸이요, 인수부정(仁壽副正) 윤지강(尹之岡)의 손녀요, 참판 윤잠(尹岑)의 증손녀요, 목사 경주 김씨 김태경(金泰卿)의 외손녀인 파평 윤씨다. 황효헌은 4남(惇·㥽·憕·橙) 2녀(具渷·林澔)를 두었다. 장남 황돈은 신창 현감을 지냈고, 차남 황기의 생부는 황충헌(黃忠獻)인데, 황집(黃緝)에게 입후했다. 3남 황혜는 영산(靈山) 현감을, 4남 황징은 생원시에 합격해 성주(星州) 판관, 증승지를 지냈다. 장남 황돈은 2남(大元·義元) 2녀(南井·李智元)를 두었는데, 황대원은 병사(兵使)를, 황의원은 광주(光州) 판관을 지냈다. 차남 황기는 무후, 3남 황혜는 3남(裕元·顯元·哲元) 2녀(李正立·李禹弼)를 두었고, 4남 황징은 1남(俊元, 선무 원종공신) 1녀(鄭象德)을 두었다. 사위인 구엄은 사의(司議)를, 임진은 주부를 지냈다.

황의원은 1남(緝) 1녀(李春郁)를 두었다. 황집은 황효헌의 증손이요, 황돈의 손자요, 황의원의 아들이다.

## 황징(黃憕)

황효헌의 4남으로, 자는 백강(伯康)이다. 1521년(중종 16년)에 태어나 1573년(선조 6년) 10월 21일에 죽었다. 향년 53세. 그가 12세 때 아버지가 죽어 4형제가 모두 외갓집에서 자랐다. 외할아버지가 "너희의 아버지가 일찍 죽고, 어머니는 생활이 곤란해 의지할 곳이 없으니, 재능에 따라 이조에서 한 관직을 얻도록 하라!"라고 하자, 3인은 모두 응낙했으나, 황징만은 "우리 아버지는 문학과 덕행이 온 세상에 떨쳤으니, 명가의 자식이 되어 능히 그 뜻을 이어받지 못하고 하루아침에 머리를 나란히 해 녹만 구한다면 이는 매우 부끄러운 일이니 사람들이 무어라 하겠습니까? 제가 아직 글을 읽어 뜻을 구해도 늦지 않습니다."라고 말했다 한다. 일찍부터 열심히 공부해 1555년(명종 10년) 생원시에 합격해 금부도사에 제수되었다가 전생서(典牲署) 직장·인의(引儀), 공조 좌랑, 홍천 현감 등의 관직을 역임했다. 그러나 어머니가 상주 영외(嶺外)에 있어 왕래하기가 어렵다는 것을 알고 그 조(曹)의 판서가 왕에게 아뢰어 외직으로 내보냈다. 이에 그는 "선조의 덕으로 벼슬한 문사들은 반드시 부모의 봉양을 위해 물러나야 하는데 모친이 영남에 계시는 것을 비방한다면 경기 이남의 한 작은 고을살이를 하면서 부모를 봉양하느니만 못하니, 저 낭관(郎官)이라는 실속 없는 자리가 내게 무슨 필요가 있겠는가?"라고 했다. 그랬더니 대간이 들고 일어나 작은 고을이라 기피한다고 공격해 파직되어 상주로 내려갔다. 얼마 있다가 익위사(翊衛司) 위솔(衛率)로 불려 올라왔다가 보은 현감으로 6년간 재직했다. 그 후 인의 겸 참군에 임명되었다가 사도시 주부, 사복시 판관, 성주 판관 등의 관직을 차례로 역임했다. 관직에 6년 동안 있다가 병으로 사퇴하고 고향으로 돌아오니 성주에 비석을 세워 사대부들이 "옛날 순량리(循良吏)라도 이에 미치지 못할 것"이라 했다고 한다.

　말년에 경치 좋은 곳에 집을 하나 짓고 작은 아버지인 유촌(柳村) 황여헌에게 서문과 시를 써 받았다. 그 서문에 "나의 아우 축옹(畜翁, 황효헌)의 아들은 젊어서부터 학문에 뜻을 두고 연마할 뿐 옛사람의 글귀를 따서 시를 짓는 선비가 아니오니, 어찌 우리 가문의 보배가 아니겠는가? 기이(奇異)한 정경을 찾아 천지의 조물주를 벗으로 삼고 있으니, 참으로 가히 사물의 안목을 갖춘 사람이라 할 수 있다."라고 했다. 결국 그는 두 고을살이를 하면서 어머니를 효성으로 봉양해 어머니는 아들이 죽은 후에도 23년까지 더 살고 아흔이 넘어 죽었다. 부인은 호군 윤자의(尹子儀)의 딸인 파평 윤씨다. 묘는 운리현(雲里峴) 부정공 묘하에 간좌로 있다. 부부가 함께 쌍분으로 묻혔다. 송계(松溪) 권응인(權應仁)이 지은 묘지문과 우복(愚伏) 정경세(鄭經世)가 지은 묘갈문이 있다.

　아들 황준원(黃俊元)의 자는 사초(士初)다. 1548년(명종 3년)에 태어나 1608년(선조 41년) 10월 5일에 죽었다. 향년 61세. 선무 원종공신으로서 의령 현감을 지냈다. 참의에 증직되었다. 묘는 상주 반수동(盤樹洞)에 유좌(酉坐)로 있다. 우복 정경세가 지은 묘지문과 후손 황반로(黃磻老)가 지은 비음각(碑陰刻)이 있다. 부인은 사직 민사설(閔師說)의 딸 여흥 민씨다. 묘는 남편 묘 뒤에 유좌로 있다.[119]

## 황집(黃緝)

황집은 황의원의 외아들이다. 자는 비승(丕承)이다. 1580년(선조 13년) 5월 18일에 태어나 1658년(효종 9년) 10월 16일에 죽었다. 향년 79세. 일찍이 아버지가 죽어 학업을 폐하고 승마와 사격을 익히다가 1608년(선조 41년)에 무과에 장원해 남포(藍浦) 현감, 평해(平海) 군수, 미조항(彌助項) 첨사를 역임하고, 절충장군으로 승진했다. 그런데 인조가 특히 그를 가선대부 의주 부윤으로 승진시키고, 1635년(인조 13년)에 오위장(五衛將)이 되었다. 1636년(인조 14년) 겨울에 병자호란이 일어나 청나라가 쳐들어오자 인조를 따라 남한산성에 들어가 체찰사 김류(金瑬)의 편막(編幕)으로서 성을 지켰다. 적이 물러가자 가의대부로 승진되고, 1637년(인조 15년)에 경상우도 병마절도사, 1641년(인조 19년)에 황해도 병마절도사 겸 황주 목사, 1642년(인조 20년)에 전라도 병마절도사가 되었다. 그리고 1643년(인조 21년)에 경상좌도 병마절도사, 1645년(인조 23년)에 함경남도 병마절도사, 1646년(인조 24년)에 함경북도 병마절도사가 되었다. 1658년(효종 9년) 10월 16일에 죽었다. 후손 황익재(黃翼再)가 지은 묘갈문과, 식산(息山) 이만부(李萬敷)가 지은 묘지명이 있다.[120]

묘는 장산(藏山)에 묘좌(卯座)로 있다. 식산(息山) 이만부(李萬敷)가 지은 묘지명이 있다. 부인은 셋인데, 첫째 부인은 성호길(成好吉)의 딸이요, 진사 성협(成協)의 손녀요, 직장 성학령(成鶴齡)의 증손녀인 창녕 성씨다. 묘는 남편 묘 왼쪽 기슭에 갑좌로 있다. 지석(誌石)이 있다. 둘째 부인은 현감 남진휘(南振揮)의 딸이요, 증승지 남봉년(南鳳年)의 손녀인 고성(固城) 남씨다. 묘는 남편묘의 오른쪽 기슭에 간좌로 있다.

지석이 있다. 셋째 부인은 절충장군 안혜산(安惠山)의 딸이요, 첨절제사 안몽윤(安夢尹)의 손녀인 광주(廣州) 안씨다. 남편 묘의 오른쪽 기슭에 갑좌로 있다. 석상(石床)이 있다. 6도 병사를 할 때 받은 유서(諭書)가 노성(魯城)에 있는 후손가에 소장되어 있다.[121]

황집은 4남(載胤·坤碩·坤一·坤發)을 두었다. 장남 황재윤의 생부는 황면(黃緬)이다. 자는 영숙(永叔)이요, 신천파(新川派)다. 1628년(인조 6년)에 태어나 1671년(현종 12년) 5월 23일에 죽었다. 향년 43세. 통덕랑을 지냈다. 부인은 성초형(成楚珩)의 딸 창녕 성씨다. 차남 황곤석은 자가 자후(子厚)다. 1618년(광해군 10년) 5월 14일에 태어나 1693년(숙종 19년) 8월 12일에 죽었다. 향년 76세. 영사원종공신(寧社原從功臣)으로 군자감 판관을 지냈다. 부인은 전라 수사, 증 병조 판서를 지낸 김진(金鎭)의 딸이다. 묘는 영동(永同) 황간면(黃澗面) 난곡리(蘭谷里, 옛 토한촌(吐寒村) 아래 기슭)에 남편과 함께 묻혔다. 묘갈이 있다. 3남 황곤일은 1639년(인조 17년)에 태어나 1684년(숙종 10년)에 죽었다. 향년 46세. 통덕랑을 지냈다. 부인은 승지 조유도(趙有道)의 딸 양주 조씨다. 4남 황곤발의 처음 이름은 귀남(貴男)이다. 통덕랑을 지냈다. 부인은 진주 하씨다. 묘는 지례(知禮) 서면(西面)에 있다.[122]

### 황익재(黃翼再)

황익재의 아버지는 증승지 황진하(黃鎭夏)요, 어머니는 김진익(金震釴)의 딸 상산 김씨다. 황익재의 자는 재수(再叟)요, 호는 백화재(白華齋)다. 1682년(숙종 8년) 정월에 태어나 1747년(영조 23년) 12월 3일에 죽었다. 향년 66세. 두 살에 어머니를 여의고, 일곱 살에 아버지를 잃었다. 몸이 약해 자주 병을 앓았다. 열한 살에야 글을 배우기 시작해 1702년(숙종 28년)에 식년 문과 병과에 급제해 승문원 권지부정자가 되었다가 저작·박사로 이동되었다. 1705년(숙종 31년)에 봉상시 직장, 성균관 전적을 역임했다. 1706년(숙종 32년)에 병조 좌랑에서 평안 도사로 나갔다. 1707년(숙종 33년)에 충청 도사가 되어 사관으로서 일체의 뇌물을 사절했다. 1708년(숙종 34년)에 예조 좌랑에 제수되었다가 이듬해 전라 도사가 되어 선박 수송에 있어서 곡물의 수량을 공평하게 재고 도적을 방지해 선원들의 폐단을 일소했다.

1711년(숙종 37년)에 무안 현감이 되었다. 그때 흉년이 자주 들자 그는 고을의 어진 선비들을 찾아가 백성을 구제하는 방법을 자문해 굶주린 백성을 구호했다. 어사가 보고하기를 관리들이 봉급을 털어 학재(學齋)를 세우고, 전답을 마련해 초야의 선비들로 하여금 글공부를 하게 하고 스스로도 여가가 있으면 강의를 한다고 보고해 포상을 받았다. 후에도 순천에 향림숙(香林塾)을, 오성에 양사재(養士齋)를 세워 가는 곳마다 교화가 떨쳤다. 나주에서 조운선을 관리했는데 과적 때문이라 법에 따라 해당 관리를 처벌하려 하자 평소부터 잘 아는 부안 군수가 잘 봐 달라고 했다. 그는 사실대로 말하면 용서해 준다고 해 실토를 받아 냈다. 1715년(숙종 41년)에 벼슬을 그만두고 고향으로 돌아갔다. 그러나 1718년(숙종 44년)에 순천부 서리가 되어 사창법(社倉法)을 실시하니 고을 사람들이 믿고 의지했다. 그리고는 임기가 차서 다시 고향으로 돌아갔다.

1721년(경종 1년)에 다시 성균관 전적으로 복직되었다. 1722년(경종 2년)에 종부시 정에 임명되었으나 병으로 사양했다. 1723년(경종 3년)

에 성균관 사예를 제수받았다가 군자감 정으로 옮겨갔다. 그해 여름에 장령으로 임명되었으나 권세가의 미움을 받아 파직되었다. 가을에 영광 군수로 있다가 1725년(영조 1년)에 파직되어 고향으로 돌아갔다. 그가 호남에 세 곳에 수령을 지내는 동안 선정을 베풀어 모두 동비(銅碑)와 석비(石碑)를 세웠다. 1726년(영조 2년)에 통정대부로 승진해 종성 부사가 되었다. 임지로 떠날 적에 중원에 도착하니 청주의 적이 길을 막고 있다는 말을 듣고 지평(砥平)에 이르러 영남 안무사 박사수(朴師洙)를 만나 임금에게 글을 올려 함께 안동으로 가서 격문을 보내 충의로서 효유했다. 그랬더니 선비와 백성들이 모여들어 싸우러 나가다가 적이 항복했다는 소식을 듣고 중지했다. 그런데 막상 임금에게 복명하는 과정에서는 모함을 당했으나 왕은 딴마음이 없음을 알고 묵인했다. 그러나 그는 거적을 깔고 벌을 받기를 기다리고 있었다. 이인좌(李麟佐)의 난을 토벌할 책임을 맡은 오명항(吳命恒)과 충청도 어사 이종성(李宗城)이 황익재는 공은 있으되 죄는 없다고 해 처벌을 받지 않았다. 그리고 원종 1등 공신으로 책봉되어 부모가 추증을 받았다.

그 이듬해에 군직을 가지고 고향에 내려와 갇혀 있었다. 1730년(영조 6년) 봄에 무고에 걸려 조사를 받았으나 무혐의로 풀려났다. 대관들은 연명 상소를 올려 그를 국문하라고 했으나 헌납 서명형(徐命珩)은 증거가 없으니 정계(停啓, 임금에게 보고하지 않음)해야 한다고 했으나 결국 구성(龜城)으로 유배되었다. 그는 7년 동안 성리서를 읽으면서 유배 생활을 보냈다. 1736년(영조 12년)에 세자 책봉으로 죄가 사해져 고향으로 돌아왔다. 재임용의 교명은 있었으나 고향으로 돌아와

10년간 학문과 농사일에만 전념했다. 1807년(순조 7년) 12월에 죽었다. 이듬해 봄에 옥천 환산에 장사 지냈다가 후에 중모 풍호정(風乎亭)에 권좌(乾坐)로 옮겼다. 부부가 함께 묻혔다. 죽은 다음에 보니 옷장에 심의(深衣)와 조삼(朝衫)만 있었다고 한다. 평소에 산수를 좋아해 늦게 수봉산 아래에 작은 서재를 짓고 백화재(白華齋)라 했다. 그가 세상을 떠난 42년 후인 1848년(헌종 14년)에 복관(復官)이 되었다. 그 이듬해에 순천 사람들이 그를 향림사(香林祠)에 제사 지내고, 5년 뒤에 본 고을 사람들이 그를 소재 서원(蘇齋書院)에 배향했다.[123]

부인은 동지중추부사 심종(沈棕)의 딸인 청송 심씨다.[124] 『백화재집』이라는 문집이 간행되었다. 정종로(鄭宗魯)가 지은 묘갈명이 전한다.

### 황뉴(黃紐)

황징의 손자요, 황준원의 장자이다. 자는 회보(會甫)요, 호는 반간(槃澗)이다. 1578년(선조 11년) 7월 26일에 태어나 1626년(인조 4년)에 죽었다. 향년 47세. 1612년(광해군 4년)에 생원시에 합격하고 1613년(광해군 5년)에 증광 문과 을과에 급제해 승문원에 분관(分館)되고, 1615년(광해군 7년)에 당후기주관(堂后記注官)에 제수되었으나 어떤 사유로 교체되어 마침내 전원(田園)으로 돌아와 세상에 뜻이 없었다. 1620년(광해군 12년)에 명나라 장수의 접반관(接伴官)으로 임명되었으나 시골에 있다는 이유로 교체되었고, 1621년(광해군 13년)에 제술관(製述官)에 충원되었으나 나아가지 않았다. 1622년(광해군 14년)에 모친상을 당했다.

인조반정에 참여해 정사공신(靖社功臣)에 녹훈되었고, 1624년(인조 2년)에 예조 좌랑에 제수되었으나 사양했으며 그해 겨울에 성균관 전적이 되었다가 예조 정랑으로 승진했다. 1625년(인조 3년)에 사헌부 지평 겸 지제교에 제수되었으며, 얼마 후에 교체되어 사직(司直)이 되었다가 가을에 다시 지평에 제수되었으나 어떤 일로 외직으로 전보되었다. 1626년(인조 4년)에 경성 판관에 제수되었으나 병으로 부임하지 못하고 그해 3월 6일에 연지방(蓮池坊)에서 죽었다.[125] 일찍이 우복 정경세 문하에서 배웠는데, 학문이 정심(精深)하고 문장이 고고(古高)했다. 문집 2권이 전한다. 묘는 반수동(槃樹洞) 어머니 무덤 뒤쪽에 유좌(酉坐)로 있다. 대산(大山) 이상정(李象靖)이 지은 묘갈문이 있다. 옥동 서원에 배향되었다. 부인은 넷인데, 첫째 부인은 현령 조희철(趙希轍)의 딸 풍양 조씨다. 1656년(효종 7년) 10월 13일에 죽었다. 묘는 우리현(雩里峴) 선영 왼쪽 기슭에 간좌로 있다. 둘째 부인은 군수 이희민(李希閔)의 딸 연안 이씨다. 1596년(선조 29년) 7월 11일에 죽었다. 묘는 남편 묘 근처에 유좌로 있다. 셋째 부인은 허당(許橖)의 딸 양천 허씨다. 1674년(숙종 15년)에 죽었다. 묘는 남편 묘 왼쪽 기슭에 신좌로 있다. 넷째 부인은 진사 한진(韓璡)의 딸 청주 한씨다. 묘는 원산(元山) 소동(所洞)에 갑좌로 있다.[126]

황뉴는 두 아들(德柔·德念)이 있었다. 장남 황덕유는 자가 응곤(應坤)이요, 호는 두곡(杜谷)이다. 1596년(선조 29년) 4월 28일에 태어나 1659년(효종 10년) 4월 24일에 죽었다. 향년 64세. 일찍이 우복 정경세 문하에 들어가 교관(敎官)을 거쳐 감찰, 주부, 호조 정랑, 의령 현감, 면천 군수, 홍주 진관 병마절도사 등의 관직을 역임했다. 1629년(인조 7년)에 유효립(柳孝立)의 난을 평정한 공으로 삼등 공신이 되었다. 만년에 불환정(不換亭)을 짓고 소요했다. 대산(大山) 이상정(李象靖)이 지은

「불환정기(不換亭記)」와 묘갈명이 있다. 시집 1권이 전한다.[127] 부인은
둘인데, 첫째 부인은 이조 참판 충간공(忠簡公) 사서(沙西) 전식(全湜)의
딸 관산(管山) 전씨다. 묘는 황간(黃澗) 보현동(普賢洞)에 유좌로 있다.
남편과 함께 묻혔다. 입재(立齋) 정종로(鄭宗魯)가 지은 묘지가 있다. 후
손 황반로(黃磻老)가 지은 가장(家狀), 전윤석(全胤錫)이 지은 묘갈문이
있다. 3남(霖·瑀·霆) 3녀(洪汝河·成錫夏·張萬紀)를 두었다. 둘째 부인은
강윤창(姜允昌)의 딸 진주 강씨다. 묘는 황간 남면 보현동(普賢洞)에 갑
좌로 있다. 아들 하나(霡)를 두었다.[128]

　　차남 황덕념의 자는 영언(榮彦)이요, 호는 송은(松隱)이다. 1622년
(광해군 14년)에 태어나 1671년(현종 12년) 8월 19일에 죽었다. 향년 50세.
부인은 홍발(洪鏺)의 딸 부계(缶溪) 홍씨다. 묘는 원산 산소동(山所洞)에
갑좌로 있다. 남편과 함께 묻혔다.[129]

　　황덕유의 장남 황빈(黃霖)의 자는 옥상(玉相)이요, 호는 우석당(于
石堂)이다. 1618년(광해군 10년)에 태어나 1677년(숙종 3년) 4월 14일에 죽
었다. 향년 60세. 1648년(인조 26년)에 생원시에 합격해 벼슬하지 않고
명절(名節)을 지켰다. 죽은 후에 승지 겸경연참찬관에 증직되었다. 묘
는 공성면(功城面) 남곡(藍谷)에 간좌로 있다. 유고(遺稿)가 남아 있다.
입재(立齋) 정종로가 지은 당기(堂記)가 있다. 부인은 다섯이다. 첫째
부인은 현감 심당(沈唐)의 딸이요, 우의정 심수경(沈守慶)의 현손녀인
풍산 심씨다. 묘는 상주 반수동(槃樹洞) 시할아버지 황뉴의 계배(繼配)
의 묘 뒤에 신좌로 있다. 둘째 부인은 군수 김념조(金念祖)의 딸이요,
판서 김수현(金壽賢)의 손녀인 풍산 김씨다. 셋째 부인은 참봉 이윤배
(李胤培)의 딸 한산 이씨다. 남편과 함께 묻혔다. 넷째 부인은 판서 심

단(沈檀)의 딸 풍산 심씨다. 묘는 실전되었다. 다섯째 부인은 이재(頤齋) 조우인(曺友仁)의 딸 창녕 조씨다. 묘는 반수동 백수등(栢樹嶝)에 유좌로 있다.[130]

### 황신(黃紳)

황준원의 차남으로, 자는 면보(勉甫)다. 1582년(선조 15년) 5월 1일에 태어나 1643년(인조 21년) 12월 13일에 죽었다. 향년 52세. 그는 일찍이 우복 정경세 문하에서 공부해 만면에 의빈부 도사·경력, 사재감 첨정, 양성 현감을 역임했다.[131] 부인은 셋인데, 첫째 부인은 주부 이제경(李悌慶)의 딸 신평(新平) 이씨요, 둘째 부인은 홍우안(洪友顔)의 딸 남양(南陽) 홍씨요, 셋째 부인은 밀양 손씨다. 신평 이씨는 2남(德方·德承) 1녀(成震良)를 두었다. 장남 황덕방은 자가 배평(配坪)이요, 선교랑을 지냈다. 1609년(광해군 1년)에 태어나 1674년(현종 15년) 12월 8일에 죽었다. 향년 66세. 부인은 증참의 여희필(呂姬弼)의 딸 성주 여씨다. 91세를 살았다. 묘는 원산리(元山里)에 손좌로 있다. 남편과 함께 묻혔다. 차남 황덕승은 자가 이곤(以坤)이다. 1611년(광해군 3년)에 태어나 1648년(인조 26년) 3월 14일에 죽었다. 향년 38세. 묘는 소정촌(召正村)에 건좌로 있다. 부인은 둘인데, 첫째 부인은 현감 김도(金濤)의 딸 상산 김씨요, 둘째 부인은 박유검(朴惟儉)의 딸 충주 박씨다. 첫째 부인은 남편과 함께 묻혔고, 둘째 부인은 묘가 황간(黃澗) 냉천(冷泉)에 묘좌로 있다. 3남 황덕항(黃德恒)은 자가 정곤(正坤)이다. 밀양 손씨의 소산이다. 1617년(광해군 9년)에 태어나 1683년(숙종 9년) 10월 14일에 죽었다. 향년 67세. 묘는 반계(磻溪) 점촌(店村) 뒤 매구동(梅久洞)에 경좌로 있다. 부위우 둘인데,

첫째 부인은 판결사 김이량(金履樑)의 딸인 선산 김씨다. 둘째 부인은 정우성(鄭羽聲)의 딸 연일 정씨다.[132]

### 황위(黃偉)

황종형의 6남 황전의 고손이다. 아버지는 예빈시 부정을 지낸 황몽창(黃夢昌)이요, 어머니는 정승숙(鄭承叔)의 딸 동래 정씨다. 황위의 자는 대숙(大叔)이다. 1569년(선조 2년)에 태어나 1617년(광해군 9년) 3월 24일에 죽었다. 향년 49세. 그는 임진왜란을 당하자 의병을 일으켜 혁혁한 공로를 세웠다. 게다가 특기할 것은 부인 정선 전씨가 왜병이 쳐들어오자 황급히 시증조 묘 아래로 달려가 성묘를 하고 고유한 후에 그 자리에서 자결했다는 사실이다. 이때 그는 아내를 장사 지내는 것도 모르고 진중에서 오로지 적을 퇴치하는 데 골몰했다고 한다. 이에 의분에 찬 이웃 사람들이 부인이 사절한 자리인 백화산 와야동에 장사 지냈다 한다. 그가 1617년에 죽으니 국가에서는 통정대부 장예원 판결사를 증직하고, 그 부인에게는 증숙부인 교지를 내렸다. 묘는 공성서현(功城西縣) 내촌(內村) 뒤에 건좌로 있다. 부인은 둘이다.

첫째 부인은 참봉 전봉상(全奉常)의 딸 정선 전씨다. 묘는 와야동(瓦冶洞) 선영 아래에 곤좌로 있다. 둘째 부인은 판결사 박치화(朴致和)의 딸 상산 박씨다. 묘는 공성덕현(功城德峴)에 신좌로 있었으나 뒤에 남편의 무덤에 합폄(合窆)했다.[133]

황위는 4남(德中 · 德弘 · 德章 · 德載)을 두었는데, 황덕중은 전설사(典設司) 별제를 지냈고, 황덕중의 장남 황담(黃霮)은 생원시에 합격했다.[134]

## 황경형(黄敬兄)

황보신의 3남으로, 자는 사순(士順)이다. 1431년에 태어나 1492년(성종 23년) 9월 23일에 죽었다. 향년 62세. 지례 현감과 선공감 주부를 지냈다. 부인은 군수 서수운(徐守運)의 딸 이천 서씨다. 묘는 상주 중모현(中牟縣) 남쪽 지장산(地藏山) 북성곡(北聲谷) 지내(池內) 제일록(第一麓)에 유좌로 있다. 쌍분이다. 묘갈이 있다. 종제(從弟) 우승지 황사효가 지은 음기(陰記)가 있다.[135]

황경형의 5세 장손이 황면(黃緬)이다. 황면의 자는 원보(遠甫)요, 호는 만오(晚悟)다. 1600년(선조 33년) 12월 15일에 태어나 1670년(현종 11년) 11월 6일에 죽었다. 향년 71세. 그는 우복 정경세와 창석(蒼石) 이준(李埈)이 인정하는 학구였다. 1624년(인조 2년)에 생원시에 합격해 성균관에서 공부할 때 권세 있는 집안의 자제들과 사귀지 않았다. 창석 이준 선생 등이 여러 번 칭찬하고 추천했으나 벼슬을 얻지는 못했다. 그는 성균관에 있을 때 여러 아들들에게 '근근(勤謹)' 두 글자를 써 주어 진학(進學)의 요긴함을 삼으라 하고, 외질(外姪)들에게 "삼군(三軍)의 많은 군졸의 장수는 뺏을 수 있어도 필부의 뜻은 뺏을 수 없다."라고 했다. 1651년(효종 2년)에 모친상을 당하자 나이가 일흔이 넘었는데도 흐트러짐이 없이 상례를 예대로 치렀다. 1670년(현종 11년) 11월에 병을 앓다가 6일째 되는 날 정신이 말짱하게 일어나 세수하고 편안히 있다가 아무 말 없이 죽었다. 문집이 간행되었다.

부인은 주부 윤택지(尹擇之)의 딸이요, 문정공(文正公) 월정(月汀) 윤근수(尹根壽)의 증손녀인 해평 윤씨다. 1675년(숙종 1년) 7월 24일에 죽었다. 묘는 황경형 묘의 안산(案山)에 사좌로 있다. 부부가 함께 묻

참판공(황종형)파 직계 비속

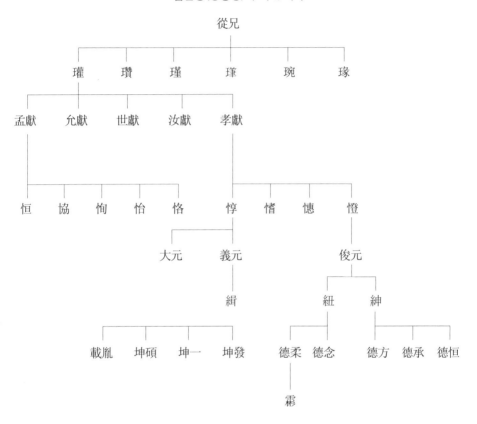

혔다. 후손이 지은 묘갈문이 있다.[136]

### 황신(黃愼)

황수신은 4남(愼·察·省·旭) 2녀(李繼重·崔漢良)를 두었다. 그중 황신
은 황수신의 장남으로, 자는 신모(愼模)다. 1434년 4월 17일에 태어
나 1474년(성종 5년) 4월 12일에 죽었다. 향년 41세. 음직으로 좌통례

를 지냈다. 1469년(성종 즉위년)에 성종이 즉위해 좌리(佐理) 원종공신에 녹훈되었고, 1531년(중종 26년)에 가선대부 호조 참판에 승진되었으며, 장원군(長原君)에 봉해졌다. 묘는 금승리 황수신 묘 백호 쪽 건좌에 있다. 강혼(姜渾)이 지은 묘갈이 있다.[137]

부인은 지돈령부사 대민공 완역재 강석덕의 딸이요, 통정대부 강회백의 손녀요, 진산 부원군 강시의 증손녀요, 영의정 청송 심씨 심온의 외손녀인 진주 강씨다. 1434년에 태어나 1506년 2월 24일에 죽었다. 향년 73세. 묘는 남편 묘 뒤에 같은 방향으로 있다. 강혼이 지은 묘갈이 있었는데, 낡아서 비문은 그대로 하고 비돌은 갈았다. 후손 황달연(黃達淵)이 비석의 내력에 대해 추록(追錄)했다.[138] 황신은 8남(謹昌·誠昌·謙昌·禮昌·慶昌·順昌·亨昌·義昌) 1녀(李世柱)를 두었다.

장남 황근창의 자는 근지(謹之)다. 1451년에 태어나 1507년(중종 2년)에 죽었다. 향년 57세. 성종 때 인동 현감을 지냈는데, 백성을 편안히 하고, 검약의 가르침에 복종하도록 했다. 집에서도 절검을 미덕으로 여겼으며, 고향으로 돌아와서는 서당을 짓고 문적을 스스로 즐겼다. 부모를 효도로 섬기고 아랫사람 대하기를 정성스럽게 했다. 특히 일곱 아우들과 우애가 좋아 세상에서 8창(八昌) 형제라며 부러워했다고 한다.[139]

황근창은 3남(純·綸·緇) 3녀(洪景礪·李思鈞·李諭)를 두었다. 장남 황순의 자는 온순(溫純)이다. 1471년(성종 2년)에 태어나 1543년(중종 38년)에 죽었다. 향년 73세. 생원시에 합격해 성종 때 강동 현감을 지냈다. 국리민편(國利民便)을 도모하고 교자의방(教子義方)을 고취했다. 죽은 뒤에 좌승지를 증직받았다. 부인우 사의 유종수(柳宗秀)이 딸 숙부인 진주 유씨다. 묘는 화전(花田) 아버지 황근창의 묘 청룡 쪽 기슭에 갑좌로 있다. 표석 음기가 있었는데 헐어서 1958년에 새로 세웠다.[140]

황순은 4남(承憲·承袞·承裳·承錫) 4녀(朴世貞·李奉元·鄭銖·孫萱)를 두었다. 이 중 4남 황승석이 5남(濂·洛·沂·湛·靜)을 두었다. 장남 황염(黃濂)의 자는 도원(道源)이다. 1547년(명종 2년)에 태어나 1579년(선조 12년)에 생원시에 합격해 의금부 경력을 지냈다. 부인은 찰방 하응건(河應乾)의 딸 진주 하씨다.


### 황낙(黃洛)

황승석의 차남 황낙은 처음 이름이 황오(黃澳)요, 자는 성원(聖源)이요, 호는 수옹(睡翁)이다. 시호는 문절(文節)이다. 1553년(명종 8년)에 태어나 1620년(광해군 12년) 2월 21일에 죽었다. 향년 68세. 학문에 전심하고 성품이 관후(寬厚) 침착하며 문무재략이 뛰어났다. 1579년(선조 12년)에 생·진 양시에 합격하고 1585년(선조 18년)에 식년 문과 병과에 급제해 전적·좌랑·정언·헌납 등의 관직을 역임했다. 그러고는 7개 군·목·부의 지방관을 거쳐 분원(分院) 승지가 되었다. 1595년(선조 28년)에 왕명을 받아 해서 지방의 무과를 시험 보였다. 그러나 1620년에 광주(廣州)에서 죽었다. 1613년(광해군 5년)에 임란 때 선조를 호종한 공으로 이조 참판 겸 동지경연 의금부 춘추관 성균관 사량관 제학 세자좌부빈객을 받았다.

부인은 둘인데, 첫째 부인은 참봉 김우갑(金友甲)의 딸 정부인 안동 김씨요, 둘째 부인은 도사 강응생(姜應生)의 딸 증정부인 진주 강씨다. 첫째 부인은 임란 때 화를 당해 열녀정려(烈女旌閭)를 받았다. 묘는 아버지 황승석의 묘 뒤에 간좌로 있다. 3인 합폄(合窆)이다. 여양군(驪陽君) 민인백(閔仁伯)이 짓고, 진사 윤계(尹棨)가 글씨를 쓴 묘갈명이 있다.[141]

### 황기(黃沂)

황승석의 3남 황기의 자는 청원(淸源)이다. 1556년(명종 11년)에 태어나 1615년(광해군 7년)에 죽었다. 향년 60세. 천품이 영오하고, 학문에 전심해 경사(經史)를 대체로 해통하고, 크게 성명을 날렸다. 1582년(선조 15년)에 진사시에 합격하고, 1583년(선조 16년)에 별시 문과 병과에 급제해 제학·사헌감(司憲監) 정(正) 겸 춘추관 편수관·상주 목사 등의 관직을 역임했다. 부인은 군수 김수찬(金守贊)의 딸 숙부인 강릉 김씨다. 묘는 황승석의 묘 백호 쪽 안에 묘좌로 있다. 남편과 함께 묻혔다. 표석이 있다.[142]

황승석의 4남은 황담(黃湛)이다. 황담은 1560년(명종 15년)에 태어나 1618년(광해군 10년)에 죽었다. 향년 59세. 진사가 되었으나 자손이 없다. 묘는 황근창의 묘 왼쪽 기슭에 있다.[143]

황승석의 5남이 황정(黃瀞)이다. 황정은 1562년(명종 17년)에 태어나 진사시에 합격했다. 묘는 형 황담의 묘 계단 아래 자좌로 있다. 부인은 현감 이찰(李察)의 딸 전주 이씨다.[144]

### 황윤(黃綸)

황근창의 차남은 황윤인데, 자는 온륜(溫綸)이다. 1477년(성종 8년)에 태어나 1534년(중종 29년)에 죽었다. 향년 60세. 중추부 도사를 지

냈다. 부인은 도사 신계원(愼繼源)의 딸 공인(恭人) 거창 신씨다.[145]

황근창의 3남이 황진(黃縉)이다. 황진의 자는 온진(溫縉)이다. 1480년(성종 11년)에 태어나 1510년(중종 5년)에 죽었다. 향년 31세. 오위의 부사과를 지냈다. 부인은 둘인데, 첫째 부인은 현감 민변(閔菁)의 딸이요, 사직 민희염(閔希念)의 손녀요, 우의정 민제(閔霽)의 5세손인 의인(宜人) 여흥 민씨요, 둘째 부인은 주부 이배(李培)의 딸 의인(宜人) 안성 이씨다. 묘는 고양군 신도면 화전리 황근창 묘 남쪽 100보 되는 곳에 축좌로 있다. 남편과 함께 묻혔다. 1983년 묘갈, 상석 망주석을 새로 세웠다.[146]

### 황찰(黃察)

황수신의 차남이다. 황찰의 초명은 진(眞)이요, 자는 찰모(察模, 초자는 자치(子治))다. 1460년(세조 6년)에 태어나 1506년(중종 1년) 7월 11일에 죽었다. 향년 47세. 세조가 아우인 임영 대군(臨瀛大君) 이구(李璆)와 황수신 등과 함께 사복시(司僕寺)에 들어 무용을 시험하고서 "영의정 황희의 손자 황찰이 가장 준수하다."라고 칭찬하고 사복부사(司僕府事)에 임명했다. 한성부 훈련첨정으로 옮겼다가 뒤에 가선대부 첨지 중추부사로 승진했다.[147]

부인은 공조 판서 공숙공(恭肅公) 김양경(金良璥)의 딸이요, 현령 김효민(金孝敏)의 손녀인 정부인 상주 김씨다. 1522년(중종 17년)에 죽었다. 묘는 금승리에 묘좌로 있다. 남편과 함께 묻혔다. 은진 송씨인 송석성(宋錫星)이 짓고, 후손 황정(黃程)이 글씨를 쓴 묘갈문이 전한다.[148] 죽은 뒤에 집의에 증직되었다.[149]

황찰은 5남(源昌·演昌·淑昌·沃昌·濬昌)을 두었고, 그중 준창은 2남(軾·轍)을 두었다. 황준창의 차남 황철의 자는 재이(載而)다. 1535년(중종 30년)에 경성(京城) 본택에서 태어나 1613년(광해군 5년) 5월 9일에 죽었다. 향년 79세. 나면서부터 자질이 총명하고 영리한 데다가 천성이 학문을 좋아해 손에 항상 책을 놓지 않고, 입으론 시가(詩歌)를 읊었다. 자제들에게는 『소학』과 성리서를 가르쳤다. 1645년(인조 23년)에 문과 병과에 합격해 충주·연원(延原) 찰방을 역임했다. 임기가 차자 벼슬에 뜻이 없어 고향인 충주 성동면(省洞面) 하성리(下省里)에 내려가 은거했다. 이곳이 지금의 음성군 생극면(笙極面) 만태동(晩泰洞)이다. 만년에 태평의 즐거움이 있었으므로 당호를 만태(晩泰)라 하고 후학을 양성했다. 어느 해 흉년이 들고 몹시 추워 백성들이 얼어 죽고 굶어죽는 사람이 많았는데, 오직 그의 마을은 그의 사전 단속으로 무사할 수 있었다고 한다. 그리하여 그 마을 이름을 만태동(晩泰洞)이라고 불렀다고 한다. 묘는 충주 성동면(省洞面) 상성리(上省里)에 축좌로 있다. 부부가 함께 묻혔다. 부인은 참군(參軍) 임구(任搆)의 딸 풍천 임씨다.[150]

### 황성창(黃誠昌)

황신의 차남이다. 황신창의 자는 실지(實之)요, 호는 한천(寒泉)이다. 1454년(단종 2년) 5월 25일에 태어나 1518년(중종 13년) 6월 12일에 죽었다. 향년 65세. 1483년(성종 14년)에 진사시에 합격하고, 1491년(성종 22년)에 별시 문과 을과에 급제해 1492년(성종 23년)에 성균관 학록을 시작으로 1513년(중종 8년)에 장예원 판결사, 그해 6월에 병조 참지, 1516년(중종 11년) 4월에 겸판결사, 6월 14일에 사간원 대사간에 제배되었다. 그러나 사헌부에서 이의를 제기해 대사간직은 같은 날 체직되었다. 뒤에 벼슬이 병조 참판에 이르렀다.

묘는 금천(衿川) 봉천리(奉天里)에 간좌로 있다. 뒤에 행정구역 개편으로 시흥군 동면(東面) 봉천리(奉天里)로 바뀌었다가 다시 서울 봉천동으로 바뀌었다. 1650년(효종 1년)에 방손 황위(黃暐)가 지은 행장이 있다. 부인은 둘인데, 첫째 부인은 동지중추부사 이비(李埤)의 딸이요, 좌의정 이원(李原)의 손녀인 정부인 고성 이씨요, 둘째 부인은 부정 홍경창(洪慶昌)의 딸 정부인 남양 홍씨다. 둘째 부인은 남편과 함께 묻혔다.[151]

황신의 3남이 황겸창(黃謙昌)이다. 자는 겸지(謙之)로, 1456년(세조 2년)에 태어나 1507년(중종 2년)에 죽었다. 향년 52세. 1487년(성종 18년)에 조봉대부 의금부 경력에 임명되어 열심히 근무하다가 해남(海南)으로 피란 가서 은거하면서 시문으로 여생을 즐겼다. 부인은 김해 김씨로 묘는 해남군 화산면(花山面) 송산리(松山里) 전주동(前酒洞)에 간좌로 있다. 그러나 묘를 실전해 지금은 남원군 대강면(帶江面) 송내리(松內里) 촌락 앞 성모재(誠慕齋) 오른편에 제단을 쌓고 매년 10월 17일에 제사를 지낸다.[152]

황신의 4남이 황예창(黃禮昌)인데, 자는 예지(禮之)다. 1458년(세조 4년)에 태어나 1526년(중종 21년) 3월 17일에 죽었다. 향년 69세. 성종 조에 과거에 급제해 온양 현감, 박천 군수를 역임했다. 부인은 좌랑 이영부(李永敷)의 딸 숙부인 영천 이씨다. 묘는 황희 묘 뒤쪽 오른편에 묘좌로 있다. 부부가 함께 묻혔다. 묘갈이 있다. 그러나 오래되어 1983년 4월에 새 묘갈을 세웠다. 장남 황호(黃瑚)는 진사시에 합격해

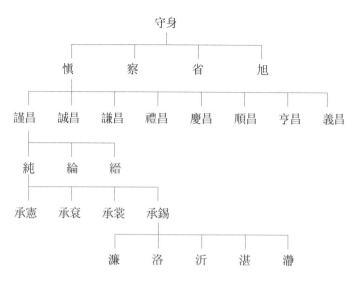

의금부 경력을 지냈고, 차남 황선(黃璇)은 생원시에 합격해 세마(洗馬) 벼슬을 했다. 3남 황영(黃瑛)은 동몽교관을 지냈다.[153]

황신의 5남이 황경창(黃慶昌)인데, 자는 경지(慶之)다. 1460년(세조 6년)에 태어나 1519년(중종 14년)에 죽었다. 향년 60세. 오위의 대호군을 지냈다. 부인은 판서 박수기(朴壽基)의 딸 숙인 충주 박씨다.[154]

황신의 6남은 황순창(黃順昌)인데, 자는 순지(順之)다. 1466년(세조 12년)에 태어나 1518년(중종 13년)에 죽었다. 향년 53세. 효도로 부모를 섬기고, 학문에 전념해 경사(經史)에 대략 통달했다. 자질이 총명하고, 무용이 뛰어났다. 오위의 호군을 지냈다. 부인은 영인(令人) 청송 심씨로 묘는 해남군 화산면(花山面) 송산리(松山里) 동치산(東峙山)에 손좌로 있다.[155]

황신의 7남이 황형창(黃亨昌)이다. 황형창의 자는 형지(亨之)다. 1471년(성종 2년) 11월 10일에 태어나 1527년(중종 22년)에 죽었다. 향년 57세. 부인은 찰방 박식(朴植)의 딸 영인 밀양 박씨다. 묘는 고양군 신도면(神道面) 화전(花田)에 있다.[156]

8남은 황의창(黃義昌)이다. 1473년(성종 4년)에 태어나 1531년(중종 26년)에 죽었다. 향년 59세. 천품이 영오(穎悟)하고, 평생토록 책 읽기를 좋아했으며, 간간히 말타기와 활쏘기를 익혔다. 무용이 뛰어나 군기시 별좌를 했다. 부인은 서희(徐熙)의 딸 공인(恭人) 부여 서씨다.[157]

### 황석(黃奭)

황석은 황정식의 외아들이다. 황정식은 황치신의 차자 황사장의 고손이다. 황석의 생부는 황정식의 동생 황정욱이다. 황석의 자는 존외(存畏)요, 호는 노정(鷺汀)이다. 1569년(선조 2년)에 태어나 1621년(광해군 13년) 6월 14일에 죽었다. 향년 53세. 1606년(선조 39년)에 생·진 양시에 합격하고, 1611년(광해군 3년)에 별시 문과 병과에 급제해 승문원 정자가 되고 이듬해 무옥(誣獄)으로 종성(鍾城)으로 귀양 갔다가 뒤에 흥양(興陽)으로 옮겼다. 배소(配所)에서 죽었다. 1623년(인조 1년)에 반정으로 정사공신(靖社功臣)이 되어 사간 겸 편수관을 증직받았다. 부인은 판관 이유(李鏐)의 딸 여주 이씨다. 묘는 황희의 묘 바깥 백호 쪽에 간좌로 있다.

황석은 두 아들(坤載·坤億)을 두었는데, 장남 황곤재(黃坤載)는 자가 재겸(載謙)이다. 1590년(선조 23년)에 태어나 1650년(효종 1년)에 죽었다. 향년 60세. 1610년(광해군 2년)에 진사시에 합격했다. 약관에 문장이 뛰어나 일세에 이름이 높아 석주(石洲) 권필(權韠) 등 여러 사람들이 인정할 정도였다. 죽은 지 65일 만에 가화(家禍)가 생겨 유고(遺稿)가 없어져 전하지 않는다. 손자 황이장(黃爾章)이 현달해 좌승지를 증직받았다. 묘는 아버지 황석의 묘 아래에 간좌로 있다. 부인은 별제 김수인(金守仁)의 딸이요, 병사 김경원(金慶元)의 손녀요, 좌의정 김명원의 손녀[生祖]요, 대사헌 김만균(金萬均)의 증손녀인 경주 김씨다. 묘는 쌍분(雙墳)이다.[158]

황곤재의 외아들이 황부(黃裒)다. 황부의 자는 자정(子正)이다. 1609년(광해군 1년)에 태어나 1663년(현종 4년) 3월 23일에 죽었다. 향년 55세. 아들 황이장(黃爾章)의 현달로 이조 참판을 증직받았다. 묘는 아버지 황곤재 묘 아래에 간좌로 있다. 부인은 둘인데, 첫째 부인은 직장 윤해(尹楷)의 딸 남원 윤씨요, 둘째 부인은 군수 최진해(崔振海)의 딸 경주 김씨다. 묘는 쌍분이다.[159]

황부는 세 아들(爾中·爾明·爾章)을 두었다. 장남 황이중은 자가 자정(子正)이다. 1637년(인조 15년)에 태어나 1718년(숙종 44년) 7월 13일에 죽었다. 향년 82세. 조봉대부를 받았다. 일찍이 과거 시험을 포기하고 전리에 은거했다. 광송정(狂松亭)을 짓고, 동춘당(同春堂) 송준길(宋浚吉) 문하에서 배웠다. 우암 송시열이 황이중을 보고 "이는 지금의 안자(顏子)"라고 칭찬했다. 부인은 김산립(金山立)의 딸이요, 음직 정랑 김정휘(金正輝)의 손녀요, 좌의정 김국광(金國光)의 후예인 광산 김씨다. 묘는 강릉공 부인의 묘 뒤에 술좌로 있다. 부부가 함께 묻혔다. 황치신의 호안공파(胡安公派)는 4세(世)를 지나서 끊어졌는데, 1680년(숙종 6년)에 문장(門長)이었던 황덕흥(黃德興)이 예조에 단자를 올리고, 죽은 상신 김석주(金錫胄)가 단자를 근거로 아뢰어 황이중이 차적(次嫡)으로서 드디어 종사(宗祀)를 주관하게 되었다.[160] 황이중의 손자가 황협(黃秹)이다.

### 황협(黃秹)

자는 경여(敬汝)요, 호는 삼교(三嶠)다. 1778년(정종 2년)에 태어나 1856년(철종 7년) 11월 9일에 죽었다. 향년 79세. 1813년(순조 13년)에 진사시에 합격하고, 1824년(순조 24년)에 도기과(到記科)에, 1825년(순조 25년)에 문과 갑과 제3인으로 급제해 설서(說書), 옥당(玉堂), 북평사(北評事), 서장관(書狀官), 좌부승지, 대사간 등의 관직을 역임했다. 부인은 부사 오재연(吳載衍)의 딸 해주 오씨다.[161]

황부의 차남이 황이명(黃爾明)이다. 황이명의 자는 자회(子晦)다. 1639년(인조 17년)에 태어나 1721년(경종 1년) 2월 4일에 죽었다. 향년 83세. 1663년(현종 4년)에 진사시에 합격해 선공감 부정을 지냈다. 수직(壽職)으로 가선대부 동지중추부사를 지냈다. 1716년(숙종 42년)에 회근례(回巹禮)를 행했다. 부인은 참판 정만화(鄭萬和)의 딸이요, 판서 정광성(鄭廣成)의 손녀요, 좌의정 정창연(鄭昌衍)의 증손녀요, 진사 청송 심씨 심기주(沈器周)의 외손녀인 동래 정씨다. 1639년(인조 17년)에 태어나 1720년(경종 즉위년) 2월 4일에 죽었다. 향년 82세. 남편과 같은 해에 태어나 한 해 먼저 같은 날에 죽어 사람들이 기이하게 여겼다. 묘는 파주 월농면(月籠面) 화전리(華田里)에 갑좌로 있다. 남편과 함께 묻혔다.[162]

## 황이장(黃爾章)

황부의 3남으로, 자는 자경(子暻)이다. 1653년(효종 4년)에 태어나 1728년(영조 4년) 3월 1일에 죽었다. 향년 76세. 어려서 도량이 넓어 장인 김세보(金世輔)에게 글을 배울 때 귀인이 될 것이라고 칭찬을 받았다. 내종형 간재(艮齋) 최석정(崔錫鼎)과 약천(藥泉) 남구만(南九萬)의 문하에서 학문을 배워 이미 유명한 선비가 되었다. 1681년(숙종 7년)에 생원시에 합격해 1684년(숙종 10년)에 공릉(恭陵) 참봉이 되었다가 사옹원 봉사와 종부시 직장으로 옮겨 갔다. 그리고 곧 의금부 도사로 승진하고, 동복 현감으로 나아가 정치를 잘해 선정비가 세워졌다.

1696년(숙종 22년)에 호조 좌랑에서 순안(順安) 현령으로 전직되자 마침 그 고을에 흉년이 들고 역병이 만연했다. 그리고 전임자들이 자주 갈려 고을 행정이 엉망이었다. 이에 그는 백방으로 계획을 세워 빈 상자를 마련해 곡식을 많이 저장했고, 관리의 봉급을 삭감해 백성을 구호하니, 마침내 굶어죽는 사람이 없어졌다 그리고 관에서 의약을 처방해 주어 돌림병을 다스렸더니 온 고을이 평일과 같이 평안해졌다. 이에 백성들이 사당을 세워 초상화를 모셔 놓고 때에 맞추어 제사를 지내면서 "공은 우리들의 부모와 같은 분이다."라 했다고 한다. 1701년(숙종 27년)에 형조 좌랑이 되어 명릉(明陵) 복토(復土) 공사를 감독했다. 삭녕 군수가 되었다가 선산 부사로 승진해 갔는데 역시 흉년을 만나자 순안 고을에서 하던 대로 구제해 삭녕 군민이 철비(鐵碑)를 세워 칭송했다. 지방 장관과 어사도 임금에게 포상을 상신해 말을 하사받기도 했다. 또 아전을 선발하는 임무도 맡았다. 1710년(숙종 36년)에 공조 정랑에서 한성 서윤으로 전직되었다.

그는 어려서부터 학업에 열중해 여러 번 반제(泮製)에 선발되었으나 순양리(循良吏) 노릇을 하느라 문과에 급제하지 못하고 60세가 넘었다. 그러나 과거 시험을 포기하지 않고 1712년(숙종 38년) 정시(庭試)에 급제해 안주 목사로 승진했다. 안주 백성들이 "이분이 일찍이 순안 백성들을 살려 준 어른이다."라고 하면서 기뻐했다고 한다. 그 후에 귀양 가는 길에 평양을 지나는데 순안·안주 백성들이 다투어 항아리에 술과 양식을 가지고 나와 위로하고 돈을 거두어 행차를 도왔다고 한다. 혹은 삼백수십 리를 걸어서 적소(謫所)까지 식량을 운반해 주려 했으나 그는 "내가 실제로 혜택을 베푼 일이 없는데, 순안·안주 백성들이 산 사람의 사당을 세운다는 것은 내가 매우 할 말이 없다." 하면서 이를 모두 거절했다고 한다. 또 "그 초상화를 갖다 놓고 돌아가라." 했으나 순안 사람들은 굳이 내어놓지 않기에 다만 평양에 있는 것만 가져다가 찢어 버렸다 한다.

1714년(숙종 40년)에 사간원 정언으로 불려들어 와서 시강원 필선으로 전직되었다. 사헌부에 들어가서는 『가례원류(家禮源流)』의 송사로 정호(鄭澔)·조상건(趙尙健)이 노론을 두호했다고 먼 곳으로 귀양 갔다. 1721년(경종 1년) 겨울에 성균관 사성, 군자감·사복시 정, 시강원 보덕을 차례로 역임했다. 대신들이 당하관에서 당상관으로 특진할 사람을 물색할새 황이장이 뽑혀 호조 참의, 동부승지로 승진하고 좌부승지에 이르러 역도를 심문하는 직책을 맡았다가 전라 감사로 나갔다. 이때 가뭄이 들었는데 잘 다스려 무사히 넘어갈 수 있었다. 1723년(경종 3년)에 대사간, 호조 참판 겸 부총관 동의금부사 사직(社稷) 제조가 되었다. 1724년(경종 4년)에 한성 우윤에서 강화 유수로 옮겨갔다. 1725년(영조 1년) 봄에 정국이 돌변해 과거에 국문에 참여했던 사람들을 처벌했다. 그리하여 황이장도 철산(鐵山)으로 귀양 갔다.

1727년(영조 3년) 가을에 특별 사면되어 동지의금부사가 되어 동지사 부사로 차출되었으나 늙었다며 사퇴하고 저자강(楮子江) 가에 거처하다가 호조 참판에 제수되었으나 부임하지 않았다. 1728년(영조 4년) 초에 예조 참판으로 일시 조정에 들어가 임금을 알현한 후 곧 교체되었다. 그해 3월 1일에 정침에서 죽었다. 그는 청렴결백하기로 유명했다. 하곡(霞谷) 정제두(鄭齊斗)는 "시혜에는 구차하지 아니한 분 (중략) 내가 강화에 오래 있었으나 본래 성품이 맑고 검소해 남이 알아주기를 바라지 않는 분은 오직 화이장 한 분뿐이다."이라 했다. 전라 감사로 있을 때 증좌찬성 황균비(黃均庇)의 묘를 성묘했는데 익성공 황희가 세웠던 묘갈이 유실되어 황균비의 묘 왼쪽에 새 묘갈을 세웠다.[163]

부인은 정랑 김세보(金世輔)의 딸이요, 병자호란 때 사절(死節)한 성천(成川) 부원군 김언(金琂)의 손녀인 안동 김씨. 묘는 금승리 황수신 묘 백호 쪽에 임좌로 있다. 부부가 함께 묻혔다. 대제학 윤순(尹淳)이 짓고, 서명균(徐命均)이 글씨를 쓴 신도비와 대제학 이덕수(李德壽)가 지은 묘지가 있다. 그런데 이 묘는 1966년 10월 20일에 충남 공주시 신풍면(新豊面) 청흥리(淸興里) 산24번지로 옮겼다.[164]

황이장은 6남(旻·昱·昴·㫟·㫰·曅)을 두었다. 이 중 장남 황민(黃旻)은 자가 인보(仁甫)다. 1733년(영조 9년)에 태어나 1807년(순조 7년) 11월 23일에 죽었다. 향년 75세. 1768년(영조 44년)에 진사시에 합격해 산음 현감을 지냈다. 문학과 청수(淸修)로 추증되었다. 유고가 집에 전한다. 부인은 이세업(李世瑋)의 딸 성주 이씨다. 차남 황욱(黃昱)은 자가 광보(光甫)다. 1678년(숙종 4년)에 태어나 1752년(영조 28년) 12월 13일에 죽었다. 향년 75세. 1702년(숙종 28년)에 생원시에 합격해 안음 현감을 지냈다. 부인은 감사 이삼석(李三錫)의 딸 전주 이씨다. 묘는 금승리 당산(堂山)에 묘좌로 있다.

4남 황정은 자가 양보(陽甫)다. 1689년(숙종 15년)에 태어나 1752년 (영조 28년) 12월 28일에 함경도 감영 임소(任所)에서 죽었다. 향년 64세. 1717년(숙종 43년)에 진사시에 합격하고, 1719년(숙종 45년)에 정시 문과 병과에 급제해 설서(說書)·응교·승지(1732년)·참판(1746년) 등의 관직을 역임했다. 1752년에 함경 감사로 있을 때 죽었다. 1773년(영조 49년)에 영조가 특명으로 자손을 녹용(錄用)하도록 했다. 부인은 대사간 이언경(李彦經)의 딸 전주 이씨다. 묘는 교하 복간동(卜竿洞)에 정좌로 있다. 남편과 함께 묻혔다. 족증손 제학 황경원(黃景源)이 지은 묘지문(墓誌文)이 있다.[165]

황욱(黃昱)의 장남이 황처호(黃處浩)다.


### 황처호(黃處浩)

황처호는 1707년(숙종 33년)에 태어나 1778년(정조 2년) 12월 14일에 죽었다. 향년 72세. 1746년(영조 22년)에 알성 문과 병과에 급제해 벼슬이 병조 정랑에 이르렀다. 부인은 참봉 이진성(李晉聖)의 딸이요, 좌의정 만암(晩菴) 이상진(李尙眞)의 현손녀요, 목사 기계(杞溪) 유씨 유명건(兪命健)의 외손녀인 전의 이씨다. 묘는 황정식의 묘 왼쪽 기슭에 간좌로 있다.[166]

황석의 직계 비속

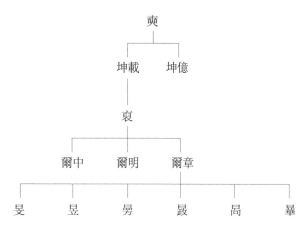

### 황혁(黃赫)

황혁은 황사장의 고손인 황정욱의 아들이다. 황정욱은 3남(赫·奭 ·喆) 2녀(李郁·朴由新)를 두었는데 차남 황석은 큰아버지인 황정식에게 양자로 갔다. 황혁은 자가 회지(晦之)요, 호는 독석(獨石)이다. 1551년 (명종 6년)에 태어나 1612년(광해군 4년) 4월 13일에 옥에서 죽었다. 향년 62세. 1570년(선조 3년)에 진사시에 합격하고, 1580년(선조 13년) 별시 문과 갑과에 급제해 승지를 지냈다. 1612년 신율(申慄)이 무고해 옥 에서 죽었다. 인조반정으로 정사(靖社)공이 되어 죄가 신원되어 좌찬 성 겸 대제학에 추증되고, 장천군(長川君)에 책봉되고, 자손을 녹용하 는 특전을 받았다. 문집이 간행되었다. 묘는 지천공(芝川公)의 묘 아래 에 묘좌로 있다. 부인은 둘인데, 첫째 부인은 좌랑 윤엄(尹儼)의 딸 파 평 윤씨요, 둘째 부인은 사인 조정기(趙廷機)의 딸 풍양 조씨다. 쌍분 이다.[167]

황혁의 아들이 황곤후(黃坤厚)로, 자는 자겸(子謙)이다. 1569년(선조 2년)에 태어나 1652년(효종 3년) 3월 23일에 죽었다. 향년 84세. 부인은 이조 참의 남일(南逸)의 딸 의령 남씨다. 1595년(선조 28년)에 시아버지 황혁이 무고되었을 때 신문고를 쳐서 황혁으로 하여금 귀양을 가는 데 그치게 해 효부라고 칭송했다. 묘는 시아버지 황혁의 묘 앞에 묘좌로 있다.[168]

황곤후의 외아들이 황상(黃裳)이다. 황상의 자는 용장(用章)이다. 1591년(선조 24년)에 태어나 1612년(광해군 4년) 4월 13일에 신율이 무고한 옥사에 걸려 죽었다. 향년 22세. 사예(詞藝)에 뛰어나 14세에 소과에 합격했으나 옥사에 연좌되어 죽었다. 인조반정으로 정사공신이 되어 죄가 신원되고, 지평을 증직받았다. 부인은 판서 장운익(張雲翼)의 딸 덕수 장씨다.[169]

황상의 외아들이 황이미(黃爾微)다. 황이미의 자는 몽서(夢瑞)다. 1609년(광해군 1년)에 태어나 1650년(효종 1년) 3월 20일에 죽었다. 향년 42세. 4세에 옥사를 당해 외삼촌인 계곡(谿谷) 장유(張維)가 데려다 키웠다. 음직으로 정산(定山) 현감을 지냈다. 병자호란 후 충주 무회동(無懷洞)에 은거해 종신토록 벼슬하지 않았다. 집의에 증직되었다. 부인은 감찰 이경(李儆)의 딸 전주 이씨다.[170]

황이미는 4남(暉·賊·晙·曒)을 두었다. 장남 황휘는 자가 길보(吉甫)다. 1627년(인조 5년)에 태어나 1680년(숙종 6년) 정월 27일에 죽었다. 향년 54세. 삼등(三登) 현령을 지냈다. 손자 황경원(黃景源)의 현달로 이조 참판에 증직되고, 장연군(長淵君)에 책봉되었다. 부인은 진사 윤성(尹城)의 딸이요, 판서 윤이지(尹履之)의 손녀요, 영의정 윤방(尹昉)의 증손녀요, 판관 청송 심씨 심관(沈慣)의 외손녀인 해평 윤씨다. 묘는 파주 혜음불당동(惠陰佛堂洞)에 신좌로 있다. 남편과 함께 묻혔다. 표석이 있다.[171]

황이미의 차자는 황성이다. 황성의 자는 명중(明仲)이다. 1638년(인조 16년)에 태어나 1658년(효종 9년) 8월 27일에 죽었다. 향년 21세. 손자인 황선(黃璿)의 현달로 참판에 증직되었다. 묘는 금승리에 묘좌(卯座)로 있다. 부인은 필선 이섬(李暹)의 딸 전주 이씨다. 묘는 남편 묘 왼쪽 언덕에 손좌로 있다.[172]

황이미의 3남은 황준(黃晙)인데, 자는 명숙(明叔)이다. 1644년(인조 22년)에 태어나 1680년(숙종 6년) 4월 23일에 죽었다. 향년 37세. 묘는 금승리 황희의 묘 오른쪽 같은 등성이에 있다. 부인은 둘인데, 첫째 부인은 군수 조희(趙僖)의 딸 양주 조씨로 묘는 지천공(芝川公) 왼쪽에 있고, 둘째 부인은 이당로(李堂老)의 딸 연안 이씨로 남편과 함께 묻혔다.[173]

황이미의 4남이 황돈이다. 1647년(인조 25년)에 태어나 1677년(숙종 23년)에 죽었다. 향년 31세. 묘는 공주 남부(南部) 장현(長峴)에 자좌(子坐)로 있다. 부인은 이용(李庸)의 딸 전주 이씨다. 묘는 공주 대준산(大蹲山)에 간좌로 있다.[174]

### 황경원(黃景源)

황이미의 장남 황휘는 세 아들(處仁·處義·處信)을 두었다. 이 중 둘째 황처의의 맏손자가 황경원(黃景源)이다. 황경원의 자는 대경(大卿)이요, 호는 강한(江漢)이요, 시호는 문경(文景)이다. 1708년(숙종 34년)에 태어나 1787년(정조 11년) 2월 25일에 죽었다. 향년 80세. 1727년(영조 3년)에 성균 생원이 되고, 1740년(영조 16년)에 증광 문과 병과에 급제해 검열, 응교, 사인, 이조 참의, 홍문관 대제학, 예문관 대제학, 이조 판서, 규장각 직제학 등의 관직을 역임하고 기로소에 들어갔으며, 행 대광보국숭록대부 중추부사 판의금부사 지경연 춘추관 성균관사를 받았다. 묘는 옥음(沃陰) 선산 안에 유좌로 있다. 부인은 둘인데, 첫째 부인은 참봉 심철(沈澈)의 딸 정경부인 청송 심씨요, 둘째 부인은 통덕랑 신구(辛龜)의 딸 정경부인 영월 신씨다. 묘는 선산 안에 있다.[175]

황이미의 차남 황성의 외아들은 황처신(黃處信)이다. 황처신의 자는 자중(子中)이다. 생부가 황휘인데, 황휘의 바로 아래 동생 황성에게 양자로 간 것이다. 1658년(효종 9년)에 태어나 1724년(경종 4년) 2월에 죽었다. 향년 67세. 1705년(숙종 31년)에 생진시에 합격해 호조 정랑을 지냈다. 죽은 뒤에 이조 판서에 증직되었다. 부인은 둘이다. 첫째 부인은 장령 이민징(李敏徵)의 딸 전주 이씨다. 묘는 혜음불당동(惠陰佛堂洞) 선영 오른쪽 등성이에 유좌로 있다. 남편과 함께 묻혔다. 영의정 이의현(李宜顯)이 지은 신도비가 있다. 둘째 부인은 김남진(金南鎭)의 딸 청풍 김씨다. 묘는 죽산 두여동(斗如洞)에 경좌로 있다.[176]

### 황선(黃璿)

황처신은 세 아들(璿·璣·瓛)을 두었다. 이 중 장남이 황선이다. 황선의 자는 성재(聖在)요, 시호는 충렬(忠烈)이다. 1682년(숙종 8년)에 태어나 1728년(영조 4년) 4월 11일에 죽었다. 향년 67세. 1650년(효종 1년)에 증광 진사시에 합격하고 문과 병과에 급제해 1695년(숙종 21년)에 일본에 사신으로 갔다 와서 1727년(영조 3년)에 경상 감사가 되었다. 1728년(정조 12년)에 이인좌(李麟佐)의 난으로 임소(任所)에서 죽었다. 이 일로 이조 판서를 추증했다. 또 분무 원종공신(奮武原從功臣)이 되어 좌찬성에 증직되고, 자손을 녹용했다.

부인은 둘이다. 첫째 부인은 안시량(安時亮)의 딸 순흥 안씨다. 둘째 부인은 서명세(徐命世)의 딸 연산(連山) 서씨다. 남편과 함께 묻혔다.[177] 차남 황기(黃璣)는 삼촌인 황처의에게 양자 갔다. 황기는 바로 황경원의 아버지다. 황기의 자는 성재(聖齋)다. 1689년(숙종 15년)에 태어나 1738년(영조 14년) 12월 7일에 죽었다. 향년 70세. 아들 황경원의 현달로 좌찬성에 증직되었다. 부인은 권길성(權吉城)의 딸 안동 권씨다. 묘는 장단 옥음리(沃陰里)에 신좌로 있다.[178] 3남 황헌(黃瓛)의 자는 성규(聖圭)다. 1713년(숙종 39년)에 태어나 1769년(영조 45년) 4월 24일에 죽었다. 향년 57세. 1747년(영조 23년)에 진사시에 합격해 형조 좌랑을 지냈다. 부인은 목사 안종해(安宗海)의 딸 죽산 안씨다. 묘는 장단 서면 명달리(明達里)에 경좌로 있다. 남편과 함께 묻혔다. 묘갈이 있다.[179]

황환(黃瓛)은 두 아들(昇源·昌源)을 두었다. 장남 황승원의 자는 윤지(允之)요, 시호는 문헌(文獻)이다. 1732년(영조 8년)에 태어나 1807년(순조 7년) 7월 14일에 죽었다. 향년 76세. 1765년(영조 41년)에 사마시에 합격하고, 1771년(영조 47년)에 정시 문과 병과에 급제해 검열, 이조 참판을 거쳐 양관 제학, 이조 판서를 역임했다. 기로소에 들어갔다. 묘는 아버지 황환의 묘 앞에 경좌로 있다. 부인은 둘이다. 첫째 부인은 유무(柳懋)의 딸 전주 유씨다. 묘는 시아버지 황환의 묘 동쪽 언덕에 경좌로 있다. 둘째 부인은 김광복(金光復)의 딸 안동 김씨다. 묘는 시

황혁의 직계 비속

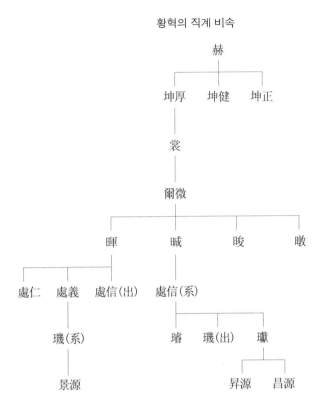

아버지 황환의 묘 국내(局內)에 해좌로 있다.[180]

　황환의 차남이 황창원이다. 황창원의 자는 세지(世之)다. 1775년 (영조 51년)에 태어나 1851년(철종 2년) 6월 2일에 죽었다. 향년 77세. 청 풍 부사를 지냈다. 묘는 혜음불당동 선영 안에 유좌로 있다. 부인은 둘이다. 첫째 부인은 대사간 이흥종(李興宗)의 딸 전주 이씨요, 둘째 부인은 진사 김재(金悻)의 딸 연안 김씨다. 첫째 부인은 남편과 함께 묻혔고, 둘째 부인은 묘가 금승리 선영 안에 유좌로 있다.[181]

황삼외(黃三畏)

황희의 4자 황직신의 아들이 황삼외다. 황삼외는 오위의 사정(司正)을 지냈다. 황직신계는 본래 가정보에는 없었는데, 계묘보와 여러 집의 가보에 의거 황직신계를 익성공 황희의 4남으로 확정했다. 황삼외는 두 아들(楨·楅)을 두었는데, 구보에는 이들이 한천공(寒泉公) 황성창(黃誠昌)의 4·5자로 되어 있던 것을 바로잡아 실었다고 한다.[182]

장남 황정은 자가 국보(國輔)요, 호가 모정(茅亭)이다. 1489년(성종 20년)에 태어나 1513년(중종 8년)에 생원시에 합격했다. 일찍부터 율정(栗亭) 문하에 드나들어 기묘제현(己卯諸賢)과 도의(道義)로 사귀었고, 기묘사화가 일어나자 보성(寶城)에 내려와 묵심정(默尋亭)을 짓고 은거했다. 1552년(명종 7년) 10월 13일에 죽었다. 향년 64세. 부인은 감사 소세량(蘇世良)의 딸이요, 좌찬성 소자파(蘇自坡)의 손녀요, 판서 소각식(蘇刻軾)의 증손녀인 진주 소씨다. 묘는 보성 겸백면(兼白面) 도안리(道安里) 교목동(喬木洞) 마주등(馬柱嶝) 쌍석(雙石) 아래 임좌로 있다. 쌍분이다.[183]

황정의 아들이 황상(黃裳)이다. 황상의 자는 원길(元吉)이다. 1506년(중종 1년)에 태어나 1571년(선조 4년) 10월 14일에 죽었다. 향년 66세. 조광조가 귀양 가 있는 능주(綾州)에서 수학했다. 1549년(명종 4년)에 진사시에 합격했다. 부인은 신라 원훈(元勳) 알평(謁平)의 후예인 이치조(李致祚)의 딸 경주 이씨다. 황상의 아들이 황형(黃珩)이다. 황형의 자는 가패(可佩)다. 1528년(중종 23년)에 태어나 1586년(선조 19년) 9월 8일에 죽었다. 종부시 주부를 지냈다. 부인은 진사 오린(吳璘)의 딸 의인(宜人) 동복 오씨다. 아버지 황상의 묘 계하(階下)에 임좌로 있다. 쌍분

이다.[184]

황삼외의 차남이 황추다. 황추의 자는 원보(元輔)다. 1491년(성종 22년)에 태어나 1557년(명종 12년) 10월 10일에 죽었다. 향년 67세. 1528년(중종 23년)에 진사시에 합격했다. 부인은 박태중(朴泰中)의 딸인 진원(珍原) 박씨다. 묘는 보성 오성면(烏城面) 은곡리(隱谷里) 산21-2번지 사지촌(斜只村) 뒤 가족 묘지에 간좌로 있다. 부부가 함께 묻혔다. 황추는 두 아들(位中·宅中)을 두었다. 장남 황위중의 자는 여화(汝華)다. 1508년(중종 3년)에 태어나 1561년(명종 16년) 12월 11일에 죽었다. 향년 54세. 부인은 박훈(朴薰)의 딸인 순천 박씨. 묘는 보성 사지촌 뒤 가족 묘지 아버지 황추의 묘 아래 간좌로 있다. 부부가 함께 묻혀 있다. 황위중의 증손이 황승헌(黃承憲)이다.[185]

### 황승헌(黃承憲)

황승헌의 자는 숙도(叔度)다. 1550년(명종 5년)에 태어나 1609년(광해군 1년) 5월 27일에 죽었다. 향년 60세. 1576년(선조 9년)에 문과 병과에 급제해 이조 정랑, 능성(綾城) 현령을 지냈다. 묘는 순천(順天) 소라포(召羅浦) 천마산(天馬山) 해천(亥川)에 손좌로 있다. 부인은 이한우(李漢佑)의 딸 함풍 이씨다. 묘는 보성(寶城) 대곡(大谷) 무초동(撫誚洞)에 갑좌로 있다.[186] 황추의 차남 황택중의 자는 순여(順汝)다. 1510년(중종 5년)에 태어나 1571년(선조 4년)에 죽었다. 향년 62세. 부인은 문순조(文舜助)의 딸 남평 문씨. 묘는 보성 몽중산(夢中山)에 곤좌로 있다. 부부가 함께 묻혔다.[187]

황삼외의 직계 비속

```
              三畏
        ┌──────┴──────┐
        槙            樞
        │        ┌────┴────┐
        裳      位中      宅中
        │
        珩
```

### 황위(黃暐)

황위는 황진(黃進)의 차남 황정설의 아들이다. 황정설은 4남(暐·睅
·時·眆)을 두었다. 황위의 자는 자휘(子輝), 호는 당촌(塘村)이다. 1605년
(선조 38년) 7월 4일에 태어나 1654년(효종 5년) 4월 13일에 죽었다. 향
년 50세. 신재(愼齋) 김 선생을 스승으로 섬기고 포저(浦渚) 조익(趙翼),
우산(牛山) 안방준(安邦俊) 등과 사귀었다. 1633년(인조 11년)에 생원시
에 합격해 1636년(인조 14년)에 병자호란이 일어나자 의병을 일으켰다.
이때 임금의 대가(大駕)가 남한산성으로 행차할 때 그는 남원에 있다
가 분연히 일어나 군사를 모집하는 격문(檄文)을 초안해 전도에 포고
하니, 10여 일 만에 군사 1만 2350명과 식량 3310석을 모아 공주로
달려가 소모사(召募使) 정홍명(鄭弘溟)의 별장이 되어 군사를 인솔하고
과천에 도착해 적과 싸워서 적의 머리를 수십 급 베었다. 그러나 적
과 화의가 이루어졌다는 소식을 듣고 군사를 파하고 통곡하면서 고
향으로 돌아갔다. 이에 왕이 "백의(白衣)로 적을 격파하는 것은 예부
터 드문 일이다."라고 칭찬해 마지않았다.[188]

1637년(인조 15년)에 장릉(章陵) 참봉에 제수되었고, 1638년(인조 16년)에 정시(庭試)에서 남송 때 일어난 사건에 대해 "불행히 매국 행위를 하는 간사한 괴수가 적과 강화하는 계책이 있으니, 누가 폐하를 위해 이런 모사(謀事)를 계책했는가? 백세의 수치를 씻기 어려운 일이다."라고 대답하자 시험을 주재하는 사람이 장원으로 선발했으나 당시 재상들이 크게 좋아하지 않았다. 갑과에 급제한 후 성균관 전적에서 예조 좌랑으로 전보되었다가 사간원 정언이 되었다.

이때 청음(淸陰) 문정공(文正公) 김상헌이 척화론을 내세우다가 배척을 당하자 그가 탄식하기를 "나의 직책이 언관이니, 어찌 가히 가만히 있으리오." 하면서 수백 자에 걸친 상소를 올려 두호했다. 또 남이공(南以恭)이 간사하고 농락하는 행위를 했으나 상소를 올리기 전에 이계(李娃) 등 흉악한 사람들이 대각(臺閣)에 함께 있으면서 그 기미(機微)가 급함을 엿보고 먼저 공격하고, 아버지 황정설이 교동 현감에 부임했을 때 "능창 대군(綾昌大君) 옥사(獄事)를 간섭했다."라고 모함했다. 그러자 그는 대간직을 그만두었다. 1649년(인조 27년)에 효종이 즉위하자 황위는 함경 도사가 되어 경내의 재상(災傷)을 재조사케 했다. 그는 전에 당한 무고(誣告)를 낱낱이 열거해 판변(判辨)해 줄 것을 요구해 사건을 해당 조에 내려 그의 원통함을 풀어 주었다. 이에 그가 감격해 힘을 다해 민폐를 조사해 소상히 보고하니, 지방민들이 빈곤에서 구호받은 자가 매우 많았다 한다. 1652년(효종 3년)에 평양 서윤에 제수되어 간략함으로 자기를 단속하고, 관용으로 대중을 어거해 선정으로 백성을 다스렸다. 그러나 병이 들어 1654년(효종 5년) 4월 13일에 고향의 정침에서 죽었다. 향년 50세.

그는 풍채가 미려하고, 명랑하며, 의론이 강개하고, 처사에 조심하며, 고인을 사모해 절대로 세속과 부앙(俯仰)하지 않았다. 말할 때마다 "내가 사람에게 관서(寬恕)를 베풀지 않음이 없으나 오직 훈공 있는 귀족과 세력 있는 권가(權家) 피하기를 더운 여름에 변소같이 여긴다."라고 했다. 심기원(沈器遠)·김자점(金自點)의 아들 김익(金鉽)과 구교(舊交)가 있어 여러 번 반역의 뜻을 알려 왔으나 그는 한 번도 즐겨 대면한 적이 없었다.[189]

일찍이 성균관 유생들과 더불어 선현 율곡(栗谷)·우계(牛溪)의 문묘 종사를 소청(疏請)했더니, 반대하는 사람이 많아 배척하기가 어려웠다. 이때 별시가 있었으나 왕이 성균관시를 그만두게 해 유생들은 모두 다른 곳으로 갔으나, 그는 몇 사람과 함께 떠나지 않았다. 그는 젊어서부터 문장으로 세상에 떨쳤고, 만년에는 더욱 성리학을 좋아해 매양 닭이 우는 새벽에 일어나 종일토록 단정히 앉아 글을 읽고 생각해 사물의 이치를 통달하고 뜻을 통달하는데 힘썼더니, 사방의 학자들이 찾아오는 사람이 많았다. 이때 혹자는 그의 집을 입신출세하는 관문이라고 비유했다. 1644년(인조 22년) 이후로는 중국에 주인이 없음을 통탄하고, 상하가 거꾸로 된 것을 분격해 그가 한거(閑居)할 때 늘 억울해하고 살아서 낙이 없다고 차탄했다. 1834년(순조 34년)에 이조 판서 겸 시강원 보덕에 추증되고, 1892년(고종 29년)에 이조 참판 겸 홍문관 제학으로 가증(加贈)되었다. 그리고 향리에 정문(旌門)을 세워 표창하고, 후손을 등용하도록 했다.[190]

묘는 부(府)의 서쪽 30리 되는 복현(福峴)에 해좌로 있다. 부부가 함께 묻혔다. 문집 3권이 간행되었고, 『장천세적(長川世蹟)』 1권, 『여의

주(如意珠)』 10권이 전한다. 황성창이 지은 행장(行狀)이 집에 있다. 풍계 서원에 배향되었다. 부인은 생원 양시익(楊時益)의 딸 정부인 남원 양씨다. 부인은 온순하고 은혜로우며, 말이 적고, 가난해도 언짢게 생각지 않았다. 부인의 나이는 그와 동갑이며, 남편보다 10년 뒤에 죽었다. 5남(俶龜·命龜·信龜·任龜·相龜) 1녀(徐植)를 두었다.[191]

황위의 장남이 황숙구다. 황숙구의 자는 재청(再廳)이요, 호는 포촌(浦村)이다. 1625년(인조 3년) 11월 22일에 태어나 1681년(숙종 7년) 1월 6일에 죽었다. 향년 57세. 1637년(인조 15년)에 진사시에 합격해 음직으로 광릉(光陵) 참봉이 되었고, 1638년(인조 16년)에 봉열대부 청암도(靑岩道) 찰방이 되었다. 기옹(畸翁) 정홍명(鄭弘溟)의 문하에서 배워 학행으로서 인정을 받았다. 부인은 도사 심정익(黃廷翼)의 딸이요, 청릉 부원군(靑陵府院君) 심강(沈鋼)의 현손녀인 청송 심씨. 묘는 남원 아버지 무덤 밖 백호 쪽에 간좌로 있다. 남편과 함께 묻혔다. 7세손 황영(黃瑩)이 지은 가장(家狀)과 송사(松沙) 기우만(奇宇萬)이 지은 묘갈이 있다.[192]

차남 황명구의 자는 언봉(彦鳳)이다. 1627년(인조 5년)에 태어나 1663년(현종 4년) 2월 27일에 죽었다. 향년 37세. 종사랑을 지냈다. 부인은 정랑 김호(金顥)의 딸 부안 김씨다. 묘는 풍산(楓山) 거제공(巨濟公)의 묘 아래 사좌로 있다. 남편과 함께 묻혔다.[193]

3남 황신구의 자는 석여(錫汝)요, 호는 운계(雲溪)다. 1633년(인조 11년) 12월 10일에 태어나 1685년(숙종 11년) 2월 30일에 죽었다. 향년 53세. 기우(氣宇)가 수미(粹美)하고, 의채(儀彩)가 청명하며, 학문이 굉박(宏博)하고, 지절(志節)이 고상했다. 그래서 현사대부(賢士大夫)들이 존경해 마지않았다. 1735년(영조 11년)에 우암 송시열이 장기(長鬐)로 귀양

444

가자 조의(朝議)가 들끓어 우암의 오례를 종묘에 고하자고 했다. 충청도 유림이 이에 대해 변명할 때 그에게 여러 번 편지를 썼다. 그는 개연히 상소문을 초해 반대 이론을 변척했다. 그리하여 1800년(정조 24년)에 현릉(顯陵) 참봉에 임명했으나 나가지 않았고, 1802년(순조 2년)에 충청 도사가 되었다가 갑자기 조지서 별제에 임명되었으나 다 나아가지 않았다.

죽은 뒤 고암 서원(高岩書院)에 배향되었다. 문집이 간행되었다. 묘는 풍산(楓山)의 참판공 묘 오른쪽 기슭에 간좌로 있다. 운석(雲石) 조인영(趙寅永)이 짓고, 이조 판서 이광정(李光正)이 글씨를 쓴 묘갈명과 면암(勉庵) 최익현(崔益鉉)이 지은 행장과 연재(淵齋) 송병선(宋秉璿)이 지은 서집(序集)이 있다. 부인은 둘이다. 첫째 부인은 군수 이문주(李文柱)의 딸 청해 이씨다. 1637년(인조 15년)에 태어나 1664년(현종 5년) 1월 10일에 죽었다. 향년 28세. 묘는 시아버지 묘 아래 해좌로 있다. 둘째 부인은 김지겸(金之兼)의 딸 부안 김씨다. 묘는 풍산(楓山) 선영 왼쪽 기슭에 옛 도곡촌(道谷村) 백호 쪽 서쪽에 을좌로 있다.[194]

황위의 4남이 황임구다. 황임구의 자는 성휘(聖徽)다. 1636년(인조 14년)에 태어나 1704년(숙종 30년) 11월 16일에 죽었다. 향년 69세. 무과에 급제해 선전관에 임명되고, 사헌부 감찰, 청단도(靑丹道) 찰방을 역임했으며, 직장으로서 허견(許堅)의 옥사에 공로를 세워 보사(保社) 원종공신이 되었다. 부인은 둘이다. 첫째 부인은 이필석(李必碩)의 딸이요, 동고(東皐) 이준경(李浚慶)의 현손녀인 광주(廣州) 이씨다. 둘째 부인은 김진룡(金震龍)의 딸 연안 김씨다. 묘는 남생방(南生坊) 양정(楊亭)에 자좌로 있다.[195]

황위의 5남이 황상구다. 1639년(인조 17년)에 태어나 1702년(숙종 28년) 1월 28일에 죽었다. 향년 64세. 장악원 정에 추증되었다. 묘는 남원 사매(巳梅) 오현(梧峴) 아래 기슭 초장동(草場洞)에 해좌로 있다. 부인은 광산 김씨다. 남편과 함께 묻혔다.[196]

### 황신연(黃愼然)

황위의 6세손이 황신연이다. 황신연의 아버지는 모재(慕齋) 황지(黃榰)요, 어머니는 한탁(韓濯)의 딸 청주 한씨다. 황신연의 처음 이름은 순묵(淳默)이요, 자는 시중(時中)이요, 호는 성재(省齋)다. 1826년(순조 26년)에 남원부 죽곡(竹谷) 구제(舅第)에서 태어나 1866년(고종 3년) 10월 7일에 죽었다. 향년 41세. 천품이 명민해 아홉 살에 『소학』을 받아 읽으매 채 반 권이 끝나지 않았는데 이미 문리(文理)가 났다. 서당에 다닐 때 스승이 화로를 두고 시를 지어 보라 했다.

둥근 것은 하늘을 형상하는 것이요 모난 것은 땅이 되니,

圓形像天方爲地

흙으로서 처음 시작해 불로써 왕이 되도다.　　　土德元年火德王

말이 떨어지기 무섭게 시를 지으니 스승이 매우 칭찬했다. 20세 되던 여름에 고암강사(高岩講舍)에서 친구들과 누워서 잠을 자려 하는데 뱀이 배 위를 넘어가고 있었다고 한다. 그가 평상시와 같이 아무렇지도 않게 있으니 뱀이 달아나 버렸다는 것이다. 어려서부터 기국(器局)이 크고 넓었음을 알 수 있다. 29세 되던 1854년(철종 5년)에 제

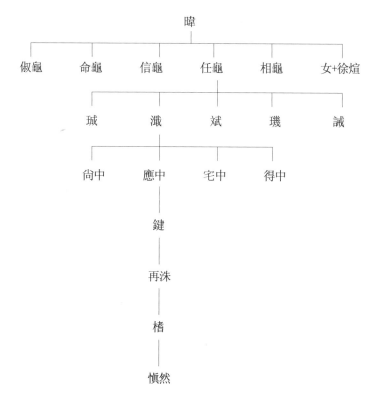

황위의 직계 비속

을승전승정원(第乙承傳承政院)에 오르니 이는 주서(注書)직이다. 그 뒤 용양위 부사정, 문신 겸 선전관을 지내다가 1856년(철종 7년)에 권지 지승문원 부정자가 되었다. 그리고 중시(重試)에 합격해 바로 사간원 정언으로 승진하고, 용양위 부사과, 문신 겸 선전관, 성균관 전적, 조경묘(肇慶廟) 영(令) 등의 관직을 역임했다. 1866년(고종 3년)에 또 사헌부 지평·장령, 사간원 헌납 등의 관직을 지내다가 그해 10월 7일에 죽었다. 그리하여 그해 12월에 고달방(古達坊) 수월촌(水越村) 왼쪽 기슭에 안장했다가 뒤에 장수군 반암(磻岩) 지지동(知止洞) 안산(案山) 비등곡(飛登谷)에 손좌로 옮겼다. 그러나 자손들이 불편해 남원 대산(大山) 대곡리(大谷里) 한적동(閑笛洞)으로 다시 옮겼다. 면암 최익현과 가까이 지냈다. 부인은 김성준(金星儁)의 딸 숙부인 경주 김씨다. 1820년(순조 20년)에 태어나 1888년(고종 25년) 4월 14일에 죽었다. 향년 69세. 묘는 남원 죽곡리(竹谷里) 왼쪽 기슭에 있다.[197]

# 6  황희를 논하다

황희는 어려서부터 총명해 한 번 보면 잊지 않았다. 또한 재상의 기풍이 있어서 일은 정대하게 대체를 보존하는 데 힘썼고, 기쁨과 노여움을 얼굴에 나타내지 않았다. 형벌은 되도록 가볍게 해 실수할지언정 억울한 사람이 없도록 했으며, 옛 법을 가볍게 변경하려 하지 않았다. 그리하여 재상 24년에 어진 재상이라는 말을 들었다.[1]

황희는 1363년부터 1452년까지 90세를 살았는데, 1395년부터 1448년까지 56년간 관직 생활을 하면서 1423년부터 1448년까지 24년간 재상으로 있었고, 그중 18년을 영의정으로 국정을 이끌었다. 그리고 좌의정 1번, 우의정 1번, 찬성 1번, 참찬 2번, 의정부 지사 1번, 의정부 참지사 1번, 이조 판서 3번, 예조 판서 3번, 형조 판서 2번, 호조 판서 1번, 병조 판서 2번, 공조 판서 1번, 대사헌 3번, 한성부윤 1번 등 요직을 역임했다. 이 때문에 나라의 정책을 수립하는 데 중추적 역할을 했다.

세종 대는 조선 왕조의 『경국대전』 체제가 갖추어지는 중요한 시기였다. 위로는 세종과 같은 영명한 국왕이 있었고 아래로는 황희·허조와 같은 명상(名相)이 있었으니 국운이 일어날 수밖에 없었다. 특히 황희와 허조는 역대 명상 중에 뛰어난 사람들이었다. 황희는 중후하고 대체을 아는 데 비해 허조는 충직함으로 법을 지켜 수성의 어진 재상으로 평가되었다. 황희는 9번 시관이 되어 인재를 얻었다는 평가를 받았고, 4대(태조·정종·태종·세종)를 충의(忠義)로 섬겨 인주(人主)의 팔다리가 되고, 국가의 기둥과 주춧돌이 되었다. 이들은 임금을 과실이 없는 데로 이끌고, 백성을 안정한 데로 인도했다.[2]

　　황희는 평안도와 강원도에 감사로 나가 관리들은 두려워하게 했고 백성은 그리워하게 했으며, 6조 판서를 역임할 때는 정사는 닦아지고 폐막은 시정되었다. 정당(政堂)의 의논에 참여해서는 세종은 심복처럼 기댔고, 사림은 태산북두처럼 우러러보았다. 명 사신을 전담해 요리했고, 1품계에 올라서는 군부(軍府)의 일을 장악했으며, 3의정이 되어서는 백관을 지도해 길흉을 점치는 시귀와 같은 역할을 했다.[3]

　　그리하여 온갖 고위직을 두루 역임했고, 재상으로 24년, 영의정으로 18년을 재직했다. 이는 조선뿐 아니라 세계에도 유례가 없는 일이다. 그러면 무엇이 황희로 하여금 이 같은 영광을 누리게 한 것일까? 우선 황희는 타고난 머리가 총명하고, 성격이 관후했으며, 경전을 두루 이해하고 있었다. 황희가 후덕하고 넉넉한 인품을 가지고 있었다는 것은 두 여자종의 싸움을 각각 옳다고 판결한 고사를 보아도 알 수 있다. 그러면서도 대간으로 있을 때는 비록 태종에게도 바른말을 잘해 서너 번이나 관직에서 쫓겨나거나 좌천되기도 했다. 젊을 때는 특히 더 그랬다. '감언지사(敢言之士)'라 할 만하다. 그러나 나이가 들수록 원숙하고 노련해 형벌을 무겁게 매기지 않고, 특히 백성들의 어려움을 보살펴 주는 데 앞장섰다. 오랜 경륜과 신중한 태도로 4군 6진 개척과 대마도 정벌 등을 실제적으로 뒤에서 지휘했다.(졸기)

황희는 회의에서 절대로 먼저 말하지 않는다. 영의정이 먼저 말하면 다른 사람들은 말을 하지 않거나 그 말이 옳다고 아부하기 일쑤이기 때문이다. 다른 사람의 말을 두루 듣고, 마지막에 그 좋은 머리로 종합해 의견을 개진했다. 그러므로 태종이나 세종은 으레 "황희 정승의 말대로 하라!" 했다. 그리고 지신사나 근시직 등으로 국왕을 지근거리에서 모시고 있었기 때문에 양전(兩殿, 태종·세종)의 총애가 남다르고, 오랜 재상 생활로 과거의 중요 국사를 소상히 알고 있었다. 그러니 누가 그 식견을 당해 낼 것인가? 따라서 열 번이나 영의정직을 사직해도 들어주지 않았다.

그렇다 보니 주위의 질시도 많이 받았고, 부정을 저질렀다는 유어비어도 많이 돌았다. 심지어는 하륜이 황희를 치졸한 소인으로 몰지 않았는가? 또 오랫동안 영의정으로서 막강한 권한을 가지고 있다 보니 여러 번 뇌물의 유혹도 받기도 하고, 실제로 혐의를 받을 만한 짓을 하기도 했다. 홍유룡(洪有龍)의 첩을 노비로 삼았다든지(1415년), 남원 부사가 바친 유지로 만든 안롱을 받았다든지(황희와 변계량을 빼고 다른 사람들은 받고도 이실직고하지 않았음. 1425년), 황희와 친한 안순의 아들 안숭신을 특채했다든지, 말을 많이 죽인 태석균을 잘 봐주라고 압력을 가했다든지(1430년) 하는 사례 등이 그것이다. 지신사로서 황희의 전천(專擅)이 심해 자기의 친한 사람만 써 좌·우 정승이 인사권을 사양하기까지 하고, 이 때문에 익명서(匿名書)가 2∼3회 올라오기까지 했다. 처남 양수·양치가 죄를 짓자 황희는 이 일이 풍문일 뿐이라고 변명해 구해 내기도 했다.(줄기) 그러나 태종과 세종은 재상을 대접하는 것이 그래서는 안 된다고 하면서 대간을 누르고, 문제 삼지 않았다. 그리고 사건화하지 않아 뒷날 증거도 애매해지게 되었다. 세종은 혐의가 애매하고, 대신을 작은 일로 끊을 수 없다고 했다. 황희는 한나라의 사단, 송나라 문언박과 같은 명상이니 신진 간관(諫官)의 말만 듣고 대신을 끊을 수 없다는 것이다. 양전의 신임이 두터운데 누가 황희를 끌어 내릴 수 있었겠는가?

황희에 대한 사신(史臣)의 사평(史評)을 들어 보자!

황희는 판강릉부사 황군서의 얼자다. 김익정(金益精)과 더불어 서로 잇달아 대사헌이 되어서 둘 다 중 설우의 금을 받았으므로, 당시 사람들이 '황금 대사헌'이라고 했다. 또 난신(亂臣) 박포의 아내가 죽산현에 살면서 자기의 종과 간통하는 것을 우두머리 종이 알게 돼, 박포의 아내는 정상이 드러날 것을 두려워해 도망해 서울로 들어와 황희의 집 마당 북쪽 토굴 속에 숨어 여러 해 동안 살았는데, 황희가 이때 간통했으며, 박포의 아내가 일이 무사히 된 것을 알고 돌아갔다. 황희의 장인 양진에게서 노비를 물려받은 것이 단지 3명뿐이고, 아버지에게 물려받은 것도 많지 않았는데, 집안에서 부리는 자와 농막에 흩어져 사는 자가 많았다. 정권을 잡은 여러 해 동안에 매관매직하고 형옥(刑獄)을 팔아 뇌물을 받았으나, 그가 사람들과 더불어 일을 의논하거나 혹은 고문(顧問)에 응할 때는 인사가 온화하고 안이하며 의논하는 것이 다 사리에 맞아서 조금도 틀리거나 잘못됨이 없었으므로 임금에게 무겁게 보인 것이었다. 그러나 그의 심술은 바르지 아니하니, 혹시 자기에게 거스르는 자가 있으면 몰래 중상했다. 박용의 아내가 말을 뇌물로 바치고 잔치를 베풀었다는 것은 본래 허언이 아니다. 임금이 대신을 중히 여기는 까닭에 의금부가 임금의 뜻을 받들어 추국한 것이고, 대원(臺員)들이 거짓 복죄(服罪)한 것이다. 임금이 옳고 그른 것을 밝게 알고 있었으므로 또한 대원들을 죄주지 않고, 혹은 파천시키고 혹은 고쳐 임명하기도 했다. 만약에 정말로 박천기(朴天紀)가 공술하지도 않은 말을 강제로 사헌부에서 초사(招辭)를 받았다면 대원의 죄가 이 정도로 그쳤겠는가?[4]

거의 적확한 실상을 말하고 있다. 오랫동안 권력을 잡고 있었으니 유혹도 많고 사람인 이상 가끔 사욕이 동할 수도 있었을 것이다. 이것을 다른 사람들이 보면 부정투성이로 보일 수 있다. 그러나 그만한 권력에 엄청난 잘못은 저지르지 않았기 때문에 덮어 줄 수 있었을 것이다. 왕권 국가에서 국왕의 입장은 다르다. 황희의 식견과 경륜이 높고, 일마다 누구보다도 옳은 판결을 하기 때문에 나라를 다스리는 국왕으로서는 세세한 잘못 따위는 치지도외(置之度外)할 수 있었다. 왕이 기대고 의뢰하는 것이 이 정도에 이른 것이다. 정치에 있어 작은 것을 버리고 큰 것을 얻은 사례이리라.

　다만 양녕 대군 사건은 다르다. 태종이 황희와 이원을 불러 양녕 대군을 폐세자 하려 하는데 어떻게 생각하느냐고 물었을 때 이원은 찬성했으나, 황희는 "어려서 그렇다." 하면서 용서해 주라고 했다. 태종은 이것을 황희가 이숙번 등과 함께 민무구·민무질을 쳐내는 데는 앞장섰으나 자손들이 피해를 받을까 봐 세자에게 붙으려고 했다고 오해했다. 태종은 내친 김에 양녕 대군을 폐세자하고 수성 군주로서 적합한 충녕 대군을 새로운 세자로 삼으려 했기 때문에 부득이 황희를 평안도 관찰사로 보냈다가 고향인 남원으로 귀양 보낸 것이 아닌가 한다. 폐세자에 방해가 되는 황희를 일시적으로 내친 것이다. 그리하여 황희는 7년여 동안 귀양살이를 하다가 태종이 세종에게 별 죄가 아니니 다시 기용하도록 하라고 권해서 재임명되었다. 지극히 정치적인 행위였다. 그 때문에 세종은 안심하고 황희를 24년간이나 재상으로 쓸 수 있었다.

황희는 기력이 강건하고 홍안백발이라 신선같이 보였고, 90세까지 장수했다. 황희의 가족 중에는 장수한 사람들이 많다. 황희의 아버지 황군서는 74세, 황희는 90세, 황치신은 88세, 황보신의 부인 남양(南陽) 홍씨는 81세를 살았다. 그러나 황희는 성품이 지나치게 관대해 제가(齊家)를 잘하지 못했고 청렴결백하지 못했다는 평을 받고 있다. 예컨대 황치신은 관청에서 몰수한 과전을 바꿔 달라고 청원했고, 황희는 황중생이란 사람을 서자(庶子)로 삼아서 집안에 드나들게 했다가, 후에 황중생이 죽을죄를 범하자 곧 자기 아들이 아니라고 해 조(趙)씨로 바꾸게 한 일도 있었다.(졸기)

반면에 세종은 사궤장교서(賜几杖敎書)에서 황희를 지극히 높였다.

경은 세상을 도운 큰 재목이며, 나라를 다스리는 큰 그릇이다. 지혜

454

는 일만 가지 정무를 통괄하기에 넉넉하고, 덕은 모든 관료를 진정시키기에 넉넉하도다. 우뚝 높은 지위와 명망, 의젓한 전행은 예스럽다. 몸소 4대의 임금을 섬겨 충의(忠義)는 더욱 두텁고, 수(壽)는 70에 이르러 영달함과 존귀함이 갖추었으니, 진실로 국가의 주춧돌이요 과인의 고굉(股肱)이로다. 의지하고 의뢰함이 깊음에 어찌 노성(老成)의 아름다움을 정표하지 않을 수 있겠는가?[5]

국왕의 입장에서 본 황희의 면모다. 그러니 황희를 청렴결백한 지도자라기보다는 능력 있고, 후덕한 경험 많은 명재상의 대표로 보는 것이 좋을 것 같다.

## 1 격동의 시대, 황희의 탄생

1 쌍성은 1258년(고종 45년)경 조휘(趙暉)와 탁청(卓靑)이 화주(和州) 이북의
땅을 들어 원에 바쳤는데, 원은 이곳에 쌍성총관부를 두어 통치했다. 그
런데 1356년에 유인우를 시켜 이를 수복한 것이다. 이때 그곳 천호였던
이자춘이 내응한 공을 세워 후에 이성계가 조선을 개창하는 발판이 되
게 했다.(김상기, 『고려시대사』(서울대학교출판부, 1985), 591쪽)

2 김용이 왕의 명령을 위조해 흥왕사에서 안우(安祐)·이방실(李芳實)·김득
배(金得培) 등을 죽이고 공민왕까지 죽이려다 미수에 그친 사건. 김용은
덕흥군 세력과도 연계가 있었다 한다.(김상기, 『고려시대사』(서울대학교출판부,
1996), 596쪽)

3 사대부는 송대 사대부를 모델로 한 것이다. 강남이 개발되면서 새로이
대두한 중소 지주층을 바탕으로 유교 교양을 갖춘 새로운 문관 내지
는 포의의 독서인층이 대두하는데 이들을 사대부라 한다. 그러나 고려
말은 송나라보다 3~4세기가 늦고, 대가세족 출신 중에서도 사대부가
나오지 않은 것이 아니기 때문에 꼭 송대의 사대부와 같은 것은 아니
다.(국사편찬위원회, 『한국사(19)』(1996))

4 국사편찬위원회, 『한국사(19)』, 147쪽.

5  명나라 태조는 임밀(林密)·채빈(蔡斌) 등을 사신으로 보내 제주도 말 2000필을 바치라고 했는데, 제주 목호 석질리(石迭里) 등이 300필만 보내고 더 이상 보내려 하지 않자 공민왕이 최영 등을 파견해 제주 목호들을 제압한 것이다. 그리고 제주가 전통적으로 고려의 땅이라는 것을 명백히 했다.(이성무,「변안열의 생애와 평가」,『대은 변안열의 생애와 업적』(지식산업사, 2013), 32~33쪽)

6  이인임은 공민왕 시해가 명에 누설될까 봐 찬성사 안사기(安師琦)를 시켜 가만히 명사를 호송하는 김의(金義)를 설득해 명사 채빈을 죽여 입을 막게 했다는 설이 있다. 이 일이 탄로되자 안사기는 자살하고 관련자들은 모두 귀양 갔다. 이것은 친명파의 억측일 가능성이 크다. 공민왕 이래의 친명 노선을 친원 노선으로 바꾸어 놓으려는 술책이었다.(김상기,『고려시대사』(1996), 616~618쪽)

7  본래는 명제의 생신을 축하하는 하절사에 진평중(陳平仲)이 임명되었으나 그가 권신 임견미에게 뇌물을 준 것이 발각되어 정몽주로 바뀌었다. 그때 일정이 모자라 명제의 탄신절에 맞춰 가기 어려웠는데, 정몽주가 주야로 항해해 기일 안에 갈 수 있었다 한다.(『高麗史』列傳 鄭夢周傳)

8  지윤은 사족 출신으로 여러 차례 종군해 공로를 세워 이인임과 함께 정방 제조가 되어 이인임의 당여가 되었다. 그는 왕의 유모 장씨와 연계해 권력을 키워 갔다. 그리하여 이인임과 협의도 없이 사대부의 중진 임박(林樸)을 죽일 정도로 독자적인 세력을 행사했다. 그러나 익명서 사건이 일어나 수세에 몰린 지윤은 당여 20여 명을 무장시켜 이인임과 정면 대결하다가 이인임·최영·경복흥 등의 연합 세력에 의해 숙청되었다.(국사편찬위원회,『한국사(19)』, 186쪽)

9  노비를 시켜 수정목을 휘둘러 토지를 뺏는 방법.

10  철권은 고대에 수훈을 세운 신하에게 주는 것인데, 그 모양이 기와[瓦]처럼 되어 그의 공적을 새기고, 안에는 면죄(免罪), 감록(減祿)의 수를 새긴 것이다.(김상기,『고려시대사』(1985), 629쪽)

11 『태조실록』권2, 태조 1년 11월 갑진.

12 『태조실록』권3, 태조 2년 2월 경인.

13 『전교대방(典故大方)』에 실려 있는 두문동 72현은 다음과 같다.
유현보(禹賢寶) · 조의생(趙義生) · 임선미(林先味) · 고천상(高天祥) · 전귀생(田貴生) · 이숭인(李崇仁) · 이맹예(李孟藝) · 유순(柳洵) · 전조생(田祖生) · 조승숙(趙承肅) · 채귀하(蔡貴河) · 서보(徐輔) · 변숙(邊肅) · 박심(朴諶) · 신안(申晏) · 박녕(朴寧) · 김충한(金忠漢) · 고천우(高天祐) · 서중보(徐仲輔) · 조안경(趙安卿) · 이색(李穡) · 이유(李裕) · 조견(趙狷) · 허금(許錦) · 이수인(李守仁) · 정희(鄭熙) · 길재(吉再) · 원천석(元天錫) · 김주(金澍) · 최양(崔瀁) · 전오륜(全五倫) · 조홍(趙洪) · 김자수(金自粹) · 이사경(李思敬) · 이수생(李遂生) · 김약시(金若時) · 남을진(南乙珍) · 이행(李行) · 이윤(李淪) · 이양중(李養中) · 서견(徐甄) · 임탁(林卓) · 김육비(金六庇) · 변귀수(邊貴壽) · 안종약(安從約) · 김준(金俊) · 윤육(尹陸) · 박침(朴忱) · 배상지(裵尙志) · 구홍(具鴻) · 이유인(李唯仁) · 박문수(朴門壽) · 이석지(李釋之) · 성사제(成思齊) · 민보(閔普) · 임즐(林鷲) · 차원부(車元頫) · 최문한(崔文漢) · 신석(申釋) · 신자악(申自嶽) · 김위(金瑋) · 민안부(閔安富) · 신덕린(申德隣) · 신포시(申包翅) · 박의중(朴宜中) · 이양소(李陽昭) · 박태시(朴太始) · 이경(李瓊) · 맹호성(孟好性) · 길인적(吉仁迪) · 신이(申彛) · 반(潘)○○.(『典故大方』 卷4, 高麗 杜門洞 七十二賢) 그러나 이 명단은 후세에 작성된 것이다.

14 『태조실록』권3, 태조 2년.

15 하륜은 그 땅이 계룡산 남쪽에 치우쳐 있어서 동·서북면이 막혀 있고, 풍수지리상으로 "산은 건방(乾方)에서 나오고 물은 손방(巽方)으로 흘러가니, 이것은 송나라 호순신(胡舜申)이 말하는, '수파장생 쇠패립지(水跛長生 衰敗立至)'의 땅이라 도읍을 세우기에 적당치 않다."라고 했다.(이성무, 「이성계」, 『한국 역사의 이해(5)』(집문당, 2004), 28쪽)

16 차천로의 『오산설림(五山說林)』에는 무학이 "정 씨가 시비를 틀면 5세 안에 왕위 찬탈 사건이 일어나고, 200년 뒤에 내 말이 생각날 것"이라고 했다 한다. 이는 계유정난과 임진왜란을 예언한 것이다.(동상, 29쪽)

17 ·사대문

북문(北門): 숙정문(肅靖門)

동대문(東大門): 흥인지문(興仁之門)

남대문(南大門): 숭례문(崇禮門)

서대문(西大門): 돈의문(敦義門)

·사소문

동북(東北): 홍화문(弘化門) 혜화문(惠化門)

동남(東南): 광화문(光化門) *수구문(水口門) 남소문(南小門)

서남(西南): 소덕문(昭德門) *서소문(西小門) 소의문(昭義門)

서북(西北): 창의문(彰義門) *자하문(紫霞門)

18 동부 12방: 연희(燕喜)·숭교(崇教)·천달(泉達)·창선(彰善)·건덕(建德)·덕성
(德成)·서운(瑞雲)·연화(蓮花)·승신(乘信)·인창(仁昌)·관덕(館德)·홍성
(興盛)

남부 11방: 광통(廣通)·호현(好賢)·명례(明禮)·태평(太平)·훈도(薰陶)·성명
(誠明)·낙선(樂善)·정심(貞心)·명철(明哲)·성신(誠身)·예성(禮成)

서부 11방: 영견(永堅)·인달(仁達)·적선(積善)·여경(餘慶)·인지(仁智)·황화
(皇華)·취현(聚賢)·양생(養生)·신화(神化)·반석(盤石)·반송(盤松)

북부 10방: 광화(廣化)·양덕(陽德)·가회(嘉會)·안국(安國)·관광(觀光)·진
정(鎭定)·순화(順化)·명통(明通)·준수(俊秀)·의통(義通)

중부 8방: 정선(貞善)·경행(慶幸)·관인(寬仁)·수진(壽進)·징청(澄淸)·장통
(長統)·서린(瑞隣)·경평(慶平=(堅平))

19 정두희, 『조선초기정치지배세력연구』(일조각, 1983).

| 1등 공신 | 2등 공신 | 3등 공신 |
|---|---|---|
| 배극렴(裵克廉) 문 경산 | 윤호(尹虎) 문 파평 | 손흥종(孫興宗) 미상 |
| 조준(趙浚) 문 평양 | 이민도(李民道) 문 중국귀화인 | 심효생(沈孝生) 문 순천 |
| 김사형(金士衡) 문 안동 | 박포(朴苞) 무 | 고여(高呂) 무 |

| 1등 공신 | 2등 공신 | 3등 공신 |
|---|---|---|
| 정도전(鄭道傳) 문 봉화 | 조영규(趙英珪) 무 신창 | 장지화(張至和) 문 |
| 이제(李濟) 문 성주 | 조반(趙胖) 문 배주 | 함부림(咸傅霖) 문 강릉 |
| 이화(李和) 문 전주 | 조온(趙溫) 무 한양 | 한상경(韓尙敬) 문 청주 |
| 정희계(鄭熙啓) 문 경주 | 조기(趙琦) 무 배주 | 임언충(任彦忠) 미상 |
| 이지란(李之蘭) 무 청주 | 홍길민(洪吉旼) 문 남양 | 황거정(黃巨正) 미상 |
| 남은(南誾) 문 의령 | 유경(劉敬) 문 강릉 | 장사정(張思靖) 무 |
| 장사길(張士吉) 무 | 정용수(鄭龍壽) 미상 | 한충(韓忠) 무 |
| 정총(鄭摠) 문 청주 | 장담(張湛) 무 | 민여익(閔汝翼) 무 여흥 |
| 조인옥(趙仁沃) 문 한양 | 조견(趙狷) 문 평양 | (11인) |
| 남재(南在) 문 의령 | 황희석(黃希碩) 무 평해 | |
| 조박(趙璞) 문 평양 | 안경공(安景恭) 문 순흥 | |
| 오몽을(吳蒙乙) 문 보성 | 김균(金均) 문 경주 | |
| 정탁(鄭擢) 문 청주 | 유원정(柳爰廷) 문 | |
| 김인찬(金仁贊) 무 양근 | 이직(李稷) 문 성주 | |
| (17인) | 이근(李懃) 문 고성 | |
| | 오사충(吳思忠) 문 영일 | |
| | 이서(李舒) 문 홍주 | |
| | 조영무(趙英武) 무 한양 | |
| | 이백유(李伯由) 문 전주 | |
| | 이부(李敷) 미상 | |
| | 김노(金輅) 무 | |
| | (24인) | |

20  1등: 이방의(李芳毅)·배극렴·조준·김사형·이제·이화·정희계·이지란·남
은·장사길·정총·조인옥·남재·정탁·김인찬

2등: 윤호·이민도·조영규·조반·조온·홍길민·유창(劉敞)·조견·황희석

3등: 안경공·김곤(金稇)·유원정·이직·오사충·이서·조영무·이백유·이
부·김노·고여·한부림·한상경·한충·민여익

1등 공신 중에서 정도전·조박·오몽을이 빠지고, 이방의가 추가되었으며, 이방원과 이방간이 1차 왕자의 난 때 추가되었다가 이방원은 국왕이 되어, 이방간은 2차 왕자의 난으로 삭제되었다. 2등 공신 중에서는 박포·조기·정용수·장담·이근 등 5인이 빠지고, 안경공·금균·유원정·이직·오사충·이서·조영무·이백유·이부·금로 등 10인이 3등으로 강등되었다. 3등 중에서도 손흥종·심효생·정지화·임언충·황거정·장사정 등 6인이 빠지고, 황희석이 1등으로 올라갔다.(이성무, 「이성계」, 24~25쪽)

21 이성무, 「주자학이 14·5세기 한국 교육·과거 제도에 미친 영향」, 『한국 과거 제도사』(민음사, 1997), 377쪽.

22 국사·왕사 제도는 조선에서 태조 대에만 시행되던 제도로 무학 대사는 조선 최초의 왕사이자 마지막 왕사였다.

23 『태조실록』 권1, 태조 1년 8월 정사.

24 고려 시대에는 1109년(예종 4년)부터 1133년(인종 11년)까지 24년간을 제외하고는 무과(무업)가 실시되지 않았다.(이성무, 『(개정증보) 한국의 과학 제도』(집문당, 1994), 142쪽)

25 이성무, 「정도전」, 『한국역사의 이해(5)』, 43~46쪽.

26 동상.

27 남원의 옛 이름은 대방(帶方)이니, 당나라 태종이 유인궤(劉仁軌)를 대방주 자사로 삼아 백성을 다스리게 했으며, 신라 때인 685년(신문왕 5년)에 남원에 소경(小京)을 두어 군과 현의 백성을 이주시켰다. 그리고 691년(신문왕 11년)에 그곳에 성을 쌓으니, 지금도 읍의 네 모퉁이에 성터가 남아 있다.(장수황씨대종회, 『장수황씨세보』 권1, 廣寒樓記(회상사, 2000), 43~45쪽)

28 『장수황씨세보』 권1, 총편, 1~2쪽. 앞으로 『장수황씨세보』는 간단히 『세보』라고만 표기한다.

29 동상, 2~3쪽.

30 『장수황씨족보』는 1565년(선조 1년)에 처음으로 발간된 뒤 1723년(경종 3년)에 두 번째, 1783년(정조 7년)에 세 번째, 1848년(헌종 14년)에 네 번째,

2000년에 다섯 번째 간행되었다.(『세보』권1, 총편, 9쪽)

31     동상, 3~4쪽.

32     동상, 5~6쪽.

33     동상, 40쪽.

34     동상, 6~7쪽.

35     동상, 도판 1쪽.

36     「贈左贊成黃公諱均庇墓碣」, 동상, 180쪽.

37     「贈議政府左贊成黃公之墓(重竪墓碣前面大字)」, 동상, 180쪽.

38     동상, 7쪽.

39     동상, 도판 2쪽.

40     黃元龍, 「贈貞敬夫人姜氏墓碣」, 동상, 182~183쪽.

41     동상, 도판 3쪽.

42     동상, 도판 4쪽.

43     동상, 7~8쪽.

44     黃喜, 「判江陵公諱君瑞墓碣」, 동상, 183~184쪽.

45     연보 1(『尨村先生文集』권9(회상사, 2001)), 771쪽. 앞으로는 연보라고만 쓴다.

46     申叔舟, 「墓誌銘」, 『尨村先生文集』附錄 上, 金石文, 1359쪽.

47     동상.

48     동상.

49     최씨 부인은 딸 하나를 두었는데, 커서 교동현사(喬洞縣事) 서달(徐達)에
게 시집갔다.


## 2 태종에게 발탁되어 요직에 중용되다

1     연보 1.

    申叔舟, 「翼成公(尨村諱喜)神道碑銘(舊碑文)」, 동상, 186~189쪽.

    金寗漢, 「翼成公諱喜神道碑銘(新碑文)」, 동상, 190~192쪽.

    「翼成公諱 喜 神道碑銘(新竪碑文)」, 동상, 192~200쪽.

申叔舟,「翼成公諱喜墓誌銘」, 동상, 201~208쪽.

2 이성무,「태종」,『한국역사의 이해(5)』, 69~76쪽.

3 동상, 76쪽.

4 이성무,「정도전」,『한국역사의 이해(5)』46~48쪽.

5 이성무,「태종」,『한국역사의 이해(5)』, 77~80쪽.

6 동상, 80쪽.

7 동상, 81쪽.

8 모든 업무를 6조에 분속시키고 이를 6조 판서가 직접 왕에게 보고해 재
가를 받는 제도이다. 6조 직계제를 실시하면 왕권이 강화되게 되어 있
었다. 6조 직계제는 세조조에 다시 실시된 바 있다.(이성무·이희진,『다시
보는 한국사』(청아출판사, 2103), 290쪽)

9 6조에서 올라온 정무를 의정부에서 걸러 왕에게 올리는 제도. 의정부
서사제를 실시하면 재상의 권한이 강해지게 된다.(동상, 291쪽.)

10 출가해 승려가 되고자 하는 사람에게 관청에서 발급하는 허가증.(이성무
외,『역주 경국대전(주석편)』(한국정신문화연구원, 1986), 503쪽)

11 1413년부터 실시된 제도로 첩과 첩의 소생을 차별 대우하게 되어 있었
다.(이태진,「서얼차대고」,《역사학보》 27(1964)) 1415년에 우부대언 서선(徐選)
이 상소해 서얼 자손은 자자손손 현관(顯官, 9품 이상의 양반직)에 임용될
수 없게 하고, 문과, 생원·진사시에 응시할 수 없게 했다.(이성무 외,『역주
경국대전(주석편)』, 311쪽)

12 고려 시대에는 재가 금지 규정이 없었다. 1406년에는 재가까지는 금지
하기 어렵다 해 삼가녀(三嫁女)에 한해 자녀안(恣女案)에 기록해 두었다.
그러나 1477년(성종 8년)부터 재가를 금지하고 위반하는 부녀의 아들과
손자는 관직에 임용하지 않고, 문과, 생원·진사시에 응시할 수 없게 했
다.(이성무 외,『역주 경국대전(주석편)』, 311쪽)

13 부모 한쪽만 노비면 그 소생은 노비가 되게 하는 법.

14 연보 1, 776쪽. 방목(榜目)에 의하면 그때 함께 급제한 사람들은 다음과

같다.

乙科(3人): 別將 金汝知, 內侍別將 文襞, 生員 金悟.

丙科(7人): 生員 高進, 長興庫 直長 安純, 生員 崔光之, 新生員 黃訥, 生員 柳潤, 生員 吳乙濟, 生員 閔進.

同進士(23人): 生員 玉斯溫, 前軍器 直長 金俊, 生員 卓愼, 前別將 黃喜, 權增 別將 姜淮季, 新進士 任衡, 生員 李之柔, 生員 魯舒, 生員 李尹, 前別將 權可均, 新進士 任卜重, 生員 金履祥, 慈惠府 指諭 安允時, 前別將 柳漢, 生員 鄭之雅, 生員 崔直之, 生員 陳子誠 前散員 崔克孚, 生員 張贇, 司議署 令 李子拱, 生員 曹相周, 生員 崔渭.

15    연보 1, 778쪽.

16    『태종실록』 권12, 태종 6년 11월 정축.

17    『태종실록』 권13, 태종 7년 3월 갑인.

18    『정종실록』 권2, 정종 1년 8월 계묘.

19    『정종실록』 권2, 정종 1년 9월 정축.

20    『태종실록』 권2, 태종 1년 9월 정미.

21    『태종실록』 권8, 태종 4년 10월 신묘.

22    연보 1, 785~787쪽.

23    『태종실록』 권10, 태종 5년 7월 경술.

24    연보 1, 788~789쪽.

25    『태종실록』 권11, 태종 6년 4월 을유.

26    연보 1, 790쪽.

27    『태종실록』 권11, 태종 6년 5월 병진.

28    연보 1, 791~792쪽.

29    동상, 792쪽.

30    『태종실록』 권12, 태종 6년 8월 신묘.

31    『태종실록』 권13, 태종 7년 1월 기미.

32    연보 1, 793쪽.

33 『태종실록』 권13, 태종 7년 1월 정축.

34 『태종실록』 권14, 태종 7년 7월 임자.

35 『태종실록』 권12, 태종 6년 8월 갑진.

36 『태종실록』 권14, 태종 7년 7월 병인.

37 연보 1, 795~796쪽.

38 동상, 796~797쪽.

39 『태종실록』 권14, 태종 7년 11월 신유.

40 『태종실록』 권15, 태종 8년 1월 정축.

41 『태종실록』 권15, 태종 8년 1월 무인.

42 『태종실록』 권15, 태종 8년 2월 계미.

43 『태종실록』 권15, 태종 8년 5월 정묘.

44 『태종실록』 권16, 태종 8년 7월 무신.

45 『태종실록』 권16, 태종 8년 7월 신해.

46 『태종실록』 권16, 태종 8년 7월 을해.

47 『태종실록』 권16, 태종 8년 8월 계사.

48 목인해는 김해 관노였다. 그는 애꾸눈으로 활을 잘 쐈다. 그는 처음에 이제의 가신으로서 이제가 죽자 태종이 왕이 되기 전에 항상 곁에서 모셔 호군(護軍)에 제수되었다. 그의 아내는 조대림의 여종이었으므로 목인해가 조대림의 집에 드나들게 되었다. 그는 조대림이 어리고 어리석어 그를 꾀어 반란을 일으키는 것처럼 하고 조대림을 고발해 출세하려 했다. 이것이 목인해가 책동한 조대림의 난이다.(『태종실록』 권16, 태종 8년 12월 무인)

49 연보 1, 800쪽.

50 『태종실록』 권16, 태종 8년 12월 갑신. 연보 1, 801쪽.
   황희의 비명에는 이러한 이야기도 전한다. 조대림이 태종의 은총을 믿고 분수없이 사치를 부리자 대사헌 맹사성과 지평 박안신이 잡아다 심문했더니 태종이 대간을 목 베어 죽이고자 했다. 이를 보고 황희가 승정원의 원졸(院卒)을 시켜 승정원 지붕에 올라가 기와를 철거하면서 "정직한 신하를 죽여 없앤다면 이 승정원을 무엇에 쓰겠는가?"하니, 태종이 두 신하를 용서했다 한다.(申叔舟,「翼成公(厖村諱喜)神道碑銘(舊碑文)」. 金甯漢,「翼成公諱喜神道碑銘(新碑文)」.「翼成公諱 喜 神道碑銘(新豎碑文)」. 申叔舟,「翼成公諱喜墓誌銘」.)

51　『태종실록』권17, 태종 9년 3월 기미.

52　동상.

53　『태종실록』권17, 태종 9년 4월 기묘.

54　연보 1, 803쪽.

55　『태종실록』권17, 태종 9년 5월 경인.

56　『태종실록』권17, 태종 9년 6월 무진.

57　『태종실록』권18, 태종 9년 8월 기유.

58　『태종실록』권18, 태종 9년 12월 계묘.

59　『태종실록』권19, 태종 10년 2월 경술.

60　『태종실록』권19, 태종 10년 4월 갑인.

61　『태종실록』권19, 태종 10년 5월 무자.

62　『태종실록』권20, 태종 10년 7월 임오.

63　『태종실록』권19, 태종 10년 6월 경신.

64　『태종실록』권20, 태종 10년 7월 신미.

65　『태종실록』권20, 태종 10년 7월 을해.

66　『태종실록』권20, 태종 10년 7월 갑진.

67　「請禁官民挈家還舊都疏」,『厖村黃喜先生文集』別集 1, 疏, 206~208쪽.
　　『태종실록』권20, 태종 10년 10월 갑진.

68　동상.

69　「請勸行種桑之法書」,『厖村先生文集』別集 1, 書, 193~194쪽.
　　『태종실록』권20, 태종 10년 11월 무자.

70　동상.

71 『태종실록』 권21, 태종 11년 6월 무오.

72 동상.

73 동상.

74 동상.

75 동상.

76 동상.

77 동상.

78 『태종실록』 권22, 태종 11년 7월 기묘.

79 『태종실록』 권22, 태종 11년 8월 무오.

80 『태종실록』 권23, 태종 12년 1월 계묘.

81 『태종실록』 권23, 태종 12년 4월 무진.

82 『태종실록』 권24, 태종 12년 9월 병오.

83 『태종실록』 권24, 태종 12년 10월 무인.

84 연보 1, 811쪽.

85 『태종실록』 권25, 태종 13년 3월 임인.

86 『태종실록』 권25, 태종 13년 4월 을묘.

87 『태종실록』 권26, 태종 13년 9월 기묘.

88 「請改正諸祀制啓」,『厖村先生文集』別集 1, 啓, 211~212쪽.

89 「請改諸神祠啓」,『厖村先生文集』 別集 1, 啓, 215~216쪽.

90 『태종실록』 권27, 태종 14년 2월 정사.

91 『태종실록』 권27, 태종 14년 3월 기묘.

92 『태종실록』 권27, 태종 14년 6월 계축.

93 「陳士大夫相接禮啓」,『厖村先生文集』別集 1, 啓, 217~218쪽.

94 『태종실록』 권27, 태종 14년 6월 무진.

95 동상.

96 『태종실록』 권28, 태종 14년 9월 병술.

97 『태종실록』 권29, 태종 15년 1월 갑인.

98　『태종실록』권28, 태종 14년 10월 무자.

99　동상.

100　『태종실록』권29, 태종 15년 4월 경진.

101　『태종실록』권29, 태종 15년 5월 계축.

102　『태종실록』권29, 태종 15년 6월 갑신.

103　『태종실록』권29, 태종 15년 6월 정축.

104　『태종실록』권30, 태종 15년 11월 경자.

105　『태종실록』권30, 태종 15년 12월 병술.

106　『태종실록』권31, 태종 16년 3월 무신.

107　『태종실록』권31, 태종 16년 6월 임오.

108　동상.

109　동상.

110　「請汰冗官啓」,『厖村先生文集』別集 1, 啓, 225~226쪽.

111　「請朝官子弟敍用啓」,『厖村先生文集』別集 1, 啓, 226~227쪽.

112　「請前銜叅外者敍用啓」,『厖村先生文集』別集 1, 啓, 228쪽.

113　『태종실록』권32, 태종 16년 9월 임자.

114　『태종실록』권32, 태종 16년 9월 계축.

115　동상.

116　『태종실록』권 32, 태종 16년 11월 기축.

117　연보 1, 831~832쪽.

118　『태종실록』권33, 태종 17년 2월 을축.

119　『태종실록』권33, 태종 17년 2월 기묘.

120　연보, 832쪽.

121　『태종실록』권33, 태종 17년 6월 계축.

122　「明使作弊狀況報告」,『厖村先生文集』元集 下, 報告, 184~185쪽.

123　연보 1, 833쪽.

124　『태종실록』권34, 태종 17년 12월 갑신.

125　『태종실록』권35, 태종 18년 1월 임술.

126　연보 1, 834쪽.

127　『태종실록』권35, 태종 18년 5월 기미.

128　『태종실록』권35, 태종 18년 5월 경신.

129　동상.

130　동상.

131　연보 1, 836쪽.

132　태종은 "황희는 이미 늙었으니, 오로지 세자에게 쓰이기를 바라지는 않
　　　겠으나, 다만 자손의 계책을 위해 세자에게 아부하고 묻는 데 바른대로
　　　대답하지 않았기 때문에 이제 폐해 서인으로 삼았으니, 인신으로서 어찌
　　　두 가지 마음을 가지고 있겠는가?"라고 했다.(『태종실록』권35, 태종 18년
　　　5월 갑자)

133　『태종실록』권35, 태종 18년 5월 경신.

134　실은 남원 부내가 아니고 남원부의 속현인 장수읍(長水邑) 선창리(仙倉里)
　　　가 유배지였다. 지금도 선창리 앞뜰을 '황정(黃政)들' 또는 '방촌들'이라
　　　고 부른다. 황희는 1418년 5월 11일에 교하로 유배되었다가 보름 후인
　　　5월 27일에 선창리로 이배와서 3년 9개월간 우거하다가 1422년 2월에
　　　불려 올라갔다. 그러다가 1693년(숙종 19년)에 장수 현감 민진숭(閔鎭崇)
　　　이 주동이 되어 창계원(倉溪院)을 세우고 황희를 주사(主祀)로 모셨다.(연
　　　보 1, 838~840쪽)

135　『태종실록』권35, 태종 18년 5월 정축.

136　연보 1, 837~838쪽.

137　동상, 837쪽.

138　『세종실록』권1, 세종 즉위년 10월 갑진.

139　연보 1, 841쪽.

140　연보 1, 842쪽.

141　『세종실록』권4, 세종 1년 5월 계축.

## 3 세종을 보좌해 태평성대를 열다

1    『세종실록』권1, 총서.

2    이숭녕, 『세종대왕의 학문과 사상』(아세아문화사, 1981), 82~106쪽.

3    동상.

4    이성무, 「세종 대의 역사와 문화」, 『세종 시대의 문화』(한국정신문화연구원, 1981) 참조.

5    동상.

6    이숭녕, 『세종대왕의 학문과 사상』, 132~143쪽.

7    동상.

8    동상.

9    최승희, 「집현전 연구(상)」, 《역사학보》 제32집(1966), 2쪽.

10   동상, 11~15쪽.

11   『세종실록』권63, 세종 16년 3월 정유.

12   최승희, 「집현전 연구(상)」, 16~18쪽.

13   "多置書籍 更日而會 講論經籍 以備顧問."(『정종실록』권1, 정종 1년 3월 갑신)

14   『세종실록』권11, 세종 3년 3월 무자.

15   李季甸, 「集賢殿藏書頌」(『東文選』 5卷(민족문화추진위원회, 1968)).

16   『세종실록』권101, 세종 25년 7월 경오.

17   동상.

18   동상.

19   최승희, 「집현전 연구(상)」, 45쪽.

20   한만영, 「세종의 음악적 업적」, 『세종조 문화의 재인식』(한국정신문화연구원, 1982), 54쪽.

21   이혜구, 「세종조 음악 문화의 현대사적 재인식」, 『세종문화연구(2)』(한국정신문화연구원, 1984), 283~285쪽.

22   한만영, 「세종의 음악적 업적」, 56~57쪽.

23   『세종실록』권126, 세종 31년 6월 정사.

24   『세종실록』권49, 세종 12년 9월 기유.

25   『세종실록』권59, 세종 15년 1월 을묘.

26   이혜구,「세종조 음악 문화의 현대사적 재인식」, 288~290쪽.

27   한만영,「세종의 음악적 업적」, 58쪽.

28   이혜구,「세종조 음악 문화의 현대사적 재인식」, 302쪽.

29   『세종실록』권6, 세종 1년 12월 정축.

30   강신항,「세종조의 어문 정책」,『세종문화연구(2)』(한국정신문화연구원,
     1984), 13쪽.

31   이동욱 기자와 라이너 도멜스(독)와의 대담,「저승의 세종대왕은 한글 전
     용을 개탄한다.」,《월간조선》1999년 5월호, 469~476쪽.

32   이숭녕,『세종대왕의 학문과 사상』, 233~235쪽.

33   강신항,「세종조의 어문 정책」, 27, 46쪽.

34   이숭녕,『세종대왕의 학문과 사상』, 26~34쪽.

35   유창균,『『몽고운략(蒙古韻略)』과『사성통고(四聲通攷)』의 연구』(형설출판사,
     1974) 참조.

36   강신항,「세종조의 어문 정책」, 32-40쪽.

37   동상.

38   동상, 51쪽.

39   동상, 51~55쪽.

40   『세종실록』지리지 평양부.

41   이성무,「조선 시대의 왕권」, 조선시대사학회 편,『동양 삼국의 왕권과
     관료제』(국학자료원, 1998), 57~61쪽.

42   『세종실록』권95, 세종 24년 3월 계해.

43   홍이섭,『세종대왕』(세종대왕기념사업회, 1971), 94~102쪽.

44   『세종실록』권15, 세종 4년 2월 기해.

45   『세종실록』권15, 세종 4년 2월 정미.

46   『세종실록』권15, 세종 4년 2월 기유.

47    동상.

48    『세종실록』 권15, 세종 4년 3월 을해.

49    『세종실록』 권18, 세종 4년 10월 정유.

50    『세종실록』 권18, 세종 4년 10월 임자.

51    『세종실록』 권19, 세종 5년 3월 기축.

52    『세종실록』 권20, 세종 5년 5월 병오.

53    『세종실록』 권21, 세종 5년 7월 갑오.

54    『세종실록』 권22, 세종 5년 12월 무오.

55    『세종실록』 권23, 세종 6년 2월 임자.

56    『세종실록』 권24, 세종 6년 6월 계해.

57    『세종실록』 권27, 세종 7년 3월 신미.

58    『세종실록』 권27, 세종 7년 3월 경인.

59    『세종실록』 권28, 세종 7년 5월 신묘.

60    『세종실록』 권28, 세종 7년 5월 경인.

61    『세종실록』 권31, 세종 8년 2월 임신.

62    『세종실록』 권31, 세종 8년 2월 갑술.

63    『세종실록』 권32, 세종 8년 5월 병오.

64    연보 1, 860쪽.

65    『세종실록』 권32, 태종 8년 5월 경술.
      「請沈溫妻安氏免賤書」, 『尨村先生文集』 別集 4, 儀, 638쪽.

66    『세종실록』 권32, 세종 8년 6월 갑술.

67    『세송실록』 권35, 세종 9년 1월 갑인. 『문종실록』 본전에는 좌의정 겸
      영집현전사세자사에 임명되었다고 되어 있다.(연보 1, 862쪽)

68    『세종실록』 권36, 세종 9년 4월 기묘.

69    『세종실록』 권36, 세종 9년 5월 무술.

70    『세종실록』 권36, 세종 9년 6월 갑술.

71    동상.

72  『세종실록』권36, 세종 9년 6월 을해.

73  『세종실록』권36, 세종 9년 6월 무인.

74  동상.

75  『세종실록』권37, 세종 9년 7월 경인.

76  『세종실록』권37, 세종 9년 7월 신축.

77  동상.

78  동상.

79  『세종실록』권38, 세종 9년 10월 신유.

80  『세종실록』권38, 세종 9년 10월 임술.

81  『세종실록』권38, 세종 9년 10월 임오.

82  『세종실록』권38, 세종 9년 11월 갑오.

83  『세종실록』권38, 세종 9년 11월 신해.

84  『세종실록』권39, 세종 10년 1월 무술.

85  『세종실록』권39, 세종 10년 1월 기해.

86  『세종실록』권39, 세종 10년 2월 갑자.

87  『세종실록』권40, 세종 10년 6월 을미.

88  동상.

89  『세종실록』권40, 세종 10년 6월 병오.

90  『세종실록』권42, 세종 10년 10월 임인.

91  『세종실록』권42, 세종 10년 11월 정묘.

92  연보 1, 881쪽.

93  『세종실록』권44, 세종 11년 5월 병진.

94  『세종실록』권46, 세종 11년 10월 계미.

95  『세종실록』권47, 세종 12년 1월 을축.

96  동상.

97  『세종실록』권48, 세종 12년 4월 병술.

98  『세종실록』권48, 세종 12년 4월 병신.

99　『세종실록』권49, 세종 12년 8월 무인. 연보 1, 904쪽.

100　연보 1, 906쪽.

101　『세종실록』권50, 세종 12년 11월 신해. 황희 본전과 구실기(舊實記)·구
　　연보(舊年譜)에는 12월에 파직되어 파주 반구정(伴鷗亭)으로 물러나 휴양
　　한 것으로 기록되어 있으나 실록에 의하면 사실이 아니다.(연보 1, 910쪽)

102　『세종실록』권50, 세종 12년 11월 무오.

103　『세종실록』권50, 세종 12년 11월 신유.

104　동상.

105　『세종실록』권52, 세종 13년 4월 을묘.

106　『세종실록』권53, 세종 13년 9월 갑자.

107　『세종실록』권53, 세종 13년 9월 기사.

108　동상.

109　동상.

110　「辭領議政書」,『厖村先生文集』元集 上, 19~20쪽.

111　동상.

112　「陳六曹郎官久任之法議」,『厖村先生文集』外集 下, 議, 711쪽.

113　『세종실록』권54, 세종 13년 11월 신미.

114　연보 1, 922쪽.

115　『세종실록』권54, 세종 13년 11월 갑술.

116　「陳命婦職制啓」,『厖村先生文集』別集 1, 啓, 258쪽.

117　『세종실록』권55, 세종 14년 2월 신묘.

118　「啓請別設吉州土官」, 연보 2, 930쪽.

119　『세종실록』권55, 세종 14년 3월 을축.

120　『세종실록』권55, 세종 14년 3월 경오.

121　『세종실록』권56, 세종 14년 4월 경자.

122　동상.

123　동상.

124 『세종실록』권56, 세종 14년 4월 신축.

125 『세종실록』권56, 세종 14년 4월 무신.

126 『세종실록』권56, 세종 14년 4월 계축.

127 동상.

128 『세종실록』권56, 세종 14년 5월 경신.

129 『세종실록』권56, 세종 14년 5월 무진.

130 『세종실록』권57, 세종 14년 7월 계미.

131 『세종실록』권57, 세종 14년 8월 갑인.

132 동상.

133 「議陳文武樂舞之制」, 연보 2, 959쪽.

134 『세종실록』권57, 세종 14년 9월 병진.

135 『세종실록』권57, 세종 14년 9월 임술.

136 「請革除各官奴婢啓」, 『厖村先生文集』別集 1, 啓, 261쪽.

137 『세종실록』권57, 세종 14년 9월 임신.

138 동상.

139 「陳會禮用樂之制啓」, 『厖村先生文集』別集 1, 啓, 262~263쪽.

140 『세종실록』권57, 세종 14년 9월 을유.

141 『세종실록』권58, 세종 14년 10월 계사.

142 『세종실록』권58, 세종 14년 10월 을미.

143 「陳原廟用樂之制議」, 『厖村先生文集』別集 4, 議, 593~594쪽.

144 『세종실록』권58, 세종 14년 10월 경술.

145 『세종실록』권58, 세종 14년 11월 무오.

146 동상.

147 『세종실록』권58, 세종 14년 11월 경오.

148 『세종실록』권58, 세종 14년 12월 임진.

149 『세종실록』권58, 세종 14년 12월 갑오.

150 연보 2, 977쪽.

151 연보 2, 983~984쪽.

152 「陳鎭撫所之制啓」, 『厖村先生文集』 別集 1, 啓.

153 연보 2, 986쪽.

154 동상, 992쪽.

155 연보 2, 1021~1022쪽.

156 동상.

157 동상, 1023~1024쪽.

158 『세종실록』 권61, 세종 15년 7월 계해.

159 『세종실록』 권61, 세종 15년 7월 병인.

160 『세종실록』 권61, 세종 15년 7월 무진.

161 『세종실록』 권61, 세종 15년 7월 임신.

162 『세종실록』 권61, 세종 15년 7월 경진.

163 연보 2, 1029~1030쪽.

164 『세종실록』 권61, 세종 15년 8월 정유.

165 『세종실록』 권61, 세종 15년 8월 병오.

166 『세종실록』 권61, 세종 15년 윤8월 갑자.

167 『세종실록』 권61, 세종 15년 9월 을미.

168 동상.

169 『세종실록』 권63, 세종 16년 1월 무술.

170 동상.

171 『세종실록』 권63, 세종 16년 1월 병오.

172 『세종실록』 권63, 세종 16년 3월 계사.

173 동상.

174 연보 3, 1088쪽.

175 『세종실록』 권67, 세종 17년 3월 임오.

176 「辭領議政府事疏」, 『厖村先生文集』 元集 疏, 36쪽.

177 『세종실록』 권69, 세종 17년 9월 정해.

178 『세종실록』 권70, 세종 17년 12월 무신.

179 『세종실록』 권72, 세종 18년 4월 신유.

180 『세종실록』 권72, 세종 18년 5월 정해.

181 『세종실록』 권73, 세종 18년 윤6월 갑신.

182 동상.

183 『세종실록』 권76, 세종 19년 2월 신사.

184 『세종실록』 권77, 세종 19년 4월 경신.

185 『세종실록』 권80, 세종 20년 2월 병인.

186 『세종실록』 권80, 세종 20년 2월 기사.

187 『세종실록』 권80, 세종 20년 3월 병술.

188 동상.

189 『세종실록』 권81, 세종 20년 4월 을축.

190 『세종실록』 권81, 세종 20년 4월 정묘.

191 동상.

192 『세종실록』 권85, 세종 21년 6월 정해.

193 「寄都承旨金公墩」, 『厖村先生文集』 元集 上, 詩, 6쪽.

194 『세종실록』 권85, 세종 21년 6월 정해.

195 『세종실록』 권85, 세종 21년 6월 무자.

196 『세종실록』 권86, 세종 21년 7월 경술.

197 『세종실록』 권86, 세종 21년 7월 을해.

198 『세종실록』 권89, 세종 22년 4월 갑술.

199 『세종실록』 권89, 세종 22년 5월 계축.

200 『세종실록』 권89, 세종 22년 6월 기축.

201 『세종실록』 권90, 세종 22년 7월 계축.

202 『세종실록』 권91, 세종 22년 10월 신사.

203 『세종실록』 권91, 세종 22년 11월 경자.

204 『세종실록』 권91, 세종 22년 12월 기축.

205　동상.

206　『세종실록』 권91, 세종 22년 12월 경인.

207　『세종실록』 권93, 세종 23년 7월 정사.

208　『세종실록』 권93, 세종 23년 7월 갑자.

209　『세종실록』 권93, 세종 23년 8월 갑신.

210　『세종실록』 권93, 세종 23년 8월 정해.

211　「請勿令世子攝治啓」,『厖村先生文集』 元集 下, 啓, 120쪽.

212　『세종실록』 권97, 세종 24년 8월 임자.

213　『세종실록』 권100, 세종 25년 4월 경자.

214　『세종실록』 권100, 세종 25년 4월 임인.

215　동상.

216　『세종실록』 권100, 세종 25년 4월 을사.

217　「陳世子受朝之制啓」,『厖村先生文集』 別集 3, 啓, 500쪽.
　　　『세종실록』 권100, 세종 25년 5월 병진.

218　『세종실록』 권101, 세종 25년 7월 무진.

210　『세종실록』 권102, 세종 25년 12월 갑신.

220　『세종실록』 권107, 세종 27년 3월 무술.

## 4 조선의 위상을 다진 노련한 외교술

1　1419년에 삼군도 체찰사 이종무(李從茂) 등은 전선 227척, 군사 1만 7000명을 거느리고 대마도를 쳐 항복을 받고 평화 관계를 수립했다.

2　『문종실록』 권5, 문종 1년 정월 무신.

3　국사편찬위원회,『신편 한국사』(국사편찬위원회, 1995), 158쪽.

4　이성무·이희진,『다시 보는 한국사』, 305쪽.

5　동상.

6　『세종실록』 권62, 세종 15년 11월 19일.

7　국사편찬위원회,『신편 한국사』, 168쪽.

8  『세종실록』 권94, 세종 23년 윤11월 기사.

   『세종실록』 권111, 세종 28년 1월 계유.

9  『세종실록』 권45, 세종 11년 9월 정묘.

10  『세종실록』 권58, 세종 14년 12월 갑오.

11  동상.

12  『세종실록』 권58, 세종 14년 12월 을미.

13  『세종실록』 권58, 세종 14년 12월 병오.

14  동상.

15  동상.

16  『세종실록』 권59, 세종 15년 1월 계해.

17  『세종실록』 권59, 세종 15년 1월 을축.

18  동상.

19  『세종실록』 권59, 세종 15년 1월 정묘.

20  동상.

21  『세종실록』 권59, 세종 15년 1월 기사.

22  『세종실록』 권59, 세종 15년 2월 신축.

23  『세종실록』 권59, 세종 15년 2월 갑진.

24  연보 2, 987~988쪽.

25  동상, 988쪽.

26  동상, 990쪽.

27  동상, 994쪽.

28  『세종실록』 권59, 세종 15년 2월 임자.

29  연보 2, 996~998쪽.

30  『세종실록』 권59, 세종 15년 3월 정묘.

31  동상.

32  『세종실록』 권60, 세종 15년 4월 경술.

33  『세종실록』 권60, 세종 15년 5월 을묘.

34　동상.

35　『세종실록』권60, 세종 15년 5월 병진.

36　『세종실록』권60, 세종 15년 5월 기미.

37　동상.

38　동상.

39　『세종실록』권60, 세종 15년 5월 임신.

40　『세종실록』권60, 세종 15년 5월 계유.

41　『세종실록』권60, 세종 15년 5월 갑술.

42　「請改報明戰捷書辭意啓」,『厖村先生文集』元集 下, 啓.

43　『세종실록』권60, 세종 15년 5월 경진.

44　『세종실록』권60, 세종 15년 6월 정해.

45　『세종실록』권60, 세종 15년 6월 임진.

46　『세종실록』권60, 세종 15년 6월 기해.

47　『세종실록』권60, 세종 15년 6월 신축.

48　『세종실록』권60, 세종 15년 6월 을사.

49　『세종실록』권60, 세종 15년 6월 경술.

50　『세종실록』권61, 세종 15년 7월 계축.

51　동상.

52　『세종실록』권61, 세종 15년 8월 갑오.

53　동상.

54　『厖村先生文集』外集 下, 議, 鎭守.

55　『세종실록』권61, 세종 15년 8월 정유.

56　동상.

57　동상.

58　『세종실록』권61, 세종 15년 8월 경술.

59　동상.

60　동상.

61  『세종실록』 권61, 세종 15년 윤8월 무진.

62  동상.

63  『세종실록』 권61, 세종 15년 윤8월 경오.

64  『세종실록』 권61, 세종 15년 윤8월 기묘.

65  『세종실록』 권61, 세종 15년 9월 기축.

66  동상.

67  『세종실록』 권62, 세종 15년 10월 무인.

68  동상.

69  『세종실록』 권62, 세종 15년 11월 경인.

70  동상.

71  동상.

72  『세종실록』 권62, 세종 15년 11월 신묘.

73  동상.

74  동상.

75  동상.

76  『세종실록』 권62, 세종 15년 11월 경자.

77  『세종실록』 권62, 세종 15년 12월 을축.

78  『세종실록』 권63, 세종 16년 1월 갑신.

79  『세종실록』 권63, 세종 16년 1월 경인.

80  동상.

81  동상.

82  『세종실록』 권64, 세종 16년 4월 기유.

83  『세종실록』 권64, 세종 16년 4월 계유.

84  『세종실록』 권64, 세종 16년 5월 갑신.

85  『세종실록』 권64, 세종 16년 5월 계사.

86  『세종실록』 권64, 세종 16년 5월 갑오.

87  동상.

88 「陳朔州昌城煥官方策議」, 『厖村先生文集』 元集 下, 議, 146쪽.

89 『세종실록』 권64, 세종 16년 6월 병오.

90 동상.

91 연보 3, 1097~1098쪽.

92 동상.

93 동상.

94 『세종실록』 권64, 세종 16년 6월 을해.

95 동상.

96 동상.

97 『세종실록』 권65, 세종 16년 8월 기유.

98 동상.

99 『세종실록』 권65, 세종 16년 8월 기미.

100 동상.

101 『세종실록』 권65, 세종 16년 8월 신유.

102 『세종실록』 권65, 세종 16년 8월 경오.

103 동상.

104 『세종실록』 권65, 세종 16년 9월 임오.

105 『세종실록』 권65, 세종 16년 9월 을유.

106 『세종실록』 권66, 세종 16년 10월 임자.

107 『세종실록』 권66, 세종 16년 10월 병인.

108 『세종실록』 권66, 세종 16년 12월 무오.

109 『세종실록』 권68, 세종 17년 5월 기묘.

110 『세종실록』 권68, 세종 17년 6월 임자.

111 『세종실록』 권68, 세종 17년 6월 계축.

112 『세종실록』 권69, 세종 17년 7월 을유.

113 「再陳野人萬皮生哥等遣還之策議」, 『厖村先生文集』 元集 下, 議, 159쪽.

114 『세종실록』 권69, 세종 17년 7월 갑오.

115 『세종실록』 권72, 세종 18년 5월 기축.

116 『세종실록』 권74, 세종 18년 7월 신해.

117 『세종실록』 권74, 세종 18년 9월 병신.

118 연보 3, 1129쪽.

119 동상, 1132~1133쪽.

120 『세종실록』 권74, 세종 18년 9월 정미.

121 『세종실록』 권75, 세종 18년 11월 신해.

122 『세종실록』 권77, 세종 19년 5월 을사.

123 동상.

124 동상.

125 『세종실록』 권78, 세종 19년 7월 기축.

126 『세종실록』 권78, 세종 19년 7월 정유.

127 『세종실록』 권78, 세종 19년 9월 병신.

128 『세종실록』 권80, 세종 20년 1월 을미.

129 『세종실록』 권82, 세종 20년 7월 계미.

130 『세종실록』 권94, 세종 23년 11월 갑인.

131 『세종실록』 권94, 세종 23년 10월 경진.

132 『세종실록』 권94, 세종 23년 11월 을묘.

133 『세종실록』 권94, 세종 23년 12월 병진.

134 『세종실록』 권94, 세종 23년 12월 기미.

135 『세종실록』 권94, 세종 23년 12월 임술.

136 『세종실록』 권95, 세종 24년 1월 계유.

137 『세종실록』 권95, 세종 24년 1월 을해.

138 『세종실록』 권96, 세종 24년 6월 신묘.

139 『세종실록』 권96, 세종 24년 6월 임진.

140 『세종실록』 권96, 세종 24년 6월 갑오.

141 1442년 8월 1일에 영의정 황희 등이 김효성을 함길도 도절제사로 천거

했다.(연보 4, 1266쪽)

142 『세종실록』권98, 세종 24년 11월 갑자.

143 『세종실록』권98, 세종 24년 12월 정해.

144 동상.

145 『세종실록』권103, 세종 26년 2월 임오.

146 『세종실록』권105, 세종 26년 8월 신해.

147 동상.

148 『세종실록』권105, 세종 26년 8월 기미.
「請赦邊將崔浣殺降之罪啓」, 『厖村先生文集』外集 上, 啓, 696쪽.

149 『세종실록』권112, 세종 28년 5월 계미.

150 『세종실록』권45, 세종 11년 7월 임술

151 『세종실록』권45, 세종 11년 7월 갑술.

152 『세종실록』권45, 세종 11년 9월 갑진.

153 『세종실록』권53, 세종 13년 8월 신해.

154 『세종실록』권53, 세종 13년 8월 경신.

155 동상.

156 동상.

157 『세종실록』권56, 세종 14년 5월 무인.

158 『세종실록』권56, 세종 14년 6월 경인.

159 『세종실록』권58, 세종 14년 11월 계유.

160 동상.

161 『세종실록』권61, 세종 15년 윤8월 무오.

162 「請遣醫問疾于明使啓」, 『厖村先生文集』元集 下.

163 『세종실록』권61, 세종 15년 윤8월 임신.

164 동상.

165 『세종실록』권61, 세종 15년 윤8월 임신.

166 동상.

167 『세종실록』권61, 세종 15년 윤8월 갑술.

168 동상.

169 『세종실록』권61, 세종 15년 윤8월 무인.

170 『세종실록』권61, 세종 15년 윤8월 기묘.

171 동상.

172 『세종실록』권61, 세종 15년 9월 병신.

173 동상.

174 『세종실록』권61, 세종 15년 9월 경자.

175 동상.

176 『세종실록』권62, 세종 15년 10월 임술.

177 『세종실록』권62, 세종 15년 11월 을사.

178 『세종실록』권62, 세종 15년 12월 신유.

179 『세종실록』권62, 세종 15년 12월 임술.

180 『세종실록』권62, 세종 15년 12월 계해.

181 『세종실록』권63, 세종 16년 1월 무자.

182 『세종실록』권63, 세종 16년 3월 정미.

183 『세종실록』권64, 세종 16년 5월 무자.

184 『세종실록』권96, 세종 24년 5월 계해.

185 『세종실록』권106, 세종 26년 10월 정사.

186 동상

187 『세종실록』권113, 세종 28년 8월 경술.

188 『세종실록』권63, 세종 16년 3월 갑신.

189 『세종실록』권64, 세종 16년 4월 기미.

190 『세종실록』권64, 세종 16년 4월 기사.

191 『세종실록』권64, 세종 16년 5월 정해.

192 『세종실록』권64, 세종 16년 6월 기사.

193 동상.

194  『세종실록』권65, 세종 16년 8월 기유.

195  『세종실록』권67, 세종 17년 2월 기유.

196  『세종실록』권76, 세종 19년 3월 계사.

197  『세종실록』권84, 세종 21년 윤 2월 계사.

198  『세종실록』권94, 세종 23년 11월 갑인.

199  『세종실록』권94, 세종 23년 11월 을묘.

200  『세종실록』권98, 세종 24년 12월 임인.

201  『세종실록』권101, 세종 25년 7월 갑인.

202  『세종실록』권101, 세종 25년 7월 경신.

203  『세종실록』권101, 세종 25년 7월 계해.

204  『세종실록』권102, 세종 25년 10월 계묘.

205  『세종실록』권102, 세종 25년 12월 정유.

206  『세종실록』권106, 세종 26년 10월 병인.

207  『세종실록』권106, 세종 26년 11월 병자.

208  동상.

209  『세종실록』권107, 세종 27년 2월 신해.

210  『세종실록』권 108, 세종 27년 4월 갑인.

## 5 명재상 황희, 세상을 떠나다

1  『세종실록』권108, 세종 27년 6월 신유.

2  『세종실록』권109, 세종 27년 7월 신사.

3  『세종실록』권111, 세종 28년 3월 임진.

4  연보 4, 1307쪽.

5  동상, 1309쪽.

6  『세종실록』권113, 세종 28년 7월 을미.

7  『세종실록』권119, 세종 30년 3월 계축.

8  『세종실록』권121, 세종 30년 7월 22일.

9   「請罷佛堂之建疏」,『厖村先生文集』元集 上, 疏, 49~52쪽.

      『세종실록』권121, 세종 30년 7월 병오.

10   『세종실록』권124, 세종 31년 5월 병오.

11   『세종실록』권125, 세종 31년 7월 경인.

12   "朝野莫不惜其退 然國有大事則 上遣近侍 必就問而決焉 上母(每)以先生 識局宏深 善斷大事 至比之著龜權衝(衡)."(연보 4, 舊實記 及 舊年譜, 1335쪽)

13   "命給二品祿以終身."(연보 4, 1335쪽)

14   『세종실록』권126, 세종 31년 10월 임자.

15   『문종실록』권3, 문종 즉위년 9월 계묘.

16   『세종실록』권127, 세종 32년 2월 임진.

      연보 4, 1335쪽.

17   『문종실록』권6, 문종 1년 2월 신미.

18   동상.

19   연보 4, 1336쪽.『문종실록』권12, 문종 2년 2월 임신.

20   연보 4, 1336쪽.『문종실록』권12, 문종 2년 2월 병자.

21   『문종실록』권12, 문종 2년 2월 임신.

22   『문종실록』권12, 문종 2년 2월 병자.

      「文宗祖賜祭文」,『厖村先生文集』권13, 附錄 上, 1345~1346쪽.

23   『문종실록』권13, 문종 2년 4월 갑술.

24   『단종실록』권2, 단종 즉위년 7월 을미.

25   연보 4, 1337쪽.

26   동상.

27   동상, 1338쪽.

28   동상.

29   동상, 1339쪽.

30   동상, 1340쪽.

31   동상.

32  동상.

33  동상, 1341쪽.

34  동상, 1342쪽.

35  동상.

36  동상, 1343쪽.

37  동상, 1343~1344쪽.

38  동상, 1344쪽.

39  『세보』권1, 舊序文, 6쪽.

40  申叔舟,「翼成公(庵村諱喜)神道碑銘(舊碑文)」.

    金甯漢,「翼成公諱喜神道碑銘(新碑文)」.

    「翼成公諱 喜 神道碑銘(新竪碑文)」.

    申叔舟,「翼成公諱喜墓誌銘」.

41  이행의 자는 덕이(德伊)요, 호는 기우자(騎牛子)이며, 시호는 문절공(文節
    公)이다. 공민왕 때에 벼슬이 대제학에 이르렀으며, 문장이 뛰어났다. 고
    려 말에 사관(史官)들이 이성계가 두려워 사초를 고쳐서 제출했는데, 이
    행 만은 고치지 않고 그대로 제출한 것으로 유명하다.(金宗直,「胡安公諱致
    身神道碑銘幷序」,『세보』제11편 墓碑文, 21쪽)

42  金宗直,「胡安公諱致身神道碑銘幷序」,『세보』권1, 墓碑文, 212쪽.

43  동상.

44  동상, 213쪽.

45  동상.

46  동상, 214쪽.

47  동상.

48  동상.

49  『세보』권1, 胡安公派. 2~3쪽.

50  동상, 3쪽.

51  『세보』권1, 墓碑文, 215쪽.

52 동상, 216쪽.

53 『세보』 권1, 胡安公派, 2쪽.

54 金國光, 「少尹公諱保身 墓碣陰記」, 『세보』 권1, 墓碑文, 217~218쪽.
『세보』 권1, 少尹公派, 4쪽.

55 朴能緖, 『韓國系行譜』, 天 光山金氏(寶庫社, 1992), 603쪽.

56 『세보』 권1, 少尹公派, 4~6쪽.
朴能緖, 『韓國系行譜』, 天 光山金氏, 603~604쪽.

57 李承召, 「烈成公諱守身神道碑銘幷序」, 『세보』 권1, 墓碑文, 218~230쪽.

58 『세보』 권1, 烈成公派, 6~7쪽.

59 18세손 黃迪淵, 「烈成公諱守身神道碑 追記」, 『세보』 권1, 墓碑文,
231~233쪽.

60 동상, 63쪽.

61 동상, 66~67쪽.

62 동상, 68쪽.

63 동상, 6~7쪽.

64 동상, 7쪽.

65 동상, 8쪽.

66 동상, 68~69쪽.

67 동상, 8쪽.

68 동상.

69 『세보』 권1, 墓碑文, 233~598쪽.

70 『세보』 권1, 兵使公派, 10쪽.

71 동상.

72 『세보』 권 1, 兵使公派, 10쪽.

73 洪瑞鳳, 「文貞公諱廷彧神道碑銘」, 『세보』 권1, 墓碑文, 382~400쪽.

74 黃仁東, 「贈議政府左贊成公諱廷喆墓碣銘幷序」, 『세보』 권1, 墓碑文,
401~403쪽.

『세보』권1, 兵使公派, 10쪽.

75　李興中, 「護軍公諱鶴墓碣銘幷序」, 『세보』권1, 墓碑文, 255쪽.

76　동상, 13~14쪽.

77　동상, 14쪽.

78　李興中, 「護軍公諱鶴墓碣銘」, 『세보』권1, 墓碑文, 255~258쪽.『세보』
　　권1, 錄事公派, 13쪽.

79　宋曾憲, 「僉知中樞府事黃公諱謹墓碣文」, 『세보』권1, 墓碑文,
　　404~406쪽.
　　『세보』권1, 錄事公派, 13쪽.

80　『세보』권2, 護軍公派, 21~22쪽.

81　李炳觀, 「判書公諱嗣壽神道碑銘」, 『세보』권1, 墓碑文, 321~326쪽.

82　동상.

83　동상, 羅州昆派, 98~100쪽.

84　동상, 98쪽.

85　순원은 충신 장순(張巡)을 말하며, 회양은 그가 절사한 성을 말한다.

86　奇宇萬, 「兩蹇堂諱大中墓碣銘」, 『세보』권1, 墓碑文, 355~360쪽.
　　『세보』권1, 羅州公派, 98쪽.

87　동상, 98쪽.

88　『세보』권1, 監察公派, 15쪽.

89　趙寅永, 「良靖公諱事孝墓碣陰記」, 『세보』권1, 墓碑文, 236~237쪽.
　　『세보』권1, 良靖公派, 16쪽.

90　「贈左議政黃公諱允恭墓碣陰記」, 『세보』권1, 墓碑文, 275~277쪽.

91　宋秉璿, 「承旨諱迪墓碣陰記」, 『세보』권1, 墓碑文, 328~331쪽.
　　『세보』권1, 良靖公派, 18쪽.

92　張維, 「武愍公諱進神道碑銘」, 『세보』권1, 墓碑文, 331~338쪽.

93　黃景源, 「武愍公諱進墓誌銘」, 『세보』권1, 墓碑文, 346~352쪽.

94　張維, 「武愍公諱進神道碑銘」, 『세보』권1, 墓碑文, 331~338쪽.

95  黃景源,「武愍公諱進墓誌銘」,『세보』권1, 墓碑文, 346~352쪽.

96  宋俊浩,「武愍公黃進將軍梨峴大捷碑」,『세보』권1, 墓碑文, 342~346쪽.

97  張維,「武愍公諱進神道碑銘」,『세보』권1, 墓碑文, 331~338쪽.

98  동상, 良靖公派, 20쪽.

99  黃瑩,「貞敬夫人眞州蘇氏墓碑」,『세보』권1, 墓碑文, 352~355쪽.

100 『세보』권1, 良靖公派, 21쪽.

101 동상, 22쪽.

102 18대손 黃仁德,「通政大夫工曹叅議公諱事恭墓碣文」,『세보』, 권1, 墓碑
    文, 237~238쪽.

    黃義敦,「承旨公諱事敬墓表」,『세보』권1, 墓碑文, 238~241쪽.

    『세보』권1, 叅議公派, 24쪽.

103 蔡世英,「通政大夫行昌平縣令黃公諱事敬墓誌」,『세보』권1, 墓碑文, 240쪽.

    后孫 黃義敦,「承旨公諱事敬墓表」,『세보』권1, 墓碑文, 238~239쪽.

    『세보』권1, 平昌縣令公派, 25쪽.

104 『세보』권1, 平昌縣令公派, 30쪽.

105 黃敦淵,「通信使松堂公諱允吉碑文」,『세보』권1, 墓碑文, 282~284쪽.

106 『세보』권1, 昌平縣令公派, 31쪽.

107 黃義敦,「叅議公諱允宕墓表陰記」,『세보』권1, 墓碑文, 280~281쪽.

    『세보』권1, 昌平縣令公派, 29쪽.

    李德溫,「贈通政大夫工曹叅議行宣務郎軍子監主簿黃公允宕墓碣銘幷序」,
    『세보』권1, 墓碑文, 278~280쪽.

108 李好閔,「宣務郎禮賓寺直長贈通政大夫承政院左承旨兼經筵叅贊官黃公
    (葺)墓碣銘幷序」,『세보』권1, 墓碑文, 362~365쪽.

    「左承旨公諱葺行蹟碑」,『세보』권1, 墓碑文, 365~367쪽.

    『세보』권1, 昌平縣令公派, 29쪽.

109 安誠中,「贈叅判繕工監副正諱從兄神道碑銘幷序」,『세보』권1, 墓碑文,
    242~250쪽.

『세보』권1, 叅判公派, 33쪽.

110    朴重勳, 「贈吏曹判書長原君行金海府使諱瓘神道碑銘」, 『세보』권1, 墓碑 文, 263~270쪽.

    撰者未詳, 「貞夫人姜氏墓表」, 『세보』권1, 墓碑文, 270~271쪽.

    『세보』권1, 叅判公派, 33쪽.

111    黃蘭善, 「昭襄公諱孟獻墓碑銘幷序」, 『세보』권1, 墓碑文, 285~293쪽.

112    『세보』권1, 叅判公派, 33쪽.

113    黃魚淵, 「主簿牧翁公諱協卑文」, 『세보』권1, 墓碑文, 369~370쪽.

114    동상, 34쪽.

115    黃輔善, 「星州公諱怡墓表」, 『세보』권1, 墓碑文, 370~371쪽.

116    安誠中, 「弘文館郊理諱汝獻墓碣銘」, 『세보』권1, 墓碑文, 294~296쪽.

117    『세보』권1, 叅判公派, 36쪽.

118    鄭宗魯, 「畜翁公諱孝獻神道碑銘幷序」, 『세보』권1, 墓碑文, 297~306쪽.

119    鄭經世, 「贈承旨公諱忄登墓碣銘」, 『세보』권1, 墓碑文, 371~379쪽.

    『세보』권1, 叅判公派, 38쪽.

120    黃翼再, 「兵使公諱緝墓誌銘」, 『세보』권1, 墓碑文, 450~455쪽.

121    『세보』권1, 叅判公派, 276쪽.

122    동상.

123    鄭宗魯, 「白華齊公諱翼再墓碣銘」, 『세보』권1, 墓碑文, 539~546쪽.

124    동상, 276쪽.

125    李象靖, 「槃澗公諱紐墓碣銘幷序」, 『세보』권1, 墓碑文, 455~459쪽.

126    『세보』권1, 叅判公派, 282쪽.

127    동상.

128    동상, 290쪽.

129    동상.

130    동상, 282쪽.

131    玄孫 黃沈, 「陽城公 諱紳墓表」, 『세보』권1, 墓碑文, 460~461쪽.

132   『세보』권1, 僉判公派, 295~306쪽.

133   黃義福,「贈判決事公諱偉墓誌」,『세보』권1, 墓碑文, 462~463쪽.

134   『세보』권1, 僉判公派, 327쪽.

135   『세보』권1, 知禮公派, 42쪽.

136   黃源善,「晚悟公諱緬墓碣銘」,『세보』권1, 墓碑文, 463~467쪽.
      『세보』권1, 參奉公派, 336쪽.

137   姜渾,「長原君諱愼墓碣銘」,『세보』권1, 墓碑文, 251~253쪽.

138   『세보』권 1, 長原君派, 48쪽.

139   동상.

140   「江東縣監公諱純墓碣文」,『세보』권1, 墓碑文, 307쪽.

141   『세보』권1, 長原君派, 49~50쪽.

142   동상, 50쪽.

143   동상.

144   동상.

145   黃仁鵡,「中樞府都事黃公諱綸墓碣」,『세보』권1, 墓碑文, 308~309쪽.
      『세보』권1, 長原君派, 51쪽.

146   『세보』권1, 長原君派, 52쪽.

147   宋錫星,「僉知中樞公諱察墓碣文」,『세보』권1, 墓碑文, 253~255쪽.

148   『세보』권1, 知中樞府事公派, 63~64쪽.

149   동상 63쪽.

150   趙東漢,「察訪公諱轍墓碣銘幷序」,『세보』권1, 墓碑文, 311~314쪽.

151   동상, 53쪽.

152   동상, 55쪽.

153   동상, 56~57쪽.「博川郡守公諱禮昌墓碣文」,『세보』권1, 墓碑文,
      273~274쪽.

154   『세보』권1, 知中樞公派, 58쪽.

155   동상, 60쪽.

156 동상, 61쪽.

157 동상, 62쪽.

158 동상.

159 동상.

160 동상.

161 『세보』권2, 叅議公派, 1쪽.

162 『세보』권1, 吏曹叅議公派, 72~73쪽.

163 尹淳, 「禮曹叅判黃公諱爾章神道碑銘幷序」, 『세보』 권1, 墓碑文, 530~538쪽.

164 『세보』권1, 吏曹叅議公派, 73쪽.

165 동상, 74쪽.

166 『세보』권2, 11쪽.

167 『세보』권1, 文正公派, 78쪽.

168 동상.

169 동상.

170 동상.

171 동상.

172 동상, 79쪽.

173 동상.

174 동상.

175 『세보』권2, 21쪽.

176 동상, 24쪽.

177 동상.

178 동상, 23쪽.

179 동상, 25~26쪽.

180 동상.

181 동상, 27쪽.

182  『세보』 권1, 司直公派, 68~69쪽.

183  동상.

184  동상.

185  동상.

186  동상, 488쪽.

187  동상, 70쪽.

188  崔益鉉, 「衆判公諱暐神道碑銘幷序」, 『세보』 권1, 墓碑文, 438쪽.

189  동상, 442~443쪽.

190  동상, 443쪽.

191  동상. 『세보』 권1, 南原 大谷, 144쪽.

192  동상.

193  동상, 145쪽.

194  동상, 146~147쪽.

195  동상, 147쪽.

196  동상, 153쪽.

197  「司諫院獻納黃公諱愼默墓碑銘幷序」, 『세보』 권1, 墓碑文, 554~559쪽. 『세보』 권4, 南原大谷派, 79쪽.


## 6 황희를 논하다

1  1423년(세종 5년) 6월에 우의정이 되어 1448년(세종 30년) 8월 10일에 치사했으니 25년 2개월 동안 재상직에 있었으나, 태석균 사건으로 9개월간 파주 반구정에 은거한 기간을 빼면 24년 10개월이다.

2  「文宗祖賜祭文」, 『厖村先生文集』 附錄 上, 賜祭文, 1346쪽.

3  동상.

4  『세종실록』 권40, 세종 10년 6월 병오.

5  『세종실록』 권56, 세종 14년 4월 계축.

___ 연보

___ 1363년(공민왕 12년)

2월 10일 송경(松京) 가조리(可助里)에서 탄생하다.

___ 1376년(우왕 2년, 14세)

음서로 복안궁(福安宮) 녹사(錄事)에 제수되다.

___ 1379년(우왕 5년, 17세)

판사복시사 최안(崔安)의 딸에게 장가가다.

___ 1383년(우왕 9년, 22세)

사마시에 합격하다.

___ 1385년(우왕 11년, 24세)

진사시에 합격하다.

___ 1386년(우왕 12년, 25세)

최씨 부인이 세상을 떠나다.

___ 1388년(우왕 14년, 27세)

공조 전서 양진의 딸 청주 양씨와 재혼하다.

___ 1389년(공양왕 원년, 28세)

문과 제14인으로 급제하다.

___ 1390년(공양왕 2년, 29세)

성균학관(成均學官)에 보임되다.

___ 1392년(태조 1년, 31세)

태조가 경명행수지사(經明行修之士)로서 세자 우정자에 임명하다.

___ 1395년(태조 4년, 34세)

직예문 춘추관(直藝文春秋館)에서 사헌 감찰(司憲監察)·우습유(右拾遺)로 옮겨 가다.

___ 1397년(태조 6년, 36세)

장자 황치신이 태어나다.

11월 29일, 선공감(繕工監) 정란(鄭蘭)의 기복첩에 서경(署經)하지 않다가 습유직을 파면당하다.

___ 1398년(태조 7년, 37세)

3월 7일 정자 우습유(正字 右拾遺)로서 강은(姜隱)와 민안인(閔安仁)을 탄핵해, 이로 인해 7월 5일 경원 교수관(慶源 敎授官)으로 좌천되다.

___ 1399년(정종 1년, 38세)

1월 10일, 습유로 불려 올라왔으나 언사(言事)로 우보궐(右補闕)로 옮기다.

___ 1401년(태종 1년, 39세)

차자 황보신이 태어나다.

___ 1402년(태종 2년, 40세)

아버지 판강릉대도호부사 황군서가 졸하다. 기복(起復)되어 대호군(大護軍)에 임명되다.

___ 1405년(태종 5년, 43세)

12월 6일, 박석명의 추천으로 지신사가 되다.

___ 1406년(태종 6년, 44세)

5월 27일, 내불당 짓는 것을 반대하다.

___ 1407년(태종 7년, 45세)

1월 19일, 3자 황수신이 태어나다.

9월 25일, 밀지(密旨)를 받아 이숙번·이응·조영무·유량 등과 함께 민무구·민무질을 제거하다.

11월 11일, 하륜에게 전지(傳旨)해 민씨들 직첩을 거두고 목숨만 부지케 하다.

____ 1408년(태종 8년, 46세)

1월 29일, 생원시관(生員試官)이 되다.

12월 5일, 조대림 사건에 걸린 조용을 구제하다.

12월 11일, 대사헌 맹사성·우정언 박안신을 구원하다.


____ 1409년(태종 9년, 47세)

8월 10일, 참지의정부사가 되다.

12월 6일, 형조 판서가 되다.


____ 1410년(태종 10년, 48세)

2월 13일, 지의정(知議政)이 되다.

4월 18일, 이천우·조영무 등과 더불어 오랑캐 침입에 대한 대책을 논의하다.

10월 26일, 종상법(種桑法)을 장려할 것을 청하다.


____ 1411년(태종 11년, 49세)

7월 20일, 병조 판서가 되다.

8월 19일, 사은사(謝恩使)로 명나라에 가다.


____ 1412년(태종 12년, 50세)

4월 14일, 『경제육전』을 개정해 올리다.

9월 24일, 태종이 황치신의 이름을 동(董)으로 지어 주다.


____ 1413(태종 13년, 51세)

3월 22일, 『고려실록』을 개수할 것을 청하다.

4월 7일, 예조 판서가 되다.

**▬▬ 1414년(태종 14년, 52세)**

2월 13일, 병으로 예조 판서직을 사직하다.

3월 6일, 황희의 병을 고쳐 준 내의 양홍달·조청에게 임금이 저화 각 100장씩을 주다.

5월 18일, 의정부 찬성사가 되다.

6월 12일, 다시 예조 판서가 되다.

8월 7일, 왜를 막을 방책을 의논하다.

**▬▬ 1415년(태종 15년, 53세)**

5월 17일, 이조 판서가 되다.

6월 19일, 이조 판서 황희와 호조 판서 심온의 벼슬을 파면하다.

11월 7일, 의정부 참찬이 되다.

12월 28일, 호조 판서가 되다.

**▬▬ 1416년(태종 16년, 54세)**

3월 16일, 다시 이조 판서가 되다.

11월 2일, 세자의 실덕(失德)을 변호하다가 공조 판서로 좌천되다. 태종은 황희가 민무구·민무질을 제거한 후 자손들의 안전을 꾀해 세자 편을 들었다고 오해했다.

**▬▬ 1417년(태종 17년, 55세)**

2월 22일, 평안도 도순문사 겸 평양윤으로 나가다.

6월 29일, 명사 황엄에게 평양 빈관에서 잔치를 베풀다.

12월 3일, 형조 판서로 다시 불려 들어오다.

_____ 1418년(태종 18년, 56세)

1월 11일, 판한성부사가 되다.

5월 10일, 송도 행재소에 붙들려 가 국문을 받다.

5월 11일, 폐서인(廢庶人)해 교하로 내쳐지다.

5월 27일, 남원부로 귀양 가다.


_____ 1422년(세종 4년, 60세)

2월 19일, 남원에서 서울로 돌아와 직첩을 돌려받다.

3월 18일, 과전을 돌려받다.

10월 13일, 경시서(京市署) 제조(提調)가 되다.

10월 28일, 의정부 참찬이 되다.


_____ 1423년(세종 5년, 61세)

3월 8일, 명사 유경·양선을 맞이하는 원접사(遠接使)가 되다.

5월 27일, 다시 예조 판서가 되다.

7월 16일, 강원도 도관찰사가 되어 굶주림을 해결해 줘 백성들이 소공대를 쌓았다.


_____ 1424년(세종 6년, 62세)

6월 12일, 들어와 찬성이 되다.


_____ 1425년(세종 7년, 63세)

5월 21일, 의정부 찬성사가 되다.


_____ 1426년(세종 8년, 64세)

2월 10일, 다시 이조 판서가 되다.

5월 13일, 우의정으로 승진하다.

___ 1427년(세종 9년, 65세)

1월 25일, 좌의정으로 승진하다.

5월 11일, 양녕 대군을 불러 보지 말라고 청하다.

6월 17일, 사위 서달이 신창 아전을 죽인 옥사에 연루되다.

6월 21일, 좌의정직에서 파면되다.

7월 4일, 다시 좌의정에 임명되다.

7월 15일, 어머니가 졸하다

10월 7일, 세자가 명나라에 가는 것을 보좌하기 위해 좌의정으로 기복 출사(起復出仕)하다.

10월 28일, 세자가 명나라에 가지 않게 되다.

___ 1428년(세종 10년, 66세)

10월 23일, 평안도 도체찰사가 되어 성보(城堡)를 순심(巡審)하다.

11월 29일, 『육전등록(六典謄錄)』을 찬진(撰進)하다.

___ 1429년(세종 11년, 67세)

9월 11일, 『선원록』을 편찬하도록 왕명을 받다.

9월 24일, 동맹가첩목아가 입조하는 데 대한 대책을 논의하다.

___ 1430년(세종 12년, 68세)

4월 10일, 조준(趙浚)의 『방언육전(方言六典)』을 택해 쓰도록 건의하다.

4월 25일, 『태종실록』을 감수(監修)하다.

8월 10일, 공법에 대한 여론 조사를 실시하다. 가(可) 7만 4149인, 불가 (不可) 9만 8657인.

11월 3일, 제주 감목관 태석균이 말을 많이 죽였는데 황희가 봐주라고 했다고 사헌부에서 파직하라는 상소가 올라왔다. 그러나 세종은 대신을 경솔히 대할 수 없다고 불문에 부쳤다.

11월 24일, 그러나 사헌부의 탄핵이 계속되어 좌의정에서 물러나 파주 반구정에서 휴양하다.


___ 1431년(세종 13년, 69세)

9월 3일, 영의정으로 승진하다.


___ 1432년(세종 14년, 70세)

3월 6일, 경원성(慶源城)을 옮겨서 설치하는 문제를 의논하다.

3월 8일, 경원성기(慶源城基)를 돌아보러 가다.

4월 12일, 경원·용성(龍城) 등에 성 쌓는 일을 건의하다.

4월 25일, 궤장을 받다.

6월 2일, 왕명을 받아 진헌하는 소의 수를 줄이는 방안을 논의하다.

7월 19일, 종정성이 바치는 진상물과 서계를 받지 말라고 건의하다.

7월 27일, 함경도 영북진에 성 쌓는 것을 연기하자고 건의하다.

9월 7일, 영의정부사로 승진하다.

9월 17일, 동맹가첩목아 등을 이거(移居)하는 문제를 논의하다.

12월 22일, 야인 처치책을 논의하다.


___ 1433년(세종 15년, 71세)

1월 4일, 『신찬경제속육전(新撰經濟續六典)』을 주자소에서 인쇄하다.

1월 9일, 이만주에게 사람을 보내 사람을 잡아간 일을 힐문하다.

1월 11일, 서북 야인방어책을 논의하다.

1월 15일, 화포 시용법을 건의하다.

2월 20일, 파저강 야인 정벌책을 논의하다.

2월 21일, 두 번째 야인 정벌책을 논의하다.

2월 24일, 출정하기 전에 종묘, 사직과 산천에 제사하다.

2월 25일, 파저강에 다리 놓는 일과 함길도 취재책(取才策)에 대해 건의하다.

2월 27일, 세 번째 야인 정벌책을 논의하다.

2월 28일, 네 번째 야인 정벌책을 논의하다.

3월 14일, 다섯 번째 야인 정벌책을 논의하다.

3월 23일, 용성 주거 향화인 이사책 논의하다.

4월 26일, 여진 정벌 승전 보고 선후책을 마련하다.

5월 3일, 동맹가첩목아를 위안하고 전마(戰馬) 보상 대책을 논의하다.

5월 7일, 경회루에서 승전축하연을 열고 승전 선후책을 논의하다.

5월 11일, 도절제사 최윤덕을 영위(迎慰)하고 포로 방송책(放送策)을 논의하다.

5월 21일, 강계 방위책을 건의하다.

5월 22일, 명나라에 보고할 전첩서(戰捷書)의 뜻을 개정하다.

5월 28일, 논공행상과 변방 연군책(鍊軍策)을 건의하다.

6월 6일, 변방 방어책을 건의하다.

6월 11일, 부획(浮獲) 야인 송환책을 건의하다.

6월 18일, 노획 야인 재산·인물 송환책을 건의하다.

6월 20일, 사로잡은 야인을 돌려주는 대책을 건의하다.

6월 24일, 야인 범찰 응징책을 건의하다.

7월 1일, 야인 범찰 응징책을 재건의하다.

7월 3일, 임금과 사정전에서 도성 지리에 대해 논의하다.

7월 9일, 목멱산에 올라가 산수의 맥을 살펴보고 화공에게 삼각산 도형을 그려 바치게 하다.

7월 12일, 풍수학 도제조를 겸임하다.

7월 15일, 삼각산 보현봉에 올라 산맥을 살펴보다.

7월 17일, 이양달 등을 데리고 백악산에 올라가 정맥(正脈)을 관망하다.

7월 25일, 경복궁 북문을 새로 지을 것을 건의하다.

7월 29일, 도성 지리를 논하고 명당을 정하자고 하다.

8월 14일, 왕명으로 이만주에게 보내는 답서를 제진(製進)하다.

8월 16일, 야인 가시파(家時波)를 응징할 대책을 건의하다.

8월 21일, 명사 접대 절차 중 생략할 대책을 의정하다.

8월 30일, 명사·야인 수응책(酬應策)을 의정하다.

윤8월 12일, 명사 수응책을 의정하다.

윤8월 14일, 진도에 수령을 두는 문제를 의정하다.

윤8월 18일, 야인에게서 노획한 재물을 돌려주는 대책을 아뢰다. 유구국 사람에게 아내를 맞이하도록 허락할 것을 의정하다.

윤8월 20일, 명사 수응책을 건의하다.

윤8월 24일, 야인 수응책을 의정하다.

윤8월 28일, 자제들 요동 입학 문제를 의정하다.

윤8월 29일, 국서의 내용을 야인에게 변명하지 말 것을 청하다. 야인의 입조 허락 여부를 건의하다.

9월 10일, 야인 왕반거 등과의 수응책을 의정하다.

9월 13일, 경원성을 쌓는 군인이 도산(逃散)하는 것을 막을 대책을 의정하다.

9월 16일, 장영실에게 벼슬을 제수하는 일을 의정하다.

9월 17일, 각 도 기민 구제책을 건의하다.

9월 20일, 진헌사 허지혜(許之惠)의 치계에 관한 일을 의정하다.

9월 22일, 명사 창성과의 수응책을 아뢰다.

9월 29일, 야인 범찰이 경원으로 옮기려 하는 데 대해 허락하지 말 것을 청하다.

11월 5일, 가무가 올린 방물을 모두 받아들일 것을 청하다.

11월 12일, 명사 창성에게 지급할 물품의 수효를 의정하다.

11월 19일, 영북진을 알목하로 옮기고 경원부를 소다노로 옮기는 데 대한 대책을 아뢰다.

12월 16일, 이만주와 공문 거래를 금지할 것을 아뢰다.

## ━━ 1434년(세종 16년, 72세)

1월 6일, 영북진 통치책을 의진(議陳)하다.

1월 26일, 금은을 사사로이 매매하는 것을 금지하라고 의진하다.

3월 7일, 종정성이 말을 달라는 것을 거절하라고 청하다.

3월 16일, 화포를 감장(監掌)하는 일을 진대(陳對)하다.

3월 30일, 대궐에 불려나가 여섯 가지 물음에 답하다.

4월 12일, 왜인 종언칠에게 도서(圖書)를 주라고 하다.

4월 16일, 양첩자(良妾子) 승중(承重)을 의진하다.

4월 22일, 월중수 종자무가 진헌한 저근(楮根)을 받아들이라 하다. 왜인 도성자(道性者)에게 상사(賞賜)할 것을 계청하다.

4월 26일, 야인 장지하를 돌려보낼 것을 의대(議對)하다.

5월 12일, 명사 장신을 접대하는 절목을 의진.

5월 17일, 야인에게 빼앗은 우마와 재산을 되돌려주는 계책을 올리다.

5월 18일, 양목답올을 정토(征討)하는 일을 계대(啓對)하다.

6월 1일, 만포성을 쌓는 일과 삭주, 창성의 관을 바꾸는 일을 아뢰다. 야인 심타납노 등이 요구한 식량을 주라고 청하다.

6월 14일, 투화 야인 처치책을 진대하다.

6월 30일, 향화인 자손으로 하여금 아비의 땅을 이어받을 수 있게 하자고 건의하다.

8월 5일, 영북, 회령을 서로 바꾸는 계책을 아뢰다. 내이포 거류 왜인 처치책을 상신하다.

8월 15일, 건주 좌위 지휘 동범찰익 서사에 회답하는 뜻을 의진하다.

8월 17일, 야인 와대를 처치할 방책을 건의하다.

8월 26일, 최윤덕을 파송하는 일과 명나라 사람에게 수응하는 계책을 건의하다.

9월 8일, 지휘 우자안첩목아를 접대할 계책을 입대(入對)하여 건의하다.

9월 11일, 염초(焰硝)를 무역하는 계책을 계진하다.

9월 23일, 갑산에 읍을 설치하는 문제를 의논하다.

12월 15일, 삼수 무로구자에 읍을 설치하고 수령을 두는 문제를 건의하다.

_____ 1435년(세종 17년, 73세)

1월 19일, 이만주의 사인(使人)을 구류하지 말고 후보를 기다리기를 청하다.

2월 7일, 종정성 등이 요구한 양곡을 주라고 하다.

5월 8일, 야인 동화응합 등을 받아들이지 말라고 하다.

7월 25일, 야인 방어책 건의.

8월 6일, 심온의 직첩을 돌려주라고 하다.

8월 10일, 왜인 만도노(蔓都老) 등을 나누어 두는 계책을 건의하다.

8월 11일, 편전(片箭)을 쏘는 기술을 야인에게 알려 주지 말아야 한다고 아뢰다.

11월 19일, 상정소(詳定所)를 없애다.

_____ 1436년(세종 18년, 74세)

5월 21일, 공법 실행책을 아뢰다.

5월 22일, 다시 공법 실행책을 아뢰다.

윤6월 12일, 올량합을 평안도에 머물러 두자고 하다.

7월 16일, 국용(國用)을 절감할 것을 요구하다.

7월 21일, 구황평조법(救荒平糶法)을 건의하다.

10월 26일, 세자빈 폐출을 진대하다.

11월 20일, 이만주의 사자를 접대하는 일을 건의하다.

___ 1437년(세종 19년, 75세)

1월 14일, 새 왕세자빈을 책봉하는 의주(儀注)를 올리다.

4월 1일, 세자 섭정을 반대하다.

4월 13일, 사민(徙民)의 판적(版籍)에 대해 의논하다. 종성(鍾城)을 옮겨 설치하지 말기를 아뢰다.

5월 16일, 이만주 토벌책을 건의하다.

9월 9일, 홀자온을 접대하는 대책을 진대하다.

___ 1438년(세종 20년, 76세)

3월 2일, 세종이 『태종실록』을 보려고 하는 것을 말리다.

4월 24일, 과거은사(科擧恩賜) 제도를 혁파하다.

6월 11일, 대마도에서 도망 온 왜인을 돌려보내자고 하다.

7월 10일, 공법을 시행하는 방책을 의진하다.

9월 12일, 대마도 왜인의 접대 사목을 정하다.

10월 15일, 공법의 불편을 아뢰다.

___ 1439년(세종 21년, 77세)

2월 12일, 각 도의 군기를 엄하게 해 왜변을 막을 것을 주장하다.

2월 21일, 감사와 수령을 능욕하는 자를 엄벌하는 법을 시행하자고 건의하다.

2월 28일, 향화 야·왜인 급료를 주는 대책을 건의하다.

7월 29일, 황희 때문에 70세 이상자는 상참(常參)에 참여하지 않아도 되었다.

____ 1440년(세종 22년, 78세)

3월 3일, 초헌(軺軒)을 하사받다.

6월 1일, 함길도 도절제사로 김종서 대신 김세형(金世衡)을 추천하다.

7월 13일, 공법을 시행하기 어려운 조건을 의진하다.


____ 1441년(세종 23년, 79세)

3월 10일, 전지매매법을 계진.

5월 18일, 하삼도민 1600호를 함길도로 사민(徙民)하기를 청하다.

7월 30일, 원손 탄생을 하례하다.

8월 22일, 채금(採金)하는 계책을 계진하다.

윤11월 12일, 불씨를 배척하는 상서를 올리다.


____ 1442년(세종 24년, 80세)

1월 14일, 함길도에 입주한 사람이 도망치는 것을 방지하는 계책을 올리다.

2월 6일, 각 도민 3000호를 평안도로 뽑아 보내 변경을 튼튼히 하자고 건의하다.

5월 3일, 세자가 섭정하지 말기를 청하다.

5월 21일, 산릉(山陵)을 수보(修補)하는 일을 의진하다.

6월 5일, 야인 망가를 처치하는 방도를 아뢰다.


____ 1443년(세종 25년, 81세)

4월 20일, 세자가 조회를 받는 일을 의진하다.

4월 24일, 자원하는 향호를 추쇄해 함길도로 보내자고 하다.

10월 22일, 일본에 통신사를 보내자고 하다.

12월 17일, 명에 관복을 청하는 사신을 보내자고 하다.

_____ 1444년(세종 26년, 82세)

4월 22일, 왜인을 명나라로 압송하는 대책을 건의하다.


_____ 1445년(세종 27년, 83세)

2월 8일, 대마도 종정성의 무역선 수를 정하기를 청하다.

3월 13일, 압록강 가운데 있는 섬을 경작하는 것을 금하지 말자고 하다.

4월 11일, 왜인과 서로 교역하는 대책을 의논하다.

5월 12일, 승정원이 동궁에 신달(申達)하는 제도를 아뢰다.

5월 14일, 종정성이 선척을 증가시키고자 하는 것을 허락하지 않다.


_____ 1446년(세종 28년, 84세)

3월 30일, 귀화한 왜인을 외방에 분치(分置)하기를 청하다.

5월 5일, 영릉(英陵) 수호군을 별도로 두다.


_____ 1447년(세종 29년, 85세)

9월 7일, 안주성을 수축하자고 하다.


_____ 1448년(세종 30년, 86세)

3월 28일, 어머니 정경부인 양씨(楊氏)가 졸하다.

7월 22일, 내불당을 세우는 일을 그만두라고 상소하다.


_____ 1449년(세종 31년, 87세)

10월 5일, 영의정부사를 내놓고 치사하다. 종신토록 2품록을 주다.

___ 1450년(세종 32년, 88세)

2월 세종대왕이 영응 대군 집에서 승하하다.

2월 2일, 중자 황철신의 직첩을 돌려받고, 고신도 돌려주다.


___ 1451년(문종 1년, 89세)

2월 7일, 기로소 녹사로 하여금 치사한 대신이 출입할 때 조예(皂隷)를 주라고 전지하다.


___ 1451년(문종 2년, 90세)

2월 8일, 황희가 졸하다.

2월 12일, 세종 묘정에 배향하고, 시호를 익성(翼成: 思慮深遠曰翼 爲相克終曰成)으로 정했으며, 승지 강맹경(姜孟卿)을 보내 사당에 제사 지냈다.

**방촌 황희 영정**
국립중앙박물관 소장.

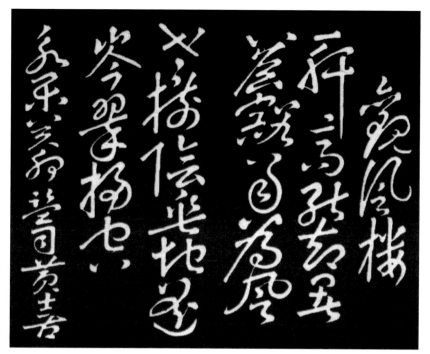

**황희의 동상과 황희가 남긴 시, 「관풍루(觀風樓)」**

1423년 감사 재직 시 남긴 유묵으로, 황희선생유적지(파주시 문산읍 사목리)에 세워진 동상 좌대에 새겨져 있다.

집이 높으니 능히 더위를 물리치고      軒高能却暑
처마가 높으니 바람이 잘 바뀌기 쉽다.      簷豁易爲風
큰 나무는 땅에 그늘을 만들고      老樹陰垂地
먼 산봉우리는 푸르게 하늘을 쓰는 것 같다.      遙岑翠掃空

**소공대(김公臺)**

1423년 강원도 관찰사 재직 시 양곡을 풀어 기근을 해결해 준 황희에게 보답하고자 백성들이 돌을 쌓아 단을 만들고 소공대라 이름을 붙였다. 현재 소공대 자리에 기념비가 세워져 있다.(삼척 노곡리 마을 옛 국도변)

**반구정(伴鷗亭)**

황희가 말년에 사직하고 고향에 돌아와 갈매기를 벗 삼아 지낸 곳으로 임진강 하류에 세워져 있다.

**묘소**

황희는 1452년(문종 2년) 2월 8일에 정침에서 향년 90세로 생애를 마감했다. 파주 금승리에 간좌
(艮坐)로 장사 지냈다.

**영당(影堂)**

1455년(세조 1년) 유림들이 황희의 덕을 추모하기 위해 영당을 짓고 영정을 모셨는데, 한국 전쟁으로 소실되어 1962년 후손들이 복원했다.(파주시 문산읍 사목리)

**옥동 서원(玉洞書院)**

1518년(중종 13년)에 한성부 판윤 황맹헌과 홍문관 수찬 황효헌 등이 황희의 영정을 봉안하고 공부하던 글방이 효시로, 이후 후손들이 1580년(선조 13년)에 백옥 영당을 건립하고 춘·추로 제사를 지냈는데 이 영당이 서원의 전신이다. 정조 13년(1789년)에 사액서원으로 '옥동'이라는 이름을 받았다. 흥선 대원군의 서원철폐령에 폐쇄되지 않은 47개 서원 중 하나다.

## 장수 황씨 입격자 명단

### 문과 방목

| 성명 | 자 | 호/시호 | 생몰년 | 급제 연도/ 취재명 | | 직력 | 부 | 조부 | 증조부 | 외조부 | 처부 |
|---|---|---|---|---|---|---|---|---|---|---|---|
| 黃事孝 | 百源 | 良靖(시) | ?~1495 | 成宗8 (1477) 丁酉式年 | 31/33 | 同知 | 黃致身 | 黃喜 | 黃君瑞 | 黃象 (平海) | 金自知 (慶州) |
| 黃誠昌 | 實之 | 寒泉 | 1451~ 1518 | 成宗22 (1491) 辛亥別試 | 2/6 | 僉判 癸 卯進 | 黃奮 | 黃守身 | 黃喜 | 姜碩德 (晉州) | 李坤 (固城) |
| 黃孟獻 | 魯卿 | 昭襄(시) | 1472~ 1535 | 燕山4 (1498) 戊午式年 | 12/33 | 判尹 靖 國功臣 長原君 | 黃瓘 | 黃從兄 | 黃保身 | 姜眉壽 (晉州) | 李希孫 (全州) |
| 黃汝獻 | 獻之 | 柳村 | 1486~? | 中宗4 (1509) 己巳別試 | 10/18 | 郡守 湖 堂 | 黃瓘 | 黃從兄 | 黃保身 | 姜眉壽 (晉州) | 李守謙 (廣州) |
| 黃孝獻 | 叔貢 | 畜翁 | 1491~ 1532 | 中宗9 (1514) 甲戌別試 | 5/21 | 吏僉 湖 堂 丁卯 進 | 黃瓘 | 黃從兄 | 黃保身 | 姜眉壽 (晉州) | 尹金孫 (坡平) |
| 黃允峻 | 子謙 | | | 中宗12 (1517) 丁丑別試 | 6/18 | 寺正 甲 子進 | 黃蟾 | 黃事長 | 黃致身 | 李求卿 (仁川) | 柳○○ (文化) |
| 黃恬 | 泰叔 | | | 中宗16 (1521) 辛巳別試 | 6/18 | 翰林 南 床 承旨 玉吏 己 卯員 | 黃允峻 | 黃蟾 | 黃事長 | 安根 (安山) | 許允平 (陽川) |

| 성명 | 자 | 호/시호 | 생몰년 | 급제연도/취재명 | | 직력 | 부 | 조부 | 증조부 | 외조부 | 처부 |
|---|---|---|---|---|---|---|---|---|---|---|---|
| 黃博 | 仲約 | | | 中宗27 (1532) 壬辰別試 | 2/5 | 判決 戊子進 | 黃允峻 | 黃蟾 | 黃事長 | 安根 (安山) | 李宗蘂 (龍仁) |
| 黃悅 | 仲洽 | 靜觀 | 1501~1576 | 中宗31 (1536) 丙申別試 | 6/7 | 衛將 | 黃起峻 | 黃蟾 | 黃事長 | 朴緝 (密陽) | 許墉 (陽川) |
| 黃廷彧 | 景文 | 芝川/文貞(시) | 1532~1607 | 明宗13 (1558) 戊午式年 | 27/35 | 翰林 典文衡 光國功臣 長溪府院君 兼兵判 壬子員 | 黃悅 | 黃起峻 | 黃蟾 | 許墉 (陽川) | 趙詮 (淳昌) |
| 黃允中 | 伯時 | 雲鶴 | 1532~? | 明宗15 (1560) 庚申別試 | 15/18 | 郡守 壬子員 | 黃懲 | 黃事敬 | 黃致身 | 韓慶瑞 (淸州) | |
| 黃廷式 | 景中 | | 1529~1592 | 明宗16 (1561) 辛酉式年 | 6/36 | 翰林 承旨 壬子進 | 黃悅 | 黃起峻 | 黃蟾 | 許墉 (陽川) | 李龜禎 (永川) |
| 黃允吉 | 吉哉 | 松堂 | 1536~1592 | 明宗16 (1561) 辛酉式年 | 25/36 | 公祭 兵判 戊午進 | 黃懲 | 黃事敬 | 黃致身 | 韓慶瑞 (淸州) | 金鑊 (安東) |
| 黃承憲 | 叔度 | | 1540~1609 | 宣祖9 (1576) 丙子式年 | 15/34 | 縣監 縣令 | 黃慶瑞 | 黃珣 | 黃位中 | 朴尙素 (密陽) | 李漢佑 (咸平) |
| 黃赫 | 晦之 | 獨石 | 1551~1612 | 宣祖13 (1580) 庚辰別試 | 1/27 | 承旨 庚午進 | 黃廷彧 | 黃悅 | 黃起峻 | 趙詮 (淳昌) | 尹儼 (坡平) |
| 黃沂 | 淸源 | | 1556~? | 宣祖16 (1583) 癸未別試 | 32/33 | 牧使 壬午進 | 黃承錫 | 黃純 | 黃謹昌 | | 金○○ (江陵) |
| 黃鵬 | 仲擧 | | | 宣祖16 (1583) 癸未庭試 | 4/10 | 獻納 正言 | 黃廷秀 | 黃恬 | 黃允峻 | 趙彦秀 (楊州) | 任命臣 (豊川) |

514

| 성명 | 자 | 호/시호 | 생몰년 | 급제 연도/ 취재명 | | 직력 | 부 | 조부 | 증조부 | 외조부 | 처부 |
|---|---|---|---|---|---|---|---|---|---|---|---|
| 黃洛 | 聖源 | 睡翁 | 1553~ 1620 | 宣祖18 (1585) 乙酉式年 | 19/33 | 承旨 己 卯進 | 黃承錫 | 黃純 | 黃謹昌 | 鄭○○ (淸州) | 金友甲 (安東) |
| 黃廷喆 | 充善 | 愛竹 | 1547~ 1626 | 宣祖19 (1586) 丙戌謁聖 | 7/9 | 承旨 庚 午員 | 黃博 | 黃允峻 | 黃蟾 | 李宗葵 (龍仁) | 鄭麟德 (晉州) |
| 黃㻞 | 存畏 | 鷺汀 | 1569~ 1621 | 光海3 (1611) 辛亥別試 | 7/13 | 學諭 丙 午員 | 黃廷式 | 黃悅 | 黃起峻 | 李龜楨 (永川) | 李鏗 (驪州) |
| 黃紐 | 會甫 | 槃澗 | 1578~ 1626 | 光海5 (1613) 癸丑增廣 | 9/42 | 持平 注 書 壬子 員 | 黃俊元 | 黃愷 | 黃孝獻 | 閔師悅 (驪興) | 趙希轍 (豊壤) |
| 黃暐 | 世輝 | 塘村 | 1605~ 1654 | 仁祖16 (1638) 戊寅庭試 | 1/15 | 正言 庶 尹 癸酉 員 | 黃廷說 | 黃進 | 黃允恭 | 金克修 (慶州) | 楊時益 (南原) |
| 黃翼再 | 再叟 | 華齋 | 1682~ 1747 | 肅宗28 (1702) 壬午式年 | 33/38 | 府使 通 政 | 黃鎭夏 | 黃載胤 | 黃絹 | 金震釴 (尙州) | 沈棕 (靑松) |
| 黃啓屋 | 士厚 | | 1676~ 1728 | 肅宗36 (1710) 庚寅增廣 | 17/41 | 典籍 庶 直赴 | 黃瀗 | 黃德念 | 黃紐 | 金克憪 (管山) | 吳廷亨 (文義) |
| 黃璿 | 聖在 | 鷺汀 忠烈(시) | 1682~ 1728 | 肅宗36 (1710) 庚寅增廣 | 40/41 | 叅判 慶 尙司 監司 說書 庚 寅進 | 黃處信 | 黃褧 | 黃爾徵 | 李敏徵 (全州) | 安時亮 (順興) |
| 黃爾章 | 子婓 | | 1653~ 1728 | 肅宗38 (1712) 壬辰庭試 | 5/19 | 留守 辛 酉員 | 黃袞 | 黃坤載 | 黃晠 | 崔振海 (海州) | 金世輔 (安東) |
| 黃允屋 | 信甫 | | 1688~? | 肅宗39 (1713) 癸巳增廣 | 50/51 | 典籍 庶 | 黃霅 | 黃德昌 | 黃絹 | 金克憪 (管山) | |
| 黃浚 | 道源 | 壺隱 | 1674~ 1727 | 肅宗45 (1719) 己亥增廣 | 27/34 | 監察 乙 酉員 | 黃宗振 | 黃霂 | 黃德承 | 權搏 (安東) | 權用經 (安東) |

| 성명 | 자 | 호/시호 | 생몰년 | 급제 연도/ 취재명 | | 직력 | 부 | 조부 | 증조부 | 외조부 | 처부 |
|---|---|---|---|---|---|---|---|---|---|---|---|
| 黃最 | 陽甫 | | 1689~1753 | 肅宗45(1719)己亥春塘 | 4/4 | 系判 應教 咸鏡監司 承旨 丁酉進 | 黃爾章 | 黃袁 | 黃坤載 | 金世輔(安東) | 李彦經(全州) |
| 黃沈 | 仲晦 | 山谷 | 1688~1763 | 景宗1(1721)辛丑增廣 | 10/32 | 承正 己亥員 | 黃鍾應 | 黃玨 | 黃德方 | 鄭碩周(延日) | 鄭歧成(草溪) |
| 黃景源 | 大卿 | 江漢 文景(시) | 1709~1787 | 英祖16(1740)庚申增廣 | 39/51 | 翰林 弘舍 文衡 行吏判 丁未員 | 黃璣 | 黃處義 | 黃暉 | 權(安東) | 沈澈(靑松) |
| 黃處浩 | 厚叔 | | 1707~1778 | 英祖22(1746)丙寅謁聖 | 3/5 | 兵正 | 黃昱 | 黃爾章 | 黃袁 | 李三碩(全州) | 李晋聖(全義) |
| 黃宅仁 | 子安 | | 1733~1793 | 英祖35(1759)己卯庭試 | 10/11 | 持平 獻納 | 黃景說 | 黃渭耈 | 黃克厚 | 奉楷(河陰) | 盧栢(交河) |
| 黃昇源 | 允之 | 文獻(시) | 1732~1807 | 英祖47(1771)辛卯再庭 | 13/20 | 行吏判 提學 乙酉員 | 黃瓛 | 黃處信 | 黃晸 | 安宗海(竹山) | 柳懋(全州) |
| 黃明漢 | 季良 | | 1771~1810 | 純祖2(1802)壬戌三庭 | 1/3 | 乙卯員 | 黃鍱 | 黃載河 | 黃晳 | 金敬修(淸風) | 朴○○(潘南) |
| 黃贊熙 | 襄之 | | 1768 | 純祖7(1807)丁卯式年 | 24/38 | 正言 | 黃汝鎭 | 黃潊 | 黃宗瑞 | 權孝鎭 | 張光賓(仁同) |
| 黃秋 | 敬汝 | 三嶠 | 1778~1856 | 純祖25(1825)乙酉式年 | 3/48 | 三司 承旨 癸酉進 | 黃道源 | 黃玩 | 黃處謙 | 李宜燮(永川) | 吳載衍(海州) |
| 黃起源 | 和彦 | 歸園 | 1794~1862 | 純祖28(1828)戊子式年 | 5/42 | 司憲府 執義 | 黃璡 | 黃孝閔 | 黃演 | 安仁甲(廣州) | 趙光鑯(咸安) |

| 성명 | 자 | 호/시호 | 생몰년 | 급제 연도/ 취재명 | | 직력 | 부 | 조부 | 증조부 | 외조부 | 처부 |
|---|---|---|---|---|---|---|---|---|---|---|---|
| 黃麟淳 | 公瑞 | 德隱 | 1797 | 純祖31 (1831) 辛卯式年 | 32/42 | 梁山郡 守 掌令 | 黃鑕 | 黃翼烈 | 黃戴 | 鄭達蓋 (晋州) | 林渭鎭 (羅州) |
| 黃履明 | 樂汝 | | 1799 | 憲宗3 (1837) 丁酉式年 | 22/41 | 都事 | 黃斗老 | 黃悌熙 | 黃運重 | 金宗玉 (安東) | 金濟洪 (尙州) |
| 黃起漢 | 應肇 | 竹林 | 1817~ 1879 | 憲宗5 (1839) 己亥庭試 | 2/12 | 縣監 吏 正 | 黃有宅 | 黃象坤 | 黃宇中 | 姜以興 (晋州) | 柳春材 (文化) |
| 黃愼默 | 時中 | 省齋 | 1828~ 1866 | 哲宗5 (1854) 甲寅庭試 | 5/19 | 正言 掌 令 丙辰 重 | 黃橁 | 黃再洙 | 黃鑕 | 韓濯 (淸州) | 金星儁 (慶州) |

사마 방목

| 성명 | 자 | 호 | 생년 | 시험 연도 | 합격 等位 | 문과 | 전력 | 부 |
|------|----|----|------|----------|----------|------|------|-----|
| 黃○ | 土重 | | | 世宗29(1447)<br>式年生員 | 3等0042 | | | |
| 黃誠昌 | 實之 | 寒泉 | 1654 | 成宗4(1483)<br>式年進士 | 3等0088 | 1491<br>別 | 幼學 | 黃奮 |
| 黃允峻 | 子謙 | | | 燕山10(1504)<br>式年進士 | 3等0067 | 1517<br>別 | | 黃蟾 |
| 黃汝獻 | 獻之 | 柳村 | 1486 | 燕山10(1504)<br>式年進士 | 3等0099 | 1509<br>別 | | 黃璀 |
| 黃弼峻 | 伯翼 | | | 中宗2(1507)<br>式年進士 | 3等0054 | | 幼學 | 黃蟾 |
| 黃璇 | 大售 | | | 中宗23(1528)<br>式年進士 | 3等0100 | | 幼學 | 黃禮昌 |
| 黃範 | 正耳 | | 1480 | 中宗29(1534)<br>式年生員 | 3等0066 | | 幼學 | 黃謙昌 |
| | | | | 中宗29(1534)<br>式年進士 | 3等0072 | | | |
| 黃廷彧 | 景文 | 芝川 | 1532 | 明宗7(1552)<br>式年生員 | 2等0019 | 1558<br>式 | 幼學 | 黃悅 |
| 黃允中 | 伯時 | | | 明宗7(1552)<br>式年生員 | 3等0045 | 1560<br>別 | 幼學 | 黃懲 |
| 黃廷式 | 景中 | 雲鶴 | 1529 | 明宗7(1552)<br>式年進士 | 3等0048 | 1561<br>式 | 幼學 | 黃悅 |
| 黃悹 | 伯康 | | 1521 | 明宗10(1555)<br>式年生員 | 3等0054 | | 幼學 | 黃孝獻 |
| 黃允吉 | 吉哉 | 松堂 | 1536 | 明宗13(1558)<br>式年進士 | 3等0081 | 1561<br>式 | 幼學 | 黃懲 |
| 黃軾 | 景瞻 | | 1532 | 明宗19(1564)<br>式年生員 | 3等0074 | | 幼學 | 黃滜淵 |
| | | | | 明宗19(1564)<br>式年進士 | 3等0063 | | | |
| 黃潗 | 而正 | | 1537 | 明宗19(1564)<br>式年生員 | 3等0090 | | 幼學 | 黃允良 |

| 성명 | 자 | 호 | 생년 | 시험 연도 | 합격 等위 | 문과 | 전력 | 부 |
|---|---|---|---|---|---|---|---|---|
| 黃廷吉 | | | 1533 | 宣祖1(1568) 增廣進士 | 3等0049 | | 幼學 | 黃博 |
| 黃廷喆 | 克善 | 愛竹 | 1547 | 宣祖3(1570) 式年生員 | 2等0008 | 1586 謁 | 幼學 | 黃博 |
| 黃赫 | 晦之 | 獨石 | 1551 | 宣祖3(1570) 式年進士 | 1等0002 | 1590 別 | 幼學 | 黃廷彧 |
| 黃廷楫 | 汝用 | | 1555 | 宣祖12(1579) 式年生員 | 2等0010 | | 幼學 | 黃應龍 |
| 黃洛 | 聖源 | 睡翁 | 1553 | 宣祖12(1579) 式年進士 | 3等0091 | 1585 式 | 幼學 | 黃承錫 |
| 黃㴻 | 道源 | | 1538 | 宣祖15(1582)式 年進士 | 2等0030 | | 幼學 | 黃承錫 |
| 黃沂 | 淸源 | | 1556 | 宣祖15(1582) 式年進士 | 3等0082 | 1583 別 | 幼學 | 黃承錫 |
| 黃倬 | 彦明 | | 1551 | 宣祖21(1588) 式年生員 | 3等0078 | | 幼學 | 黃吉元 |
| 黃廷幹 | 公直 | | 1558 | 宣祖38(1605) 增廣進士 | 3等0098 | | 幼學 | 黃賨 |
| 黃奭 | 存畏 | 鷺汀 | 1569 | 宣祖39(1606) 增廣進士 | 3等0043 | 1611 別 | 幼學 | 黃廷式 |
| 黃澍 | 景霖 | | 1552 | 宣祖39(1606) 增廣進士 | 3等0044 | | 幼學 | 黃允儉 |
| 黃廷淑 | 淸之 | | 1562 | 宣祖39(1606) 式年生員 | 3等0099 | | 幼學 | 黃準 |
| 黃坤載 | 載謙 | | 1590 | 光海2(1610) 式年進士 | 3等0046 | | 幼學 | 黃奭 |
| 黃紐 | 會甫 | 槃澗 | 1578 | 光海4(1612) 式年生員 | 3等0086 | 1613 增 | 幼學 | 黃俊元 |
| 黃敏政 | 而達 | | 1576 | 光海5(1613) 增廣進士 | 3等0073 | | 幼學 | 黃㴻 |
| 黃孝全 | 士完 | | 1575 | 光海8(1616) 增廣生員 | 3等0062 | | 察訪 | 黃廷福 |
| 黃克厚 | 弘載 | | 1565 | 光海8(1616) 增廣進士 | 3等0050 | | 幼學 | 黃汝舟 |
| 黃天賚 | 良弼 | | 1566 | 光海10(1618) 式年生員 | 2等0008 | | 訓導 | 黃範 |

| 성명 | 자 | 호 | 생년 | 시험 연도 | 합격 等위 | 문과 | 전력 | 부 |
|------|----|----|------|-----------|-----------|------|------|-----|
| 黃緬 | 遠甫 | | 1600 | 仁祖2(1624) 增廣生員 | 3等0061 | | 幼學 | 黃玄慶 |
| 黃暐 | 子輝 | 塘村 | 1605 | 仁祖11(1633) 式年生員 | 3等0075 | 1638 庭 | | 黃廷說 |
| 黃尙正 | 晦章 | | 1614 | 仁祖11(1633) 式年進士 | 3等0072 | | | 黃煒 |
| 黃霌 | 君瀚 | | 1615 | 仁祖20(1642) 式年生員 | 3等0080 | | 幼學 | 黃德中 |
| 黃晙 | 明遠 | | 1610 | 仁祖24(1646) 式年生員 | 3等0098 | | 幼學 | 黃應斗 |
| 黃霶 | 玉相 | 于石堂 | 1618 | 仁祖26(1648) 式年生員 | 1等0003 | | 幼學 | 黃德柔 |
| 黃是喬 | 國老 | | 1631 | 孝宗5(1654) 式年進士 | 3等0096 | | 幼學 | 黃㶆 |
| 黃遇淸 | 時瑞 | | 1630 | 顯宗1(1660) 式年進士 | 2等0018 | | 幼學 | 黃奉祖 |
| 黃尙中 | 季通 | 愚各 | | 顯宗3(1602) 增廣進士 | 3等0093 | | 幼學 | 黃熀 |
| 黃爾明 | 子晦 | | 1639 | 顯宗4(1603) 式年進士 | 2等0021 | | 幼學 | 黃袞 |
| 黃𣆀 | 汝雨 | | 1643 | 顯宗10(1669) 式年進士 | 3等0092 | | 幼學 | 黃德興 |
| 黃藎喬 | 亟老 | | 1641 | 肅宗1(1675) 增廣生員 | 3等0036 | | 幼學 | 黃濯 |
| 黃益曾 | 士進 | | 1651 | 肅宗5(1679) 式年生員 | 3等0050 | | 幼學 | 黃有業 |
| 黃晩曾 | 士古 | | 1649 | 肅宗7(1681) 式年生員 | 1等0002 | | 幼學 | 黃有孫 |
| 黃爾章 | 子絅 | | 1653 | 肅宗7(1681) 式年生員 | 3等0097 | 1712 庭 | 幼學 | 黃袞 |
| 黃昱 | 光甫 | | 1678 | 肅宗28(1702) 式年生員 | 3等0055 | | 幼學 | 黃爾章 |
| 黃處謙 | 君益 | | 1677 | 肅宗28(1702) 式年進士 | 3等0050 | | 幼學 | 黃暄 |
| 黃浚 | 道源 | | 1674 | 肅宗31(1705) 增廣生員 | 2等0030 | | 幼學 | 黃鍾振 |

| 성명 | 자 | 호 | 생년 | 시험 연도 | 합격 等위 | 문과 | 전력 | 부 |
|---|---|---|---|---|---|---|---|---|
| 黃旻 | 仁甫 | | 1673 | 肅宗34(1708) 式年進士 | 3等0056 | | 幼學 | 黃爾章 |
| 黃璔 | 聖在 | | 1682 | 肅宗36(1710) 增廣進士 | 3等0071 | 1710 增 | 幼學 | 黃處信 |
| 黃晸 | 陽甫 | | 1689 | 肅宗43(1717) 式年進士 | 3等0067 | 1719 春 | 幼學 | 黃爾章 |
| 黃沈 | 仲晦 | | 1688 | 肅宗45(1719) 增廣生員 | 3等0046 | | 幼學 | 黃鐘應 |
| 黃溝 | 長彦 | | 1684 | 景宗3(1723) 增廣進士 | 3等0032 | | 幼學 | 黃後賢 |
| 黃景源 | 大卿 | | 1709 | 英祖3(1727) 增廣生員 | 2等0030 | 1740 增 | 幼學 | 黃璣 |
| 黃龍河 | 千徵 | | 1682 | 英祖3(1727) 增廣生員 | 3等0054 | | 幼學 | 黃后相 |
| 黃瓛 | 聖圭 | | 1713 | 英祖23(1747) 式年進士 | 1等0004 | | 幼學 | 黃處信 |
| 黃慶麟 | 士瞻 | | 1726 | 英祖26(1750) 式年生員 | 3等0031 | | 幼學 | 黃翊中 |
| 黃邁 | 子高 | | 1713 | 英祖26(1750) 式年生員 | 3等0089 | | 幼學 | 黃命壽 |
| 黃泰休 | 來吉 | | 1710 | 英祖29(1753) 式年生員 | 3等0039 | | 幼學 | 黃龍河 |
| 黃昇源 | | | 1732 | 英祖41(1765) 式年生員 | 3等0064 | 1771 庭 | 幼學 | 黃瓛 |
| 黃啓熙 | 景初 | | 1727 | 正祖1(1777) 增廣生員 | 3等0044 | | 幼學 | 黃道重 |
| 黃莘老 | 孟耕 | | 1755 | 正祖4(1780) 式年生員 | 2等0006 | | 幼學 | 黃啓熙 |
| 黃晃源 | 淸之 | | 1743 | 正祖7(1783) 增廣生員 | 2等0019 | | 幼學 | 黃琳 |
| 黃磻老 | 叔璜 | | 1766 | 正祖13(1789) 式年生員 | 2等0019 | | 幼學 | 黃啓熙 |
| 黃明漢 | 季良 | | 1771 | 正祖19(1795) 式年生員 | 3等0103 | 1802 庭 | 幼學 | 黃鎌 |
| 黃相穆 | 而遠 | | 1757 | 純祖4(1804) 式年生員 | 3等0034 | | 幼學 | 黃壽龍 |

| 성명 | 자 | 호 | 생년 | 시험 연도 | 합격 等위 | 문과 | 전력 | 부 |
|---|---|---|---|---|---|---|---|---|
| 黃禮熙 | 聖汝 |  | 1757 | 純祖9(1809)<br>增廣生員 | 3等0056 |  | 幼學 | 黃觀休 |
| 黃智黙 | 達兼 |  | 1774 | 純祖9(1809)<br>增廣生員 | 3等0087 |  | 幼學 | 黃歲龍 |
| 黃裌 | 敬汝 |  | 1778 | 純祖13(1813)<br>增廣進士 | 3等0085 | 1825<br>式 | 幼學 | 黃道源 |
| 黃守黙 | 德兼 |  | 1781 | 純祖22(1822)<br>式年生員 | 2等0010 |  | 幼學 | 黃歲龍 |
| 黃在 | 景修 |  | 1777 | 純祖27(1827)<br>增廣進士 | 3等0059 |  | 幼學 | 黃翼顯 |
| 黃在沃 | 啓麗 |  | 1804 | 純祖34(1834)<br>式年生員 | 3等0069 |  | 幼學 | 黃永漢 |
| 黃基定 | 士密 |  | 1798 | 憲宗3(1837)<br>式年生員 | 3等0079 |  | 幼學 | 黃智黙 |
| 黃翊周 | 繼成 |  | 1831 | 高宗1(1864)<br>增廣生員 | 3等0063 |  | 幼學 | 黃基進 |
| 黃錫贇 |  |  | 1816 | 高宗1(1864)<br>增廣進士 | 3等0044 |  | 幼學 | 黃喆 |
| 黃範周 | 允和 |  | 1849 | 高宗4(1867)<br>式年生員 | 2等0014 |  | 幼學 | 黃基旭 |
| 黃泰周 | 景沃 |  | 1831 | 高宗4(1867)<br>式年生員 | 3等0046 |  | 幼學 | 黃基丙 |
| 黃元龍 | 乃涉 |  | 1825 | 高宗4(1867)<br>式年進士 | 3等0054 |  | 幼學 | 黃宗洙 |
| 黃悌顯 | 學仁 |  | 1837 | 高宗7(1870)<br>式年生員 | 3等0043 |  | 幼學 | 黃元根 |
| 黃秋 | 稽伯 |  | 1852 | 高宗10(1873)<br>式年進士 | 3等0250 |  | 幼學 | 黃一淵 |
| 黃明源 | 瑞卿 |  | 1818 | 高宗11(1874)<br>增廣生員 | 2等0022 |  | 幼學 | 黃瑛 |
| 黃洛周 | 龜瑞 |  | 1850 | 高宗16(1879)<br>式年生員 | 3等0034 |  | 幼學 | 黃龍顯 |
| 黃義建 | 伯彦 |  | 1832 | 高宗22(1885)<br>式年生員 | 3等0130 |  | 幼學 | 黃永周 |
| 黃義民 | 起耕 |  | 1855 | 高宗22(1885)<br>式年進士 | 3等0098 |  | 幼學 | 黃肯周 |

522

| 성명 | 자 | 호 | 생년 | 시험 연도 | 합격 等위 | 문과 | 전력 | 부 |
|---|---|---|---|---|---|---|---|---|
| 黃漢植 | 君耕 | | 1845 | 高宗22(1885)<br>增廣進士 | 3等0062 | | 幼學 | 黃景欽 |
| 黃文漢 | 汝譜 | | 1796 | 高宗22(1885)<br>增廣進士 | 3等0116 | | 幼學 | 黃檢 |
| 黃義甲 | 子文 | | 1814 | 高宗22(1885)<br>增廣進士 | 3等0129 | | 幼學 | 黃處仁 |
| 黃玹 | 雲卿 | | 1855 | 高宗25(1888)<br>式年生員 | 1等0002 | | 幼學 | 黃時黙 |
| 黃橞 | 致度 | | 1832 | 高宗28(1891)<br>增廣進士 | 2等0019 | | 幼學 | 黃晚源 |
| 黃宗周 | 俊德 | | 1852 | 高宗31(1894)<br>式年進士 | 2等0022 | | 幼學 | 黃在顯 |
| 黃璟燦 | 敬才 | | 1864 | 高宗31(1894)<br>式年進士 | 3等0129 | | 幼學 | 黃東奎 |
| 黃在贊 | 章玉 | | 1862 | 高宗31(1894)<br>式年進士 | 3等0150 | | 幼學 | 黃萬祚 |
| 黃馥 | 馨伯 | | 1834 | 高宗31(1894)<br>式年進士 | 3等0179 | | 幼學 | 黃達源 |
| 黃中周 | 文伯 | | 1846 | 高宗31(1894)<br>式年進士 | 3等0472 | | 幼學 | 黃基錘 |

무과 방목

| 성명 | 생년 | 급제 연도/ 취재명 | 직역 | 직부전시 | 부 |
|---|---|---|---|---|---|
| 黃有孫 | 1625 | 1660 式年 丙科 31 | 務功郎 | | 黃大鳴 |
| 黃守福 | 1645 | 1689 增廣 丙科 53 | 御營軍 | 直赴 | 黃厚生 |
| 黃莫男 | 1688 | 1717 式年 丙科 132 | 展力副尉 | 直赴 | 黃承朱 |
| 黃明瀹 | 1695 | 1723 庭試 丙科 333 | 閑良 | | 黃應參 |
| 黃慮 | 1693 | 1730 庭試 丙科 300 | 閑良 | | |
| 黃重泰 | | 1783 增廣 丙科 108 | 標下軍 | 直赴 | 黃世徵 |
| 黃仁國 | | 1784 庭試 丙科 355 | 副司果 | | 黃重泰 |
| 黃尙郁 | | 1784 庭試 丙科 883 | 忠義衛 | | 黃弼華 |
| 黃宅柱 | | 1784 庭試 丙科 1896 | 閑良 | | 黃雲采 |
| 黃希贊 | | 1784 庭試 丙科 2364 | 馬兵 | | 黃天世 |
| 黃廷說 | 1577 | 1606 式年 丙科 35 | 武學 | | 黃進 |
| 黃潤福 | | 1809 增廣 丙科 69 | 馬兵 | | 黃日同 |
| 黃處坤 | | 1829 庭試 丙科 86 | 閑良 | | 黃燁 |
| 黃相一 | 1607 | 1651 別試 丙科 370 | 司正 | | 黃廷善 |
| 黃翼獻 | 1616 | 1651 別試 丙科 475 | 禦侮將軍 | | 黃敏德 |
| 黃� | | 1829 庭試 丙科 212 | 軍官 | | 黃相羲 |
| 黃惟厚 | | 1651 別試 丙科 630 | 閑良 | | 黃濮 |

| 성명 | 생년 | 급제 연도/ 취재명 | 직역 | 직부전시 | 부 |
|------|------|------|------|------|------|
| 黃聖喬 | 1638 | 1672 別試 丙科 132 | 忠義衛 | | 黃克誠 |
| 黃世喬 | 1646 | 1678 庭試 丙科 10 | 許通 | | 黃克寬 |
| 黃聖位 | | 1809 增廣 丙科 301 | 別驍士 | | 黃斥尙 |
| 黃河哲 | | 1813 增廣 丙科 128 | 將校 | | 黃益三 |

## 잡과 방목

| 성명 | 자 | 급제 연도/ 취재명 | 부 | 부관직 |
|------|------|------|------|------|
| 黃世亨 | 泰耳 | 燕山4(1498)<br>戊午式年試 醫科 | 黃事通 | 司正 |

참고 문헌

김선, 『황희 정승』(진화당, 1993).

경기도 파주시, 「2009년도 경기도지정문화재 실측조사보고서: 반구정」

(경기도 파주시, 2009).

경기도 파주시, 『황희 선생』(경기도 파주시, 2009).

장수황씨대종회, 『방촌황희선생문집』(회상사, 2001).

장수황씨대종회, 『장수황씨세보(1~12)』(회상사, 2000).

정두희, 『조선 시대 인물의 재발견』(일조각, 1997).

파주문화원, 『명재상 방촌 황희의 삶과 사상』(파주문화원, 2008).

황영선, 『황희의 생애와 사상』(국학자료원, 1998).

황위·황의열 역주, 『역주 당촌한화(塘村閑話)』(보고사, 2011).

황재순, 「황씨의 유래」.

# 찾아보기

532

## 이성무 저서 목록

1 『한국의 과거 제도』(춘추문고 19)(한국일보사, 1976).

2 『조선 초기 양반 연구』(일조각, 1980), 424면.

3 『과거』(일조각, 1981), 142면.(공저)

4 『사료로 본 한국 문화사: 조선 후기 편』(일지사, 1985), 605면.(공편)

5 『역주 경국대전: 번역편』(한국정신문화연구원, 1985(1982~1983)), 555면.(공저)

6 『역주 경국대전: 주석편』(한국정신문화연구원, 1986(1982~1983)), 795면.(공저)

7 『조선 시대 잡과 합격자 총람』(한국정신문화연구원, 1990(1984~1985)).(공저)

8 『조선 후기 당쟁의 종합적 검토』(한국정신문화연구원, 1992(1987)), 630면.(공편)

9 『高麗朝鮮兩朝的科擧制度』(張連 譯, 북경대학출판부, 1993).(『한국의 과거 제도』 중국어판)

10 『한국의 과거 제도』(개정 증보, 집문당, 1994) 308면.

11 『한국 역사의 이해』(집문당, 1995), 260면.

12 『조선 양반 사회 연구』(일조각, 1995), 537면.

13　『朝鮮初期兩班研究』(楊秀芝 譯, 中華民國韓國研究學會 飜譯叢書 2, 1996), 537면.

14　『사마방목』(CD-ROM)(한국정신문화연구원, 서울시스템주식회사, 1997).(3인 공동)

15　『한국 과거 제도사』(민음사, 1997), 717면.

16　『조선 시대 사회와 사상』(조선사회연구회, 화갑기념논문집, 1998), 667면.(편저)

17　『조선 왕조사(1·2)』(동방미디어, 1998), 622·731면.

18　『한국 역사의 이해(2)』(집문당, 1998), 253면.

19　『동양 삼국의 왕권과 관료제』(국학자료원, 1998).(공저)

20　『조선의 사회와 사상』(일조각, 1999), 328면.

21　『조선왕조실록 어떤 책인가』(동방미디어, 1999), 319면.

22　『조선시대 당쟁사(1·2)』(동방미디어, 2000), 309·414면.

23　『조선의 부정부패 어떻게 막았을까』(청아출판사, 2000), 369면.

24　『(역주) 경국대전』(CD-ROM)(동방미디어, 2000).

25　『한국 역사의 이해(3)』(집문당, 2001), 289면.

26　『세종 대의 문화』(한국정신문화연구원, 2001), 489면.(공저)

27　『조선 초기 양반 연구』(재판, 한국학술정보, 2001), 445면.

28　『한국 역사의 이해(4)』(집문당, 2002), 264면.

29　『라디오 한국사(1)』(동방미디어, 2002), 197면.

30　『한국 역사의 이해(5)』(집문당, 2004), 317면.

31　『조선의 사회와 사상』(개정 증보, 일조각, 2004), 525면.

32　『朝鮮王朝史(上·下)』(日本出版社, 2006), 597·588면.(일본어판)

33　『한국 역사의 이해(6)』(집문당, 2006), 323면.

34　『한국 역사의 이해(7)』(집문당, 2008), 264면.

35　『韓國の科擧制度』(平木 實·中村葉子 譯, 日本評論社, 2008), 297면.(일본어판)

36　『조선 시대 당쟁사(1·2)』(재판, 아름다운날, 2009), 308·414면.

37　『조선 시대 사상사 연구(1·2)』(지식산업사. 2009), 304·416면.

38　『조선은 어떻게 부정부패를 막았을까』(청아출판사, 2009), 338면.

39 『조선을 만든 사람들: 나라를 위한 선비들의 맞대결』(청아출판사, 2009), 270면.

40 『한국 역사의 이해(8)』(집문당, 2010), 258면.

41 『재상 열전: 조선을 이끈 사람들』(청아출판사, 2010), 479면.

42 『아계 이산해의 학문과 사상』(지식산업사, 2010), 599면.(공저)

43 『명장 열전: 나라를 구한 사람들』(청아출판사, 2011), 359면.

44 『조선 왕조사』(재판, 수막새, 2011), 1030면.

45 『조선을 이끈 명문가 지도』(글항아리, 2011), 367면.(공저)

46 『선비 정신에서 찾는 교사의 길』(유교문화체험 연수교재, 문화체육관광부·퇴계학연구원, 2011), 332면.(공저)

47 『선비 정신에서 찾는 공직자의 길』(유교문화체험 연수교재, 문화체육관광부·퇴계학연구원, 2011), 326면.(공저)

48 『선비 정신에서 찾는 기업인의 길』(유교문화체험 연수교재, 문화체육관광부·퇴계학연구원, 2011), 348면.(공저)

49 『조선의 옛사람들에게서 우리를 만나다』(푸른사상, 2011), 249면.(공저)

50 『선비 평전』(글항아리, 2011), 382면.

51 『한국 역사의 이해(9)』(푸른사상, 201-, 284면.

52 『조선 국왕전』(청아출판사, 2012), 386면.

53 『영의정의 경륜: 이준경·이산해·오윤겸·이경석』(지식산업사, 2012), 516면.

54 『다시 보는 한국사』(청아출판사, 2013), 642면.(공저)

55 『대은 변안열의 생애와 사상』(지식산업사, 2013), 831면.(공저)

56 『단숨에 읽는 당쟁사 이야기』(아름다운날, 2014), 328면.

57 『방촌 황희 평전』(민음사, 2014), 540면.

58 『조선 시대 인물사 연구』(지식산업사, 2015), 1113년.

## 이성무

서울대 문리대 사학과를 졸업하고, 동 대학원 사학과를 거쳐 국사학과에서 문학박사 학위를 받았다. 국민대학교와 한국정신문화연구원 한국학대학원 교수로 있으면서 미국 하버드대학 옌칭연구소 연구교수와 독일 튀빙겐대학 객원교수를 역임했다. 정신문화연구원 부원장, 연세대학교 용재석좌교수를 지냈고 국사편찬위원회 위원장을 거쳐 현재 대학민국학술원 회원, 남명학연구원장, 한국역사문화연구원장, 한국학중앙연구원 명예교수로 있다. 저서로는 『한국의 과거 제도』, 『조선 초기 양반 연구』, 『조선의 사회와 사상』, 『조선 양반 사회 연구』, 『한국 역사의 이해』(전 7권), 『조선 왕조사』, 『조선 시대 당쟁사』, 『조선을 만든 사람들』, 『명장 열전』 등 다수가 있다.

방촌 황희 평전

1판 1쇄 펴냄 2014년 12월 12일
1판 2쇄 펴냄 2015년 1월 5일

지은이 이성무
발행인 박근섭 · 박상준
펴낸곳 (주)민음사

출판등록 1966. 5. 19. 제16-490호
주소 　　 (135-887) 서울특별시 강남구 도산대로1길 62(신사동)
　　　　 강남출판문화센터 5층
대표전화 515-2000 | 팩시밀리 515-2007
홈페이지 www.minumsa.com

ⓒ 이성무, 2014. Printed in Seoul, Korea
ISBN 978-89-374-3148-7 03990